中国旅游院校五星联盟教材编写出版项目
中国骨干旅游高职院校教材编写出版项目
景区开发与管理专业国家级教学资源库核心课程配套教材

旅游资源调查与评价

（第二版）

主编　郎富平　陈友军
参编　于　丹　陈洁菡

中国旅游出版社

项目策划：段向民
责任编辑：张芸艳
责任印制：谢　雨
封面设计：武爱听

图书在版编目（CIP）数据

旅游资源调查与评价 / 郎富平，陈友军主编. -- 2版. -- 北京：中国旅游出版社，2020.8（2021.8 重印）
中国旅游院校五星联盟教材编写出版项目　中国骨干旅游高职院校教材编写出版项目
ISBN 978-7-5032-6458-0

Ⅰ. ①旅… Ⅱ. ①郎… ②陈… Ⅲ. ①旅游资源—资源调查—高等职业教育—教材②旅游资源评价—高等职业教育—教材 Ⅳ. ① F590.3

中国版本图书馆 CIP 数据核字 (2020) 第 100877 号

书　　名：旅游资源调查与评价（第二版）

作　　者：郎富平　陈友军　主编
出版发行：中国旅游出版社
（北京静安东里 6 号　邮编：100028）
http://www.cttp.net.cn　E-mail:cttp@mct.gov.cn
营销中心电话：010-57377108，010-57377109
读者服务部电话：010-57377151
排　　版：小武工作室
经　　销：全国各地新华书店
印　　刷：北京明恒达印务有限公司
版　　次：2020 年 8 月第 2 版　2021 年 8 月第 2 次印刷
开　　本：787 毫米 × 1092 毫米　1/16
印　　张：21.75
字　　数：408 千
定　　价：49.80 元
ISBN　978-7-5032-6458-0

出版说明

把中国旅游业建设成国民经济的战略性支柱产业和人民群众更加满意的现代服务业，实现由世界旅游大国向世界旅游强国的跨越，是中国旅游界的光荣使命和艰巨任务。要达成这一宏伟目标，关键靠人才。人才的培养，关键看教育。教育质量的高低，关键在师资与教材。

经过20多年的发展，我国高等旅游职业教育已逐步形成了比较成熟的基础课程教学体系、专业模块课程体系以及学生行业实习制度，形成了紧密跟踪旅游行业动态发展和培养满足饭店、旅行社、旅游景区、旅游交通、会展、购物、娱乐等行业需求的人才的开放式办学理念，逐渐摸索出了一套有中国特色的应用型旅游人才培养模式。在肯定成绩的同时，旅游教育界也清醒地看到，目前的旅游高等职业教育教材建设和出版还存在着严重的不足，体现在教材反映出的专业教学理念滞后，学科体系不健全，内容更新慢，理论与旅游业实际发展部分脱节等，阻碍了旅游高等职业教育的健康发展。因此，必须对教材体系和教学内容进行改革，以适应飞速发展的中国旅游业对人才的需求。

上海旅游高等专科学校、浙江旅游职业学院、桂林旅游高等专科学校、南京旅游职业学院、山东旅游职业学院等中国最早从事旅游职业教育的骨干旅游职业院校，在学科课程设置、专业教材开发、实训实习教学、旅游产学研一体化研究、旅游专业人才标准化体系建设等方面走在全国前列，成为全国旅游教育的排头兵、旅游教学科研改革的试验田、旅游职业教育创新发展的先行者。他们不仅是全国旅游职业教育的旗帜，也是国家旅游局非常关注的旅游教育人才培养示范单位，培养出众多高素质的应用型、复合型、技能型的旅游专业人才，为旅游业发展作出了贡献。中国旅游出版社作为旅游教材与教辅、旅游学术与理论研究、旅游资讯等行业图书的专业出版机构，充分认识到高质量的应用型、复合型、技能型人才对现阶段我国旅游行业发展的重要意义，认识到推广中国骨干旅游高等职业院校的基础课程、专业课程、实习制度对行业人才培养的重要性，由此发起并组织了“中国旅游院校五星联盟”教材编写出版项目暨中国骨干旅游高等职业院校教材编写出版项目，将五校的基础课程和专业课程的教材成系统精选出版。该项目得到了“五星联盟”院校的积极响应，得到了国家旅游局人事司、教育部高职高专旅游专业教学指导委员会、中国旅游协会旅游教育分会的大力支持。经过各方两年多的精心准备与辛勤编写，在国家“十二五”开局之年，这套教材终于推出面世了。

“中国旅游院校五星联盟”教材编写出版项目暨中国骨干旅游高等职业院校教材编写出版项目所含教材分为六个专业模块：**“旅游管理专业模块”**（《旅游概论》《旅游经济学》《旅游管理基础》《旅游市场营销实务》《旅游应用心理学》《中国旅游资源概论》《旅游电子商务》《旅游职业英语》《旅游职业道德》《旅游礼宾礼仪》）；**“酒店服务与管理专业模块”**（《酒店概论》《酒店前厅部服务与管理》《酒店客房部服务与管理》《酒店餐饮部服务与管理》《酒店财务管理》《酒店英语》《酒店市场营销》《调酒专业与酒吧服务与管理》）；**“旅行社服务与管理专业模块”**（《旅行社经营管理》《旅游政策与法规》《导游业务》《导游文化基础知识》《旅行社门市业务》）；**“景区服务与管理专业模块”**（《景区规划原理与实务》《旅游景区服务与管理》《旅游资源的调查与评价》）；**“会展服务与管理专业模块”**（《会展概论》《会展策划与管理》《会展设计与布置》《实用会展英语》）；**“烹饪工艺与营养专业模块”**（《厨政管理》《食品安全与卫生》《面点工艺学》《烹饪原料学》），共计 34 本。本套教材实行模块主编审稿制，每一个专业模块均聘请了一至三位该学科领域的资深专家作为特邀专业主编，负责对本模块内每一位主编提交的编写大纲及书稿进行审阅，以确保本套教材的科学性、体系性和专业性。“五星联盟”的资深专家及五校相关课程的骨干教师参与了本套教材的编写工作。他们融合多年的教学经验和行业实践的体会，吸收了最新的教学与科研成果，选择了最适合旅游职业教育教学的方式进行编写，从而使本套教材具有了鲜明的特点。

1. 定位于旅游高等职业教育教材的“精品”风格，着眼于应用型、复合型、技能型人才的培养，强调互动式教学，强调旅游职业氛围以及与行业动态发展的零距离接触。

2. 强调三个维度能力的综合，即专业能力（掌握知识、掌握技能）、方法能力（学会学习、学会工作）、社会能力（学会共处、学会做人）。

3. 注重应用性，强调行动理念。职业院校学生的直观形象思维强于抽象逻辑思维，更擅长感性认识和行动把握。因此，本套教材根据各门课程的特点，突出对行业中的实际问题和热点问题的分析研讨，并以案例、资料表述和图表的形式予以展现，同时将学生应该掌握的知识点（理论）融入具体的案例阐释中，使学生能较好地将理论和职业要求、实际操作融合在一起。

4. 与相关的行业资格考试、职业考核相对应。目前，国家对于饭店、导游从业人员的资格考试制度已日渐完善，而会展、旅游规划等的从业资格考核也在很多旅游发达地区逐渐展开。有鉴于此，本教材在编写过程中尽可能参照最新的各项考试大纲，把考点融入到教材当中，让学生通过实践操作而不是理论的硬背来掌握知识，帮助他们顺利通过相关的考试。

“中国旅游院校五星联盟”教材编写出版项目暨中国骨干旅游高职院校教材编写出版项目是一个持续的出版工程，是以中国骨干旅游高职院校和中国旅游出版社为平台的可持续发展事业。我们对参予这一出版工程的所有特邀专家、学者及每一位主编、参编者和旅游企业界人士为此书编写贡献出的教育教学和行业从业的才华、智慧、经验以及辛勤劳动表示崇高的敬意和衷心的感谢。我们期望这套精品教材能在中国旅游高等职业教育教学中发挥它应有的作用，作出它应有的贡献，这也是众多参与此项编写出版工作的同人们的共同希望。同时，我们更期盼旅游高等职业教育界和旅游行业的专家、学者、教师、企业界人士和学生在使用本套教材时，能对其中的不足之处提出宝贵意见和建议，我们将认真对待并吸纳合理意见和建议，不断对这套教材进行修改和完善，使之能够始终保持行业领先水平。这将是我们不懈的追求。

中国旅游出版社

2011年3月

再版前言

自 2011 年 8 月由中国旅游出版社出版《旅游资源调查与评价》以来，受到了国内各大高职院校师生及旅游行业、企业从业人员的欢迎。在将近 9 年的课堂教学实践与旅游行业企业相关项目参与过程中，对第一版教材及 2003 版的《旅游资源分类、调查与评价》国家标准也有了更新的认识。

2017 年 12 月 29 日，由中华人民共和国国家质量监督检验检疫总局、中国国家标准化管理委员会联合发布了 2017 版的《旅游资源分类、调查与评价》（GB/T 18972—2017）。该版标准对 2003 版国家标准进行了较大的调整（见附件 1 的前言说明）。因此，本教材编写组也认为非常有必要对 2011 年版本的教材进行修订。

与此同时，近年来浙江旅游职业学院“旅游资源调查与评价”课程教材组也充分认识到信息化教学的重要性。早在 2013 年年底的时候，就以王昆欣教授为首、以 2004 年国家级精品课程“旅游资源评价与开发”为基础，以“旅游资源评价与开发”为课程名称成功申报教育部全国第三批精品资源共享课程建设项目，并于 2015 年在爱课程网上顺利通过验收；2017 年上半年，以“旅游资源评价与开发”为课程名称，作为浙江省级专业教学资源库——景区开发与管理专业国家级教学资源库的核心课程之一，顺利在高等教育出版社智慧职教平台上投入使用；2019 年，为配合教育部发布的《全国高等职业院校景区开发与管理专业教学标准》中专业核心课程名称“旅游资源调查与评价”，遂将景区开发与管理专业国家级教学资源库（2019—17）的核心课程“旅游资源评价与开发”调整为“旅游资源调查与评价”。

因此，在新的《旅游资源分类、调查与评价》（GB/T 18972—2017）国家标准颁布实施、新的旅游资源发展观、新的信息化教学形势及新形态教材出版等全新的背景与形势要求下，浙江旅游职业学院旅游资源调查与评价课程教材组迅速与中国旅游出版社沟通联系，并于 2019 年 1 月确定了第二版教材的出版计划，并同步展开了教材的重新编写与修订工作。

与第一版教材相比，第二版的教材重点凸显了以下七个“新”：

一是新标准。第二版教材全面根据 2017 版的《旅游资源分类、调查与评价》对教材中涉及的相关内容进行了更新，且多处注明了 2003 版和 2017 版标准的差异点。同时，课程组也据此重新设计了课程标准。

扫一扫，获取课程标准

二是新体例。第二版教材全面颠覆了第一版传统的章、节式编写体例，改用了更加符合现代高等职业教育项目式、情境化的编写体例，以符合现代课堂项目化与任务驱动型的教学改革与创新需求。

三是新资源。第二版教材在继承第一版教材扩展阅读材料的基础上，不仅对原有扩展阅读材料、想一想等进行了更新，而且充分利用景区开发与管理专业国家级教学资源库的网络课程平台增加了新的二维码链接视频、课件等新形态资源。

四是新形态。第二版教材全面采用新形态教材编写思路与方法，即充分利用本课程的三个网络课程平台资源，将项目案例、课程视频、教学课件、拓展知识或视频等转换为二维码，便于学习者利用智能手机随时在线学习或自学。

五是新内容。第二版教材对新标准及旅游行业发生的新情况、新资源等进行了全面的充实、更新或添加，如不仅增加了景观农田、书法画作等新型旅游资源基本类型的知识与案例，而且增加了旅游景区景观质量评价等新的实训内容；不仅增加了每次项目实训任务的成果评价细则与标准，而且全面更新充实了项目测试的内容。

六是新成员。与第一版教材编写时相比，因张春丽老师已经调整至其他专业，所以为充实编写组的力量，第二版教材由郎富平和陈友军联合担任主编，并吸收增加了于丹、陈洁菡、任晓旭、高恬宇、王瑞花、金梅、陈箫等院校的教师和行业企业的技术骨干。

七是新机制。第二版教材充分体现了产教融合的新理念与新思路，积极融合了浙江省旅游发展研究中心有限公司、浙江思博旅游发展有限公司、浙江旅游科学研究院有限公司、蜗牛（北京）景区管理有限公司等企业的人力资源与素材成果。

第二版教材共设项目任务 13 个及附件资料 3 个。其中，郎富平负责项目 2、项目 8、项目 9、项目 10、项目 11 和附件资料，陈友军负责项目 3、项目 4 和项目 6，于丹负责项目 7 和项目 12，陈箫负责项目 1 和项目 13，陈洁菡负责项目 5，高恬宇、王瑞花、金梅等其他参编人员重点负责收集并制作资源案例。全书由郎富平设计大纲和编写体例并总纂、统稿，对部分内容进行了修改和增补。浙江旅游职业学院王昆欣教授对教材的编制进行了悉心的指导；书中的部分图片、视频资源得到了浙江大学方龙龙教授、浙江省文化和旅游厅刘卉妍女士等的大力支持；更要感谢首都师范大学刘爱利博士和中国科学院地理所虞虎副研究员。在此，一并表示衷心的感谢！

旅游资源调查与评价课程教材组

2020年2月

前 言

自中国骨干旅游高职院校教材编写出版项目、“中国旅游院校五星联盟”教材编写出版项目杭州启动会议以后，本教材编制小组即着手展开教材的编制工作。经过一年半的辛勤工作与反复思考，会集了专业教师和多位行业专业人员编写的《旅游资源调查与评价》教材顺利地完成了任务。

高等职业教育必须紧跟行业发展的实际需求，高等职业教育的教材也必须具有贴近行业实践与操作流程，才能培养出符合时代发展与企业发展需要的高技能专业人才。本教材就是以此为指引，紧跟高等职业教育课程的改革步伐，针对旅游资源的调查、评价、保护与开发等专业从业人员职业能力的要求，教材编制组总结了自2002年杭州市旅游资源普查项目（国家试点），尤其是《旅游资源分类、调查与评价》（GB/T 18972—2003）颁布实施以来多年从事职业教育教学经验与开展多项旅游资源调查、评价、保护与开发等相关产学合作课题的经验，本着系统性、科学性、适用性、导向性、先进性的原则，编写了这本《旅游资源调查与评价》教材。

本教材体例新颖、内容编排科学。在编写过程中，以高等职业教育的特性和学生的学习认知规律为基础，以旅游资源分类、调查、评价、保护与开发的工作过程为导向展开编写，即在旅游资源相关概念、内涵、成因、分类等基础知识的认知基础上，先后设计了准备工作阶段、现场工作阶段、成果编制阶段、成果应用阶段等操作要领，使学生既能掌握相关旅游资源的类型特征、成因等知识，又能掌握现场数据采集的技巧与后续保护开发的要义。

本教材的设计框架，我们结合旅游资源调查与评价的实际工作任务和对专业技术人员的能力要求，按照浙江旅游职业学院国家级精品课程旅游资源评价与开发教学改革所提出的要求，在内容上以专业学生将来要从事的相关工作内容和本专业教学要求的知识、能力标准为依据，进行了必要的整合。教材采用学习目标、本章导读、案例导入、专题实训、本章小结、自测题的结构模式，突出了技能的训练、知识的运用及其要求，以求更加接近岗位的实际并及时做好复习总结。

本教材共三篇、十四章。由浙江旅游职业学院郎富平老师任主编，参加编写的有：浙江旅游职业学院郎富平老师（第二、三、十二、十三、十四章），陈友军老师（第四、五、六、九章），张春丽老师（第一、八、十、十一章），南京舜天大酒店厨师长、高级面点技师董在明（第七章）。全书由郎富平设计大纲和编写体例并总纂、统稿，对部分章节内容进行了修改和增补，并提供了插图。浙江旅游职业学院王昆欣院长、周国忠教授对教材的编制进行了悉心的指导；书中的部分图片得到了浙江大学城市与区域发展研究所、浙江省会稽山省级旅游度假区等单位的支持提供，在此一并表示衷心的感谢！

在编写过程中由于时间比较仓促，加之水平有限，书中的疏漏在所难免，恳请广大师生、读者不吝赐教，以便今后不断完善。

编 者

2011年8月

目 录

项目1　认识旅游资源

项目案例导入

认识旅游资源概述PPT　　认识旅游资源概述视频

案例1： 云栖小镇地处杭州西湖区西南，位于全国12个国家级旅游度假区之一的杭州之江国家旅游度假区核心板块，是浙江省特色小镇的发源地。2013年与阿里云达成战略合作，在原来传统工业园区（转塘科技经济园）的基础上实施腾笼换鸟、筑巢引凤，建设基于云计算大数据产业的特色小镇。2017年，小镇入围浙江省首批建设类高新技术特色小镇。云栖小镇坚持产业、文化、旅游、社区"四位一体"，以及生产、生活、生态融合发展的理念，充分依托云产业基础，通过丰富旅游产品、完善旅游要素、提升旅游环境，已打造成为集研学旅游、智慧体验、时尚休闲、会议会展等功能于一体的全国知名的科技旅游休闲景区。小镇于2018年8月顺利通过浙江省旅游局4A级旅游景区质量评估，并朝着创建国家4A级景区方向努力。云栖小镇属于低山盆地地形，定山、石龙山等六座山环绕，河道众多，形成了独特的低矮山丘景观，中间河网密布、绿树葱葱，天际线蜿蜒优美，内部已建成核心景点有云栖小镇展示厅、国际会展中心二期空中花园、云栖之眼、云栖博悟馆、百草园、狮子山南侧云栖花海等。近年来，小镇接连举办云栖大会、2050大会[1]等系列重大主题活动，极大地提高了云栖小镇的知名度与美誉度，为创建国家4A级旅游景区营造了有利外部条件。据统计，云栖小镇已接待各级各类参访团3000余批次，接待总人数超过40万人次。

（资料来源：根据相关资料整理所得）

想一想： 云栖小镇为什么会如此受游客青睐？体现了当下人们一种什么样的资源观？

1　2050大会是由杭州市云栖科技创新基金会与志愿者共同发起的一场关于"年青人因科技而团聚"的非营利活动。

案例2： 陶渊明的《归园田居》共5首，其中之一有这样的句子："方宅十余亩，草屋八九间。榆柳荫后檐，桃李罗堂前。暧暧远人村，依依墟里烟。狗吠深巷中，鸡鸣桑树颠。"其系列《归园田居》恰恰是对耕读生活的最真切的描述。古代农村是耕读乡村，秉承耕读传家，劳作滋养身体，读书修身养性，由此形成古代乡村特有的物质与精神生活良性循环的模式。就旅游资源来说，中国社会的封建时代较之于欧美封闭而漫长，其最具典型的形态是农耕经济，最直接的外在表现是田园风光和乡土风情。在后工业革命时代，更有现实意义，其不仅反映了现代城里人向往的一种生活方式，更是一种乡村情怀和乡愁情结。这些诗足以说明，中国的乡村有我们所渴求的旅游资源，既然有所求，定然有所依。

（资料来源：https://mp.weixin.qq.com/s/r789abTQlfs1asZ1xc9R−g）

想一想：从传统的耕读文化看，中国乡村的资源价值体现在哪些方面？

项目导读

学习目的与意义： 旅游资源是旅游业赖以生存和发展的基础，决定旅游开发的方向和规模，是激起旅游者旅游动机的最直接因素。旅游资源调查是建立在对旅游资源充分认识基础上所进行的系统工作，针对需要开发与规划区域内的旅游资源有系统、有重点地调查其类型、数量、特点、性质、未来经济价值、未来可开发程度，为旅游规划与开发提供直接的数据资料和科学依据，具有重大意义。旅游资源价值是评价旅游资源质量的重要依据，主要看其是否具备较高的美学价值、科学价值、历史文化价值和经济价值。

项目内容概述： 通过对旅游资源的内涵、特征、分类和形成因素的分析阐述，加深我们对旅游资源的基础性认识；立足于不同分类依据，从多角度对旅游资源进行分类；详细阐述旅游资源调查的要求、技术要点、调查的三种方式——概查、普查、详查，以及旅游资源调查的方法；简要介绍旅游资源的价值内涵、表现及分类。

学习目标

知识目标： 理解资源、旅游资源的含义与特性；掌握旅游资源的不同类型；理解旅游资源的成因；掌握旅游资源调查的不同方式；掌握旅游资源普查的相关知识；了解旅游资源的价值内涵、表现及分类。

技能目标：能识别不同类型的旅游资源；讲述旅游资源的形成成因；分析不同类型旅游资源的特征；能制订旅游资源调查的方案；分析旅游资源的价值表现和类型。

1.1 认识资源与旅游资源

1.1.1 资源的内涵与分类

资源与旅游资源PPT　　资源与旅游资源视频

1.1.1.1 资源的内涵

资源，泛指生产和生活资料的来源，作为专有名词多指自然存在的和再生的资源[1]。即通常指在一定时期内,在自然界和社会中客观存在的有用之物或能够被人类利用并产生价值的物质，一般可以分为自然资源和社会资源。

自然资源，是指在自然界形成的，由于自然因素作用形成的资源，主要有矿产、水、气候、土地、森林、生物及山、河、湖、海等[2]。自然资源的概念是资源中最为重要、最为核心且使用最为广泛的概念，如煤炭资源、石油资源、森林资源、土地资源等。社会资源，是指在一定时空条件下，人类通过自身劳动在开发利用资源过程中所提供的物质和精神财富的统称[3]。社会资源通常只限于劳动力、物资、资金、科技、信息、文化等与自然资源演变有较密切关系的社会生产要素，如人力资源、技术资源、资本资源、信息资源等。

目前，资源学界对自然资源的研究比较系统、成熟，自然资源学及其分支学科发展也比较迅速，但对社会资源的认识和研究则处于起步阶段，这在人文旅游资源中显得尤为明显。

1　谭见安 . 地理辞典 [M]. 北京：化学工业出版社，2008：721.

2　谭见安 . 地理辞典 [M]. 北京：化学工业出版社，2008：725.

3　孙鸿烈 . 中国资源科学百科全书 [M]. 北京：中国大百科全书出版社，石油大学出版社联合出版，2000.

1.1.1.2 资源的分类

人们要认识复杂事物，最直接、最简要的方法就是对不同的事物，根据其形态、性质、特征、特性等维度进行分类比较鉴别。通过由表及里、由浅入深地比较分析之后，才能得到分门别类的结果。比如，人们对雨、雪、霜、雹等天气现象的认知发展过程及对各种矿石矿产的认识发展过程。

资源是一个动态的、发展的客观实体，是随着时间和空间的变化而发展的。因此，在确定资源对象、研究资源分类时，必须关注在一定时空条件下资源内容与分类的变化，还要善于发现由于科技进步、人文文明发展而产生的资源新门类。

阅读材料1-1：中国历代货币

中国是世界上最早使用货币的国家之一，自产生金属铸币以来，历代货币形式、种类、数量之多均为世所罕见，并形成具有独特民族风格的东方货币文化，对日本、朝鲜和越南等邻国产生过深远影响。

先秦时期，中国货币以贝币为最早。商代原以天然海贝作货币，其中较普遍的是齿贝，学名货贝。后来由于真贝数量不够，就用各种仿制贝代替。东周以后，金属铸币开始流行，贝币逐渐失去货币资格。春秋战国时期，诸侯称雄，货币形制各异，有布币、刀币、圜钱和蚁鼻钱四大形式。

公元前221年，秦始皇统一中国货币。秦代以黄金为上币，铜钱为下币。铜钱圆形方孔，名为“半两”，标准重量十二铢，方孔圆钱自此成为中国封建社会的基本通用货币。西汉初期，钱币沿袭半两旧名。汉武帝元狩五年（公元前118年），始铸五铢钱，隋代继续铸造五铢钱。

唐初沿用隋代旧钱，高祖武德四年（621年）废五铢钱，铸造“开元通宝”或读“开通元宝”，每十文重一两，量制改用两、钱、分、厘十进位法，后世钱币以“通宝”或“元宝”为名蔚然成风。唐代虽然广用铜钱，但岭南用金银，内地则钱帛并用。五代十国时期，大额铸币盛行，铅钱、铁钱也大量使用，货币流通具有明显的地方性。宋代有些地区用铜钱，有些地区用铁钱，还有些地区铜铁兼用，随着白银货币性的不断加强，不仅民间用银增多，有时也被用来纳税。

辽代铸造铜钱数量不多，钱文均为汉字，制作比较粗糙，货币流通依赖宋钱的流入。西夏亦铸造钱币，分西夏文和汉文两类，以铜钱为主，间有铁钱。金代发行纸币早于铜钱。元世祖中统元年（1260年）始发中统元宝交钞，后又发至元通行宝钞，前者使用较久。至元三年（1266年），所铸银锭镌有“元宝”二字，元称银锭为元宝，有元朝之宝的含义。元代实行纸币流通制度，铜钱铸造不多，有汉字钱和蒙文钱两类。

明洪武八年（1375 年）起发行大明通行宝钞，钱钞兼用。后因纸币流通受阻，至嘉靖年间又大铸铜钱。明代将官炉铜钱称为“制钱”，以示与流通中的旧朝钱和本朝的私炉钱相区别。明中叶，白银上升为主要货币，制钱遂用于小额支付。清代大数用银，小数用钱。外国银圆自明末开始流入中国，至清中叶行用日广。因外国银圆规格比较一致，可凭个数流通，使用比银两方便，作价常高于其实际含银量，所以道光年间（1821—1851 年）外国银圆深入内地，形成银两与银圆并用的局面。

鸦片战争后，在西方货币制度影响下，广东于光绪十四至十五年间（1888—1889 年）用机器大量铸造“光绪元宝”银圆，重库平七钱二分，币面图案为蟠龙，俗称“龙洋”。光绪二十六年（1900 年），广东又首先铸造铜圆，每枚铜圆当制钱十文，每百枚换银圆一元。与传统的方孔钱不同，铜圆中无方孔，俗称“铜板”。其后各省滥铸铜圆，充斥市场，价格不断跌落。民国时期，北洋政府于 1914 年颁布《国币条例》，国币仍以元为单位，开铸袁世凯头像银圆，1927 年南京国民政府铸造孙中山头像银圆，与袁头币同时流通。1933 年废两改元，终于废除银两制度，实行以元为单位的银本位制度。

中国共产党领导的革命根据地，为了对敌斗争和巩固政权的需要，在土地革命战争时期就发行独立自主的货币，有银圆、铜币、纸币等。抗日战争时期，革命根据地发行的纸币通称“抗币”，其中边区抗日民主政府发行的纸币多称“边币”。解放战争时期，各解放区的货币发行和流通由分散渐趋统一，最后由中国人民银行于 1948 年 12 月 1 日发行的人民币为全国统一的货币。

（引自：洪葭管，潘连贵.中国历代货币[EB/OL]. http://www.chinabaike.com/article/1/78/433/2007/20070520113144.html，2011-1-2，有删改）

想一想：为什么中国乃至世界的历代货币会发生如此变化，即由最初的贝、布等原材料转为铁、铜、银、金等。

资源分类具有多样性。根据不同的研究目的或判别维度，就有不同类型的分类结果。比如，人们为了研究资源的可持续问题，可将其分为可再生资源与不可再生资源；为了研究资源的空间分布特征，可将其划分为地表资源与地下资源等；当区分资源的可分程度时，可划分为单一性资源与复合性资源；当研究资源的属性、成因时，又可以将其划分为自然资源与社会资源。

想一想：西双版纳原始森林公园是西双版纳最大的综合性生态旅游景区之一，园内森林覆盖率超过 98%，品种繁多的热带植物遮天蔽日，龙树板根、独木成林、老茎生花、植物绞杀等植物奇观异景随处可见。请问，该原始森林公园属于哪一类资源？

本书主要介绍资源系统分类方法中的一种，具体如图 1-1 所示。

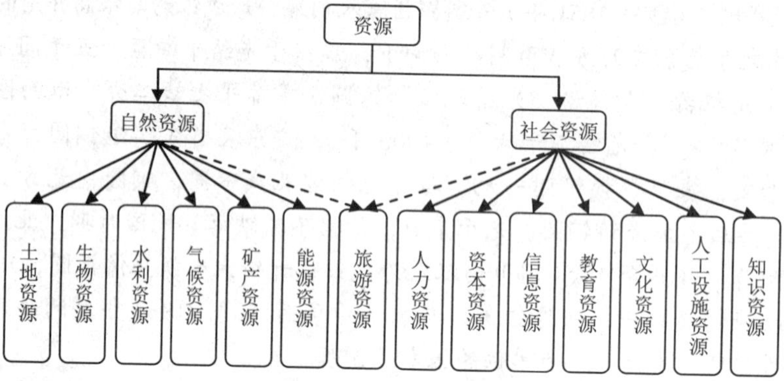

图1-1 资源分类系统

（引自：王昆欣．旅游资源评价与开发 [M]. 北京：清华大学出版社，2010：3，有删改）

1.1.1.3 资源的基本属性

（1）资源的价值性。每一种资源都有其使用价值，在一定的时空条件、科学技术与经济条件下，可以满足人类利用或创造更高、更多价值的功效与性能。以自然资源而论，资源的价值性是区别于自然条件的根本标志。自然资源的价值性是随科学进步而变化的，会随着科技进步不断被发现和开发，如风能、太阳能、潮汐能、核能等新型绿色能源的使用。

（2）资源的稀缺性。资源的稀缺性体现的是资源的经济属性，源于资源供给的有限性与人类需求的无限性之间的矛盾，两者的矛盾构成资源的稀缺性。资源的稀缺性又不断推动资源科学技术的进步，推动资源节约、资源替代和新资源的发现。

（3）资源的区域性。因不同的资源形成有其独特的自然条件与社会发展背景，导致所有资源在空间分布上均是不均匀的，都具有区域性。尤其是自然资源的空间分布更具有严格的区域性。不同区域资源组合和匹配都不一样，这是人类开发利用资源时必须遵守因地制宜原则的主要依据。如世界的石油资源主要集中在中东波斯湾沿岸、北美、欧洲及非洲、中南美洲、亚太地区；世界地热资源主要分布在全球几大地震带邻近国家或地区。

（4）资源的整体性。资源的整体性是资源系统所固有的属性特征，即各类资源均不可能孤立存在，而是相互联系、相互制约、相互依存的，以构成一个完整而又复杂的耦合系统。

（5）资源的复杂性。资源是一个以资源的开发利用为主体，包括经济系统、社会系统及资源生态系统的复合系统。自然资源的开发利用是人类借助于科学技术运用生产工具把自然物质转变为有用物的一项经济活动。

（6）资源的发展性。资源是一个可变的历史范畴。随着科技的进步与社会的发展，自然资源与社会资源的种类、形态、性能、规模、结构都有很大的变化，反映着时代的特征。

阅读材料1-2：西雅图煤气厂——从工业废弃地到都市景观公园

随着经济发展方式转变和城市化的快速推进，城市用地增长方式正在发生改变，以及旅游活动逐渐从传统观光型转向体验型，为城市废弃地的复兴提供了新的机遇。美国西雅图煤气厂公园（Gas Work Park）正是在这样的背景下，通过规划和设计的手段，对原有场地内工业遗产保护和引入体验式活动，成为一个生态环境修复、功能多样、吸引力强的综合性城市公共空间和旅游目的地。

西雅图煤气厂公园位于西雅图联合湖北岸，总面积约 8 公顷。该场地历史悠久，1900 年由西雅图照明公司购买下联合湖北岸的岬角，其煤气厂于 1906 年正式运营。西雅图煤气公司在此修建了一个生产煤气的炼油厂，直到 1956 年，由于天然气的全面推广，炼油厂最终被关闭，其主要建筑物和工厂设施原封不动保留，此后该场地一直被作为普吉特海湾能源公司的仓储用地。该区域和市中心隔岸相对，景观位置极佳，由于几十年的污染，该区域生态环境遭到极大破坏。直到 1962 年，西雅图市政府通过收购程序，希望能够借生态环境整治，为城市提供公共的城市绿色空间，并委托 Richard Hager 设计事务所负责煤气厂的设计与改造。西雅图煤气厂公园不仅仅成为一个标志性的“棕地”改造实践，还是工业遗产保护、开展工业旅游的重要尝试，促进了这个地块的复兴。

（引自：汪芳，秦跃磊．棕地修复：看工业废弃地如何变身，重新焕发活力！[EB/OL]. https://mp.weixin.qq.com/s/PFTVplOf3XiZLJ_jV9vm2Q，2019-1-22，有删改）

想一想：为什么乡村旅游、生态旅游、体育旅游、小镇旅游、民宿旅游、工业旅游等新型旅游业态不断涌现？其相关资源的开发利用说明了资源拥有哪些属性？

1.1.2 旅游资源的概念与内涵

旅游资源是旅游业赖以生存和发展的基础，也往往是旅游目的地的形象窗口。我国旅游资源丰富多样，随着社会的不断发展、旅游者的不断成熟，旅游资源所涵盖的范围越来越广，无论是旅游业界还是旅游学界，对于旅游资源的认识均在不断地深化。

自20世纪70年代末我国旅游业快速发展以来，我国旅游界对旅游资源的含义、价值、应用等理论与实用问题进行了多方面的研究。但由于旅游所涉及的行业和学科非常广泛，关于什么是旅游资源，不同的学者立足于不同的角度和层次，提出了不同的观点，积累了大量的文献，主要如下。

邓观利（1983）指出："凡是足以构成吸引旅游者的自然和社会因素，亦即旅游者的旅游对象或目的物都是旅游资源。"

黄辉实（1985）认为："旅游资源就是吸引人们前往游览、娱乐的各种事物的原材料。这些原材料可以是物质的，也可以是非物质的。它们本身不是游览的目的物和吸引物，必须经过开发才能成为吸引力的事物。"

陈传康等（1990）认为："旅游资源是在现实条件下，能够吸引人们产生旅游动机并进行旅游活动的各种因素的总和，它是旅游业产生和发展的基础。"

保继刚（1993）认为："旅游资源是指对旅游者具有吸引力的自然存在和历史文化遗产，以及直接作用于旅游目的的人工创造物。"

傅文伟（1994）指出："凡是具有旅游吸引力的自然、社会景象和因素，统称为旅游资源。也就是说，旅游资源是指客观存在的包括已经开发利用和尚未开发利用的，能够吸引人们开展旅游活动的一切自然存在、人类活动及它们在不同时期形成的各种产物之总称。"

郭来喜（1982）与黄祥康（1995）认为："凡能为旅游者提供游览观赏、知识乐趣、度假疗养、娱乐休息、探险猎奇、考察研究及友好往来和消磨闲暇时间的客体和劳务，均可称之为旅游资源。"

谢彦君（1999）指出："旅游资源是指客观地存在于一定地域空间并因其所具有的审美和愉悦价值而使旅游者向往的自然存在、历史文化遗迹或社会现象。"

国家旅游局资源开发司、中国科学院地理研究所在1992年制定的《中国旅游资源普查规范（试行稿）》中将旅游资源（tourism resources）定义为"自然界和人类社会凡能对旅游者产生吸引力，可以为旅游业开发利用，并可产生经济效益、社会效益和环境效益的各种事物和因素都可视为旅游资源"。2003年，《旅游资源分类、调查与评价》国家标准（GB/T 18972—2003）沿用了上述定义。

2017年修订并公布的《旅游资源分类、调查与评价》（GB/T 18972—2017）将旅游资源界定为“自然界和人类社会凡能对旅游者产生吸引力，可以为旅游业开发利用，并可产生经济效益、社会效益和环境效益的各种事物和现象”。

想一想：2017年《旅游资源分类、调查与评价》关于“旅游资源”的定义体现了哪些新的特征和趋势？

而西方国家将旅游资源称作旅游吸引物（tourist attractions），不仅包括旅游地的旅游资源，而且包括接待设施和优良的服务因素，甚至还包括舒适快捷的交通条件。

阅读材料1-3：新加坡缘何成为海外热门旅游目的地

新加坡是世界上面积最小的几个国家之一，被称为“城市国家”。这里会聚了现代与传统，融合了东西文化之精粹，再加上它整洁环境和充满都市气息的氛围，让这个“小国”散发着莫大的魅力。

近年来，中国经济的腾飞催化了中国游客旅游观念的成熟，旅游需求进一步释放和升级，并因年龄、区域及爱好产生了微妙的细分，变得日益多元。中国游客对旅游目的地的诉求已不仅停留在功能层面，更逐渐上升到情感层面。深度探访一个目的地，在旅行中寻求心灵契合、价值认同，已经成为很多中国游客选择旅游目的地时的新考量。狮城新加坡一直凭借其小而全的功能性优势深受中国游客的青睐。2016年，中国市场访客量同比增长幅度高达36%，以286.4万人次的总人数排在新加坡访客量的第二位，并蝉联旅游收益榜的冠军。根据最新数据统计，2017年第一季度，来自中国大陆市场的访客量共计85.1万人次，同比增长14%，领跑所有入境市场，旅游收益共计10.75亿新元（约合人民币52亿元），增幅同比高达30%，继续稳居旅游收益的首位。

国土面积约719平方公里的新加坡，其实，旅游资源并不丰富。但经过多年的城旅融合建设和目的地营销，新加坡已经从金融之都变为东南亚地区最迷人的目的地之一。Marina Bay Sands、Gardens by the Bay、The Fullerton Bay Hotel、Capella Sentosa、环球影城、乌节路、牛车水甚至鸭子船、榴梿冰棍等都让人津津乐道，新加坡用足了飞行中转站的地缘优势，把过境地用非同一般的城市魅力变成了目的地。

新加坡旅游营销的特点在于善于利用各种资源，由此也就形成了五花八门的旅游营销手段。无论是名人营销、主题营销、事件营销，还是产品创意，都做得非常到位。新加坡营造的是一个开放包容的社会，在这样的社会中，各种旅游营销推广手段都能够获得大家的认同，也都能够得到各方面的全力支持，如此活跃的社会环境中，旅游营销的各种创意不断产生着，带来了一个又一个令人惊叹的营销热点。

（引自：风景读书．新加坡旅游资源这么有限，何以成为海外热门旅游目的地 [EB/OL]. https://mp.weixin.qq.com/s/Xgow_zdryed7Bth7JB5R3w，2017-12-25，有删改）

想一想：交通条件在新加坡旅游发展中的作用和地位主要体现在哪些方面？

尽管学者们各自的出发点和强调的重点有所不同，经过深入分析，不难发现其中的相似之处。

1.1.2.1 旅游资源是客观存在的

旅游资源是一种客观存在，作为旅游活动或旅游开发利用的客体，它是旅游开发利用、旅游活动赖以生存发展的基础与前提。无论是优美的山水、灵动的生物、百变的气象，还是优雅的艺术、惊世的古迹、完美的建筑、奇异的风俗与特色的商品，都是客观的、物质的。即使是无形的人文、艺术、传说等因其依附于一定的物质基础而存在，也具有客观性。同时也正是因为它们的存在赋予了物质活的灵魂，使其对游客更具有难以抵挡的吸引力，这一点尤其表现在中国传统山水风景的审美意识上，如果没有那些流传千古的传世佳作，没有那些代代相传的凄美故事，没有凝聚在物质景点上的人文情怀，再美都难以引起游客的共鸣，无法产生深切的审美体验。

1.1.2.2 旅游资源具有吸引力

吸引力是旅游资源最大的特点，也是旅游资源理论的核心。正是因为旅游资源对游客的吸引力才使得旅游活动有了最初的可能，才使得旅游业得以发展运作。因此，只有那些能够激发旅游者的动机，吸引游客到异地进行游览观光、休闲度假、休憩疗养、文化交流等，能为旅游业所利用的各类事物和现象，才能成为旅游资源，这是旅游资源区别于其他资源的重要特性。

试一试：如何创造和激发某一资源对游客的吸引力，请结合具体的例子谈一谈。

1.1.2.3 旅游资源具有价值性

旅游资源是一个国家或地区旅游业发展的基础，它能为旅游业所利用，并带来经济效益，这是旅游资源价值性的体现。然而，旅游资源的价值性并不仅仅体现在所带来的经济效益方面，经过开发利用旅游资源同时还能带来巨大的社会效益。现代旅游业中，旅游资源本身的吸引力和它所赖以生存的生态环境，已经成为一个不可分割的整体，要想充分体现旅游资源的价值，就必须对其所依附的生态环境进行大力保护。因此，对旅游资源开发利用的同时，还会为我们带来环境效益。如杭州市在“十五”“十一五”期间大力推进西湖综合整治工程中，对西湖进行了系统疏浚，大大改善了西湖的生态环境，持续多年落实“常态清淤、系统截污、一线考察”，真正实现了还湖于民。

1.1.2.4 旅游资源是一个不断发展变化的概念

随着我国社会经济和科技水平的快速发展，旅游业不断发展提升，旅游者的旅游消费日益成熟，旅游需求不断多元化、个性化，很多我们以前无法利用的、没有意识到的物质和因素，在现代社会已经成为对旅游者具有强烈吸引力的旅游资源。因此，在旅游业发展的不同历史阶段，对旅游资源的内涵会有不同的理解和认识，而随着科学技术的进步，旅游者的旅游足迹范围正在日渐扩大，不仅已有的旅游资源潜能将进一步得到挖掘发挥，还会不断有新的旅游资源出现在世人面前。

阅读材料1-4：灾害旅游的兴起与发展

20世纪以来，许多与地震、火山爆发、洪水泛滥、海啸、战争、台风、种族灭绝、恐怖事件等有关的地方日益成为重要的旅游吸引物，有的甚至还成为当地的支柱产业。如79年维苏威火山爆发湮没的庞贝城，从1748年被人们发现起，经过200多年有计划的开掘，现在每年吸引游客多达2000多万人次，成为最具吸引力的场所；1989年9月下旬意大利埃特纳火山爆发，连续数月的喷发形成了奇特的自然景观，使人们忘却了它对周围环境及人们生产、生活造成的巨大灾害性影响，成千上万的人接踵而至，一睹为快；美国新奥尔良市一家旅游公司出于变废为宝、为自己多谋一点生计的目的，则在飓风“卡特里娜”来袭之后推出一项“灾害游”，游客只需花35美元便可到该市参观重灾区“法国区”，游客从中可以看到飓风过后的一些新奇的景点；电影《超强台风》中的老外为追逐拍摄台风风眼、美国摄影爱好者追捕龙卷风等狂热行为亦不断涌现。

想一想：目前，有哪些旅游资源是新兴出现的？

比一比：黑色旅游（black tourism）和黑暗旅游（dark tourism）。

阅读材料1-5：全域旅游的资源观

旅游业发展的初期，是资源主导型发展模式，即一个旅游目的地必须拥有垄断性的资源，也就是我们常说的旅游核心吸引物——自然型山川河流和人文型文化遗产，具有发展旅游的先天性优势。随着旅游消费者需求的多元化，观光之外更需要在目的地多做停留，甚至是多频次的短期生活，以达到周期性放松身心的目的。这就需要旅游目的地在核心资源外有更丰富的产品和服务供给。于是，旅游要素发生转变，从单一转向综合供给；旅游场域发展转变，从封闭的景区转向开放的空间，这使得目的地摆脱先天垄断性资源局限、有中生优或无中生有地创造资源成为可能。“全域旅游”的理念正是在这种消费需求和背景下产生的，它让人们从“全要素范畴”和“全空间范畴”重新认识资源价值，让那些曾经在观光消费中被忽略了的潜在资源，有了“拨云见日”成为优质旅游产品，进而转化为经济价值的机会，极大地拓展了旅游的行业和产业外延，旅游无边界，事物皆可游。乡村旅游的火热和文创产品的畅销，是市场需求改变资源观念的最好例证。

［引自：孙小荣.全域旅游，一次理念革新与模式创新[J].中国品牌，2017（12）：58-60，有删改］

想一想：“全域旅游”发展理念除了颠覆性地改变了新时期中国社会经济发展的资源观外，在发展观、服务观和大众旅游的消费观上带来了哪些变化？

综上所述，我们认为旅游资源应是客观存在的、具有吸引力的、能够体现价值和发展的。因此，本书选择《旅游资源分类、调查与评价》（GB/T 18972—2017）中对于旅游资源的界定，即旅游资源是“自然界和人类社会凡能对旅游者产生吸引力，可以为旅游业开发利用，并可产生经济效益、社会效益和环境效益的各种事物和现象”。

比一比：旅游资源、旅游产品和旅游吸引物。

1.1.3 旅游资源的共有特性

旅游资源作为资源的一种类型，既有与其他各种资源所共有的特性，又有许多其自身独有的特性。同时，不同类型的旅游资源之间既有共有特性，亦有不同特性。其中，共有特性主要包括以下几点。

1.1.3.1 旅游资源分布的地域性

旅游资源分布的地域性，又称不可移动性或不可复制性，是指任何形式的旅游资源都必然受到当地的自然、社会、文化、历史、环境的影响和制约，某地的一种旅游资源移植到另一个地方，或许变异，或许不再是旅游资源，即所谓的“南橘北枳”。以闻名世界的法国巴黎埃菲尔铁塔为例，1889 年 3 月 31 日，当时世界第一高的埃菲尔铁塔落成使用，其高度达到 300 米，这座巨大的 A 型钢筋铁骨在一片争议中设计建成。目前，埃菲尔铁塔已经与巴黎共同度过了百余年，吸引了全世界无数游客登上铁塔俯瞰经过多年和谐发展的城市人文景观。登上瞭望台，淡黄色的凯旋门城楼、绿荫中的卢浮宫、白色的蒙马圣心教堂都清晰可见，色彩斑斓。目前，国内各大主题公园纷纷仿效或复制国内外知名建筑人文景观或自然景观，而在游客心目中始终会觉得不过瘾或有“失真”的问题存在。北有北京的“世界公园”，南有深圳的“世界之窗”，中有浙江杭州的“广厦天都城”，埃菲尔铁塔被一再“复制”或“移植”，但其“地格”是无法复制或移植的，游客也不可能体会到站在巴黎仰望铁塔的感受，也不可能领略到登上 300 米高的塔顶品味“一览众山小”的风景。

认识和理解旅游资源分布的地域性特征对地方旅游资源的开发利用、品牌塑造等具有重要意义。旅游资源开发的首要任务是确立地方风格、突出自身特色，具体可以从以下三个方面深入研究和分析。

（1）对自然地理特征进行研究和分析。俗话说“一方水土养一方人”，即不同的自然地理环境既能孕育独特的自然旅游资源，又能培育独具特色的民俗文化与人文旅游资源。例如，珠穆朗玛峰是世界最高峰（海拔 8844.43 米[1]），作为世界群山之首，屹立在欧亚板块和印度板块碰撞造就的喜马拉雅山脉群峰之中，其独有的气候环境、景观特征是世界其他地区均无法替代的。再如，在民居建筑中，黄土高原的窑洞、牧区的帐篷与毡房、土家族的吊脚楼、福建客家土楼（圆楼）、西南地区亚热带的竹楼、华北地区的四合院等，均是历代先民顺应自然、适应自然后创造出来的独有的人文景观。在地方旅游资源开发利用、经营管理过程中，紧扣这些地理特征对潜在的旅游者很有吸引力。

（2）对历史文化特征进行研究和分析。对地方的历史过程、背景等进行考察研究、分析，寻找具有一定知名度和影响力的历史遗迹、历史人物、历史事件和古代文化背景，作为地域性的构成要素。利用当地独有的历史文化影响力进行旅游目的地的形象定位的成功案例不胜枚举。比如，西安古称长安，是丝绸之路的起点，同意大利的罗马、希腊的雅典、土耳其的伊斯坦布尔并称为“世界四大古都”。深厚的历史文

1 新浪科技详讯．国家测绘局公布珠峰新高程为 8844.43 米 [EB/OL]. http://tech.sina.com.cn/d/2005-10-09/1017737088.shtml，2005-10-9.

化积淀和浩瀚的文物古迹遗存使西安享有“天然历史博物馆”的美称，尤其是有“世界第八大奇迹”之称的秦始皇兵马俑坑（博物馆）与至今世界上保存最完整、规模最宏大的古城墙遗址——明代古城墙等顶级旅游资源，使得西安成为国外游客到内地的必到之地，也是国家级旅游线路的重要组成部分。

（3）对现代民俗文化进行研究和分析。在历史记载和考古发现尚未充分的地区，同样可以通过对当地现代民族文化和民俗文化的考察分析，提炼符合当地特色的景观特性。尤其是在一些少数民族集中聚居地区，民族文化往往构成具有号召力的精彩内容，为旅游形象的设计和旅游目的地的营销打下了坚实的基础。比如，泸沽湖古称鲁窟海子，又名左所海，俗称亮海，位于四川省凉山彝族自治州盐源县与云南省丽江市宁蒗彝族自治县之间。湖边的居民主要为摩梭人，也有部分纳西族人，其中摩梭人至今仍然保留着母系氏族婚姻制度。在其旅游开发、经营管理过程中，充分发挥其特有的母系氏族文化，被称为“东方女儿国”。

试一试：你的家乡有哪些民俗文化，如何利用这些民俗文化进行旅游开发，请结合具体的例子谈一谈。

1.1.3.2 旅游资源吸引力的选择性

旅游资源吸引力的选择性，与资源表现形式的多样性、功能的综合性相匹配。比如，国家5A级旅游景区千岛湖，不仅拥有梅峰观岛、五龙岛等知名观赏性景点，而且拥有豪华游轮观光、滨湖养生会所、滨湖景观别墅、创意休闲会所等新型服务设施。虽然各项旅游资源表现形式多样，功能丰富齐全，但不同的旅游者个体或群体的旅游需求形式或旅游动机亦有较大区别，而旅游资源的吸引力在某种程度上是旅游者的主观反映。即不同的旅游者面对同一样旅游资源时，该旅游资源在他们心目中的印象具有较大差异。因此，在旅游资源开发利用时就要结合区域目标细分市场的需求特征，充分考虑和重视资源的选择问题，注重有效地发挥资源的综合效应，在详细评价分析旅游资源各种功能的基础上，选择综合效益最大化的开发方案。

在对旅游资源的吸引力进行选择判断时，可重点参照如下四个方面进行。

（1）综合判断旅游资源的价值与典型景观。要尽可能地保持旅游资源的特色，旅游资源贵在稀有，其价值很大程度上在于与众不同的特色上，要充分突出这种特色，即所谓的“人无我有，人有我优，人优我特”，同时尽可能地保持自然和历史形成的原始风貌。任何过分的修饰和全面毁旧翻新、人工仿制等做法均不可取。

（2）全面分析目标细分市场的需求特征。鉴于不同旅游者个体或群体有其独特的旅游动机与旅游消费习惯，因此要通过综合分析目标细分市场的需求，并根据分析研究结果来选择旅游资源的功能开发方向。

（3）合理选择旅游资源的开发利用方式。不同类型的旅游资源拥有不同的表现形式、多样的功能特征，要选择能够实现经济效益、社会效益、环境效益最大化的方案。

（4）要实现各表现形式、功能特征的相融。对于旅游资源的多用途或多表现形式而言，要根据旅游者的选择性，确保各个功能用途的相辅相成、各个表现形式的相融。比如，对于千岛湖旅游区而言，因其湖水较深，可以开展多样的水上运动、水上休闲、滨湖游赏等活动，但不能种植荷花来实现滨湖赏景活动。

1.1.3.3 旅游资源的可创新性

旅游资源并不是一成不变的、死板的，而是可以根据人们的意愿或认知的发展、结合自然规律特征对其进行创造、制作而再生再现。比如，北京颐和园、苏州园林等人文景观资源均是典型的再创旅游资源。旅游资源的可创性要求我们：一是随着时间的推移与人们旅游需求的转变，有必要对旅游产品进行不断地创新，才能保证旅游业的可持续发展。二是在传统旅游资源匮乏的地区，为了发展旅游业，也可凭借其经济实力人为地创造一些旅游资源。比如，深圳是我国率先改革开放的经济特区，发展历史相对较短，缺乏深厚的历史文化底蕴、传统民俗文化资源与较高品质的自然旅游资源，但其加大了资金的投入与旅游资源、产品的创新，积极投资开发了以世界之窗、深圳欢乐谷、东部华侨城为代表的新型旅游产品，使深圳成为我国华南地区重要的旅游城市之一。

1.1.3.4 旅游资源的重复使用性

旅游资源的重复使用性，即旅游产品的共享性，要求实现旅游资源与环境的保护性。与普通资源、商品不同，在旅游资源中，除了少部分资源在旅游活动中会被旅游者所消耗，需要通过自然繁殖、人工饲养栽培和再生产来补充之外，绝大多数旅游资源都具有长期重复使用的特性。比如，当你购买了某样家用电器之后，该家用电器的所有权、使用权及其他相关权利（如销售权、租赁权等）均归你所有。但是，当你购买了某旅游区的门票后，你购买的仅仅是该旅游区相关旅游资源或产品的“一次性使用权”，而且在你使用该资源或产品时，必须与其他旅游者共享该资源或产品。所以在旅游资源的开发利用过程中，要重视旅游资源与生态环境的保护，既要减少其对自然的、人为的破坏，又要为某些自然资源、人文资源的存在和发展创造良好的条件，以延长旅游资源的使用周期。

阅读材料1-6：《中国公民出国（境）旅游文明行为指南》与《中国公民国内旅游文明行为公约》

为提高公民文明素质，塑造中国公民良好国际形象，中央文明办、国家旅游局于2006年10月联合颁布《中国公民出境旅游文明行为指南》和《中国公民国内旅游文明行为公约》。

《中国公民出国（境）旅游文明行为指南》

中国公民，出境旅游，注重礼仪，保持尊严。讲究卫生，爱护环境；衣着得体，请勿喧哗。

尊老爱幼，助人为乐；女士优先，礼貌谦让。出行办事，遵守时间；排队有序，不越黄线。

文明住宿，不损用品；安静用餐，请勿浪费。健康娱乐，有益身心；赌博色情，坚决拒绝。

参观游览，遵守规定；习俗禁忌，切勿冒犯。遇有疑难，咨询领馆；文明出行，一路平安。

《中国公民国内旅游文明行为公约》

营造文明、和谐的旅游环境，关系到每位游客的切身利益。做文明游客是我们大家的义务，请遵守以下公约：

1. 维护环境卫生。不随地吐痰和口香糖，不乱扔废弃物，不在禁烟场所吸烟。

2. 遵守公共秩序。不喧哗吵闹，排队遵守秩序，不并行挡道，不在公众场所高声交谈。

3. 保护生态环境。不踩踏绿地，不摘折花木和果实，不追捉、投打、乱喂动物。

4. 保护文物古迹。不在文物古迹上涂刻，不攀爬触摸文物，拍照摄像遵守规定。

5. 爱惜公共设施。不污损客房用品，不损坏公用设施，不贪占小便宜，节约用水用电，用餐不浪费。

6. 尊重别人权利。不强行和外宾合影，不对着别人打喷嚏，不长期占用公共设施，尊重服务人员的劳动，尊重各民族宗教习俗。

7. 讲究以礼待人。衣着整洁得体，不在公共场所袒胸赤膊；礼让老幼病残，礼让女士；不讲粗话。

8. 提倡健康娱乐。抵制封建迷信活动，拒绝黄、赌、毒。

想一想：旅游者消费行为素质的提升对旅游资源与生态环境的保护有何作用？

1.1.3.5 旅游资源的整体性

旅游资源的整体性，又称为旅游资源的组合性、群体性、依存性或系统性，是指旅游资源与旅游资源之间、旅游资源与自然环境及社会环境之间，都存在着内在的紧密联系，它们相互依存、相互作用、相互陪衬、互为条件、彼此影响，构成了一个有机整体。

（1）旅游资源整体性的表现。第一，旅游资源的整体性在自然旅游资源中表现得尤为明显，它们共同根植于特定的自然环境当中。如西双版纳属于热带湿润区，终年温暖、四季常青，在这 2 万平方公里的土地上，孕育了全国 1/4 的动物和 1/6 的植物，是名副其实的“动物王国”和“植物王国”，是国家级自然保护区与联合国国际生物圈保护区。第二，人文旅游资源的整体性表现也较为明显，因为任何一个地区只要有人类活动，就都凝结着不同时期社会文明的积淀和产物。无论是老祖宗创造传承下来的还是后代子孙另行创造的，都存在特定的文化脉络与属性，并通过建筑、民俗、文化、艺术等形式表现出千丝万缕的关系。第三，自然旅游资源与人文旅游资源之间也存在一定的内在联系。人类文明的发展史说明“一方水土养一方人”，即在特定时空条件下的自然环境与资源，形成了独具特色的天然景观或自然旅游资源，并产生了与之相融合的地方民族文化。而地方的民族文化又不断地反作用于自然环境，创造了相应的有其自身特点的人文景观，即实现了自然和人类活动的交融影响和渗透，构成了旅游资源在更大范围内的统一性和整体性。

（2）旅游资源整体性的思考。首先，在旅游资源的开发利用过程中，必须正确处理自然景观与人文景观的相互关系，做到建筑与环境的协调一致，自然与人类的“天人合一”。即在充分分析旅游资源及其地理环境、人文特征的基础上，以“反规划”理论为指导，继承和保持已有的整体性，不割断它们的内在联系，更不随意进行破坏。其次，要加强旅游资源的综合开发，发挥资源的整体优势与集聚效应。在发掘和利用某主体旅游资源的同时，还应注重其伴生资源的挖掘与利用，并深入研究与分析所在地的人文景观资源，否则就会失去灵魂与个性，自然就无法在区域旅游市场内树立个性与品牌。最后，鉴于旅游资源的整体性或系统性的特征，在旅游资源的开发利用过程中，要时刻谨记“勿以恶小而为之”。比如，在某湖泊型湿地公园内，开发商若无法有效控制环境容量或大规模地开展水上旅游活动，则很有可能导致湿地水生态系统的污染，进而导致湖泊内相关生物的锐减，并可能影响到区域内高端生物链（如鸟类）的生存与发展，最终导致整个湿地公园吸引力的锐减，甚至消失。

阅读材料1-7：“反规划”

“反规划”概念是在中国快速的城市进程和城市无序扩张背景下提出的，主要是一种物质空间的规划方法论。“反规划”不是简单的“绿地优先”，更不是反对规划，而是一种应对快速城市化和城市发展不确定性条件下如何进行城市空间发展的系统途径；与通常的“人口—性质—布局”的规划方法相反，“反规划”强调生命土地的完整性和地域景观的真实性是城市发展的基础。“反规划”是一种景观规划途径，是一种强调通过优先进行不建设区域的控制来进行城市空间规划的方法论，是对快速城市扩张的一种应对。

（引自：百度百科 . 反规划 [EB/OL]. https://baike.baidu.com/item/ 反规划 /9913977，2018-11-27）

1.1.3.6 旅游资源的相对稀缺性

旅游资源的相对稀缺性，是指旅游资源是有限的。在特定情况下，又指旅游资源的不可再生性、独有性、时限性。

（1）不可再生性。无论是自然旅游资源还是部分人文旅游资源，一旦遭到损坏，其再利用便会很困难。虽然部分自然旅游资源（如生物景观类旅游资源）可以经过一定的时间得以恢复，但是其恢复周期往往相对较长，将严重影响到旅游资源与生态环境的可持续发展；而大部分自然旅游资源与人文旅游资源（尤其是一些重要的文物古迹等历史遗存），是在特定的地质条件（如火山喷发、地壳运动）与历史条件下形成的，很多都是唯一的，遭到损坏后即便进行人工修复，也会丧失其科学价值、历史价值和观赏价值。

（2）独有性。各个旅游资源的形成都有其独特的地理环境条件或历史文化条件，不同地区的旅游资源均拥有较大的差异，这使得其他地区难以复制或移植，造就了旅游资源的稀缺性。如同样作为山岳型旅游地的“五岳”，就其自然景观而言，亦存在较大差异性，即东岳泰山之雄、西岳华山之险、南岳衡山之秀、北岳恒山之幽、中岳嵩山之峻，泰山如坐、华山如立、衡山如飞、恒山如行、嵩山如卧。

（3）时限性。一方面，随着时间的变迁、季节的变化，旅游资源的含义、特性、吸引力大小等均会产生较大变化。如因生活节奏加快、城市交通拥堵等“城市病”的爆发，导致乡村旅游日益受到现代城镇居民的青睐。另一方面，气候的季节性变化，可直接对旅游资源产生影响，如亚布力滑雪场必然在每年的冬季最具吸引力，而大连的滨海旅游只有在暑假前后才会受到游客的追捧，海南亚龙湾则在每年冬季才能体现出其独特的竞争力；再如，蒙古族的“那达慕”、傣族的“泼水节”、藏族的“望果节”、杭州的西湖博览会等，都只能在每年的特定时间内出现，造成了时间上的“稀缺性”。

旅游资源的相对稀缺性再次警示我们要合理地开发、利用旅游资源，要重视遗产保护与旅游开发的关系，遵循永续发展的原则，积极引进低碳技术，大力倡导低碳旅游。

1.1.4 旅游资源的成因

旅游资源的成因PPT　　旅游资源的成因视频

地理环境及人文环境的地域性差异是各类旅游资源形成的基本条件。即千差万别的自然、人文条件或系统经过相互影响、相互作用，形成了各具特色的旅游资源。

1.1.4.1 自然旅游资源的成因

（1）地质构造和地质作用形成地文景观旅游资源。地球的内营力是决定海陆分布、岩浆活动、地势起伏等的地球内能，它对自然景观旅游资源的类型与形成具有根本的控制作用。从全球地质构造和地壳结构来看，地壳可分为洋壳、陆壳、过渡型地壳。构造活动带有 6 大板块、20 多个小板块，各个板块构造的不同部位有不同的地质动力作用，形成不同的自然旅游资源。事实上，地壳运动最为活跃的地区，往往是自然景观资源数量最丰、品质最好的集聚区。如 2005 年，中国国家地理杂志社推出了 55 周年社庆专刊“选美中国”，通过对上榜美景的空间分布特征来看，各大顶级美景主要分布在我国第一阶梯向第二阶梯的过渡地带、第二阶梯向第三阶梯的过渡地带及第三阶梯向海洋的过渡地带。太平洋板块与亚欧板块的俯冲带，形成火山与地震活动较强的阿留申群岛—日本群岛—琉球群岛—菲律宾群岛岛弧带，这是以海洋、岛屿、火山、温泉等自然景观为主的旅游区。印度板块与亚欧板块的碰撞，形成青藏高原，是以高山冰川为主要景观的旅游区。

各种内动力地质作用可以形成不同类型的自然景观，如火山作用形成现代火山地貌、地热景观；构造运动形成若干断陷湖泊、断块山、峡谷等旅游景观；地质作用下形成的岩石及地层中的化石也是重要的旅游资源。此外，风蚀、水蚀、冰蚀和岩溶等外营力作用在不断改变着地表形态，形成诸如雅丹地貌、喀斯特地貌和千奇百怪的冰蚀、海蚀景观资源。

（2）地球水体的水文特征形成水域景观旅游资源。地球表面的水体有海洋、冰川、河流、湖泊、瀑布、涌泉等多种类型。它们与地质、地貌、气候、植被等因素相结合，形成丰富的水域风光旅游资源。海洋占地球表面的71%，其中心部分为洋，边缘部分为海。在大洋型地壳地质构造与海底地貌特征、海洋气候与洋流、海洋生物等因素的控制影响下，陆地边缘形成滨海旅游资源，海洋内部形成珊瑚礁、海洋生物及海火、海光等海洋奇景旅游资源。河流既是重要的构景素材，又是刻画地表形态的主要动力。在同一条河流的上、中、下游河段，由于不同的水文特征，造成江河源头神秘莫测，上中游峡谷众多，下游河汉纵横、河网密布，特色迥然不同。在河流流经的不同地球景观带，既形成了不同的地貌部分，也形成了景观各异的风景走廊。如在亚洲中部的高原地区，大江大河呈放射状向四方奔流入海，形成高山峡谷、丘陵与平原、湖泊与洼淀等自然景观。在欧洲，陆地与海洋犬牙交错，河网密布，流量稳定，通航里程长，形成蓝色的多瑙河、清澈明亮的莱茵河等自然旅游景观。在美洲西部，科第勒拉山系迫近太平洋，入海河流均比较短小，而东部地形开阔，在五大湖区形成尼亚加拉、安赫尔等世界著名的大瀑布旅游区。非洲地区的河流由于流经地区的地层软硬不同，地质构造复杂，地貌上多阶地陡崖，形成一系列巨大的河流瀑布景观，如赞比西河瀑布多达72处。此外，地表洼地积水而成的湖泊、地下水出露而成的温泉和矿泉等也都是重要的自然水体、水文旅游资源。

（3）地球生物的多样性形成生物景观旅游资源。生物是地球表面有生命物体的总称，从大的方面可以分为植物、动物、微生物三类。其中，地球动物种类不少于50万种，植物种类不少于100万种，微生物的种类目前尚难以统计。在地球发展的不同历史时期，由于地理环境条件的不同，生物种群也在不断演化。大量的古生物，因地质历史环境的变迁而灭绝，其遗体或遗迹保存在地层中，成为重要的旅游资源。另一些动植物，在特定的条件下生存下来，成为再现古地理环境和研究古生物演变的“活化石”，如大熊猫、银杏、水杉等，成为重要的观赏性动植物。为保护这些珍稀动植物而建立的各类自然保护区，已成为科学研究和旅游开发的重要场所。

不同地理环境下生存的植物群落或动物群落，在景观上存在着明显的地域差异，可以形成独具吸引力的旅游资源。

生物和自然地理环境密切相关，特别是绿色植物通过光合作用参与地球上的物质交换和能量循环，对净化空气和美化环境具有极为重要的作用。绿色植物已成为现代城市环境优劣的重要衡量标准和绝大多数旅游区必不可少的组成部分。

（4）气候的区域性差异形成天象与气候景观旅游资源。气候作为某一地区的多年天气综合特征，也是外动力作用的决定性因素之一，对旅游资源中风景地貌的塑造、风景水体的形成、观赏生物的生长和演变等有着控制性的影响。地球表面气候的差异，首先决定于太阳辐射。由于太阳辐射强度具有随纬度升高而减弱的趋势，导致高低纬度之间分别形成冰原带到热带雨林带等对比明显的自然景观，成为重要的旅游资源。其次受制于海陆分布、巨型地貌形态和大气环流的特征，对大气能量和水汽输送与交换产生巨大影响，从而形成气候的区域性差异和不同的自然景观。如同处北温带，近海地区为阔叶林旅游景观，而远离海洋的内陆却形成干旱荒漠旅游景观。最后，地表局部抬升（山地）导致气候要素（气温和降水）垂直向上的变化，形成随高度而变化的立体自然旅游景观。

此外，在特定的时空下，小气候环境和天象奇观等更是重要的旅游资源，前者如山岳与海滨的避暑胜地，热带与亚热带的避寒胜地等；后者如吉林雾凇、黄山云海、峨眉佛光、蓬莱仙境（海市蜃楼）等。

1.1.4.2 人文旅游资源的形成

人文旅游资源是整个人类生产、生活活动的艺术成就和文化的结晶，以其多姿多彩的造型、宏伟有序的布局、五彩缤纷的色调、神奇奥妙的物象，展示了人类活动的大千世界，给游客以各种各样的美感。大体而言，其形成可归因于以下几个方面。

（1）珍贵的历史遗存。在人类发展的历史长河中，不同阶段具有不同的文化现象和特征，形成了许多反映时代特点的风物。它们从不同的角度展示了特定历史条件下的生产力发展水平和社会生活风情，是古代人类文明的珍贵遗产。随着现代旅游活动的日益兴盛，“好古”“探秘”“寻根”等成为广大旅游者普遍的心理倾向，凭吊悠久的历史文化古迹成为旅游者外出的旅游动机之一。于是，众多的古人类遗迹遗址、古代建筑、雕塑、壁画、文学艺术、帝王陵寝、名人故居等，成为重要的旅游资源。许多地方凭借文物古迹的强大吸引力成为人们游览的热点。如在我国的“北京猿人”遗址和陕西半坡遗址遗物，将人类文明的历史追溯到距今几十万年以前，因其对了解人类进化和社会发展具有重大意义而一直备受关注。历史上许多工程浩大的陵墓，如中国的秦始皇陵与明代十三陵、印度的泰姬陵、埃及的金字塔，建筑恢宏，文物价值极高，为众多猎奇寻古者所向往。被誉为“石头史书”的建筑，是最能反映时代风俗和文化特点的实体，也是旅游活动的中心，如城墙、堡垒、楼阁、殿堂、桥塔、亭榭等，都是重要旅游资源。其他诸如石碑、雕刻、水利工程、古都城等历史遗存，名人活动和重大历史事件的遗址遗迹，神话传说所依托的地点或建筑，也都以其独特的价值成为重要的旅游资源。

（2）显著的文化地域差异。不同地域、不同社会形态、不同民族的社会文化差异，是人文景观旅游资源形成的又一重要因素。正是社会文化的差异，造成不同居住地的人群对居住地以外区域的未知感，从而导致旅游者从一地向另一地移动。

社会文化差异的形成，是文化地域分工的必然结果。文化是人类创造的，也是现实存在的。人与文化，就是人与其生活方式，总是分布于一定的地理空间范围内。世界上存在着多种文化，这些文化对其所在的地理环境产生着不同程度的影响。自然环境，是人类衣食住行等基本生活需要的物质基础。人类在长期适应环境、改造利用环境的过程中，不同的人群对于环境的感知不同，形成了对自然环境的不同看法，这种看法必然影响到人们利用自然的方式，使他们形成自己特有的生产、生活方式——文化。如内蒙古大草原孕育了游牧民族、大兴安岭孕育了鄂伦春族、三江平原孕育了赫哲族。也正是这种文化规范着人们的行为，使人类通过自己对自然环境施加影响而形成具有地方文化特色的自然景观和特定地域上的特殊文化现象，这是文化与自然生态环境和谐分工的体现。从这个意义上来说，社会文化差异导致了旅游者在不同地域上的流动；而文化地域分工，则是促使地方文化成为旅游资源的最根本的原因。

由于文化本身是一个涵盖面很广的概念，社会文化差异也具有十分丰富的内涵。无论是不同民族间在生产方式、生活习俗（民居、饮食、服饰等）、民族礼仪、神话传说、歌舞盛会、节日庆典等方面的差异，还是不同国家和地区人们（不管民族相同或不同）在生活习惯、生产方式乃至城镇布局、建筑风格等方面的差异，都是极具特色和开发价值的重要旅游资源。

想一想：《舌尖上的中国》播出后对中国各地旅游发展有什么影响。

（3）深刻的宗教影响。宗教是一种特殊的社会文化现象，它自诞生之日起，就伴随着交通运输的发展、民族的迁移和日益频繁的地区间经济文化交流，而向世界各地迅速蔓延，并对世界经济、政治及社会生活产生极为深刻的影响。

宗教之所以能成为旅游资源，是与其作为一种意识形态的强大感召力和它在地域上的广泛分布分不开的。目前，世界性宗教有佛教、基督教和伊斯兰教，它们各自在早期的传播过程中与所传入地区的地域特点相结合，又衍生出许多的分支。共同的宗教信仰，把散居在不同地域的同一宗教的信徒联结成一个紧密的整体。基于对宗教的敬仰和对宗教胜地的向往，以“朝圣”为主要目的的宗教信徒在空间上的流动，自古就非常频繁，成为较早的旅游活动之一。宗教建筑、雕塑、壁画等宗教艺术，不仅对于众多的教门弟子有着极强的吸引力，而且以其极高的美学价值和庄严隆重又颇具神秘感和新奇感的宗教活动一道成为广大非宗教信徒的重要游览对象。甚至，在一些宗教历史悠久、宗教影响力较大的地区，这种非宗教朝拜目的的旅游者数量也已大大超过宗教信徒。由此看来，宗教文化是人文景观旅游资源的重要组成部分。

阅读材料1-8：世界主要宗教的分布区

基督教、伊斯兰教和佛教是世界三大宗教。目前，基督教遍及欧洲、美洲、亚洲北部大部分、南非、澳洲等地，是世界上信奉者最多的宗教。基督教中罗马天主教信奉者又最多，欧洲大部分人口信奉此教，另外英国、北爱尔兰中部、荷兰北部、斯堪的纳维亚半岛、芬兰、德国等是新教势力范围。天主教在拉美占据统治地位，一些原始部落和受英、德殖民文化及法律影响的国家除外。其他宗教占亚、非的绝大部分。伊斯兰教主要分布在亚洲、非洲、欧洲及美洲，其中信奉者以西南亚与东南亚最多。佛教主要分布在东亚和东南亚。

除了三大宗教，其他诸如犹太教、印度教、道教、神道教等虽然没有形成世界性宗教，但也有非常重要的地位，它们主要集中分布在这些宗教的起源地。

（引自：王恩涌，等.人文地理学[M].北京：高等教育出版社，2000：213）

（4）快速发展的社会经济。20世纪以来快速发展的社会经济，一方面，极大地推动了现代旅游业的发展；另一方面，推动形成了独具特色的人文旅游资源。迪士尼的成功是一个很好的证明。迪士尼公司从动画电影行业起步，创作了卡通人物“米老鼠”和“唐老鸭”闻名于世。迪士尼公司利用在动画片取得的轰动效应，把动画片所运用的色彩、刺激、魔幻等表现手法与游乐园的功能相结合，1955年推出了世界上第一个现代意义上的主题公园——洛杉矶迪士尼乐园。所谓主题公园，就是园中的一切，从环境布置到娱乐设施都集中表现一个或几个特定的主题。全球已建成的迪士尼乐园有6座，分别位于美国佛罗里达州和南加州及日本东京、法国巴黎、中国香港和中国上海。迪士尼乐园涉及的各大产业都受到了广大消费者的一致好评，取得了丰硕的商业价值。

由于社会经济的发展，奥林匹克运动会、全球性的世界博览会、世界性的艺术活动（如戛纳电影节）等都成为著名的人文旅游资源。

阅读材料1-9：国内主题公园再掀投资热

1950年，世界上第一个主题公园——荷兰“小人国”出现时，人们可能不会想到这一新兴旅游的形式50余年来会经历如此迅速的发展，继迪士尼落户香港、上海之后，又一个国际主题公园巨头环球影城花落北京通州。中国的主题公园在30多年的历程中，虽然不乏一些成功的主题公园创造了令人羡慕的高额利润，但是更多项目是草率上马又匆匆垮台。

在中国，由于旅游业起步较晚，改革开放后才真正走上了旅游业大发展的道路。因此，真正意义上的主题公园的诞生于1989年9月在深圳特区建成的锦绣中华。此后，在全国各地迅速掀起了主题公园建设的热潮。

根据有关数据，近10年来涌现的主题公园中，已倒闭的约占80%，给国内旅游业造成的经济损失高达3000亿元。从地域分布来看，我国的大型主题公园主要集中在以广州、深圳为主体的珠江三角洲和以上海、苏杭和无锡为代表的长江三角洲地区。此外，北京、西安等大城市也建设了一些主题公园。从主题类型来看，我国主题公园建设速度加快，类型也在增多，但大部分主题公园为小型的区域性公园，大型主题公园数目仍然较少，像迪士尼这样的屈指可数。

巨额资金投入、惨淡经营状况使绝大多数主题公园在开张不久，就从开始的门庭若市急转直下到门可罗雀，最后只能倒闭。就在很多人以为中国主题公园已经“无可奈何花落去”的时候，近两年新的一轮主题公园投资热却全面浮现，巨资打造大型主题公园的消息频频传出，投资热度丝毫不减。

［引自：宋宁. 我国主题公园发展对策研究 [J]. 艺术科技，2015，28（3）：171，有删改］

想一想：为何在多数主题公园艰难盈利的背景下，我国主题公园投资热度依旧高涨？

1.2 旅游资源分类

旅游资源的分类PPT

旅游资源的分类视频

1.2.1 旅游资源分类的概念与意义

分类是人们认识客观世界复杂事物的基本手段，它是了解和深入研究某种事物的一种方法。通常意义的分类，就是根据事物的特点和属性，按照不同的目的和依据，通过对分类对象进行比较，识别出事物之间的不同点，将事物区分为不同类别的过程。旅游资源分类，就是根据旅游资源的特点和属性，按照不同的目的和依据将旅游资源区分为不同类别的过程。

旅游资源分类在旅游资源调查、评价、开发与保护的技术体系中具有举足轻重的地位，是旅游业可持续发展的重要前提与基础。

1.2.2 旅游资源分类的原则与依据

要对旅游资源进行科学分类，首先必须遵循分类的原则、确定分类的依据与标准。标准不同，其分类结果必然迥异。

1.2.2.1 旅游资源分类的原则

分类原则是分类的准绳与标准，是确保旅游资源分类科学性、合理性、实用性的前提与基础。在实际的操作过程中，宜遵循如下具体原则。

（1）相似性与排他性原则，又称为共轭性与排他性原则。这是旅游资源分类的首要原则，既不能把不具有共同属性特征的旅游资源归为一类，也不能将具有特定的共有属性的资源划分到不同类型。所划分的同一级同一类型旅游资源必须具有相似的属性，不同类型之间应具有特定的差异。

（2）隶属清晰原则，又称为对应性原则或系统性原则。即所划分出的次一级类型内容，必须完全对应于或隶属于上一级类型的内容，不能出现下一级内容超越上一级或少于上一级内容的现象，否则会出现隶属关系的逻辑错误。比如，生物景观类旅游资源进一步分类，应包括所有的生物景观类旅游资源，不能只包括植物景观资源，更不能包括非生物景观类旅游资源。

（3）可操作性原则。旅游资源的分类是一项实践性很强的工作，是旅游资源评价与开发的前提。在进行分类的过程中，必须根据旅游资源调查、评价、开发或保护的目的，确定分类指标和体系，否则将毫无意义，具体要做到：一是分类宜简不宜繁，宜宽不宜窄，应能直观体现资源的开发利用价值；二是根据实际需要灵活选定分级体系与分类方法；三是分类评价工作应因地制宜，有所侧重，不能照搬照套。

（4）逐级划分原则，即分级与分类相结合的原则。旅游资源是一个复杂的系统，可以分不同级别、不同层次的亚系统。分类时，可以两分级、分类两个维度结合起来，逐级分类，避免出现越级划分的错误。

1.2.2.2 旅游资源分类的依据

在进行旅游资源分类过程中，除了要遵循前述四大基本原则之外，还必须有一定的依据或标准，即必须根据旅游资源的某项具体属性特征或关系来进行划分，常见的标准主要包括以下几种。

（1）成因是指旅游资源形成的基本原因、过程。例如，人文旅游资源可能是完全人为创造的，也可能是人类根据自然地理环境的实际情况创造的；自然旅游资源则是完全由自然地理环境的综合影响而成的。在实际工作中，为更好地对旅游资源及其所处环境进行保护，通常需要根据其历史成因或形成过程进行相关分类，以便分类管理。

（2）属性是指旅游资源的性质、特征、存在方式、状态等。比如，旅游资源中的地文景观、水域风光、生物景观及天象气候类资源，它们的性状特征存在明显差异，因而可以区分为不同的类型。

（3）功能是指旅游资源能够满足开展旅游与休闲活动的作用与功能。部分旅游资源可以满足多种开展旅游与休闲活动的功能，部分旅游资源仅可满足某一种开展旅游与休闲活动的功能。根据旅游资源功能的不同，可以将旅游资源划分为诸如观光游览型、文化体验型、休闲度假型、运动健身型等。

（4）时间是指根据旅游资源形成的时间不同或持续时间的长短不同，可以将旅游资源划分为若干个类型。比如，根据建筑设施类旅游资源形成时代的不同，可以分为远古建筑、古代建筑、近代建筑、现代建筑等；根据旅游资源持续时间的长短不同，可以划分为永久性旅游资源、间歇性旅游资源（如日落日出等）、偶然性旅游资源（如海市蜃楼等）。

（5）等级是指根据旅游资源评价结果或管理等级的高低情况，可以将旅游资源划分为世界级、国家级、省级、市级等不同级别。

（6）其他是指其他能够影响到旅游资源的相关因素或指标，如开发建设情况、资源质量高低、城乡地域差异、游客心理体验、空间布局特征等。

1.2.3 旅游资源的分类体系

根据不同的目的，可以产生不同的分类标准和分类方法，众多的学者对此进行了深入的研究，积累了大量文献，最常见的包括如下几种。

1.2.3.1 按照旅游资源的成因及其基本属性分

根据旅游资源形成的本底及其基本属性，可以将旅游资源划分为人文旅游资源和自然旅游资源，这种划分方法是目前被学术界广泛接受的旅游资源分类方法。自然旅游资源是指主要由自然赋存形成的旅游资源，主要由地文景观、水域景观、生物景观和天文气象类旅游资源等组成。人文旅游资源主要指人类活动所形成的旅游资源，主要由建筑设施、历史遗迹、旅游购品、人文活动等旅游资源组成。

1.2.3.2 按旅游资源的功能分类

根据旅游资源能够满足人们不同旅游需求的功能来进行分类，可以将旅游资源分为观赏型旅游资源、康乐型旅游资源、科考型旅游资源、体验型旅游资源、度假型旅游资源、购物型旅游资源、探险型旅游资源、研学型旅游资源等不同类型的旅游资源。

1.2.3.3 按旅游资源的开发现状分类

按照旅游资源的开发现状来分类，可以将旅游资源分为两大类，即已开发旅游资源和尚未被开发的旅游资源，即潜在的旅游资源。已开发的旅游资源指已经被旅游业开发利用，开发历史非常长的，或者新开发的旅游资源；潜在的旅游资源是指由于开发条件所限目前还没有被旅游业所开发和利用。这一点，更多地体现在交通不便方面，目前我国还有很多优美的景观资源都因为可进入性不强，尚处于“深藏深闺”的状态。

1.2.3.4 按旅游资源的等级及管理范围分类

按照旅游资源的等级和管理范围来进行分类，可以将旅游资源分为：世界级旅游资源，如世界遗产、世界自然保护区、世界地质公园；国家级旅游资源，如重点风景名胜区、森林公园、自然保护区、重点文物保护单位、地质公园；以及省、市级和县级及其以下等级的旅游资源。

世界遗产——特殊的旅游资源PPT

1.2.3.5 以游客的体验为标准进行分类

1979 年美国的德赖弗（B. Driver）等以环境保护为目的，提出了人居环境—自然环境分类法，他们以游客的体验性质为标准，将旅游资源（旅游地）区分为五大类：原始地区、近原始地区、乡村地区、人类利用集中区和城市化地区。

1.2.4 旅游资源分类的国家标准

目前，旅游资源分类存在标准多样、定位复杂的情况，我国旅游业的迅速发展及旅游研究对旅游数量要求的不断提高，使得在实践操作层面，常常面临不知该如何选择的困惑，且往往分类的结果也不能很好地满足旅游研究发展的需要。2003 年 5 月 1 日，国家质量监督检验检疫总局发布的国家标准《旅游资源分类、调查与评价》（GB/T 18972—2003）开始在全国实施。该标准的出台，从实际应用层面对旅游资源进行分类、调查和评价，对此后十余年旅游资源的研究和认定起了重要的作用。2017 年 12 月 29 日发布、2018 年 7 月 1 日实施的《旅游资源分类、调查与评价》（GB/T 18972—2017）充分考虑了 2003 版本颁布以来，旅游界对旅游资源的含义、价值、应用等多方面的研究和实践成果，重点对旅游资源的类型划分进行了修订，使标准更加突出实际操作、突出资源与市场的有机对接、突出旅游资源开发利用的综合评价，更加适用于旅游资源开发与保护、旅游规划与项目建设、旅游行业管理与旅游法规建设、旅游资源信息管理与开发利用等方面的工作。

该系统将“属性”作为旅游资源类型划分的基础，这也是该系统旅游资源分类的原则。旅游资源的属性，就是它的性质和特点，包括成因、存在状态等，按照属性进行分类比较简单明了，已为大家所认同。所以，《旅游资源分类、调查与评价》（GB/T 18972—2017）依据旅游资源的性状，即现存状况、形态、特性、特征划分类型。

标准将全部旅游资源划分为 3 个层次，依次称为“主类”“亚类”“基本类型”。其中主类和亚类为“构造层”，基本类型为“实体层”。构造层是旅游资源的框架支撑，实体层是分类、调查、评价的实际对象，因此基本类型在本标准分类中是最实际的资源单位。

在该标准中，旅游资源被分成 8 个主类和 23 个亚类，共 110 个基本类型。8 个旅游资源主类分别是地文景观、水域景观、生物景观、天象与气候景观、建筑与设施、历史遗迹、旅游购品和人文活动，如表 1-1 所示。

表1-1　国家标准《旅游资源分类、调查与评价》（GB/T 18972—2017）的旅游资源分类

主类	亚类	基本类型
A地文景观	AA 自然景观综合体	AAA 山丘型景观　AAB 台地型景观　AAC 沟谷型景观　AAD 滩地型景观
	AB 地质与构造形迹	ABA 断裂景观　ABB 褶曲景观　ABC 地层剖面　ABD 生物化石点
	AC 地表形态	ACA 台丘状地景　ACB 峰柱状地景　ACC 垄岗状地景　ACD 沟壑与洞穴　ACE 奇特与象形山石　ACF 岩土圈灾变遗迹
	AD 自然标记与自然现象	ADA 奇异自然现象　ADB 自然标志地　ADC 垂直自然带

主类	亚类	基本类型
B水域景观	BA 河系	BAA 游憩河段　BAB 瀑布　BAC 古河道段落
	BB 湖沼	BBA 游憩湖区　BBB 潭池　BBC 湿地
	BC 地下水	BCA 泉　BCB 埋藏水体
	BD 冰雪地	BDA 积雪地　BDB 现代冰川
	BE 海面	BEA 游憩海域　BEB 涌潮与击浪现象　BEC 小型岛礁
C生物景观	CA 植被景观	CAA 林地　CAB 独树与丛树　CAC 草地　CAD 花卉地
	CB 野生动物栖息地	CBA 水生动物栖息地　CBB 陆地动物栖息地　CBC 鸟类栖息地　CBD 蝶类栖息地
D天象与气候景观	DA 天象景观	DAA 太空景象观赏地　DAB 地表光现象
	DB 天气与气候现象	DBA 云雾多发区　DBB 极端与特殊气候显示地　DBC 物候景象
E建筑与设施	EA 人文景观综合体	EAA 社会与商贸活动场所　EAB军事遗址与古战场　EAC 教学科研实验场所　EAD 建设工程与生产地　EAE 文化活动场所　EAF 康体游乐休闲度假地　EAG 宗教与祭祀活动场所　EAH 交通运输场站　EAI 纪念地与纪念活动场所
	EB 实用建筑与核心设施	EBA 特色街区　EBB 特性屋舍　EBC 独立厅、室、馆　EBD 独立场、所　EBE 桥梁　EBF 渠道、运河段落　EBG 堤坝段落　EBH 港口、渡口与码头　EBI 洞窟　EBJ 陵墓　EBK 景观农田　EBL 景观牧场　EBM 景观林场　EBN 景观养殖场　EBO 特色店铺　EBP 特色市场
	EC 景观与小品建筑	ECA 形象标志物　ECB 观景点　ECC亭、台、楼、阁　ECD书画作　ECE 雕塑　ECF 碑碣、碑林、经幢　ECG 牌坊牌楼、影壁　ECH 门廊、廊道　ECI塔形建筑　ECJ 景观步道、甬道　ECK 花草坪　ECL 水井　ECM 喷泉　ECN 堆石
F历史遗迹	FA 物质类文化遗存	FAA 建筑遗迹　FAB可移动文物
	FB 非物质类文化遗存	FBA 民间文学艺术　FBB 地方习俗　FBC传统服饰装饰　FBD 传统演艺　FBE 传统医药　FBF 传统体育赛事
G旅游购品	GA 农业产品	GAA 种植业产品及制品　GAB 林业产品与制品　GAC 畜牧业产品与制品　GAD 水产品及制品　GAE 养殖业产品与制品
	GB 工业产品	GBA 日用工业品　GBB 旅游装备产品

主类	亚类	基本类型
G旅游购品	GC 手工工艺品	GCA 文房用品　GCB 织品、染织　GCC 家具　GCD 陶瓷　GCE 金石雕刻、雕塑制品　GCF 金石器　GCG 纸艺与灯艺　GCH 画作
H人文活动	HA 人事记录活动记录	HAA 地方人物　HAB 地方事件
	HB 岁时节令	HBA 宗教活动与庙会　HBB 农时节日　HBC 现代节庆
数量统计		
8主类	23 亚类	110 基本类型

（资料来源：《旅游资源分类、调查与评价》[M]. 北京：中国标准出版社，2017：7-10）

阅读材料1-10：《旅游资源分类、调查与评价》2003年和2017年版本的技术差异

GB/T 18972—2017《旅游资源分类、调查与评价》与 GB/T 18972—2003 相比，除编辑性修改外，主要技术差异如下：

——旅游资源分类表做了继承性修编，分类层次和类型进行了简化（见 2017 年版第 4 章，2003 年版 4.3）；

——旅游资源主类的排序和名称做了调整，将原主类的第五类“遗迹遗址”和原主类的第六类“建筑与设施”前后移位，分别改为第六类和五类；“水域风光”“遗址遗迹”“旅游商品”分别修改为“水域景观”“历史遗迹”“旅游购品”（见 2017 年版第 4 章，2003 年版 4.3）；

——旅游资源亚类设置了 23 个，比原亚类总数减少 8 个，主要改变为取消重复类型、同类归并，名称也随之做了相应调整（见 2017 年版第 4 章，2003 年版 4.3）；

——旅游资源基本类型设置了 110 个，比原基本类型总数减少了 45 个，主要改变为同类归并，科学吸纳和整合相关物质和非物质遗产类资源，名称也随之做了相应调整（见 2017 年版第 4 章，2003 年版 4.3）。

［引自：《旅游资源分类、调查与评价》（GB/T 18972—2017）］

想一想：浙江（温州）大虎打火机有限公司创办于 1992 年，被中国五金制品协会授予全国打火机行业首个唯一最高荣誉“中国防风打火机最强生产企业”，“虎”牌被评为中国名牌、商务部重点培育和发展的“中国出口名牌”，全国首批工业旅游示范点。请问，该项旅游资源应该属于哪一类旅游资源？

1.2.5 风景旅游资源的分类标准

1999 年,《风景名胜区规划规范》(GB 50298—1999)正式颁布实施，对促进我国风景名胜区的规划、开发与建设等具有重大作用。2018 年，住房和城乡建设部分别颁布实施了《风景名胜区总体规划标准》(GB/T 50298—2018)和《风景名胜区详细规划标准》(GB/T 51294—2018)。其中，前者替代了 GB 50298—1999，并根据风景旅游资源的属性特征、性状特征等因素，将其划分为 2 个大类、8 个中类、79 个小类。

2 个大类分别指自然景源、人文景源；8 个中类分别指天景、地景、水景、生景、园景、建筑、胜迹、风物，具体如表 1–2 所示。

表1–2 风景旅游资源分类

大类	中类	小类
自然景源	天景	(1)日月星光(2)虹霞蜃景(3)风雨阴晴(4)气候景象(5)自然声象(6)云雾景观(7)冰雪霜露(8)其他天景
	地景	(1)大尺度山地(2)山景(3)奇峰(4)峡谷(5)洞府(6)石林石景(7)沙景沙漠(8)火山熔岩(9)蚀余景观(10)洲岛屿礁(11)海岸景观(12)海底地形(13)地质珍迹(14)其他地景
	水景	(1)泉井(2)溪流(3)江河(4)湖泊(5)潭池(6)瀑布跌水(7)沼泽滩涂(8)海湾海域(9)冰雪冰川(10)其他水景
	生景	(1)森林(2)草地草原(3)古树古木(4)珍稀生物(5)植物生态类群(6)动物群栖息地(7)物候季相景观(8)田园风光(9)其他生物景观
人文景源	园景	(1)历史名园(2)现代公园(3)植物园(4)动物园(5)庭宅花园(6)专类游园(7)陵坛墓园(8)游娱文体园区(9)其他园景
	建筑	(1)风景建筑(2)民居宗祠(3)文娱建筑(4)商业建筑(5)宫殿衙署(6)宗教建筑(7)纪念建筑(8)工交建筑(9)工程构筑物(10)特色建筑群(11)特色村寨(12)特色街区(13)古镇名城(14)其他建筑
	胜迹	(1)遗址遗迹(2)摩崖题刻(3)石窟(4)雕塑(5)纪念地(6)科技工程(7)古墓葬(8)其他胜迹
	风物	(1)节假庆典(2)民族民俗(3)宗教礼仪(4)神话传说(5)民间文艺(6)地方人物(7)地方物产(8)其他风物

[资料来源:《风景名胜区总体规划标准》(GB/T 50298—2018)]

1.3 旅游资源调查

旅游资源调查指的是查明可供旅游业利用的资源状况，从而可以全面系统地掌握旅游资源的数量、质量、分布、组合状况、成因、价值等，为旅游资源的评价、分级和规划等做准备，为合理开发旅游资源奠定基础，为旅游业发展提供决策性的依据。旅游资源调查是构成旅游资源知识体系的核心内容之一。

1.3.1 旅游资源调查的目的与意义

旅游资源的调查PPT　　旅游资源的调查视频

1.3.1.1 旅游资源调查的目的

旅游资源调查的目的在于围绕旅游业可持续发展的需要，依据既定的分类系统，运用科学合理、经济适宜的调查方法，对目标区域内的旅游资源（包括已知并已经开发、已知尚待开发及尚未发现的旅游资源）进行系统的、有重点的调查，以查清它们的类型、数量、质量、特点、级别、性质、未来经济价值、未来可开发程度及周边政治经济生态环境，为未来的旅游资源规划、开发建设、经营管理、保护培育等提供直接的数据资料，为科学决策提供参考数据。

1.3.1.2 旅游资源调查的意义

通过旅游资源调查，可以全面认识调查区域内旅游资源的类型、数理、特征、规模和开发潜力等因素，从而为其评价和开发工作奠定基础，提供可靠的第一手资料。

通过旅游资源的调查所获得的基本资料，可以为建立各级旅游资源信息库提供丰富的数据资料，从而起到摸清家底、了解现状的作用，对区域经济发展和旅游资源的管理、利用和保护工作有很大的参考价值。

通过旅游资源自身及其外部开发条件的深入调查，可以全面掌握旅游资源的开发、利用和保护的现状及存在的问题，从而为确定旅游资源的开发导向、开发时序、开发重点和提出有针对性的管理措施提供翔实、可靠的资料。

通过旅游资源的定期调查，可以动态、全面地掌握旅游资源开发、保护的进展状况，有效评估其保护的效果、开发的效益，从而及时、准确地为旅游管理部门及其他相关部门提供有效信息，有利于其工作的科学化和现代化。

通过旅游资源的调查所获取的基本资料与环境背景条件资料，可以为旅游开发与策划过程提供大量的创新、创意来源，有利于充分挖掘区域旅游文化内涵、培育特色旅游产品、塑造旅游产品品牌等。

1.3.2 旅游资源调查的内容与程序

1.3.2.1 旅游资源调查的内容

旅游资源调查的内容主要包括旅游资源形成条件、旅游资源本体和旅游资源开发环境三个方面。

（1）旅游资源形成条件的调查。对旅游资源形成条件的调查主要在于了解和掌握调查区域内的基本情况，从而找出资源的整体特色及内在联系，主要包括如下内容。

①调查区的地貌特征。地貌特征包括调查区所处的地貌单元、地质构造状况、岩性、地壳活动状况（尤其是目前的地壳活动状况与地震烈度）等内容。

②调查区的水文特征。水文特征包括地表水和地下水的类型、分布、水文特征及特殊的水文现象（特别是干旱、洪水、泥石流等灾害现象）。

③调查区的动植物特征。动植物特征包括调查区动植物的类型、分布、数量及其珍稀或特色动植物类型的基本状况。

④调查区的气象气候特征。气象气候特征包括调查区的降水、气温、光照、湿度、风力的基本状况和特殊的现象，尤其是涉及旱季、雨季、风季等相关内容，直接影响到后期的评价与开发。

⑤调查区的历史沿革。历史沿革特征包括调查区在人类历史上发展的历程及留下的各种遗址遗迹、人物传说、民俗文化与传统工艺等内容。

（2）旅游资源本体的调查。旅游资源本体的调查主要是深入细致地根据旅游资源的属性进行调查，为开发提供基本素材，其基本内容主要涉及其自然景观与人文景观。

①调查自然景观。首先是对调查区的基本自然条件进行调查，然后再有重点地调查可供开发、特色鲜明的资源，包括构成特色山体的岩石、岩层、构造，构成地貌形态的沟谷、洞穴等，构成水景的泉、溪、瀑、湖、江、河、海等，具有特色的动植物和气象因素等（具体可参照项目 3 至项目 10 的旅游资源单体调查的基本特征项）。

②调查人文景观。调查人文景观包括调查各类古建筑遗址、古人类活动和文化遗址、古交通遗址、石刻、壁画及特色村寨等。不仅要调查现存的物化景观，还要调查

历史上有影响但已毁掉的人文遗迹和民间传说等，便于开发时充分利用。

（3）旅游资源开发环境的调查。旅游资源开发环境的调查主要是对旅游资源开发有重要影响的依托环境及条件进行调查，其基本内容可以包括以下几个方面。

①经济环境。经济环境包括国民经济发展状况、国民生产总值、三产比例、人均国民生产总值、人口与居民、城镇居民人均可自由支配收入、农村居民人均纯收入、恩格尔系数、消费结构与消费水平、物价指数、就业率与劳动力价格等。

②社会文化环境。社会文化环境包括调查区文化教育设施、邮电通信设施、医疗环卫设施、安全保卫设施、道路交通设施、娱乐健身设施等的状况，当地居民的民族构成、受教育程度、宗教信仰、风俗习惯、社会审美观念、价值观念、文化禁忌、当地的旅游发展氛围及采用新技术、新工艺、新设备的情况等。

③生态环境。生态环境包括调查区的水体质量、空气质量、噪声污染，调查区所处的生态功能区，自然保护区、森林公园、湿地公园，以及环境优美乡镇、生态乡镇、生态示范区及绿色设施的建设情况，调查区森林覆盖率、城镇绿化率水平，节能减排以及“三废”、垃圾的处理率等。

④政策法规环境。政策法规环境包括地区旅游机构的设置变动情况及相关法律法规、管理措施等的执行落实情况。

⑤市场供需环境。首先是旅游客源需求市场的环境调查，具体包括对国际游客、国内游客、外地游客、本地游客的数量、比重、各自停留时间、旅游动机、消费构成、消费水平、出游率，以及性别、年龄、职业、收入、文化程度等基本情况。其次是旅游产品供给市场的环境调查，具体包括调查区及其邻近区域各类旅游产品的供给数量、特征、结构、等级、时间等方面的属性特征。

想一想：是不是每一个旅游资源单体的调查或每一个层次的旅游资源调查均需要调查上述内容，为什么？

1.3.2.2 旅游资源调查的程序

旅游资源调查是一项复杂而细致的工作过程，无论采用哪种形式，进行哪一类的调查，都需要有组织、有计划的行动方案，才能保证旅游资源调查工作有条不紊地进行，并提高工作效率和调查质量。在实际工作过程中，按照调查内容繁简、调查任务要求、调查时间、范围和手段，以及调查人员的素质等具体条件而有所不同。一般而言，需要经过准备工作阶段、现场调查阶段、整理分析阶段（见图 1–2）。

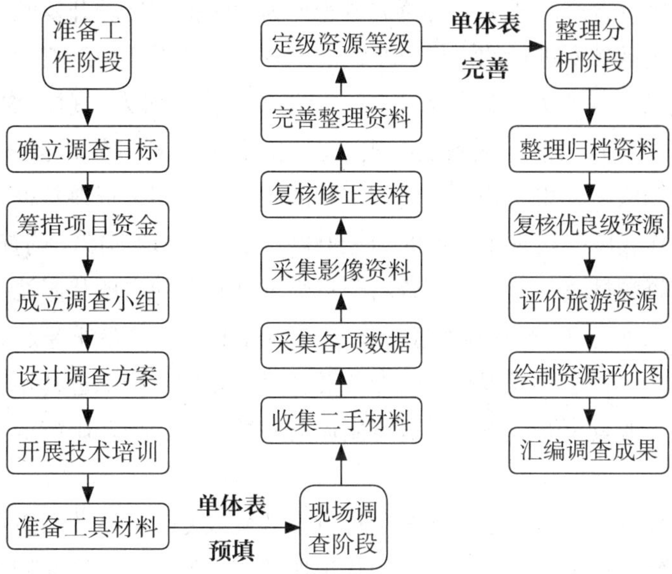

图1-2　旅游资源调查的程序与步骤

1.3.3 旅游资源调查的分类与方法

1.3.3.1 旅游资源调查的分类

在实际调查过程中，根据调查目的的不同，旅游资源调查大致可划分为旅游资源详查、旅游资源普查、旅游资源概查三类（见表 1–3）。

（1）旅游资源详查。即带有研究目的和旅游区规划任务、旅游资源的保护培育的调查，所调查的内容不仅涉及旅游资源本身及其所处微观环境，而且对于周围地区的可进入性和社会经济发展情况（如当地的交通、能源、自然环境、社会经济环境、未来客源市场）都应该有一个详细的调查资料作为佐证，要求关键性数据的测量、图像资料要齐全。通常调查范围较小，可使用较大比例尺地形图（1 : 500~1 : 10000）进行。通过直接测量、校核收集的基础资料，对重点问题和地段进行专题研究和鉴定，系统调查开发地的内部环境与外部条件，对关键问题提出规划性建议。旅游资源详查一般应以概查或普查的成果为基础，且须在普查的基础上在旅游景点的高质量和高层次上下功夫，进行更为详细的实地勘察工作。详查的适用范围和要求包括：适用于了解和掌握整个区域旅游资源全面情况的旅游资源调查；完成全部旅游资源调查程序，包括调查准备、实地调查；要求对全部旅游资源单体进行调查，提交全部“旅游资源单体调查表”。

（2）旅游资源普查。所谓旅游资源普查即为给保护和合理开发利用提供必要科学依据，而对特定区域所进行的详细、全面的调查，往往以实地调查为主。鉴于旅游资源普查的周期长、耗资大、技术水平高、成果要求高，对人、财、物要求高。因此，在开展旅游资源普查之前，须满足已成立正式旅游管理或开发机构（企业）、有一定实际工作经验和资料积累、普查区内有丰富的旅游资源相关资料数据、专业人员及资金等要求，工作底图一般是 1 : 10000~1 : 50000 比例尺的地形图，调查范围可大可小。

（3）旅游资源概查。即在二手资料分析整理基础上的一般状况调查。旅游资源概查一般用比例尺小于 1 : 50000 的底图上进行调查工作。主要任务是对已知旅游资源进行调查、核实、校正，或根据其他专业资料对潜在旅游资源进行预测验证，以大致把握哪些旅游资源具有开发价值及可待发展的旅游项目、哪些旅游资源具有进一步开发价值。

适用范围和要求：适用于了解和掌握特定区域或专门类型的旅游资源调查；要求对涉及的旅游资源单体进行调查；可简化工作程序，如不需要成立调查组，调查人员由其参与的项目组织协调委派；资料收集限定在与专门目的所需要的范围；可以不填写或择要填写旅游资源单体调查表等。

表1-3　旅游资源调查的分类差异比较

比较项目	详查	普查	概查
性质	区域性的	区域性的	专题性的
目的	综合性目的	专题性目的	专题性目的
技术支撑	根据国家相关标准规范	根据国家相关标准规范	可自定相关标准规范
适用范围	旅游区规划、旅游资源研究、旅游资源保护、专项旅游产品开发等	区域旅游规划、旅游资源保护等	区域旅游规划、涉旅相关专题规划研究等
组织形式	成立调查组，成员组合合理	成立调查组，成员组合合理	不一定需要成立调查组
工作方式	规定标准程序	规定标准程序	适当简化程序
提交文件	标准要求的全部文件、图件	标准要求的全部文件、图件	根据实际要求提交

1.3.3.2 旅游资源的调查方法

旅游资源调查方法的选择和技巧直接关系到调查结果的可信度。在实际操作过程中，主要有以下几种方法可供选择、组合运用。

（1）文案调查法。又称为间接调查法、文献调查法，是指通过收集旅游资源的各种现有信息数据和情报资料，从中采集与被调查资源相关的内容并进行分析研究的一种调查方法。适用于各类旅游资源调查工作，尤其是前期准备工作阶段，但通常不适用于尚未开发或尚未发现的旅游资源集聚区。文案调查法主要收集经加工过的次级材料，而且以文献性信息为主，既有动态资料，又有静态资料，尤其偏重于从动态角度收集各种反映旅游资源变化状态的历史与现实资料。

想一想：在采取文案调查法的过程中，应注意哪些问题。

（2）咨询调查法。是调查者采用座谈、访谈、询问等形式了解旅游资源情况的一种方法。咨询调查的对象可以是被调查地区的相关主管部门、社区居民及旅游者，以便及时、全面地了解被调查区域的相关事实及部分季节性出现的现象。整个咨询过程是调查者与被咨询者之间相互作用、相互影响的过程，具体可采取当面调查访谈、电话调查、邮件调查、问卷调查等方式进行。

（3）实地调查法。是调查者在现场对被调查事物和现象进行直接观察，或借助相关仪器设备开展测量工作并记录，以获得旅游资源信息资料的调查方法。其最大特点是能客观地反映被调查对象的最新情况，资料的真实性非常高，灵活性强，但容易受季节性影响因素的制约，部分旅游现象难以观察或测量，资料的调查会具有一定的局限性。

（4）遥感调查法。遥感技术应用于旅游资源调查，并取得了较好的成效。采用遥感技术调查方法，可以收集多种比例尺、不同时期的遥感影像，并与地形图、地质图等相匹配，并通过 ArcGIS 等地理信息软件进行解译，不仅能对旅游资源的类型定性，而且能成为旅游资源的定量标志，并发现一些野外考察中不易发现的潜在旅游资源。同时，通过遥感卫星照片、航拍照片等遥感影像的整体性，可以全面掌握调查区旅游资源的现状、判断各景点的空间布局和组合关系，为开发旅游资源提供可靠线索，有利于进行旅游资源的主体观察和定量测量，实现景观信息的提取，特别是能对人迹罕至、山高林密及常规方法无法达到的地区进行资源调查。

（5）统计分析法。各类旅游资源的调查与评价，均需对其数量、等级、长宽、深浅、角度、含量、盐度、温度、直径、周长、种类等相关数据进行统计分析，尤其是涉及地方国民经济发展水平、客源市场需求特征等方面时，对确定某一个旅游资源集聚区的旅游特色、旅游价值等具有重大意义，也是设计旅游环境和生态系统的重要依据。

（6）分区分类法。在旅游资源的调查与评价过程中，通过对区域内不同类型的资源及不同分区内的资源进行横向比较、评价，以便得出区域旅游资源的种类特征、分区特征、一般特征及质量与空间的差异等结果，为旅游资源的开发、规划等进行合理的空间布局奠定基础。

1.4 旅游资源的价值

旅游资源的价值PPT　　旅游资源的价值视频

1.4.1 旅游资源的价值内涵

旅游资源是旅游产品的核心要素，也是旅游发展的基本前提。旅游资源的价值问题，关系到人们对旅游资源的认识和利用，关系到旅游产品的开发，关系到对旅游发展规律的认识和利用，关系到市场经济的完善和发展，关系到旅游业能否快速、协调、稳定、可持续发展。因此，旅游资源价值问题既是重要的理论问题，又是重大的实际问题。

传统上对旅游资源价值的讨论与旅游资源的成因密切相关，对人文旅游资源具有价值这一点不存在争议，但是对自然旅游资源的价值，争议颇多，至今仍处于不同观点的争论之中。

1.4.1.1 自然旅游资源的价值内涵

关于自然旅游资源的价值讨论，归纳起来主要有以下三种观点。

第一种观点是用西方经济学中效用决定价值的观点解释自然资源的价值，认为未经开发的自然资源是有价值的，这种价值是由其有用性和稀缺性决定的。

第二种观点认为，自然资源未经开发，不能作为商品进入市场，没有价值、没有价格。我国在很长一段时间内，受“劳动创造价值”的观念影响，认为没有劳动参与的东西（环境、资源）和不能交易的东西（阳光、森林空气、蓝天）没有价值。受这种价值观念的影响，在现实社会中出现了“产品高价、原料低价、资源无价”的不合理现象。正是这种资源无价的观念及其在理论和政策上的表现，导致了资源的无偿占有、掠夺性开发和浪费使用，造成资源毁损、生态环境恶化，极大地削弱了经济发展的基础。自然旅游资源也不例外，自然旅游资源无价论使得人们难以用经济手段加强对旅游资源的管理和保护。由于缺乏对资源价值的正确评估，一些珍贵的自然旅游资源在价格信号中难以表现出来，从而在客观上造成了缺乏对旅游资源短缺与否的关注。

第三种观点将自然资源细分为两种，即未经人类劳动开发的自然资源和经过人类劳动加工改造将自然资源转化形成的经济资源，认为自然资源没有价值，但经济资源是有价值的，其价值是由加工改造自然资源的物化劳动和活劳动来决定的。原生的自然资源无价值但有价格，最终归因于资源的所有权问题。所以产权问题是形成价格的关键因素。

最近三四十年来，人们逐渐认识到地球上的自然资源是有限的、稀缺的、有价值，产生了自然资源有价值的价值观。与人类劳动产品不同，自然资源的价值源泉主要是效用。随着人们认识的加深，人们逐渐认识到自然旅游资源和游憩环境是真正的财富，具有价值，应纳入经济核算体系。

由此可见，自然旅游资源是有价值的。所不同的是，自然旅游资源的价值源泉的主要部分不是劳动价值而是效用价值，这是因为通过自然力形成的自然旅游资源，并没有或者说很少凝结人类的劳动，没有或很少劳动价值，却拥有满足人们欲望的属性，具有特定效用性，效用的大小则取决于其稀缺性和是否存在可开发可增值的条件。

想一想：价值和价格是什么关系？有价值的东西一定有价格吗？

1.4.1.2 人文旅游资源的价值内涵

与自然旅游资源不同，人文旅游资源都是人类劳动的成果。人文旅游资源的价值源泉大部分是人类劳动。但人文旅游资源的价值与一般商品的价值相比，具有较大的差异性。这种差异性表现在：普通商品的效用表现为直接的效用，而人文旅游资源的效用主要表现为直接或间接的效用，人文旅游资源的最初形成本身可能不是用于经济用途，但经历了时间作用，具有了一种或多种间接效用，如用于研究、观赏的目的，当被用于经济目的时，其效用就集中表现为能够满足人们的特定需要，为人们带来经济利益。

人文旅游资源的价值量与普通商品的价值量一样，社会必要劳动量决定其价值量，但其价值量比普通商品的价值量计量要复杂一些。首先，人文旅游资源一般均具有唯一性和不可再生性，不能大量生产，因此，人文旅游资源价值量由形成该资源的个别劳动时间决定；其次，部分人文旅游资源具有可再生性，这部分人文旅游资源的价值应当由再生产这种人文旅游资源所耗费的社会必要劳动时间决定。人文旅游资源的价值量由这样一些劳动构成：一是人文旅游资源形成时所耗费的劳动量，包括大量的脑力劳动和体力劳动量；二是为发展、保存、维护、传承人文旅游资源所耗费的劳动量；三是人文旅游资源改建、扩建和重建所耗费的劳动量；四是为将其转化为经济用途所耗费的劳动量。

1.4.1.3 旅游资源价值的多元内涵

事实上，现实世界的旅游资源是无法分清自然旅游资源和人文旅游资源的，有很多自然资源具有浓郁的人文意义，也有很多人文旅游资源以自然资源为依托。比如，一些古时遗留下来的文化遗存，如建筑、寺院、石窟、石雕、壁刻等往往依山临水而建，因其自然风景优美，而与人文景观相得益彰，由此形成自然与人文重新组合的多元资源。对一些自然旅游资源，人类在开发、保护和利用中投入了越来越多的劳动、资本和科学技术，这样的自然旅游资源也就是非自然的旅游资源，它们的价值源泉也就是在效用价值之外，再加上相关的劳动、资本、科学技术或经营管理等要素。随着时代的进步，这种非天然旅游资源的数量及其在整个资源总量中的比重会越来越高，然而其价值内涵并没有改变，仍是效用价值、劳动价值和要素价值等。

旅游资源的价值一方面来源于旅游资源的有用性，其取决于旅游资源满足人类需要的程度大小；另一方面来源于人类认识旅游、改造旅游和保护旅游所花费的劳动耗费，其取决于人类与旅游资源相关的劳动耗费的多少。前者所蕴含的价值要远远高于人们改造、利用或生产旅游资源的成本和耗费，因而也远远高于现期旅游资源的经济价值或市场价格；后者意味着人类取用旅游资源的难易程度，也是影响旅游资源价值的重要因素。基于此，旅游资源的多元价值内涵，主要包括以下两点。

（1）效用是旅游资源价值的核心。按照效用价值理论，无论旅游资源中是否凝结了人类劳动，因其有用性就决定了其具有价值。当人类未进行开发，旅游资源处于自然赋存状态时，它的价值表现为“潜在的社会价值”。因此，有用性是旅游资源具有价值的前提和必要条件。

（2）劳动价值是旅游资源价值组成部分。按照马克思的劳动价值论，对于旅游资源，其开发等各方面都包含了人类劳动。旅游资源价值量的大小决定于开发利用它所消耗社会必要劳动时间的多少。人类保护旅游资源的劳动耗费，包括维持旅游资源数量和质量及消除经济外部性等方面的费用。但旅游资源及其使用价值是自然赋予的，并不完全是人类劳动所创造的，人类的劳动只是认识和实现这种使用价值，并且旅游资源的使用价值与其自然丰度有关，旅游资源价值的大小与认识和发现它所付出人类劳动的多少不存在正比例关系。

此外，要素价值、创新价值、知识价值等其他价值也是构成旅游资源价值不可或缺的部分。

1.4.2旅游资源的价值表现

旅游资源价值的表现形式可以从两个方面来考察：一方面从旅游者需求的角度，另一方面从开发利用者的角度。

从旅游者需求的角度来看，旅游资源具有美学观赏价值、历史文化价值、科学考察价值、社会价值、度假价值等，是旅游资源固有的吸引力属性价值，是旅游资源质量和水平的反映。例如，我国众多的历史文化名城、各级别文物保护单位，对部分喜爱或专门研究历史文化及考古活动的旅游者具有很高的历史文化价值和科学考察价值。

从开发利用者的角度来看，旅游资源价值主要是指其经济价值。旅游资源的经济价值是所有类型的旅游资源较为统一的价值衡量标准，是指旅游资源内在旅游价值的货币化表现。从科学开发和利用旅游资源的角度重新审视旅游资源的经济价值问题，需要改变传统的经济核算方式，将旅游资源经济价值纳入旅游开发的“成本—效益分析体系”之中，为旅游资源作价入股、上市等实际工作提供依据。

1.4.2.1 美学价值

旅游资源之所以对游客产生吸引力，其具有美学价值是一个很重要的因素。无论是自然旅游资源还是人文旅游资源，都有其独特的美。如自然景观的美就包括形象美、色彩美、动态美、听觉美等。险峻的高山、茂密的森林、晶莹的冰雪、飞流直下的瀑布、壮丽的云霞无不给人以美的享受。人文旅游资源也常有让人流连忘返的美，如宏伟的宫殿、秀美的园林、精巧的手工艺品等。

1.4.2.2 科学价值

许多名山是地质作用的杰作，如我国的泰山、庐山都是高大的断块山；庐山上有丰富的第四纪冰川的遗迹，堪称地质博物馆。桂林山水、云南石林都是典型的喀斯特地貌，吉林有绝美的雾凇，山东蓬莱和浙江普陀山等都是观看海市蜃楼的理想之地。我国众多的国家公园、自然保护区有着丰富的动植物物种。这些旅游资源和其他许多旅游资源一样，不仅有着美学价值，还有科学价值，既可以普及科学常识，也可以进行科学研究。

1.4.2.3 历史文化价值

我国是四大文明古国之一，众多的文物古迹不仅是我国旅游资源的重要组成部分，也是我国人民宝贵的精神文化财富，对研究古代社会、经济、文化艺术、工程建筑都有重要的价值。从宏观层面，旅游资源的历史文化价值涉及历史文物、宗教文化、休闲娱乐、民俗风情、人文景观等多个方面。

1.4.2.4 度假价值

旅游资源的度假价值是指对旅游资源能够转化为休闲度假型产品的内在属性的评价。一般来说，旅游资源的环境质量、旅游舒适性和旅游季节性等因素会影响旅游资源作为度假资源开发利用的价值，因此旅游资源的度假价值主要针对这些方面进行评价。

在世界范围内，海滩也许是最受欢迎的旅游资源之一，而且也是公认的最有潜力开发为度假产品的旅游资源。许多国家都建立了海滩认证制度，设立了众多评价指标来评价海滩质量，主要包括水质、海滩、潮间带、环境教育和信息、海滩旅游资源管理等。

天气与气候原因是影响旅游者舒适度的重要原因，特别是极端高温或极端低温可能对旅游者的健康带来很大危害。因此区域气候特征对当地是否适合于开展旅游活动具有重要影响。一般而言，旅游者总是选择最佳的旅游季节和最舒适的环境进行旅游，因此旅游气候的舒适度是影响客流量季节变化、形成旅游淡旺季的主要因素之一。对气候条件的评价在很大程度上决定了旅游资源是否具有度假价值及其价值的高低。

1.4.2.5 经济价值

旅游资源经济价值是从经济的角度对旅游资源的认可，是指旅游资源能够满足旅游者旅游需求的效用的货币衡量。旅游资源的经济价值对于旅游开发具有决定性作用，只有一种资源用于旅游活动的价值大于其他用途的机会成本，该种资源才会被视作旅游资源用于旅游活动。

比一比：请以你所熟悉的某类旅游资源为案例，分析比较其观光价值和度假价值。

1.4.3旅游资源价值的分类

旅游资源价值从不同的角度，可以划分为不同的价值类型。从目前国内外关于旅游资源价值的研究成果看，主要有环境资源价值分类系统、自然资源价值分类系统、生物多样性价值分类系统和旅游价值分类系统等方面的研究成果。2004 年郭剑英、王乃昂通过对上面几个方面研究成果的系统分析，认为旅游资源的价值分为使用价值和非使用价值两大部分，其中，使用价值包括直接使用价值和间接使用价值，非使用价值包括选择价值、遗产价值与存在价值（见表 1–4）。

表1-4　旅游资源价值的分类

总价值	主类	亚类	具体体现
旅游资源	使用价值	直接使用价值	旅游价值（观光和度假价值）、科学研究价值、历史文化教育价值
		间接使用价值	环境价值（生态服务价值等）
	非使用价值	选择价值	未来选择利用的余地等
		遗产价值	自然景观、人文遗产等能为子孙后代永续利用
		存在价值	旅游资源的保留价值，语言、文化、宗教、民俗风情等

［资料来源：郭剑英，王乃昂．旅游资源的旅游价值评估——以敦煌为例 [J]. 自然资源学报，2004，19（6）：811-817，有补充修改］

1.5 总结与测试

1.5.1总结

本项目在充分认识资源与旅游资源的概念、内涵、特性及相互关系的基础上，论述了旅游资源分类的概念、原则与依据，重点阐述了《旅游资源分类、调查与评价》（GB/T 18972—2017）、《风景名胜区总体规划标准》（GB/T 50298—2018）的分类方法；详细阐述了旅游资源调查的目的、意义、方法、程序及主要类型；简要介绍了旅游资源的价值内涵、表现与分类。

1.5.2项目测试

【主要概念】

资源、旅游资源、旅游资源调查、旅游资源详查、旅游资源普查、旅游资源概查、旅游资源的价值表现、旅游资源价值类型

【客观题】

1. 下列各组中属于自然景观的是（　）。

A. 武夷山、韶山、香港海洋公园　　B. 肇庆七星岩、黄果树瀑布、武陵源

C. 都江堰、滇池、济南大明湖　　D. 太原晋祠、云冈石窟、应县木塔

2. 我国东西南北各地区的旅游资源差异较大，体现的是旅游资源的（ ）。

A. 相对稀缺性　B. 分布的地域性　C. 吸引力的选择性　D. 可创新性

3.《宋城千古情》是国内最著名的文化演艺旅游品牌产品之一，该项资源体现了旅游资源的（ ）。

A. 相对稀缺性　B. 分布的地域性　C. 吸引力的选择性　D. 可创新性

4. 作为旅游资源，平遥古城对吸引旅游者起到了重要作用的特点是（ ）。

A. 相对稀缺性　B. 分布的地域性　C. 吸引力的选择性　D. 可创新性

5. 福建土楼修建是为了居住，现成为旅游景点，体现了旅游资源具有（ ）。

A. 重复使用性　B. 分布的地域性　C. 吸引力的选择性　D. 可创新性

6. 下列哪一类旅游资源不是按照旅游资源的成因及其基本属性来划分的是（ ）。

A. 地文景观类旅游资源　　B. 历史遗迹类旅游资源

C. 教育科考类旅游资源　　D. 建筑设施类旅游资源

7. 横店影视城坚持“影视为表，旅游为里，文化为魂”的经营理念，随着旅游文化资源的整合，旅游产品的升级，横店影视城已成为新的旅游目的地。横店影视城不断挖掘景点所反映的历史时期、历史事件的文化内涵，其主要目的是（ ）。

A. 营造景点的历史文化属性　　B. 承接更多的影视作品

C. 吸引更多的游客参观游览　　D. 提升景点的知名程度

8.“望夫处江悠悠，化为石，不回头。山头日月风复雨，行人归来石应语。”这是唐代诗人王建在游览长江三峡的望夫石时写下的著名诗篇。诗人在游览景观时，能写出如此美妙的诗篇，说明他在旅游景观欣赏时（ ）。

A. 把握景观的美感特征　B. 达到了以情观景的境界

C. 体验景观的意境　　D. 充分了解了自然景观、历史文化价值和科学价值

9. 对拟开发的旅游资源进行价值评价时，国际上通行的评价标准是（ ）。

A. 市场标准　B. 美学标准　C. 历史标准　D. 社会标准

【简答题】

1. 旅游资源具有哪些特征？

2. 以你熟悉的景区为例列举其中的旅游资源类型。

3. 简述旅游资源调查的三种不同方式。

【分析题】

1. 拉萨市有着1300年的悠久历史，名胜古迹众多，山河壮丽，风景迷人，是具有高原和民族特色的国际旅游城市。请简要分析拉萨旅游资源的独特性。

2. 湖南省武陵源风景名胜区系首批国家5A级旅游景区。为了更好地保护旅游资源、促进旅游资源的可持续发展，需要对风景名胜区内部所有旅游资源进行系统、翔实的排查。请根据实际情况，编制旅游资源调查的具体程序与方案。

【应用题】

1. 三亚市拥有海南岛最美丽的海滨风光，被称为“东方夏威夷”。在约200公里的海岸线上密布着亚龙湾（又称“天下第一湾”）、大东海、鹿回头公园、天涯海角、海山奇观、南山文化旅游区等闻名中外的旅游景区。三亚市可以发展度假观光型的海滨旅游，其依托的自然景观主要有哪些？三亚市旅游资源开发的优势条件有哪些？

2. 2014年4月2日，泰山、天下第一泉、三孔和山东龙冈旅游集团、日照等结成“‘山水（海）圣人’旅游同盟”。其中济南、泰安、曲阜是“山水圣人”旅游联合体的合作城市，也是山东最负盛名的旅游线路。请简要说明“山水圣人”线路游览价值高的主要原因。

3. 2018年浙江部署共建“诗画浙江大花园”，提出重点打造“浙东唐诗之路、钱塘江唐诗之路、瓯江山水诗之路、大运河（浙江段）文化带”四条诗路。请梳理这四条诗路上核心的旅游资源。

项目2　现场调查旅游资源

项目案例导入

调查旅游资源概述PPT　　调查旅游资源概述视频

案例1： 2020年6月23日，北斗全球组网收官之星发射升空。2020年7月31日上午，北斗三号全球卫星导航系统建成暨开通仪式在北京举行。中共中央总书记、国家主席、中央军委主席习近平出席仪式，宣布北斗三号全球卫星导航系统正式开通并参观北斗系统建设发展成果展览展示。习近平充分肯定北斗系统特别是北斗三号全球卫星导航系统建设取得的成就。他指出，北斗三号全球卫星导航系统的建成开通，充分体现了我国社会主义制度集中力量办大事的政治优势，对提升我国综合国力，对推动疫情防控常态化条件下我国经济发展和民生改善，对推动当前国际经济形势下我国对外开放，对进一步增强民族自信心、努力实现“两个一百年”奋斗目标，具有十分重要的意义。26年来，参与北斗系统研制建设的全体人员迎难而上、敢打硬仗、接续奋斗，发扬“两弹一星”精神，培育了新时代北斗精神，要传承好、弘扬好。要推广北斗系统应用，做好确保系统稳定运行等后续各项工作，为推动我国经济社会发展、推动构建人类命运共同体作出新的更大贡献。

北斗系统是党中央决策实施的国家重大科技工程。工程自1994年启动，2000年完成北斗一号系统建设，2012年完成北斗二号系统建设。北斗三号全球卫星导航系统全面建成并开通服务，标志着工程“三步走”发展战略取得决战决胜，我国成为世界上第三个独立拥有全球卫星导航系统的国家。目前，全球已有120余个国家和地区使用北斗系统。精确的定位与测量是进行旅游资源评价、开发的前提与基础，是判断旅游资源开发适宜性的有效依据。北斗导航系统的逐步完善与普及，将使我们多一种工具选择来完成旅游资源普查的相关工作。

案例2： 2017年1月25日，中共中央办公厅、国务院办公厅联合下发了《关于实施中华优秀传统文化传承发展工程的意见》（中办发〔2017〕5号）文件，指出“中华优秀传统文化积淀着中华民族最深沉的精神追求，代表着中华民族独特的精神标识，是中华民族生生不息、发展壮大的丰厚滋养，是中国特色社会主义植根的文化沃土，是当代中国发展的突出优势，对延续和发展中华文明、促进人类文明进步，发挥着重要作用”。此前，国内各地曾出现了大量各级非遗传承乏力、民众重视程度不高等问题，使得很多非物质性文化遗产资源的保护、开发迟缓，更是凸显了各地旅游资源开发的表面化、同质化问题，缺乏文化的核心竞争力、缺乏文化的核心品牌与IP。但是，如何摸清非物质性文化旅游资源，如何有效地开展资源的全方位认定乃至开发建设，都将是摆在我们面前的一道难题。

项目导读

学习目的与意义：旅游资源的调查与评价是一项比较艰巨且实践性较强的专业技术工作。调查基础材料的梳理与收集、调查工具的准备与使用技巧的掌握、调查队伍的组成等工作是做好一项旅游资源调查与评价工作的前提与基础。现场工作是旅游资源调查与评价整个工作环节中最为重要的组成部分。通过本项目内容的学习，能够使各位学员基本掌握旅游资源调查与评价现场工作的基本规律、主要内容与注意事项，能够使各位学员基本掌握旅游资源调查与评价现场工作后的资料整理、评价定级工作要求。

项目内容概述：第一，明确了解旅游资源调查与评价所需的各项基础材料的内容、类型及其收集的途径与方法，并能进行旅游资源单体表的预填。第二，准备调查评价所需的定位仪或导航仪、指南针、测距仪或卷尺、摄像工具、工作底图等工具，并熟练掌握其使用技巧。第三，能根据不同的旅游资源调查评价任务，组建相应的旅游资源调查评价队伍。第四，明确了解被调查区域的访谈对象及具体的访谈内容。第五，对被调查区域的宏观环境及旅游资源单体本身的性质与特征进行实地勘察，提出测量的具体要求。第六，能根据现场工作的勘测与访谈情况，阐述旅游资源单体调查表进行修正与完善的要点。第七，现场工作后各项资料的整理要求与技巧。第八，利用德尔菲法，由调查组成员对旅游资源单体进行评价定级。

学习目标

知识目标：了解旅游资源调查前期所需准备基础材料的内容与类型；掌握收集各

类基础材料的途径与方法；掌握旅游资源单体表的预填的要求与方法；理解不同类型资源调查任务的调查队伍组织要点；了解旅游资源现场勘测与访谈、记录的主要内容及意义；掌握旅游资源单体表修正与完善的要点；理解旅游资源单体调查现场工作的相关注意事项。

技能目标：能熟练使用定位仪（导航仪）、指南针或手机的定位、定量、定向功能；能熟练使用卷尺、测距仪进行测量工作；能根据不同资源特征进行相应的摄像工作；能根据不同资源特征在相应的工作底图上进行位置标示；能根据旅游资源调查与评价的实际需要，有针对性地使用各类调查工具进行现场工作；能够修正、完善旅游资源单体预填表；能有效整理现场调查或勘测所获取的各项资料，并进行旅游资源的定级评价。

2.1 基础材料的准备与收集

随着社会经济的快速发展，旅游资源概念的内涵不断丰富、外延不断扩展，已经逐步渗透到方方面面。因此，旅游资源的调查与评价需要综合考虑多方面的因素与条件，需要系统、全面收集各个方面的资料。

2.1.1 基础材料的内容与类型

旅游资源的调查与评价需综合考虑其产生背景或来源、发展现状及发展趋势。因此，不同类型旅游资源的调查与评价需重点收集以下四个方面的基础资料。

旅游资源基础资料的收集要求视频　　旅游资源调查资料的获取视频　　旅游资源调查资料的获取PPT

2.1.1.1 旅游资源的历史背景资料

不同类型旅游资源的产生背景或发展历史具有较大的差异。自然旅游资源是大自然赋予我们的宝贵财富，多为自然生成物，一般是自然环境（包括地质地貌、水文气象、土壤植被等元素）经过历史长期的发育演变而成；人文旅游资源是“老祖宗”遗留给我们的宝贵遗产，多为人造生成物，一般是各个民族经过历史长期的发展积淀而成，通常包括建筑设施、历史遗迹、旅游购品、人文活动等类型。因此，在旅游资源的调查与评价过程中，要重点收集关于旅游资源形成的原因或历史背景资料，主要包括：被调查自然旅游资源所在区域的地质构造、岩层产状、地貌类型、山脉走向、河流水系、气候特征、土壤分布、植被类型、动物类型等方面的资料，被调查人文旅游资源所在区域的历史沿革、民俗风情、民族构成、姓氏宗族、工农生产、各类建筑等方面的资料。

2.1.1.2 旅游资源的开发保护现状资料

旅游产业经过多年的开发与保护，已经取得了重大发展与成绩。尤其改革开放以来，我国以风景名胜区、自然保护区、森林公园、地质公园、湿地公园及历史文化名城、历史文化名镇（村）、各级文物保护单位等为载体的开发保护取得重大成就。截至 2019 年年底，我国还有 37 项世界文化遗产（含 4 项世界文化景观）、14 项世界自然遗产、4 项世界文化与自然遗产（见表 2–1）。因此，在旅游资源的调查与评价过程中，要针对性地收集关于旅游资源开发与保护的相关资料，主要包括：开发保护历史、开发保护机构及其管理制度、开发保护的经费投入状况、开发保护的范围、技术手段与方法、取得的成绩等方面的资料。

表2-1 我国旅游资源开发与保护现状成绩

开发保护类型	数量	批准部门
世界遗产	55项	联合国教科文组织
国家级风景名胜区	9批244处	国务院
国家级自然保护区	474处	国务院
全国重点文物保护单位	8批5058项	国务院
国家森林公园	897处	自然资源部
国家地质公园	8批217家	自然资源部
国家湿地公园	898处	自然资源部
国家5A级景区	281家	国家文化和旅游部

［注：以上数据资料来自于百度百科及各部（局）网站，截止时间为 2019 年 12 月］

阅读材料2-1：常用概念

风景名胜区，是指具有观赏、文化或者科学价值，自然景观、人文景观比较集中，环境优美，可供人们游览或者进行科学、文化活动的区域，原称国家重点风景名胜区（引自:《风景名胜区条例》，国务院令第 474 号，2006 年）。

自然保护区，是指对有代表性的自然生态系统、珍稀濒危野生动植物物种的天然集中分布区、有特殊意义的自然遗迹等保护对象所在的陆地、陆地水体或者海域，依法划出一定面积予以特殊保护和管理的区域（引自:《中华人民共和国自然保护区条例》，国务院令第 167 号，1994 年）。

森林公园，是指森林景观优美，自然景观和人文景物集中，具有一定规模，可供人们游览、休息或进行科学、文化、教育活动的场所（引自:《森林公园管理办法》，1994 年）。

地质公园，是以具有特殊地质科学意义，较高的美学观赏价值的地质遗迹为主体，并融合其他自然景观与人文景观而构成的一种独特的自然区域（引自：百度百科“中国国家地质公园”词条并有修改）。

旅游区，是指具有参观游览、休闲度假、康乐健身等功能，具备相应旅游服务设施并提供相应旅游服务的独立管理区。该管理区应有统一的经营管理机构和明确的地域范围。包括风景区、文博院馆、寺庙观堂、旅游度假区、自然保护区、主题公园、森林公园、地质公园、游乐园、动物园、植物园及工业、农业、经贸、科教、军事、体育、文化艺术等各类旅游区（点）。

［引自:《旅游景区质量等级的划分与评定》（GB/T 17775—2003）］

2.1.1.3 旅游资源的开发保护趋势资料

首先，随着《国务院关于加快发展旅游业的意见》（国发〔2009〕41 号）、《国务院关于促进旅游业改革发展的若干意见》（国发〔2014〕31 号）等文件的正式颁布实施，旅游业已经上升至国家战略，将全面承担起“拉内需、调结构、促转型”的功能与职责，成为构建消费为主驱动经济发展机制的急先锋。其次，2018 年 3 月，国务院机构改革方案公布，正式组建国家文化和旅游部，主要功能与职责是促进文化事业、文化产业与旅游业的发展。因此，旅游资源的深度开发与保护工作将成为未来旅游产业转型升级、文化旅游产业融合与可持续发展的重要前提与基础。因此，在旅游资源的调查与评价过程中，要针对性地收集关于旅游资源本身及其所在区域的相关规划、策划、可行性研究等相关资料。

想一想：2015 年，浙江省委省政府率先提出特色小镇的概念，即以浙江省八大“万亿产业”为依托，建设集生产、生活与生态“三位一体”，兼具产业、旅游、文化与社区四大功能的景区型小镇，要求所有非旅游产业类特色小镇必须成功创建国家 3A 级旅游景区、旅游产业类特色小镇必须成功创建国家 4A 级及以上旅游景区。请以某一地方特色产业为例，罗列该产业可能衍生出的旅游资源有哪些。

2.1.1.4 旅游资源调查与评价的其他资料

根据旅游资源调查与评价的工作要求，在开展工作之前，还应该准备好如下相关材料：工作地形图（纸质或电子稿）、地方国民经济与社会发展等方面的资料（包括地方重点支柱产业发展、知名企业、社会发展等）。

2.1.2 基础资料的收集途径与方法

由于旅游资源种类纷繁复杂，其形成原因、环境或产生的历史背景又有所不同。因此，旅游资源普查与评价的基础材料的收集就显得非常重要。目前，根据实际操作过程的需要，基础材料的收集途径与方法主要包括以下三种。

基础资料的目录及收集方法视频

2.1.2.1 公共途径

基础材料收集的公共途径，主要包括互联网（含搜索引擎、政府职能网站、旅游中介机构网站、旅游景区官方网站或微信公众号、其他个人网站或博客等）和图书馆两大途径。就互联网而言，对于已经得到开发的旅游资源且具有一定知名度的，可通过搜索引擎、旅游中介机构网站、旅游景区官方网站或微信公众号等途径来收集；对于尚未得到开发但依然有较大知名度的，可通过搜索引擎及其他个人网站或博客等途径来收集；对于尚未开发但已经有开发意向的，可以通过政府职能网站进行查询（未公开信息可依据相关规定程序申请公开）。就图书馆而言，尤其是省、市级图书馆或高校图书馆，往往馆藏图书量较大，对于收集具有一定历史期限的文史资料等方面有较大帮助。

想一想：某地在开发历史街区的过程中，将对该历史街区的历史文化资源及其内涵底蕴进行深入挖掘。请问，可以通过哪些途径收集到相关资料?

2.1.2.2 政府途径

基础材料收集的政府途径，则主要依据不同的资源类型，分别向不同的职能部门索取。在实际的工作过程中，政府部门的资料索取方式可以采用两种：一是由旅游资源调查与评价受托方提出相关资料清单，由项目委托方或所在或地方旅游等相关部门帮助索取；二是由项目委托方或地方旅游等相关部门开具相关证明，由旅游资源调查与评价受托方直接到各个职能部门索取。在索取相关资料之前，必须清楚地了解不同职能部门所承担的具体职责及其所拥有的不同材料（见表 2-2）。

表2-2　旅游资源调查与评价常用材料的政府途径

部门	可索取资料清单	部门	可索取资料清单
发改	“五年”规划、专项规划等综合性资料	经信	工业旅游区、知名工业旅游区等
民政	宗教、各地方志、地名志、民族人口资料及养老机构等	体育	体育场（馆）、体育赛事等
交通	大交通规划、交通建设现状等	商贸	特色街区、购物区、商贸服务规划等
环保	生态功能区划、环境保护措施、地方生态环境监控数据等	农业农村	休闲农业、农家乐、各类土特产品、高科技农业园等资料
自然资源	城乡规划、地形图、矿产资源、滩涂资源、地形图、地质地貌、土壤植被或森林、自然保护区、森林公园、湿地公园、海岛海洋等	文化旅游	遗址遗迹、各级文保单位、历史文化名城（镇、村）、非物质文化遗产、各类戏曲戏剧、文博场馆、各类民族节庆活动及旅游规划、景区开发经营状况等
水利	水库、湖泊、河流现状及水文资料	卫生健康	各类医疗养生机构、中医药材等资料
统计	统计公报及各类统计数据	市政	公交、公园等资料

2.1.2.3 其他途径

涉及某些特定旅游资源的调查与评价，则可视实际情况采取其他途径或方法来获取相关基础材料。如在某旅游区具体开展旅游资源详查（为编制控制性详细规划作准备）的时候，因上述两种途径均无法获取大比例尺地形图时，可由项目委托方直接邀请各地测绘机构进行地形图的测绘或航拍工作；对于某些尚未进行任何开发的地区，可邀请熟悉当地风土人情人士或地方领导、年长者或乡贤等展开座谈，以初步了解基本情况；对人迹罕至的地区，主要以自然旅游资源为主，可根据地形图及其他自然地理资料推算可能存在的旅游资源。

2.1.3 旅游资源单体表的预填

为了进一步减轻旅游资源调查与评价的现场工作量，可以在前期各项资料收集、整理的基础上，展开对旅游资源单体表的预填工作。在调查单体表的预填工作中，应结合旅游资源调查与评价的“六定”要求，重点关注两大层面的内容。

旅游资源单体表的预填PPT　　旅游资源单体表的预填视频

2.1.3.1 宜事先填写的内容

所谓宜事先填写的内容，主要指旅游资源单体名称、基本类型、代号、行政位置，以及性质与特征、宏观区位关系与进出条件、文件可查的保护开发措施等内容。

2.1.3.2 不宜事先填写的内容

所谓不宜事先填写的内容，主要指必须经过现场勘察、测量等技术方法才能确定的相关内容，包括地理位置、具体的性质与特征（单体本身的形状、色彩、规模、结构、体量）、微观的交通区位及进出条件、现实的保护开发措施、评分定级等内容。

试一试：赵州桥是当今世界上现存最早、保存最完善的古代敞肩石拱桥。请根据您所能收集到的基础材料，预填旅游资源单体调查表。

2.2 调查工具的准备与使用

根据旅游资源调查与评价的“六定”技术要求，需要在现场操作定位仪、指南针、卷尺、摄像工具等仪器、设备。

2.2.1 定位仪的准备与使用技巧

定位仪的准备与使用技巧视频　　定位仪的准备与使用技巧PPT

为了准确地标定旅游资源单体的地理位置、高程、朝向及确定单体的范围或面积，需要结合地形图、指南针等工具操作卫星定位仪。虽然目前世界上已有中国北斗、美国GPS、俄罗斯“格洛纳斯”和欧洲“伽利略”四大卫星导航系统，但依然以美国的GPS卫星导航系统的应用普及率最高，我国北斗卫星导航系统的应用普及率也在迅速提升，且多个品牌或智能手机已经实现了双系统导航。因此，下面以专业手持机与智能手机作为两大定位工作来重点阐述。

2.2.1.1 专业手持机及其使用技巧

专业卫星接收机种类很多，根据型号分为测地型、全站型、定时型、手持型、集成型，根据用途分为车载式、船载式、机载式、星载式、弹载式。旅游资源调查与评价中需使用的是手持式卫星导航接收机，最常见的品牌有麦哲伦、Garmin等，但工作机制基本相同。

（1）操作步骤。第一，开机及调试。准备好相应型号的电池，装入电池后启动机器，然后等待导航卫星的搜索结果。待导航卫星搜索到四颗及以上数量时，可进入设置页面，调整检查计量单位、时区等要素，即要求将计量单位改为米、时区设置为北京东八区、高程基准为黄海基准等。第二，定位及测量。按专业手持机的相关功能键，可依次浏览经纬度、高程、误差、时速、方向、航程等相关信息。根据旅游资源调查与评价的需要，在地形图上标示旅游资源单体位置的同时，应准确记录旅游资源单体的经纬度信息，并精确到“秒”的小数点后面两位，如N30°14′45.66″、E120°17′48.72″。第三，保存及复核。在旅游资源单体调查表上记录完地理位置信息后，将相应的航点信息保存在专业手持机内，并记录相应的编号及名称，以便事后核对。回到室内后，可打开专业手持机来查阅相应的保存信息，并结合地形图上的经纬度信息进行认真复核，以确保位置的准确性而便于相关地理信息系统软件的分析使用。

试一试：某高山湖泊四周均相对平坦，但形状不甚规则。请你利用专业手持机来测量湖岸的周长及面积。

（2）注意事项。第一，长时间不用专业手持机时，请取出电池，防止腐蚀。第二，专业手持机应在野外（室外）使用，不宜在车内、室内使用。第三，专业手持机适宜在相对开阔的地方，不适宜在峡谷、弄堂以及高楼林立的城区使用，否则会影响精度。第四，专业手持机进行定位测量时，必须利用3D定位模式，即必须有四颗以上卫星，才能实现准确定位，卫星越多，精度越高。第五，面状单体的定位宜选择单体的中央部位或主体部位，线状单体的定位宜选择中间段位置。

2.2.1.2 智能手机及其使用技巧

随着智能手机的日益普及与推广，手机导航已经成为其最为流行的功能之一。目前，华为、苹果、三星、小米、OPPO 等知名品牌均推出了多个版本的智能机。与 GPS 手持机不同的是，智能手机可通过下载各类指南针、定位仪等 App 软件使用相关功能。同时，智能手机的定位是通过导航卫星、移动信号甚至无线网络等多重定位技术，能够实现更快、更准的定位要求；缺点是要产生相应的流量，价格较高。

试一试：请利用你或同学的智能手机，对你身边的某一旅游单体进行定位，并在地图上标明具体的位置。

2.2.2 指南针的准备与使用技巧

指南针的准备与使用技巧视频　　指南针的准备与使用技巧PPT

在旅游资源的调查与评价工作中，经常需要对某些旅游资源单体的走向或朝向进行明确界定，如某条河流或山脉的走向、某座古建筑的朝向等。在旅游资源单体所在地相对开阔的地方可以用专业卫星定位仪进行测量，但是在相对狭窄的地方可依靠专业指南针或智能手机 App 指南针。同时，旅游资源调查经常为野外调查，掌握指南针的使用技巧本身也有利于安全系数的提升。下面将重点介绍专业指南针的使用技巧。

试一试：请利用你或同学的智能手机，下载一款评价分数较高的指南针 App，对你身边的某一旅游单体进行定高、定向或定位测量。

2.2.2.1 指南针简介

指南针是用以判别方位的一种简单仪器，其前身是中国古代四大发明之一的司南。其磁针在地磁场作用下能保持在磁子午线的切线方向上。磁针的北极指向地理北极，常用于航海、大地测量、旅行及军事等方面。值得注意的是，由于地理北极与地球北极之间相差超 1609 公里，因此在使用时必须对照地图来调整磁北和正北的偏差角度，才能得到正确的方向或位置。否则，测量出来的方位角是地理角度。

指南针的方向表示方式主要有罗盘法、象限法与方位角法三种。在旅游资源调查与评价中，通常运用方位角法的方向表示方式。

2.2.2.2 操作步骤与技巧

（1）设定指南针。设定指南针的目的，就是要令指南针的方向指标，指向一个特定的方向角度（假设已知方向的角度）。

步骤 1：先将指南针水平放置，转动指南针上的转盘，使所需的角度数值停在方位阅读线上；

步骤 2：转动整个指南针（不是转盘），使转盘中的定向箭嘴（罗盘北），与磁针北重叠并指向同一方向，这时方向指标所指示的方向，就是所设定角度数值的方向。

（2）校正地图或方位。又称为放置地图（Set Map），其目的是使地图与实际地形、待测建筑的方向吻合，用以确定自己的位置及方向。在实际操作过程中，可依据如下两个步骤进行。

步骤 1：根据地貌放置，即可观察周围环境，如小径、特殊地形（山峰、山谷或山脊）、河流、湖泊等地貌，对照地图的摆放，判断是否符合实际地形的各个方向；

步骤 2：使用指南针，先设定指南针指向北方（参见前面），然后使“三北”重叠（磁针北、罗盘北、网格北），再转动地图使网格北与指南针的方向指标（即罗盘北，或转盘中的定向线）重叠或指向同一方向。

（3）方向读数与记录。在明确要测定方向的基础上，使指南针上的方向指标（辅助线 / 前端后端连接线）与测定方向重叠（或指向同一方向），并指向被测物体（或目的地）；然后转动转盘使罗盘北（即转盘中的定向箭嘴与磁针北重叠），并指向相同方向；观察方位阅读线上数值，即为前进的方向读数[1]。读数完成后将其记入旅游资源单体调查表“性质与特征”栏的相应位置（此数据通常为不宜事先填写的内容）。

（4）方向读数的应用。通常从指南针上获取的方向读数为 0°~360° 之间的读数，需根据实际情况进行适当的修正。假设某寺庙的朝向读数为 r°，则其实际描述写法可根据表 2–3 进行。

表2–3　方向读数的描述应用

序号	指南针方向读数	描述写法
1	r°=0°/360°	正北方
2	0° < r° < 90°	北偏东r°
3	r°=90°	正东方

1　注：不同的指南针读数方法有所差异。本书介绍的系初级的薄身型指南针读数方法。

序号	指南针方向读数	描述写法
4	90° < r° < 180°	东偏南r°－90°
5	r°=180°	正南方
6	180° < r° < 270°	南偏西r°－180°
7	r°=270°	正西方
8	270° < r° < 360°	西偏北r°－270°

2.2.2.3 注意事项

（1）基本结构知识。较好的指南针会在转盘内注满液体，使磁针的摆动速度减慢，可以较快停定并稳定指示方向；如需在夜间或黑暗的环境中使用，可选择有夜光标记的指南针使用；一般磁针以白色的一端指向南方，红色或较深色的一端指向北方；定向箭嘴必定是指向转盘上的0度的数值，故又称为罗盘北；方位阅读线必定与前进方向指标成一直线。

（2）保养技巧。第一，存放或使用时应保持水平，使磁针可自由转动；第二，应避免撞击及高速摆动；第三，切勿接近铁器、电器或带磁性物件；第四，不能接近高温；第五，用后应进行清洁处理。

想一想：当你在野外进行方向测定的时候，发现磁针始终指向某一个地方（假设指南针没有出现故障），请分析可能存在的原因，并提出具体的方向测定方法。

2.2.3 度量工具的准备与使用技巧

在旅游资源的调查与评价过程当中，通常需要对某些旅游资源的长、宽、高、直径、半径等属性数据进行测量。因此，在旅游资源调查的现场勘测过程中，往往需要准备钢卷尺、皮尺或测距仪等工具，亦可通过各类电子地图或地形图进行相应的测量工作。

度量工具的准备与使用技巧视频　　度量工具的准备与使用技巧PPT

2.2.3.1 卷尺的适用范围及使用技巧

卷尺是日常生活中常用的测量工具，通常包括钢卷尺、皮尺等类型。常用钢卷尺的分度值为 1mm，量程通常可分为 1m、3m、5m、10m 等几档；常用皮尺的分度值为 1cm，量程较钢卷尺要长得多。因此，钢卷尺通常用于测量单体规模相对较小、有明确边界或参考线、测量精度要求相对较高的旅游资源单体，如测量某古井的内径、外径或某石碑的长、宽、高等数据；皮尺通常用于测量单体规模中等、有明确边界或参考线、测量精度要求一般的旅游资源单体，如测量某古建筑的进深、某广场的长宽等。

想一想：在旅游资源调查过程中，如需测量某建筑的室内高度或某两幢相距较远的建筑之间的距离，该如何测量？

2.2.3.2 测距仪的适用范围及适用技巧

由于卷尺的量程有限，且卷尺的硬度不足，所以当碰到相对较高或规模、体量较大的旅游资源单体时，则无法采用卷尺进行测量（如要测量某水库大坝的长度与高度）。除了利用 GPS 手持机进行大规模、大体量旅游资源单体的测定外，还可以利用测距仪。测距仪是根据光学、声学和电磁波学原理设计的，用于距离测量的仪器。

（1）测距仪的分类。根据测距的基本原理，可以分为激光测距仪、超声波测距仪与红外测距仪三大类。激光测距仪是目前使用最为广泛的测距仪，又可以分类为手持式激光测距仪（测量距离 0~300m）、望远镜激光测距仪（测量距离 500~3000m）。而超声波测距仪因受周围环境影响较大，所以一般测量距离较短且测量精度偏低；红外测距仪虽具有便宜、易制、安全等优点，但具有精度低、距离近、方向性差等缺点。

（2）测距仪的适用范围。鉴于激光测距仪具有方便、准确、安全等优点，因此在旅游资源调查过程中，经常用于测量建筑单体或建筑工程设施的长、宽、高等相关信息。但是，根据测距仪的工作原理，在实际的测量过程中，被测量对象必须拥有参考面（不同于卷尺的参考线或边界），否则难以实现测量。如要测量水库大坝的长度，会因水库大坝两侧没有边界面（有边界）而无法测量出相关数据。

（3）测距仪的使用指南。以 R1500 型激光测距仪为例，首先，调节测距仪目镜视度，使视场内的物体清晰；其次，按下“触发”按钮，镜内显示“+”，将中心圆对准待测目标，“模式”一般置于标准状态，再次持续按下“触发”按钮 3 秒钟左右，目标距离显示，若不使用 15 秒后自动关机。

为了可靠地测回目标数值，第二次按下“触发”按钮时，可持续 3 秒以上，直至目标距离显示，但按下时间也不能太长，否则会显示噪声产生的小数。若 3 秒以后仍无距离显示，说明目标回波质量较差，此时显示“End”。每按“模式”按钮一次，即可依次变化“标准”“雨天”“雾天”“干扰”四种状态。刚接通电源时，处于上一次的使用模式。要进行距离单位转换时，需按下“模式”按钮3秒以上。

对于大多数物体，R1500的最大测量范围是1500m。最大测量距离变化很大，这主要受目标物体的反射性能、气候条件等其他因素影响。通常情况下，目标表面光滑、亮色、面积大、光束与目标表面垂直、天气晴朗的情况下测的距离远；反之，则测量距离较近。

试一试：请打开某个电子地形图或电子地图，测量某个建筑的长度与宽度或某个实体区域（如湖泊、草坪等）的面积。

2.2.4 摄像工具的准备与拍摄技巧

在旅游资源的调查与评价过程中，还需要对旅游资源单体进行“定影”，即摄像工作。不同类型的旅游资源，在具体的“定影”过程中需要有所侧重。随着现代科学技术的发展，定影摄像工具也越来越多，也更加重视摄像的质量与美观度。

摄像工具的准备与拍摄技巧视频　　摄像工具的准备与拍摄技巧PPT

2.2.4.1 “定影”原则

（1）整体与局部相结合原则。每个旅游资源单体都要分别从不同角度、不同距离进行拍摄，以全面反映旅游资源单体的整体风貌，又能突出局部重点或典型景观特色。

（2）静态与动态相结合原则。对于某些动态性旅游资源单体，如节庆活动、民俗表演、庙会等，以及新发现的旅游资源单体，在拍摄静态照片的同时，还应尽可能留下数码录像资料，以更加准确地反映实际效果。

（3）时间与空间相结合原则。对于某些季节性旅游资源单体，不仅要拍摄旅游资源单体所在地的宏观环境特征，而且要根据旅游资源单体表现的时间性特征，选择在特定的时间、特定的地点进行拍摄，如海市蜃楼、日出日落景观或佛光等旅游资源。

想一想：当你在某地开展旅游资源调查的时候，可通过哪些途径来确定当地的日出、日落时间，便于拍摄特定时间的照片或影像资料。

（4）数量与质量相结合原则。在旅游资源的实地调查过程中，不同等级的旅游资源对照片拍摄的数量也有所区别。通常而言，对于资源等级、品位、禀赋越高的旅游资源单体，照片拍摄的数量也要越多。当然，在实际拍摄过程中，也不能因为仅仅追求照片的数量，更要追求照片的拍摄质量，以最真实的态度来反映资源的特色与价值。

2.2.4.2 “定影”技巧与注意事项

摄像工具的拍摄技巧视频　　摄像工具的拍摄技巧PPT

（1）摄像工具的选择。随着现代数码电子产品的日益更新与繁荣，各种数码相机、摄像机、智能手机乃至无人机应运而生。在实际调查过程中，最好能分别携带摄像机、数码相机乃至无人机。如果条件允许，数码相机最好能配备广角镜头或滤镜，以满足实地空间不允许的情况下拍摄旅游资源单体的整体效果。

（2）注意相片或录像编号。在开始实地调查之前，每位负责摄像的工作人员必须事先调试好相机或录像的编号；在调查拍摄过程中将每一个单体相对应的相片或录像编号记录下来，以便于事后室内整理，以防出错。

想一想：除了通过编号记录相片或录像资料外，还可以通过哪些途径确定对应的单体影像资料？如何确保不会出错？

（3）携带记忆棒或带有读卡器的移动硬盘。为确保摄像质量与数量，通常会调高摄像工具的分辨率与相片质量。因此，数码相机或摄像机的自带记忆棒很容易占满。因此，在长时间实地调研的时候，必须携带大容量记忆棒或带有读卡器的移动硬盘。

2.2.5 地图的准备与使用技巧

旅游资源的调查与评价工作必须携带相应的工作底图，包括地形图（必备）与旅游交通图、行政区划图（可选）。大尺度旅游资源概查过程中，亦可通过各类电子地图或手机 App 软件实现导航、定位、定影、定轨迹等工作。

地图的准备与使用技巧视频　　地图的准备与使用技巧PPT

2.2.5.1 地形图的准备与使用

地形图指的是地表起伏形态和地物位置、形状在水平面上的投影图，即将地面上的地物和地貌按水平投影的方法（沿铅垂线方向投影到水平面上），并按一定的比例尺缩绘到图纸上，具有统一的大地控制基础标准、投影及分幅编号等内容。

（1）地形图的索取与准备。地形图属于国家机密材料，不得随意借阅、扫描或复印，更不能随意丢弃。目前，地形图的索取方法通常可来自于政府相关部门或相应的测绘机构。在项目的实际操作过程中，不同的调查评价要求、不同的区域范围，需要采用不同的地形图，具体要求如表 2–4 所示。

表2-4　不同类型旅游资源调查与评价的地形图要求细则

调查类型	地形图要求	资料来源	备注：实际用途
资源概查	1 : 5万~1 : 20万	自然资源等部门	大范围：区域旅游总体规划
资源普查	1 : 2000~1 : 1万	自然资源等部门	中范围：旅游区规划、资源保护
资源详查	1 : 500~1 : 2000	单独测绘	小范围：旅游区详细规划

（2）地形图的识别与拼接。当拿到地形图后，首先要对地形图进行简单的识别，包括图纸的测绘时间、图幅编号与名称、上下左右图幅编号及名称、比例尺、图例等相关信息。在实际的调查设计过程中，被调查区域往往不会在同一张图幅中。因此，接下来就要对地形图进行拼接，使被调查区域在同一个画面中，使之具有整体性。

（3）地形图的初步使用与准备。完成地形图的拼接之后，需明确旅游资源调查或评价开发的红线范围，仔细分析区内的综合自然地理环境与进出条件，并可初步判断其中可能存在的旅游资源单体及其规模，可据此设计相应的行走线路，提高工作效率。

（4）使用注意事项。首先，在地形图的使用过程中，须安排专门人员保管，防止地形图的丢失；其次，地形图使用完毕之后，须归还给相关部门或采用碎纸机销毁，不得随意丢弃；最后，纸质地形图不宜折叠，而应以卷起放入地图专用袋中保存。

2.2.5.2 旅游交通图、行政区划图的准备与使用

旅游交通图或行政区划图是旅游资源调查与评价过程中首选的辅助地图工具，是配合寻找资源点位置及辨别交通区位关系的重要方法。旅游交通图通常由地方旅游、

交通、规划建设或自然资源等相关部门委托具有地图编绘资格的相关部门、企业编绘的专题地图；行政区划图通常由地方民政部门委托具有地图编绘资格的相关部门编绘的普通平面地图，通常不含有地貌、高程等相关信息。此两类地图的索取或购买相对简单，在城市的新华书店、酒店、报刊亭等地方均能购买。

阅读材料2-2：常见网络资源与App软件

1. 国内常见地图类网站资源

百度地图（http://map.baidu.com）

腾讯地图（http://map.qq.com）

高德地图（http://www.amap.com）

谷歌地图（http://www.google.cn/maps）

天地图——国家地理信息公共服务平台（http://www.tianditu.gov.cn/）

E都市三维地图（http://www.edushi.com/mapcity.html）

地图慧（http://www.dituhui.com/）

2. 常用户外调查App软件

天气类应用软件：墨迹天气、在意空气

植被类应用软件：形色

户外类应用软件：两步路户外助手

地图类应用软件：高德地图、百度地图

2.3 调查队伍的组织与分工

不同类型或区域的旅游资源调查与评价任务，对调查队伍成员的组成也有不同的要求。尤其是随着旅游资源的内涵不断深入、外延不断扩展，对旅游资源调查与评价人员的要求也越来越高。

调查队伍的组织与分工视频

调查队伍的组织与分工PPT

2.3.1 调查队伍组成人员的要求

2.3.1.1 学科背景要科学合理

在开展诸如国家地质公园、国家森林公园、国家历史文化名城、史前历史遗迹、现代高科技农业园区、工业旅游区、特色小镇、风情小镇、体育小镇等不同类型的旅游资源集聚区时，必须在坚持多学科交叉组成队伍的原则基础上，根据被调查旅游资源集聚区的实际情况，有针对性地增加相关学科背景的专家组成员。如对凤凰古城进行旅游资源普查时，必须在旅游、地理、经济、社会、文化、文物等相关学科背景成员的基础上，适当增加古建、民族文化等相关方面的专家学者，才能更加全面、准确地开展调查与评价。

试一试：黄山市旅游主管部门委托某旅游规划设计研究机构开展针对世界遗产——黄山的旅游资源调查工作，为更好地加强旅游资源的保护与开发作准备。请你尝试列举需要哪些学科背景的项目团队成员。

2.3.1.2 年龄结构要老、中、青结合

在旅游资源中，既有历史年代久远的珍稀资源，又有新兴不久的旅游资源；既有能为世人普遍认知的旅游资源，又有难以让大众游客充分认识的旅游资源。因此，在专业人才队伍的构成中，必须注重老、中、轻年龄结构的合理搭档，以老带新，既能充分做好旅游资源调查与评价的相关工作，又能锻炼新人。

2.3.1.3 现场经验要相对丰富

旅游资源的调查与评价需要大量的现场勘探工作。鉴于有较多旅游资源分布在尚未开发或人迹罕至的地区，导致其现场工作要求具有相对丰富经验的专业人士参加。此外，普查队伍的成员应有扎实的合作基础，成员之间应相互熟悉并具有合作共事的愉快经历。

2.3.1.4 工作人员数量配置要合理

不同区域层次、技术要求的旅游资源调查，其组织结构与人员数量的配备是不同的。就区域性旅游资源概查来讲，在组建项目团队的基础上，可根据项目的实际需要分成若干个基层工作小组，每个基层旅游资源调查小组成员人数应该在 3~5 人。

2.3.2 调查队伍组成人员的分工

2.3.2.1 分工原则

在旅游资源的调查与评价过程中，必须坚持责任明确的原则，即要求 1 人总协调，2 人负责测量，1 人负责定位，1 人负责摄像。

2.3.2.2 分工内容与职责

通常由现场工作经验最丰富、专业背景最为符合的相对资深人士担任总协调人或小组长，负责协调各个成员的工作与单体表的完善、定级等相关工作；2 人负责测量各个旅游资源单体的长、宽、高等相关数据，并描绘单体的空间结构、记录相应的数据，及时提交给小组长；1 人负责旅游资源单体的地理位置与方向、面积，将旅游资源单体的位置在地形图（或旅游交通图、行政区划图）中标示，并将相关数据提交给小组长；1 人负责拍摄旅游资源单体不同角度、不同距离、不同时间的照片或录像，并记录各个旅游资源单体所对应照片的序号或编号。

2.3.3 编制旅游资源调查与评价工作任务书

2.3.3.1 项目任务书的撰写格式与内容

制定调查工作任务书视频　　制定调查工作任务书PPT

通常而言，旅游资源调查与评价的项目任务书编制可包括但不限于前言、背景与意义、主要任务、时间进度安排、人员组成、主要成果及形式、经费预算及支付方式、保障措施等相关内容。项目委托方通常关注主要任务、时间进度安排及经费预算三个方面的内容。对于一项旅游资源调查与评价项目而言，其主要任务可包括旅游资源的梳理、定级与评价，以及提出相应的保护或开发的对策措施，具体应与项目委托方协商确定；而时间进度安排与经费预算等内容，也需要和项目委托方协商确定。

调查评价任务书模板

2.3.3.2 编制项目任务书的注意事项

编制一份科学合理且可信的项目任务书，必须坚持如下三大原则：一是坚持合理性原则，即任务书必须根据项目委托方确定的工作任务或工作量及时间进度要求，合理安排工作计划与人员配置、经费预算，切记贪大求全或急功近利；二是坚持效益性原则，即任务书必须兼顾项目委托方与项目受托方的效益，绝不能让项目委托方浪费资金，也不能让项目受托方亏损；三是坚持可信性原则，即项目受托方应尽可能地增加自身实力、经验及人员配置、设施配备等相关内容的介绍，以增强项目委托方的信任度。

试一试：新疆阿克苏地区的温宿县想开展全县旅游资源普查工作，要求最后形成旅游资源调查与评价报告，为后期编制旅游总体规划及招商引资奠定基础。请根据你所在单位的实际情况，制作一份资源调查与评价的工作任务书。

2.4 现场调查旅游资源

现场勘测与访谈视频　　现场勘测与访谈PPT

2.4.1 旅游资源单体的现场访谈

事实上，目前国内很多地区的传统民俗文化、传统生产工艺都存在传承者“缺位”、文化传承面临“断层”的难题。对于部分知名度相对较高的民俗文化旅游资源或传统生产工艺技术，各级地方政府已经启动了多项积极保护措施。但是，大部分地区的传统民俗文化、神话传说、历史典故等文化资源及传统生产工艺因长期以来缺乏保护与传承发展，已经鲜为人知或消失，仅部分年长者可能清楚相关内容。同时，受收集资料的时限性因素影响，大部分旅游资源调查与评价的专业队伍对地方经济发展、旅游资源保护与开发等相关方面的最新情况掌握不够全面。因此，在进行现场工作时，首先要开展多纬度的现场访谈或座谈活动。

2.4.1.1 访谈或座谈的对象

在进行现场工作之初，应及时与旅游资源调查与评价项目的委托方沟通联系，要求进行现场访谈或座谈，尤其是具有一定历史文化底蕴的古村镇所在地。首先，应确定访谈或座谈的对象。通常而言，访谈对象可以是地方旅游主管部门的相关领导或负责人、村镇相关分管领导或负责人、宗族长辈或长老、地方知名文人或乡贤、涉旅相关企业负责人等；座谈工作相对正式，可邀请的相关人士可相对宽泛。

2.4.1.2 访谈或座谈的内容

访谈或座谈通常是用于弥补事前资料收集的不足或过于陈旧、现场勘测的多项限制（如天气、季节、时令等因素）。因此，在进行现场访谈或座谈之前，调查小组应事先拟订若干个主题，以供参加访谈或座谈相关人士作为参考。通常而言，访谈或座谈的主要内容可以包括如下几个方面：一是当地国民经济和社会发展的概况及未来的发展导向（适合座谈）；二是当地主要的传统民俗文化活动、传统生产工艺、历史文化名人、历史遗迹、神话传说、历史典故等（适合访谈）；三是当地村民对发展旅游及生态环境保护的看法或态度等；四是当地存在哪些值得开发与保护的旅游资源；五是当地有哪些时令性的土特产品、季节性的景观资源等；六是旅游资源调查勘测工作的线路合理性讨论（适合座谈）。

2.4.1.3 访谈或座谈的要求

在进行访谈时，宜由地方相关负责人陪同，以便加强沟通联系，尤其是在语言沟通方面；同时，必须做好访谈内容的相关记录工作。在进行座谈时，宜由地方相关负责人或项目委托方主持，会议现场做好录音工作及记录工作，并做好有效的互动问答，以提高座谈会的效率。

2.4.2 旅游资源单体的现场勘测与记录

通过前期各项资料的收集与整理、单体表的预填及现场的访谈、座谈，旅游资源调查与评价的整个工作将进入现场勘测与记录阶段。根据国家标准《旅游资源分类、调查与评价》（GB/T 18972—2017）的相关要求，要逐个对旅游资源单体进行现场核查，重点包括其数量、质量、性质、规模、体量、分布、价值、存在环境、利用现状、保护措施、开发进度、经营状况等基本特征项的勘察、勘测与记录核实。

2.4.2.1 基本特征项的内容

旅游资源基本特征项是反映某个旅游资源的基本属性特征，每个特征项的特征值可能是定性的，也可能是定量的，且是由若干个定性特征项与若干个定量特征项的组合。而这些基本特征项均需要通过现场的勘察、勘测与记录，具体包括以下几个方面。

（1）外观形态与结构特征。主要指旅游资源单体的整体状况、形态和突出（醒目）点，代表形象部分的细节变化、整体色彩和色彩变化、奇异华美现象、装饰艺术特色等；组成单体整体各部分的搭配关系或排列组合情况，构成单体主体部分的构造细节、构景要素等。

（2）内在属性特征。主要涉及旅游资源单体的功能特性、历史文化内涵与格调、科学价值、艺术价值、文化价值、经济背景及开发利用的可行性等特征。

（3）组成成分特征。主要涉及构成旅游资源单体的组成物质、建筑材料、原料等。如某传统手工产品与工艺品可以是木质、竹质、根质、石质等；景观小品可以是钢质、玻璃质、铁质等；奇特与象形山石可以是石灰岩、火山岩、沉积岩等不同岩石演化而成的。

（4）成因机制与演化过程特征。主要涉及能表现旅游资源单体的发生（产生）、演化培育过程、演变的时序数值；生成和运行方式，包括形成机制、形成年龄或初建（办）年代（年份）、废弃时代、重建或修缮时间、盛衰变化、历史演变、现代运行过程、生长情况、存在方式、展示演示及活动内容、开放时间等特征项。

（5）规模与体量特征。主要涉及占地面积、建筑面积、体积、容积等表现旅游资源单体的空间数值特征，涉及长度、宽度、高度、深度、直径、周长、进深、面宽、海拔、高差、产值、数量、生长期、花期等表现旅游资源单体的个性数值特征，涉及矿化度、覆盖率、曲度、比降、光滑度、百分比等表现旅游资源单体的比率关系数值。

（6）环境背景特征。主要涉及与旅游资源单体所处具体位置及其外部环境所密不可分的自然要素和人文要素，包括地质地貌、水文气象、土壤植被、民族历史等；涉及影响旅游资源单体存在与发展的外在条件，包括特殊功能、雪线高度、重要战事、重要矿物质等，如部分高山地区在冬季可开展滑雪运动、部分温泉地区可以开发疗养养生产品等；涉及旅游资源单体的旅游价值和社会地位、级别、知名度、荣誉等，如国家级自然保护区、国家级风景名胜区等。

（7）关联事物特征。主要涉及与旅游资源单体的形成、演化等存在密切关系的典型历史人物或历史事件。例如，1927 年 10 月毛泽东等老一辈无产阶级革命家率领中国工农红军来到井冈山创建了以宁冈县为中心的中国第一个农村革命根据地，也是土地革命初期中国工农红军革命遗址最集中的地方，使得井冈山地区成为自然旅游资源、人文旅游资源交相辉映的资源集聚区。涉及与旅游资源单体邻近单体的关系、距离等特征项。

（8）开发保护特征。主要涉及旅游资源单体的开发程度，包括是否开发、投入金额、开发年限、规划年限等特征项；涉及旅游资源单体的保护内容，包括是否制订保护措施、保护资金、保护历史及保护效果等相关特征项。

2.4.2.2 分类资源单体的主要特征项

不同类型的旅游资源单体的基本特征项均有较大差异。表 2–5 列出了大部分旅游资源基本类型的基本特征项，均可以相关数值来衡量。在现场勘察、勘测时，要注意采集并核对这些特征值。

表2-5　旅游资源单体基本类型的特征项示例

基本类型	特征项名称或内容
AAA 山丘型景观	总体环境与景观特征、平均海拔、主峰海拔、主体出露岩石、山体起伏程度、可游区纵深长度、范围面积等
ABD 生物化石点	化石种类、数量、特征，围岩岩性、形成原因、地层年代、岩层产状、露头面积、可观赏性、科学意义、保存状态等
ACB 峰柱状地景	主峰海拔、景观特征与形态变化、岩性组成、岩石表面风化程度、植被覆盖率、云雾环绕情况、相对海拔、范围面积、坡度等
ACF 岩土圈灾变遗迹	遗迹形态特征、灾变类型、灾变特征、发生年代、影响程度、景观特征、科学意义，遗迹保护范围面积、地裂等长度与深度等
BAA 游憩河段	长度、宽度、河谷形态、水深、河流弯曲度、流速、水质、比降、两岸环境特征、沙洲植被覆盖率等
BAB 瀑布	高度（落差）、坡度、坡向、级数、宽度，两侧基岩特性、底部潭池（面积、形状、水深）、水量、水质、周边环境等
BBC 湿地	形态类型、平面形状、地形特征、气候条件、成因与发育过程、物质组成、泥炭含量、水量补给源、面积范围、动植物种类等
BCA 泉	出水量与变化、水温与变化、水质及其化学成分、喷涌方式、泉水露点或泉池面积、水量的季节变化、成因与类型、周边环境与景观特征、矿疗价值等
BDB 现代冰川	冰川规模、冰面形态、冰体状况、冰川四季变化、冰川的持续覆盖时间、冰川形成的原因、科学价值等
BEB 涌潮与击浪现象	周边环境特征、地貌形态、水文特征，潮差大小、发生时段、发生频率、发生区纵深、最佳观赏时间与地点、持续时间等
BEC 小型岛礁	面积、岸线曲折情况、岸滩物质、岩石组成、地面起伏、岛区环境特征、近海（湖）水域利用情况、最高点海拔、距大陆或其他岛屿的最近距离、植被状况、主要建筑物等
CAA 林地	植物群落类型、珍稀程度、垂直分布情况、典型物候景观、科学价值、周边环境特征，面积、郁闭度、林龄、林冠平均高度、最大树木高度、树干平均直径、株数等
CAC 草地	群落类型、形态特征、种类组成、平均高度、密度，草地面积、正常年份覆盖率、生长期、植冠平均高度，周边环境与形态特征
CAD 花卉地	群落类型、形态特征、演化历史、珍稀程度、典型物候景观、周边环境，面积、花卉种类、花期或常绿期等

基本类型	特征项名称或内容
CBC 鸟类栖息地	形态特征、演化历史、种类组成、栖息方式、景观特点、科学价值，面积、鸟类数量、珍稀或保护鸟类及数量、栖息时间及季节性变化等
DAA 太空景象观赏地	常发季节和多发时间，多发地段，持续时间，景象性质与形态及其变化规律，气候和天象条件、成因，持续时间、多发时间等
DBC 物候景象	景象特征、面积、地域环境特征，季变持续时间、开始时间、结束时间，季变的成因及其相应的气候条件、周围环境特征等
EAC 教学科研实验场所	占地面积、建筑面积、建筑层高（数）、建筑风貌、建筑年代，特色资源或景观，科学与文化价值，教学设备或人数规模、相关人物与事件等
EBA 特色街区	使用性质与功能特色、建筑风格、主要商铺名号、建设年代，街区（巷）长度、宽度、距今年代、历史文化价值，主要业态等
EBE 桥梁	长度、规模（高度与宽度、跨数）、建筑材料、装饰特点、距今年代、周边环境特征、相关历史人物或事件等
EBJ 陵墓	墓主名号、建设年代、形态特征与布局特点、典型景观、历史事迹与渊源、历史文化价值，占地面积、建设年代、建筑材质等
EBK 景观农田	农田面积（长度、宽度）或形状，主要农作物类型与景观特征，农田的季节性变化，农田的主要配套设施，农田的周边环境特征等
ECI 塔形建筑	形态特征及形状、建筑式样、建筑材料、功能性质、历史渊源，始建年代、重修年代、重建年代、层数、高度、面积，历史文化价值等
ECL 水井	井口形状、井口直径（周长）、建筑材料、井水深度、水量、水质、建造年代、建造原因及其作用影响、周边环境特征等
FAA 建筑遗迹	遗迹面积、遗迹规模、建筑风格或类型、距今年代、出土文物、科考价值或历史文化价值、生成过程与演化历史的典型证据、曾经发生的相关事件或活动等
FBA 民间文学艺术	作品名称、作品类型、表达形式、创造时间、社会影响、典型人物、历史文化价值等
FBD 传统演艺	演艺的主题或风格、时间、频率或延续时间，演艺产生的原因，所需的场地、设备或人员要求，相关的知名人物或活动等
GAA 种植业产品及制品	地方特色种植业的名称、种植面积、种植历史与成因或起源，种植或采摘、收获的时间，配套加工制作的流程及企业情况，主要品牌或传承人或原产地标志，主要营养价值等
GBA 日用工业品	日用工业品名称、类型、生产规模、生产历史，衍生文化情况，知名企业或人物，相关的活动或事件，主要品牌，主要用途等
GCH 画作	画作的名称、作者、风格或类型，传承或保护情况，蕴含的历史文化意义，获奖或展览情况等
HAA 地方人物	出生年代、人物类型、祖籍、故居情况、主要成就及其地点与影响、重要纪念日、相关的事件等

基本类型	特征项名称或内容
HBB 农时节日	节日性质与类型、民族种类、历史渊源或意义、涉及地域范围、时间频率、创始年代、庆典方式、主要内容与特色、举办场所情况等
HBC 现代节庆	节日性质与类型、时间、规模、形成时间、节事活动层次、社会影响与经济影响、涉及区域、始办时间、举办时间、参会人数及单位数量、成交金额等

［注：本表从《旅游资源分类、调查与评价》（GB/T 18972—2017）中各选取了部分基本类型的旅游资源单体］

2.4.3 旅游资源调查现场工作的注意事项

在现场工作中，往往会碰到诸多事先无法预料的事情与难题。因此，要制订现场工作的保障制度，并建立特殊问题的应急处理预案。

现场工作的注意事项视频　　现场工作的注意事项

2.4.3.1 现场工作的保障制度

（1）分工明确、队伍稳定制度。在进行现场工作之前，组建科学合理的工作组织框架，并明确分工。同时，鉴于旅游资源的调查与评价要求具有统一的衡量、评价标准与熟练、默契的协作能力，要求除疾病等不可抗拒因素外，小组成员应保持稳定不变，尤其是小组的核心成员。

（2）合理安排、当日考核制度。大部分旅游资源调查与评价的工作任务相对艰巨，量大时长。因此，要科学合理安排每日的工作路径与工作任务，要求当日的任务不得过夜，以免对后期的任务安排造成影响，尤其是当天白天的勘测记录成果，必须在当晚完成相应的修正、完善及评价定级工作，防止因时间的拖延造成对资源各项性状认识的模糊，从而影响最终的评价定级工作。

（3）组内例会、组间共享制度。要每天举行组内例会，重点完成三项工作：一是完成对当天现场勘察、勘测旅游资源单体的修正、完善、整理及评价定级工作；二是讨论当天现场工作过程中碰到的一些相对困难问题；三是部署安排次日的工作安排。同时，如果在白天现场工作过程中碰到较高难度的问题或值得注意、借鉴的经验，可召开由各小组组长参加的组间交流共享会议。

（4）自我检查、相互抽查制度。在每日完成各项工作后，由各个小组开展自我检查工作，包括工作进程、工作质量，尤其是涉及“六定”的技术细节及旅游资源基本特征项的相关内容。各个小组之间可在总负责人的协调安排下，适当开展相互抽查工作，以确保各个小组之间把握技术标准的统一性、严格性及图文标注和记录的准确性等。

（5）积极发言、争议解决制度。对调查与评价过程中出现的技术性争议，可根据实际情况采取相应的措施予以解决：一是集体讨论，各个成员各抒己见，现场解决；二是多拍照片和录像，事后由组间会议讨论解决；三是请相关学术专家到现场解决。

2.4.3.2 特殊问题的应急处理

（1）跨界资源的现场应急处理。受国内行政区划遵循自然分界的因素影响，导致诸多旅游资源在空间分布上往往会跨越多个镇（乡、街道），甚至区（县、市）、省（市、自治区）的行政界限，如一片草地、一座山峰、一条河流、一个湖泊等。发现此类问题时，应立即与相关一方进行沟通，并根据实际情况采取有效对策，以保证调查与评价结果的完整性、科学性和一致性，通常采取统一时间联合调查评价、事先统一标准后分头调查等方法。

（2）时令性资源的现场应急处理。很多有价值的旅游资源单体本身具有不稳定性或时令性、季节性，即只能在特定的时刻、特定的日期、特定的季节或特定的环境背景中出现，具体可涉及奇异自然现象、涌潮与击浪现象、花卉地、水生动物栖息地、陆地动物栖息地、鸟类栖息地、蝶类栖息地、太空景象观赏地、地表光现象、云雾多发区、物候景象、民间文化艺术、地方习俗、传统演艺、宗教活动与庙会、农时节日、现代节庆等类型。旅游资源调查与评价工作的时间规定性与资源单体的时令季节性之间的矛盾将会经常碰到，解决的办法主要包括两种：一是对于近期将会出现的时令性旅游资源单体（即某类自然旅游资源或人文旅游资源可能在近期几天内或当天某一个具体时间内出现），可根据该旅游资源单体出现的具体时间或条件，择机选择现场工作时间。如宋城演艺通常于每天下午和晚上两个时间段推出《宋城千古情》演出，调查组成员可选择在下午先调查宋城景区或邻近地区的其他旅游资源单体，在演出进行时现场调查体验《宋城千古情》。二是对于近期无法出现的时令性旅游资源单体，则需要通过间接调查或委托调查（利用历史相关资料和照片、影响记录、新闻报道、访谈）等方式进行补充和完善。

（3）非物质性资源的现场应急处理。部分人物、事件及民间传说、地方风俗等人文类旅游资源，有很多属于非物质性资源。界定此类旅游资源单体时，应坚持实体依托原则，即非物质性旅游资源单体应依托与其具有紧密关系的物质资源实体（如建筑设施、地文景观等）确定资源单体。如某地常年定点举办的庙会或节庆活动，在定点时可选择其主要举办地。

（4）区域广布性资源的现场应急处理。区域广布性资源，又称区域遍在性资源，是指在一定区域范围内广泛分布、几乎到处都有或许多地方都有的资源，如苏州的碧螺春、杭州的龙井茶等。针对此类旅游资源单体，涉及定位时可采用两种办法：一是源产地或主产地明确的旅游资源，其单体定位可选择在源产地或主产地；二是源产地或主产地不明确的旅游资源，其单体定位可选择在主要加工生产地或集散地。

2.5 修正完善旅游资源与资料整理

2.5.1 旅游资源单体表内容的修正与完善

单体表的修正与完善PPT　　单体表的修正与完善视频

2.5.1.1 核对修正的内容

在进行现场工作的同时，各个调查小组需对前述旅游资源单体调查表的宜预先填写的内容进行核对修正，主要包括旅游资源的基本类型、单体名称、代号、行政位置、性质与特征、旅游区域及进出条件、保护与开发现状等相关内容。

（1）基本类型。根据相对独立、主体突出、宜多不宜少、空间集聚等相关原则确定旅游资源单体。基本类型的确定要能最大限度地体现资源的功能特色与核心价值；若发现现场无法明确资源单体的基本类型或有不能明确归入 110 个基本类型的单体而需要增设新类型的，需要调查组长（相关专家）进行专题讨论，或邀请相关知名专家讨论确定。原则上一个资源单体只能归入一个基本类型。

（2）单体名称。单体名称即旅游资源单体的常用名称，要与其所属的基本类型相符。一般情况下使用当地沿用的名称，必要时可加注地域名称、类型名称或时间等属性，以避免被调查区域中单体名称的重复。如各地的龙潭、龙门、西湖、龙虎山、寺、桥、土特产等资源单体，均较容易出现名称的简单重复。同时，旅游资源单体的名称不宜过长，原则上不要超过 8 个汉字。

（3）代号。代号用汉语拼音和阿拉伯数字表示，即“表示单体所处位置的汉语拼音字母—表示单体所属类型的汉语拼音字母—表示单体在调查区内次序的阿拉伯数字”。

如果旅游资源单体所处的调查区是县级和县级以上行政区，则单体代号按“国家标准行政代码［省代号 2 位—地区代号 3 位—县代号 3 位，具体参见《中华人民共和国行政区代码（GB/T 2260）》］—旅游资源基本类型代号 3 位—旅游资源单体序号 2 位”的方式设置，共 5 组 13 位数，每组之间用短线“—”连接。如浙江省杭州市灵隐寺的代号可设为“JG — HGH — XHQ — EAG — × ×”。

如果旅游资源单体所处的调查区是县级以下的行政区，则旅游资源单体代号按“国家标准行政代码［省代号 2 位—地区代号 3 位—县代号 3 位，具体参见《中华人民共和国行政区代码（GB/T 2260）》］—乡镇代号（由调查组自定 2 位）—旅游资源基本类型代号 3 位—旅游资源单体序号 2 位”的方式设置，共 6 组 15 位数，每组之间用短线“—”连接。

如果遇到同一单体可归入不同基本类型的情况，在确定其为某一类型的同时，可在“其他代号”后按另外的类型填写。操作时只需改动其中的旅游资源基本类型代号，其他代号项目不变。

（4）行政位置。需要填写旅游资源单体所在地的行政归属，从高到低填写行政区单位名称，一般区（县、市）一级及以上的旅游资源调查与评价的行政位置要写到行政村（或街道社区、道路）为止；其他区域性的旅游资源调查与评价的行政位置要写到自然村（或社区位置、道路门牌号）为止。鉴于地图测绘的时间性影响，国内很多地方的行政区划已经有所调整。因此，在现场工作过程中，必须与当地社区居民、政府官员确认镇（乡、街道）、村（社区）的名称。

（5）性质与特征。根据事先预填的内容，主要针对旅游资源单体的描述性语言或定性阐述进行核对与分析，包括外观形态与结构、内在性质与功能、组成分类、成因机制与演化过程、环境背景、关联事物等内容。

（6）旅游区域及进出条件。主要包括旅游资源单体所在地区的具体位置、进出交通、与周边景区或集散地及村镇之间的关系等：一是要具体核实资源单体位置与标志性地理实体（如山体、河流、村庄、标志性建筑物）的方位关系；二是要具体核实进出交通的便捷程度（进出道路的等级、路面情况、公共交通、与邻近交通干线的连接关系）；三是与邻近集镇、县城、旅游集散中心、主要旅游区的位置关系。

阅读材料2-3：村镇道路的分类和分级

等级	汽车专用公路								一般公路					
	高速公路				一		二		二		三		四	
地形	平原微丘	重丘	山岭		平原微丘	山岭重丘	平原微丘	山岭重丘	平原微丘	山岭重丘	平原微丘	山岭重丘	平原微丘	山岭重丘
车速	120	100	80	60	100	60	80	40	80	40	60	30	40	20
车道宽	15	15	15	14	15	14	8	7.5	9.0	7.0	7.0	6.0	3.5	3.5

（引自：金兆森，张晖．村镇规划 [M]. 江苏：东南大学出版社，2003：84）

（7）保护与开发现状。重点核实旅游资源单体的保存现状、相关文件或规划中保护措施的落实程度、开发程度等相关内容。

2.5.1.2 完善补充的内容

旅游资源单体调查表中需要完善补充的内容重点指在预填中的不宜预先填写的相关内容，主要包括地理位置、性质与特征栏的定量数据、共有因子的评价定级等相关内容。

（1）地理位置。结合卫星定位手持机或智能手机、地形图的地理位置定位数据，认真仔细核对，确定填写地理位置的相关内容，要求精确到秒。

（2）性质与特征。涉及旅游资源单体的各个定量的相关数据，具体内容可参见前述旅游资源单体基本特征项的相关内容。

（3）旅游区域及进出条件。重点补充区域进出交通道路的等级、宽度（车道）、公共交通设施状况以及与主要村镇、县城、集散中心或旅游区的空间距离数据。

（4）保护与开发现状。重点补充与旅游资源单体相关的保护、开发投入的相关资金及其具体时间，相关保护政策制定、执行的具体时间。

2.5.2 旅游资源单体的定级评价

旅游资源单体的定级评价视频　　旅游资源单体的定级评价PPT

2.5.2.1 定级评价的原则

旅游资源单体的共有因子评价即定级评价必须在现场调查之后进行，并遵循如下原则进行。

（1）客观公正原则。在对旅游资源进行定级评价过程中，要根据区域环境的背景条件与科学规律来判定资源的实际价值、珍稀程度、频率规模、保护程度等，不宜片面听取地方社区居民、地方官员或项目委托方的相关评价结果。

（2）积极协商原则。对于无法取得一致评价结果的旅游资源单体，各个小组成员应积极协商确定。具体可以采用德尔菲法、层次分析法（AHP）等技术方法实现。

（3）仔细慎重原则。在对各个旅游资源单体进行定级时，要坚持仔细慎重的原则，尤其是三级以上旅游资源单体的评价定级。

2.5.2.2 定级评价的步骤内容

根据《旅游资源分类、调查与评价》的“旅游资源共有因子综合评价系统”予以赋分。为了确保定级评价的科学性、合理性与客观性，可由旅游资源调查小组成员分别赋分或比较，然后确定各个评价项目的分值。

（1）资源要素价值评价。“资源要素价值”项目中包含“观赏游憩使用价值”“历史文化科学艺术价值”“珍稀奇特程度”“规模、丰度与几率”“完整性”5项具体的评价因子（见表2-6）。“资源要素价值”项目总分为85分，其中，“观赏游憩使用价值”30分、“历史文化科学艺术价值”25分、“珍稀或奇特程度”15分、“规模、丰度与几率”10分、“完整性”5分。

表2-6 “资源要素价值”的评价准则

评价因子	评价依据	赋值范围
观赏游憩使用价值（30分）	全部或其中一项具有极高的观赏价值、游憩价值、使用价值	30~22
	全部或其中一项具有很高的观赏价值、游憩价值、使用价值	21~13
	全部或其中一项具有较高的观赏价值、游憩价值、使用价值	12~6
	全部或其中一项具有一般观赏价值、游憩价值、使用价值	5~1
历史文化科学艺术价值（25分）	同时或其中一项具有世界意义的历史价值、文化价值、科学价值、艺术价值	25~20
	同时或其中一项具有全国意义的历史价值、文化价值、科学价值、艺术价值	19~13
	同时或其中一项具有省级意义的历史价值、文化价值、科学价值、艺术价值	12~6
	历史价值、或文化价值、或科学价值，或艺术价值具有地区意义	5~1
珍稀奇特程度（15分）	有大量珍稀物种，或景观异常奇特，或此类现象在其他地区罕见	15~13
	有较多珍稀物种，或景观奇特，或此类现象在其他地区很少见	12~9
	有少量珍稀物种，或景观突出，或此类现象在其他地区少见	8~4
	有个别珍稀物种，或景观比较突出，或此类现象在其他地区较多见	3~1
规模、丰度与几率（10分）	独立型旅游资源单体规模、体量巨大；集合型旅游资源单体结构完美、疏密度优良级；自然景象和人文活动周期性发生或频率极高	10~8

评价因子	评价依据	赋值范围
规模、丰度与几率（10分）	独立型旅游资源单体规模、体量较大；集合型旅游资源单体结构很和谐、疏密度良好；自然景象和人文活动周期性发生或频率很高	7~5
	独立型旅游资源单体规模、体量中等；集合型旅游资源单体结构和谐、疏密度较好；自然景象和人文活动周期性发生或频率较高	4~3
	独立型旅游资源单体规模、体量较小；集合型旅游资源单体结构较和谐、疏密度一般；自然景象和人文活动周期性发生或频率较小	2~1
完整性（5分）	形态与结构保持完整	5~4
	形态与结构有少量变化，但不明显	3
	形态与结构有明显变化	2
	形态与结构有重大变化	1

（2）资源影响力评价。“资源影响力”项目中包含“知名度和影响力”“适游期或使用范围”2 项具体的评价因子（见表 2–7）。“资源影响力”项目总分为 15 分，其中，“知名度和影响力”10 分、“适游期或使用范围”5 分。

表2–7　“资源影响力”项目的评价准则

评价因子	评价依据	赋值范围
知名度和影响力（10分）	在世界范围内知名，或构成世界承认的名牌	10~8
	在全国范围内知名，或构成全国性的名牌	7~5
	在本省范围内知名，或构成省内的名牌	4~3
	在本地区范围内知名，或构成本地区名牌	2~1
适游期或使用范围（5分）	适宜游览的日期每年超过300天，或适宜于所有游客使用和参与	5~4
	适宜游览的日期每年超过250天，或适宜于80%左右游客使用和参与	3
	适宜游览的日期超过150天，或适宜于60%左右游客使用和参与	2
	适宜游览的日期每年超过100天，或适宜于40%左右游客使用和参与	1

（3）附加值评价。“附加值”仅包含“环境保护与环境安全”1 项具体评价因子（见表 2–8）。“附加值”项目系整个单体评价中的附加分数，对“环境保护与环境安全”分正分和负分，生态环境保护培育最佳、生态安全系数最高的区域可得 3 分；相反，若生态环境已经恶化、生态安全系数明显偏低的区域，最高可扣 5 分。

表2–8　“附加值”项目的评价准则

评价因子	评价依据	赋值范围
环境保护与环境安全	已受到严重污染，或存在严重安全隐患	–5
	已受到中度污染，或存在明显安全隐患	–4

评价因子	评价依据	赋值范围
环境保护与环境安全	已受到轻度污染，或存在一定安全隐患	–3
	已有工程保护措施，环境安全得到保证	3

2.5.2.3 定级评价的初步结果

（1）计分。通过各小组成员的赋分或比较，确定每一个具体因子的评价分值，然后统计加分，得出该单体旅游资源共有综合因子评价赋分值。

（2）旅游资源评价等级指标。根据《旅游资源分类、调查与评价》的等级指标划分标准，将依据旅游资源单体评价总分，将其分为五级（见表2–9）。其中，五级旅游资源称为“特品级旅游资源”；五级、四级、三级旅游资源被通称为“优良级旅游资源”；二级、一级旅游资源被通称为“普通级旅游资源”。

表2–9　旅游资源单体的评价等级指标

资源等级	五级	四级	三级	二级	一级	等外
得分值域	≥90分	75~89分	60~74分	45~59分	30~44分	≤29分

阅读材料2–4：风景旅游资源分级标准

第3.1.6条 风景资源分级标准，必须符合下列规定：

1. 景源评价分级应分为五级：特级、一级、二级、三级、四级。

2. 景源等级应根据景源特征，及其不同层次的评价指标分值和吸引力范围确定。

3. 特级景源应具有珍贵、独特、世界遗产价值和意义，有世界奇迹般的吸引力。

4. 一级景源应具有名贵、罕见、国家级重点保护价值和国家代表性作用，在国内外著名和有国际吸引力。

5. 二级景源应具有重要、特殊、省级重点保护价值和地方代表性作用，在省内外闻名和有省际吸引力。

6. 三级景源应具有一定价值和游线辅助作用，有市县级保护价值和相关地区的吸引力。

7. 四级景源应具有一般价值和构景作用，有本风景区或当地的吸引力。

［引自：《风景名胜区总体规划标准》（GB 50298—2018）］

2.5.3 旅游资源单体调查资料的整理

通过对旅游资源单体的前期准备、现场调查及对旅游资源单体表的修正完善之后，必须在当天将所有的调查资料进行归档整理或数字化整理。

2.5.3.1 相关资料的数字化整理

首先，鉴于随着时间的推移将导致相关记忆的衰退，必须在当天完成对旅游资源单体表的文档输入电脑工作，即数字化整理。每个旅游资源单体必须拥有独立的文件夹，每个旅游资源单体表单独形成一个文件，并标明文件的名称与序号。文件名称最好以旅游资源单体的名称来命名。其次，如果条件允许，可将旅游资源单体标注在电子地图上。

2.5.3.2 单体影像资料的整理

根据现场工作对照片及摄像资料的编号记录，分别归入各个旅游资源单体的文件夹。分别对各个影像资料的文件名进行命名，并应对部分照片的清晰度等进行处理或筛选。在重命名文件名过程中，可以适当添加相关定语（如时间、位置、全景、局部等信息）。

2.5.3.3 其他相关资料的整理

首先，要对所有事前收集的各项纸质材料、现场访谈或座谈工作期间的纸质材料等进行归档整理，尤其是旅游资源单体调查表与记录本的归档整理。其次，要对访谈或座谈会录音材料、网络收集材料、参考图片等内容进行电子归档。

2.6 总结与测试

2.6.1总结

本项目是在学生拥有对旅游资源调查与评价工作有初步概念的基础上，在开展实地调研与评价工作之前的基础准备工作。即要充分收集旅游资源的历史背景资料、开发保护现状资料、开发保护趋势资料及其他相关资料；准备调试好 GPS 手持机、卷尺、皮尺、激光测距仪、指南针及摄像工具等工具；组建好符合实际需要的专业调查队伍，并明确分工与职责内容。

本项目是学习者在完成前期各项准备工作基础之上进入现场工作的重要内容，是学习者必须掌握的各项技术与方法的核心组成。第一，明确现场访谈的对象、内容及其对旅游资源单体调查与评价的重要意义；第二，重点阐述了旅游单体基本特征项的勘测、记录要点，并列举了各个亚类的旅游资源单体特征项指标；第三，进一步梳理了旅游资源调查现场工作的注意事项。在完成现场工作之后，即进入后期的修正完善与整理工作。首先，要以现场工作为依据，对事先各项准备工作，尤其是旅游资源调查表的预填内容进行核对、修正与完善，重点讲述了各项内容的填写技巧；其次，阐述了旅游资源单体定级评价的原则及步骤、内容，并根据相关等级指标进行初步分级；最后，是对整个工作的后期整理要求。

2.6.2项目测试

【主要概念】

风景名胜区、自然保护区、森林公园、旅游区（点）、指南针、地形图、旅游资源基本特征项、区域广布性资源

【客观题】

1. 截至2019年12月底，中国已被联合国教科文组织列入《世界遗产名录》的有（ ）项。

A.26　B.37　C.40　D.55

2. 风景名胜区是我们国家重要的风景旅游资源集聚保护区，其主管部门是（ ）。

A. 文化和旅游　B. 生态环境　C. 发展改革　D. 自然资源

3. 在旅游资源单体表的预填阶段，下面（ ）是不能预先填写的。

A. 行政位置　B. 保护开发措施　C. 地理位置　D. 单体类型

4. 通过指南针测得某寺庙主殿的朝向读数为125°，其真实方位是（ ）。

A. 北偏东35°　B. 东偏南35°　C. 北偏西35°　D. 南偏东35°

5. 旅游资源单体的代号通常由汉语拼音与阿拉伯数字等表示。如果进行县级及以上行政区范围内的旅游资源调查工作时，其单体代号一般是（ ）。

A.3组9位数　B.4组12位数　C.5组13位数　D.6组15位数

6. 旅游资源单体的代号通常由汉语拼音与阿拉伯数字等表示。如果进行县级以下行政区范围内的旅游资源调查工作时，其单体代号一般是（ ）。

A.3组9位数　B.4组12位数　C.5组13位数　D.6组15位数

7. 在描述旅游资源单体所处的旅游区域及进出条件时，下列哪项内容不用描述？（ ）

A. 与附近村庄、河流、山体的位置关系

B. 与县城或市区的交通距离

C. 进出旅游区的道路等级与路面状况

D. 旅游资源单体所在的村庄名称

8. 在进行旅游资源单体的评价定级过程中，如果小组成员意见不统一，应采用什么办法？（ ）

A. 少数服从多数原则　　B. 权威专家确定

C. 地方领导确定　　D. 积极协商原则

9. 某项旅游资源单体的评价得分是 85 分，应该属于（ ）级旅游资源单体。

A. 五级　　B. 四级　　C. 三级　　D. 二级

【简答题】

1. 旅游基础材料的收集途径与方法主要包括哪些？

2. 在使用卫星定位仪（手持机）的时候，应该注意哪些事项？

3. 在进行旅游资源调查过程中，“定影”的基本原则是什么？

4. 在进行旅游资源调查的现场勘测时，哪些因素可能影响到调查与评价的结果？

5. 在旅游资源调查与评价的现场工作过程中，应注意哪些问题？碰到特殊问题该怎么办？

【分析题】

1. 旅游交通图与地形图的差异是什么？在旅游资源调查与评价过程中分别承担什么样的角色？

2. 假设浙江省杭州市下属的富阳区旅游主管部门委托你对其区域范围内的龙门古镇旅游区进行旅游资源调查与评价，需要进行现场访谈，请你确定需要参加访谈的对象及访谈的主题。

3. 在进行旅游资源调查与评价的现场工作之后，对资料的整理有何要求？

【应用题】

1. 福建厦门鼓浪屿景区拟对景区进行全面的改造升级，为此首先需要进行旅游资源的进一步摸底及开发、保护现状评价工作。在进行实地工作开展之前，请你列出所需具体的基础资料清单及其索取途径。

2. 请选择你所在地区某一知名旅游资源单体，完成对该旅游资源单体的“定位、定向、定量、定影”等工作。

3. 请列举出北京八达岭长城的基本特征项。

4. 请选择你所在地区某一知名旅游资源单体，进行单体的评价定级。

项目3 调查与评价地文景观类旅游资源

项目案例导入

地文景观类旅游资源概述视频　　地文景观类旅游资源概述PPT

案例1： 泰山又名岱山、岱宗、岱岳、东岳、泰岳，位于山东省中部，隶属于泰安市，绵亘于泰安、济南、淄博三市之间，总面积24200公顷。主峰玉皇顶海拔1545米，气势雄伟磅礴，有“五岳之首”“五岳之长”“五岳之尊”“天下第一山”之称。是世界自然与文化遗产、世界地质公园、国家5A级旅游景区、国家级风景名胜区、全国重点文物保护单位、全国文明风景旅游区。

泰山是山东丘陵中最高大的山脉，地层为华北地台典型基底和盖层结构区，南部上升幅度大，盖层被风化掉了，露出大片基底——泰山杂岩，即太古界泰山群地层，其绝对年龄25亿年左右，是中国最古老的地层之一。北部上升幅度小，盖层保存着典型的华北地台上发育的古生代地层。泰山地貌分为冲洪积台地、剥蚀堆积丘陵、构造剥蚀低山和侵蚀构造中低山四大类型，在空间形象上，由低而高，造成重峦叠嶂、凌空高耸的巍峨之势，形成多种地形群体组合的地貌景观。

泰山被古人视为“直通帝座”的天堂，成为百姓崇拜、帝王告祭的神山，有“泰山安，四海皆安”的说法。自秦始皇开始到清代，先后有13代帝王亲登泰山封禅或祭祀，另外有24代帝王遣官祭祀72次。泰山也是中华民族的象征，是东方文化的缩影，是“天人合一”思想的寄托之地，是中华民族精神的家园。

（引自：百度百科、泰山风景名胜区官网，有删改）

案例2： 五大连池世界地质公园位于黑龙江省五大连池市，占地总面积720平方公里，主要地质遗迹类型为火山地质地貌类。五大连池是世界上保存最完整、最典型、时代最新的火山群，被誉为“中国火山博物馆”。因这里有丰富的具有医疗价值的矿泉，又被称为“中国矿泉水之乡”。园区内有规律地分布着14座火山，其中12座形成于1200万年～100万年的地质时期，2座火山喷发于1719—1721年，是中国最新的火山之一。区内火山锥体拔地而起，锥体中的火山保存完整，从火山口流出的熔岩流长达10余公里，阻塞河流形成五个串珠状湖泊——五大连池。这里的熔岩地貌类型多样，有世界稀有的火山喷气锥、喷气碟，有典型的绳状熔岩、翻花状熔岩及各种具有极高美学价值的象形熔岩、火山弹、浮石、熔岩隧道等。园区空气清新、环境幽雅、湖光山色，是难得的科学旅游、休假康疗胜地。

（引自：中国地质环境信息网 . http://www.cigem.gov.cn/ReadNews.asp?NewsID=554）

项目导读

学习目的与意义：地文景观类旅游资源是经过亿万年地质时期的内动力作用与外动力作用的长期共同作用下形成的。正确理解地文景观旅游资源的含义，认识地文景观旅游资源中主要的基本类型的特征、成因、属性，并对其进行评价，对未来地文景观类旅游资源的保护、开发利用等具有重大意义。

项目内容概述：本项目通过对地文景观类旅游资源含义、类型、特征等的分析及其评价，初步形成对地文景观类旅游资源的正确认识和评价；通过对地文景观类旅游资源中主要的基本类型的特征、成因、属性的介绍，使学生初步掌握地文景观类旅游资源中常见的、主要的基本类型的开发利用技能。

学习目标

知识目标：熟悉地文景观类旅游资源的分类体系；掌握地文景观类旅游资源体系中各个基本类型的内涵、特征、成因、属性。

技能目标：能够正确识别不同基本类型的地文景观类旅游资源；能分析与评价地文景观类旅游资源的功能价值；能够对不同基本类型的地文景观类旅游资源进行调查与科学评价。

地文景观是指在长期地质作用和地理过程中形成的，并在地表面或浅地表存留下来的各种景观。地文景观类旅游资源则是指在长期地质作用和地理过程中形成的，存在于地表面或浅地表中的对旅游者产生吸引力，能够为旅游业开发利用，产生经济效益、社会效益和环境效益的各种

风景的骨架——地文景观PPT

地文景观事象，它既可以是各种地质过程及其形迹，也可以是地表高低起伏的态势，又可以是地表高低起伏态势的综合（见表 3-1）。

表3-1 地文景观类旅游资源分类一览

主类	亚类	基本类型
A地文景观	AA自然景观综合体	AAA山岳型景观 AAB台地型景观 AAC沟谷型景观 AAD滩地型景观
	AB地质与构造形迹	ABA断裂景观 ABB褶曲景观 ABC地层剖面 ABD生物化石点
	AC地表形态	ACA台丘状地景 ACB峰柱状地景 ACC垄岗状地景 ACD沟壑与洞穴 ACE奇特与象形山石 ACF岩土圈灾变遗迹
	AD自然标记与自然现象	ADA奇异自然现象 ADB自然标志地 ADC垂直自然带

这类旅游资源是地球外营力作用（风化作用、剥蚀作用等）与地球内营力作用（地壳运动、岩浆活动等）长期共同作用的综合产物，是大自然的杰作，它们的形成、发展具有一定的规律性，也蕴含着一定的科学原理。同时，伴随着人类社会的发展与进步，地文景观类旅游资源还具有深厚的历史文化内涵。因此，通过对这类旅游资源进行开发利用，可以满足游客在审美、求知、求异、探险、科考等方面的需求，是开展科考、探险类旅游活动的极好场所。具体来讲，地文景观类旅游资源的旅游价值（功能）主要有以下几个方面。

第一，美学功能。地文景观类旅游资源形态各异，千差万别，具有很高的美学价值。例如，丹霞地貌因其是由红色沙砾岩石构成，在太阳光的照射下熠熠生辉，宛若天边的彩霞，令无数人神往。

第二，科普教育功能。地文景观类旅游资源的形成与发展无不与地质地貌演变有关，是地球地质地貌演变的缩影。因此，对大多数游客来讲，具有一定的神秘色彩。通过游览，游客可以了解地文景观产生与演变历史，让游客在旅游活动过程中获得相关的地质地貌知识，满足游客增长知识、开阔视野、丰富阅历等目的。

第三，探险与运动功能。随着现代旅游业的快速发展，越来越多的游客喜欢到户外去进行运动与探险活动。运动与探险旅游中的很多项目都属于体育领域中极限运动的范畴。因此，探险与运动是在非惯常的、荒野的环境中进行的，基于此，运动与探险旅游活动的开展离不开地文景观的支持。

第四，文化功能。地文景观类旅游资源往往集天然美景与浓厚的历史文化于一体，具有明显的文化功能。如五岳之首的泰山，自秦汉至明清，历代皇帝封禅 27 次。皇帝的封禅活动和雄伟壮丽的自然美景，使得历代文化名人纷纷前往泰山著述题字，留下了数以万计的诗文刻石。

3.1 自然景观综合体

自然景观综合体是指整体或局部对人有吸引力的自然景观与自然现象。这类旅游资源主要包括山岳型景观、台地型景观、沟谷型景观、滩地型景观 4 个基本类型。

自然景观综合体类旅游资源调查与评价PPT

3.1.1山岳型景观

山岳型景观是指山地丘陵内可供观光游览的整体景观或个别景观。山岳型景观是地文景观类旅游资源中最具有吸引力的自然旅游资源，也是我国自然旅游资源的重要组成部分，如安徽黄山。山岳型景观因其位于不同的纬度地带，对气候和生物产生了深刻的影响。山岳型景观还因山体本身岩性的不同，形成了形态各异的不同尺度的地文景观。正因为此，山岳型景观为游客提供了探险、科考、寻幽、疗养、避暑等的先决条件。地理学按山的海拔高度将其分为极高山、高山、中山、低山、丘陵五级。其中，极高山的绝对高度大于 5000 米；高山的绝对高度在 3500~5000 米；中山的绝对高度在 1000~3500 米；低山的绝对高度在 500~1000 米；丘陵的相对高度小于 200 米。不同高度的山岳型景观，其主要的旅游功能也不一样。因此，在实地调查和评价过程中，应突出其地貌特点、岩性特征、景观特征及其环境构成等方面的调查，采集其规模、主峰海拔高度、山体起伏程度（如沟谷切割深度、坡度等）、可游区的纵深（长度）等方面的数据。

山岳型景观调查、评价与鉴赏视频

3.1.2台地型景观

台地型景观是指山地边缘或山间台状可供观光游览的整体景观或个别景观。地理学将台地界定为四周有陡崖的、直立于邻近低地、顶面基本平坦似台状的地貌类型。由于构造的间歇性抬

台地型景观调查、评价与鉴赏视频

升，使其多分布于山地边缘或山间。根据台地成因可以将其分为构造台地、剥蚀台地、冻融台地等。根据台地物质组成又可以分为基岩台地、黄土台地、红土台地等类型。因此，在实地调查过程中，应突出其成因特征、岩性特征、景观特征及其周围环境等方面的调查，采集其规模、平均海拔高度、面积等方面的数据。

3.1.3沟谷型景观

沟谷型景观是指沟谷内可供观光游览的整体景观或个体景观，如怒江大峡谷。地理学中沟谷是指地球表面的一种狭窄凹地，由流水冲击侵蚀而形成，较河谷小。在实地调查过程中，应突出沟谷型景观所处的地貌特征、岩性特征、景观特征及环境成分等方面的调查，采集沟谷型景观的范围与面积、沟谷最宽及最窄部分的宽度、沟谷的纵深长度及沟谷的走向方位等数据特征。

沟谷型景观调查、评价与鉴赏视频

阅读材料3-1：沟谷的形成

沟谷的发育是流水下切、溯源侵蚀和谷坡块体运动共同作用的结果。

沟谷是暴流侵蚀所成的槽形洼地，小的仅长十余米，大的可达数十公里。在沟谷发育过程中，除流水冲刷外，跌水、涡流和重力崩塌等都起着重要作用。当流水沿沟床侵蚀时，松软地段被蚀较深，产生凹坑，在它的上方出现小陡坎和小跌水。跌水的重力作用使凹坑冲刷受到加强，它不但冲碎和带走土壤，而且形成较深的囊状瓯穴。穴中湍急的涡流一方面带动着未搬走的沙砾把沟穴迅速磨深，另一方面掏蚀瓯穴的周壁和底部壁，使它扩大。当穴壁向源后退和上下游瓯穴合并之后，沟谷也就加深和延长了。沟谷的伸长速度通常在松散土层上较快，每年3~4米，而在黏土层较慢，每年仅1~2米。

按沟谷的大小和发育形态，可分为四种主要类型，即细沟、切沟、冲沟、坳沟（干谷）。

细沟：特指地貌上线状流水作用在松散土层构成的平坦地面上形成的沟谷。切沟：通常发育在裸露的坡地上，水流顺坡流动，往往聚成多条股流，侵蚀后形成大致平行的细沟，细沟不断侵蚀扩大，发展成冲沟（宽深约1~2米，横剖面呈V形）。冲沟：由切沟进一步发育而成，在水流溯源侵蚀作用下，沟头不断后退，产生陡坎和跌水。由于侵蚀作用，沟槽加宽，横剖面呈V形，长度达到数公里甚至数十公里，深宽度为数米甚至数十米。坳沟：冲沟发育到一定程度，溯源和下切侵蚀减弱，不再加深沟底，坡度变得缓和。

3.1.4滩地型景观

滩地型景观是指缓平滩地内可供观光游览的整体景观或个别景观，如大连金石滩、塞班岛沙滩等。滩地型旅游地主要包括海滩地、河滩地与湖滩地。在实地调查和评价过程中，应该弄清楚滩地型景观的地貌类型特征（海滩、河滩、湖滩）、滩地的组成（沙土、砾石、泥土）、景观特征、季节特征及滩地型景观地理环境特征的描述，重点采集滩地面积、滩地长度与宽度及一年中可供游览时间等基本特征项。

滩地型景观调查、评价与鉴赏视频

在所有的滩地型景观中，海滩最具有代表性。海滩地位于海洋与陆地交界地带，受到波浪潮汐、海流、河流等动力作用形成的沉积地文景观，其形态主要表现为：沙滩、沙嘴、潟湖等。我国大陆海岸线从鸭绿江河口至中越边界的北仑河河口，全长18000公里，从北到南有众多的海滩地景观，如大连金石滩、北戴河、南戴河、青岛、天涯海角等，为开展滩地型旅游活动提供了重要活动场所。在实地调查与评价过程中，应突出滩地型景观的地貌特征、周边环境、典型景观、植被情况等方面的调查，重点采集滩地的长度、宽度、坡度、适游时间、气温、风力以及相关配套设施等基本特征项。

3.2 地质与构造形迹

地质与构造形迹是指在地球内、外营力作用共同作用下形成的显现于地表或浅地表的具有一定观赏价值和科研价值的各种地质过程及其形迹，主要包括断裂景观、褶曲景观、地层剖面、生物化石点4个基本类型。

地质与构造形迹类调查与评价PPT

3.2.1断裂景观

断裂景观是指由于岩石受内应力作用发生破裂并沿断裂面发生较大位移的断裂构造[1]。造成断裂的主要原因是地壳运动产生的强大压力或张力超过了岩石的强度。结合

1　断裂构造是指岩石受应力作用而发生的变形。

自然地理学相关知识，根据断裂岩块相对位移的程度，把断裂构造分为节理和断层。在实地调查与评价过程中，应对其形态特征、断层两侧岩性、断层对该地区自然环境和人文环境的影响、断层崖面的景观特色与科学意义等进行描述，重点采集断层面露头的范围面积、断层线的长度、断距、断层面的产状、倾角、产生年代等基本特征项数据。在自然界中，断层景观往往是由若干条断层构成的一定的组合，呈现出块状山地、狭长凹陷地带等景观特征，具有陡峭、雄伟的美学特征，如圣安地列斯断裂岩石。

断裂景观的调查、评价与鉴赏视频

阅读材料3-2：节理与断层

节理，即断裂两侧的岩块沿着破裂面没有发生或没有明显发生位移的断裂构造。沿着节理劈开的面称节理面。节理面的产状和岩层的产状一样，用走向、倾向和倾角表示。节理常与断层或褶曲相伴生，它们是在统一构造作用下形成的有规律的组合。

断层是指岩块沿着断裂面有明显位移的断裂构造。根据断层两盘相对位移的关系，断层可以分为正断层、逆断层、平推断层等类型。

3.2.2褶曲景观

褶曲景观是指地层在各种内作用力下形成的扭曲变形。地层在形成时一般是水平的，当地层受到侧向作用力时发生褶曲，如果发生连续两个以上的褶曲则称为褶皱，如喜马拉雅褶皱。褶曲有两种基本类型：背斜和向斜。通常，背斜是岩层向上拱起的弯曲，核部的岩层相对较老，两翼的岩层则相对较新；向斜是岩层向下弯曲的构造，剥蚀后中间（槽）的岩层相对较新，两翼的相对较老。地层在不同大小、不同方向侧向作用力作用下形成形态各异、规模大小不一的褶曲景观，让游客充分领略到大自然的鬼斧神工。在实地调查与评价过程中，应对其形态特征、岩性、层序、成因、形成年代特征，以及褶皱对该地区自然环境和人文环境的影响、景观特色与科学意义等进行描述，采集褶曲景观露头范围（面积、高度、长度）、褶曲轴的走向、褶曲两翼岩层的产状等基本特征项数据。

褶曲景观的调查、评价与鉴赏视频

3.2.3地层剖面

地层剖面是指地层中具有科学意义的典型剖面，如莱阳盆地白垩世地层剖面。不同的地层，反映了不同的地质环境，特别是含有生物化石、遗迹的地层，更能为研究生物演化及地质年代时期环境变化、地球发展提供重要科学资料。因此，这类旅游资源具有重要的科学考察价值和科普价值。在实地调查与评价过程中，应突出地层形态特征、地层层序、岩性组成、地层年代、发现者、命名者、发现时间及科学意义等方面的描述，采集地层剖面露头的范围，岩层的产状和岩层接触关系等方面的数据。

地层剖面的调查、评价与鉴赏视频

3.2.4生物化石点

生物化石点是指保存在地层中的地质时期的生物遗体、遗骸及活动遗迹的发掘地点。由于化石是地质历史时期留下来的，年代较为久远，能够反映当时一定的生物及环境状况，对现代人来讲具有一定的神秘性，也具有一定的科学研究价值，同时也是进行生物演化、环境变迁等科普教育、研究的活教材，因而具有较强的旅游吸引力，如四川自贡的恐龙化石点已经成为重要的旅游目的地。在对其进行实地调查与评价过程中，应对其形状特征、围岩属性、主要化石（种类、数量、特征）、形成原因及化石产出地层年代、周围环境及科学意义做出详细描述，采集化石所在岩层的产状、化石露头的面积、化石数量等方面的基本特征项数据。

3.3 地表形态

地表形态主要是指地面状况，主要由地球内营力作用和外营力作用共同塑造而成，主要包括平原、高原、山地、盆地等。与地质构造主要受地球内营力作用不同，地表形态还受到外营力的作用。地表形态主要包括台丘状地景、峰柱状地景、垄岗状地景、沟壑与洞穴、奇特与象形山石、岩土圈灾变遗迹 6 个基本类型。

地表形态类资源调查与评价PPT

3.3.1台丘状地景

台丘状地景是指台地和丘陵状的地貌景观。根据自然地理学相关知识，台地是一种凸起的面积较大且海拔较低的平面地形。一般来说，台地是介于平原和高原之间，中央的坡度平缓，四周较陡，直立于周围的低地丘陵。在对其实地调查与评价过程中，应突出台丘状地景的成因特征、岩性特征、景观特征及其周围环境等方面的调查，采集其规模、平均海拔高度、面积等方面的基本特征项数据。

台丘状地景调查、评价与鉴赏视频

3.3.2峰柱状地景

峰柱状地景是指在山地、丘陵或平地上突起的峰状实体。既包括山地或丘陵地区突出的山峰或丘峰，也包括基底相连的成片山丘或石体。峰柱状地景既有优美的自然风光，给游客以雄、奇、险、秀、幽之美感，又有丰富的文化内涵，既是旅游观光、登山活动的场所，又是科学研究、文化教育、科普活动的重要阵地。在实地调查与评价过程中，应突出峰柱状地景的形态特征、成因特征、岩性组成、岩石表面风化现象、周围环境（地质构造环境、植被覆盖情况、云雾环绕情况）、景观特征及科学意义的描述，重点采集峰柱状地景的相对高度、峰顶海拔高度、范围、坡度等基本特征项数据。

峰柱状地景调查、评价与鉴赏视频

3.3.3垄岗状地景

垄岗状地景是指在构造形迹的控制下长期受溶蚀作用形成的岩溶地貌。根据自然地理学相关知识，岩溶地貌可以分为水蚀地貌、风蚀地貌、冰川地貌等。其中，水蚀地貌是具有溶蚀力的水对可溶性岩石进行溶蚀等作用所形成的地表和地下形态的总称，如喀斯特地貌或海蚀地貌。地表岩石经过长时期的水蚀、风蚀或冰川侵蚀，形成了以地表岩层千沟万壑为标志的地表特征。其中，最为典型的垄岗状地景是位于我国西部罗布泊地区的垄岗状雅丹地貌。在对其实地的调查过程中，应突出垄岗状地景的成因特征、岩性特征、景观特征及其周围环境等方面的调查，采集其规模、平均海拔高度、面积等方面的基本特征项数据。

3.3.4沟壑与洞穴

沟壑与洞穴是指由内营力塑造或者外营力侵蚀形成的沟谷、裂地，以及位于基岩内和岩石表面的天然洞穴。沟壑纵横的黄土高原是在中生代基岩所构成的古地形基础上，覆盖新生代红土和很厚的黄土层，再经过流水的切割、侵蚀等作用而形成，其最基本的地貌类型是黄土塬、梁、峁、沟。洞穴如溶洞、落水洞与竖井、穿洞与天生桥、火山洞、地表坑穴等。溶洞是地下水沿可溶性岩层层面、裂隙、节理或断裂带进行溶蚀扩大而成的，其大小不一，形态各异。溶洞内往往有碳酸钙沉淀物形成的钟乳石、石笋、石柱、石花等多种形态。有些溶洞内还有题刻、壁画、古建筑、人类活动遗迹等人文景观。溶洞具有“奇”“险”“幽”等美感特征，可以开展观赏游览、科学考察、探险等旅游活动。在实地调查与评价过程中，应对沟壑与洞穴的成因特征、类型特征、岩性特征、景观特征及其周围环境等方面的调查，采集其岩层年代、规模、发育年龄、平均海拔高度、面积等方面的数据。

3.3.5奇特与象形山石

奇特与象形山石是指形态奇异、拟人状物的山体或石体。岩石形成之后，受岩性不同、构造运动及各种外营力作用的影响，形成形态各异的造型石体景观，加上游客的想象力，可以呈现出不同的拟人、状物特征，成为吸引游客的重要载体。在实地调查和评价中，应侧重其形态特征、岩性与构造特征、奇特或象形程度、象形内容、意趣特征、形成原因、景观特征及科学意义、周围环境特征或衍生传说故事的描述，采集其范围、相对高度、最大围径等方面的基本特征项数据。

奇特与象形山石调查、评价与鉴赏视频

3.3.6岩土圈灾变遗迹

岩石圈灾变遗迹是指岩石圈自然灾害变动所留下的表面痕迹。主要是指由内营力作用形成的火山与地震遗迹，以及各种内外营力共同作用形成的各种痕迹。正确认识、合理利用这些遗迹，发挥其旅游功能，可以为当地经济发展注入新的活力。

在实地调查与评价过程中，重点调查与评价其形态特征、岩性与构造特征、形成原因、景观特征及科学意义、周围环境特征或相关事件的描述，采集其范围、成因、灾变事件、经济损失等方面的基本特征项数据。

3.4 自然标记与自然现象

自然标记与自然现象是指自然界中存在的标志特殊地理、自然区域，或发生在地表面一般还没有合理解释的自然界奇特现象，主要包括奇异自然现象、自然标志地、垂直自然带3个基本类型。

自然标记与自然现象类资源调查与评价PPT

3.4.1奇异自然现象

奇异自然现象是指发生在地表面一般还没有合理解释的自然界奇特现象。随着科学的发展，人类认识奇异自然现象的技术水平越来越高。即使为这些奇异自然现象找到了合理的、科学的解释，作为旅游资源，奇异自然现象依然受到了广大旅游者的青睐。无论是UFO、百慕大、怪坡，还是麦田怪圈、南极无雪谷等，均是不少旅游者追逐的对象。在实地调查与评价过程中，应突出奇异自然现象发生的地理环境、气候环境、发生面积、发生时间、发生频率及具体的原因等方面的调查，重点采集自然现象发生的条件、发生的频率、发生的范围等基本特征项。

奇异自然现象调查、评价与鉴赏视频

阅读材料3-3：国内外知名奇异自然现象

1. 百慕大神秘三角区

百慕大三角区位于北大西洋西部，是由7个大岛和大约150个小岛及一些礁群组成的群岛。在这里先进的仪器都会失灵，而人员一旦遇险则没有生还的可能。有科学家提出，在地震、风暴、火山爆发等自然灾害发生的同时，会产生人耳无法听到但具有巨大的破坏力的次声波。处在振荡频率为7赫的环境中时，人的心脏和神经系统会陷入瘫痪。次声波可能就是导致这里惨剧频发的罪魁祸首。

2. 南极“无雪干谷”

在南极洲麦克默多湾的东北部，有三个相连的“无雪干谷”。这段谷地周围是被冰雪覆盖的山岭，但谷地中却异常干燥，到处都是岩石和一堆堆海豹等海兽的骨骼残骸。一些科学家认为，有些海豹在海岸上迷失了方向，最后因为缺少饮用水、力气耗尽而没能爬出谷地，变成了一堆堆白骨。

3. 麦田怪圈

麦田怪圈是指在长满麦子的麦田一夜之间出现有些麦弯曲而伏倒呈现有规律的圆圈形图案。关于成因，目前科学界主要有四种说法：一是磁场说，磁场产生的电流使农作物“平躺”；二是龙卷风说；三是外星人制造说；第四种也是流传较为广泛的说法是人造说。英国科学家安德鲁认为，麦田怪圈有 80% 属于人为制造。

4. 复活节岛石像

复活节岛是智利的一个小岛。一提起复活节岛，人们首先想到的是那矗立在岛上的 600 多尊巨人石像。复活节岛上的石像均由整块的暗红色火成岩雕凿而成，一般高 7~10 米，重达 30~90 吨。当时的人是如何搬运这些石像，至今仍是个谜。

5. “报时”的怪石

在澳大利亚中部阿利斯西南的茫茫沙漠中有一块能“报时”的奇石。屹立在沙漠中的这块怪石高达 348 米，周长约 8000 米，仅其露在地面上的部分就可能有几亿吨重。这块怪石通过每天很有规律地改变颜色：旭日东升的时候，它为棕色；中午，烈日当空的时候，它为灰蓝色；傍晚，夕阳西沉的时候，它为红色。

6. 沈阳“怪坡”

“怪坡”位于沈阳市北部新城子区清水台镇，西邻哈大公路和沈铁高速公路。在哈大公路东侧约 1 公里处山腰的一段土石公路上。上、下坡共长百余米，熄火的汽车能向上滑行，下坡的自行车需使劲蹬踏，故称为“怪坡”。在其附近，还有一座“响山”。每当游人至此，用石块敲打（或脚踩）特定部位，都会发出一种特殊的声响。目前，沈阳“怪坡”已经成功开发为旅游区。而除了沈阳之外，各地纷纷出现各式各样的“怪坡”。

（引自：腾讯网 . 世界十大奇异自然现象 [EB/OL]. http://news.qq.com/a/20071003/002534.htm，2007-10-3，有删改）

3.4.2自然标志地

自然标志地是指标志特殊地理、自然区域的地点。保护自然标志地就是维护具有重大意义的自然风貌。与其他旅游资源相比，自然标志地通常具有面积相对较小、科学意义较高、保护功能专一等特点，经过合理的开发，必能产生很大的经济、社会效益。在实地调查与评价过程中，应对其所处的地理位置、地貌特征、标志性含义、所在区域的环境成分特点等进行详细描述，采集其范围面积、所在地中心点的海拔高度、典型特征等数据。

自然标志地调查、评价与鉴赏视频

阅读材料3-4：南北分界线纪念碑引争议

淮安南北分界标志倡议者、淮安市地方志办公室主任荀德麟表示，从20世纪90年代初始，就有人提出建南北分界标志，认为淮安历史上就是“辕棹交替”之地，在建筑、饮食、植被、气候、语言、文化等方面表现出明显的南北过渡特征。此外，历史上黄河夺淮入海，古黄河与古淮河汇为一体，穿城而过，因此，在古淮河上建南北分界标志有其代表意义。

2007年1月5日，《江苏淮安将建中国南北分界线纪念碑》的报道引起河南等地媒体的高度关注。部分河南学者认为河南信阳更适合建设南北分界标志。

2008年8月28日，一条题为《江苏淮安开始建设我国南北地理分界标志》的新闻更是引发网友关注，截至8月30日上午，共约15万名网友参与网上调查，只有不到7%的网友表示赞同，很多网友担心“明确划分南北地理标志会造成南北对立”，且认为“工程建设劳民伤财”。

（引自：网易新闻．南北地理分界标志建筑主桥在江苏竣工[EB/OL]. http://news.163.com/08/1231/20/4UH5JDRD0001124J.html，2008-13-31；图片来源：中新网图）

3.4.3垂直自然带

垂直自然带调查、评价与鉴赏视频

垂直自然地带是指山地自然景观及其自然要素（地貌、气候、植被、土壤）随海拔呈递变规律的现象。在山岳型旅游地中，由于其地理位置、岩石构成、结构构造、气候、土壤等方面的差异，形成了形态各异、具有很强观赏、体验价值的地文景观类旅游资源——垂直自然地带。在实地调查与评价过程中，应对垂直自然地带的地理位置、地貌特征、气候特征、景观变化特点、自然要素（地貌、气候、植被、土壤）的变化规律及环境成分进行描述。此外，还应采集垂直自然地带中自然要素演变的临界值（如海拔高度）、坡向差异、坡度、各自然景观带的范围与面积、动植物种类与数理、垂直自然带的总体高度等基本特征项数据。

3.5 地文景观类旅游资源调查与评价实训

3.5.1实训目的

通过实地考察学习，能充分利用本项目及项目 1 和项目 2 的相关知识与技能要点，加深对地文景观类旅游资源概念的理解，了解并掌握地文景观类旅游资源的功能、类型、特点；能有序开展地文景观类旅游资源调查与评价的各个环节，掌握地文景观类旅游资源的认定、调查技巧；完成各个旅游资源的调查表填写，提出相应的保护、开发建议。

3.5.2实训地点

可利用某周末或专业综合实训周的时间去地文景观类旅游资源较全面且具有代表性的景区景点，也可随堂通过观看相关景区景点的视频进行。

3.5.3实训教学内容及要求

（1）观察了解地文景观类旅游资源的特点。

（2）准备旅游资源调查前的各项准备工作，完成旅游资源调查表的预填。

（3）全面调查实训区域内所有地文景观类旅游资源的基本类型。

（4）提出开发、保护地文景观类旅游资源的对策措施。

3.5.4实训教学工具与方法

3.5.4.1 实训教学工具

详见项目 2.2 调查工具的准备与使用。

3.5.4.2 实训教学方法

（1）对全班同学进行实训调研分组。

（2）教师组织学生完成准备阶段的各项工作，包括资料的收集整理、调查表的预填。

（3）邀请景区景点的专业人员为学生进行专业讲解。

3.5.5实训教学资料简介

浙江临海桃渚国家地质公园

临海国家地质公园位于浙江省临海市东部约 50 公里处的海滨地带，面积为 166

平方公里。它是浙江东部乃至东南沿海中生代（距今 1.35 亿 ~0.65 亿年）间大规模火山活动最后一期火山的代表，主要由白岩山火山遗迹、大堪头火山遗迹及武坑、龙湾地区层状流纹岩地质遗迹等组成，其巍峨雄险的熔岩峰林地貌和层叠起伏的熔岩柱体地貌堪称我国白垩纪火山遗迹的典型代表。园区最高山峰为海拔 508 米的白岩山，一般山峰海拔在 200~300 米。园区内可见层状火山岩、断裂构造和垂直柱状节理形成的独特熔岩台地、峰丛、石林等景观。在上盘乡火山沉凝灰岩中，发现 6 具保存完整的翼龙化石，同位素年龄在 7600 万 ~8300 万年。对白垩纪晚期古生物学、古生态学和火山灾变对生物影响等方面的研究有重大意义。2001 年 11 月，国土资源部批准在此建立国家级地质公园。

浙江临海国家地质公园是我国中生代白垩纪火山侵入——喷发岩系典型的地区之一，也是环太平洋火山活动带的重要组成部分。火山作用是以酸性熔岩侵出溢流及火山碎屑岩喷发堆积，经历漫长的地质历史时期由内外动力作用形成大量的地质自然遗迹。

3.5.6旅游资源单体调查表示例

浙江省台州市临海市“临海火山遗迹群”旅游资源单体调查表

单体名称：临海火山遗迹群

基本类型：ACF 岩土圈灾变遗迹　　　　　序号：

代　　号	ZJ—TZS—LHS—ACF—01　其他代号：①　　　　；②
行政位置	浙江省台州市临海市桃渚镇武坑村等
地理位置	东经121°32′46.25″，北纬28°49′12.56″
性质与特征（单体性质、形态、结构、组成成分的外在表现和内在因素，以及单体生成过程、演化历史、人事影响等主要环境因素） 位于临海市桃渚镇境内，其规模之巨大，地质意义之突出，为全国罕见。具有代表性的遗迹为熔岩遗迹长廊、熔岩球遗迹、流纹岩景观道、万柱石林等。（1）熔岩遗迹长廊位于桃渚镇武坑村武坑景区内，武坑景区面积约 5 平方公里，属亿年前火山熔岩形成的孔蜂窝状台地、峰丛、孤峰。熔岩遗迹长廊长约 2 公里，山体峭壁高平均为 80 米。地质时期，火山岩浆流淌到这里，含有大量气体的岩浆，与空气接触，冷却速度过快，岩浆内有空气难以溢出，而形成留下密集如蜂窝状的孔洞，或部分是由小球粒杂质剥落而成的空洞。冷却后岩体富含二氧化硅，大多为流纹岩。熔岩岩石外观为黑色，内部为暗红色。熔岩多孔处大则成洞，洞中有洞，孔中有孔。除此之外，由于断裂切割形成一道峰墙，峰墙是流纹岩熔岩台地经断裂作用留下崖陡、顶平的地貌景观。由于垂直峰墙的节理（裂缝），使岩石局部崩落形成穿通岩壁的石梁，或者开豁通天的“龙斩腰”。（2）熔岩钟位于桃渚镇芙蓉村的芙蓉山上，白岩影石是芙蓉山的较高的山体之一，高度在 500 米左右。白岩影熔岩钟造型奇特，风景壮观的地貌，都是火山喷发后形成的，	

峭壁高 200 多米。熔岩钟石体为正长斑岩（属花岗岩的一种）。熔岩钟岩体表面存在洞孔，洞孔有些为岩浆气泡的存在而形成，有些为其他物质经风化、侵蚀等外力作用剥落而成。整座岩体为黏稠性大的岩浆在上升过程中逐渐冷却，形成的直立如钟状岩体，岩体中由于流水侵蚀形成垂直的岩石凹槽。岩体顶部有一平台，面积为 800 多亩，山顶还有一古井，为火山喷发时所遗留之物。（3）万柱石林位于连盘大堪头蚶岙山，其山形像一粒巨大的蚶趴在那里，该地处环太平洋火山活动带，是我国东部沿海中生代火山侵入——喷出岩系最为发育和典型的地区。早在 8000 万年前，大堪头火山强烈喷发，形成巨大的火山口。古火山口经过风雨长期的剥蚀破坏，形成上大下小的火山颈。当时，里面充填很多的熔岩，是个火山口熔岩湖。口径 1.8 公里，面积 2.5 平方公里。后来，湖里的熔岩冷却凝固，围绕无数的轴线定向等轴收缩，形成千万个六边形的柱体，地质学上叫柱状节理，约 1500 多万根。火山口四周的火山砂及较为松散的岩体，已经剥蚀，而由较为坚硬的熔岩柱组成的山峰突兀在平原上。这些熔岩柱排列井然，很有规律，即火山通道的边缘部分，柱状体向外倾斜呈横卧状排列，而内部熔岩柱则呈直立状排列。直立的岩柱从山顶至谷底，继续垂直延伸高度 300 多米。从纵切面看，整片山岩好像用铧切割出来的涂泥，切线分明，大抵呈六边形柱状，一排排，一层层，相当整齐而匀称。六角形平面直径 40~80 厘米，一般长度 3~5 米，有的长 7~10 米。从横断面看，就像旱田有规则的龟裂，裂线清晰，同样大多呈六变形，有的整排突兀丛集，有的孤零高耸。据有关专家评论，该石林规模之大，发育之完美，造型之典型，景观之奇特，均为国外所罕见，足以跟夏威夷、爱尔兰媲美。（4）流纹岩景观道为一熔岩奇观，长 30 米，上面成长方形，下部大致成倒三角，长 31 米，最宽处达 10 米。这条斜坡大道，是典型火山喷发岩浆流动的遗迹，地质学上称流纹构造。（5）熔岩球是熔岩流动过程中将早期冷却的球状熔岩块（实心不具空腔）包围，而熔岩流动过程流纹围绕熔岩球冲积而成的。熔岩球在武坑景区内分布于地质长廊遗迹的两侧和玉屏峰东侧等处，其中，地质长廊遗迹的西侧分布 15 个球，最大球直径 0.5 米，该处景观长 7.4 米、宽 4.7 米。熔岩球大者多半个球面出露于地表。（6）流水岩槽位于桃渚镇武坑村，岩石为下切侵蚀而形成，其内部为流纹岩，基岩熔于一体。整个流水岩槽呈 Y 形，上部支谷成直线，谷中有一瀑布，水势较大，规模也较大，下部为曲折谷地。流水岩槽整体为南北走向，两侧由于岩性差别形成峭壁，峭壁高 90 米左右，远处看过来似一整块巨大的岩石，毫无裂缝，且由于流水侵蚀的影响和作用，峭壁下部所形成的谷地中的岩石较滑，难以行走。（7）球泡状流纹岩位于临海市桃渚镇南门坑村的海山公园南沙一带。这一带为厚层状流纹岩地质遗迹景观带，它记录了岩浆的流动、冷却成岩及成岩以后经外力地质作用——重力、剥落、风化、流水等作用形成了流纹岩海蚀地景。球泡状构造系流纹岩的典型构造之一，熔岩中的圆形空腔，随熔岩冷凝逐层晶出，形成由纤维状岬长石或长英质矿物组成多层同心圆状球体，起形成年代为 8000 万年前的晚白垩纪时期。该类流纹岩在南沙分布有两处，均位于礁石群中。礁石以南门坑海滨为中心，向南北方向延伸，长有两三公里，是海水长期冲积形成的，为多孔状岩体，形状各异，奇岩怪石林立。
旅游区域及进出条件（单体所在地区的具体部位、进出交通、与周边旅游集散地和主要旅游区、点之间的关系） 桃渚镇是临海市东南沿海城镇，位于台州湾北部椒北平原的地理中心，西距临海市区 46.5 公里，东临大海，南接上盘镇，西依杜桥、小芝两镇，北靠三门县，有 71 省道与城区相连；邻近地区拥有南门坑风景区、牛头山省级旅游度假区、桃渚古城等旅游区；有城乡巴士通往城区及邻近乡镇。
保护与开发现状（单体保存现状、保护措施、开发情况） 该单体总体保存完好，系国家地质公园与省级风景名胜区，并成立了专门的管理委员会；编制了相应的总体规划与分块控制性规划，加强了旅游资源的保护。“十一五”至“十三五”期间，与桃渚古城等景区一起对外经营开放，但经营开发依然处于相对初级水平。

评价项目	资源要素价值（85分）					资源影响力（15分）		附加值
评价因子	观赏游憩使用价值（30分）	历史文化科学艺术价值（25分）	珍稀奇特程度（15分）	规模、丰度与几率（10分）	完整性（5分）	知名度和影响力（10分）	适游期或使用范围（5分）	环境保护与环境安全
分　值	28	24	14	10	4	8	4	3
总　分	95分；五级旅游资源单体							
图片资料								

3.5.7 实训成果及其评价主体与细则

3.5.7.1 实训成果要求

（1）完成不少于 10 个地文景观类旅游资源单体表的填写。

（2）完成对每个旅游资源单体的摄像或摄影工作，其中，每个旅游资源单体的照片不少于 5 张，且要求美观。

（3）提出地文景观类旅游资源未来开发的对策与思路，形成汇报 PPT。

3.5.7.2 评价主体及其权重

本次实训成果的评价建议由校内专业老师、企业指导老师及学生代表（每个实训小组各选 1 名代表）参加，权重分别为 40%、40% 和 20%。

3.5.7.3 评分细则

评分细则具体如表 3–2 所示。

表3-2　地文景观类实训成果评价标准

实训任务名称：__________　　汇报人：__________　　第____组

评价内容		评价分值	评价标准	评价得分
旅游资源单体调查表及摄像照片	旅游资源单体调查表数量	10分	旅游资源单体表数量在10个及以上得10分，数量9个及以下，按实际完成数量得分	
	旅游资源单体调查表质量	15分	单体表填写准确、描述达到要求得12~15分；单体表填写基本准确、描述基本到位得7~11分；单体表填写尚可、描述较弱得0~6分	
	旅游资源单体照片	15分	旅游资源单体照片数量达标且美观度、清晰度较高的得12~15分；数量基本达标且美观度、清晰度尚可的得7~11分；数量未达标且美观度、清晰度较差的得0~6分	
地文景观类旅游资源开发对策与思路	PPT报告完整性	15分	包括课题组组成、调查情况、调查步骤与方法、调查结果、对策建议等，每一项得3分	
	PPT报告科学性与合理性	15分	报告建议科学合理得12~15分；报告建议基本科学、合理得7~11分；报告建议科学性与合理性较差得0~6分	
表现方式	PPT演示文稿	10分	PPT排版美观大方且有特色得8~10分；排版基本整齐且有一定特色得4~7分；排版美观度相对较弱得0~3分	
	现场演讲	10分	演讲者形象气质佳、演讲流利、条理清晰者得8~10分；形象一般、演讲一般得4~7分；其他方面得0~3分	
	现场答辩	10分	现场答辩流利、回答内容准确得8~10分；答辩一般、内容基本准得4~7分；其他方面得0~3分	
评委签名：			合计得分：	

3.6 总结与测试

3.6.1总结

本项目首先介绍了地文景观类旅游资源的定义、形成、旅游价值及其分类体系，使学习者对地文景观类旅游资源有个大概的认识；然后详细介绍了地文景观类旅游资源各个基本类型的定义、形成、特征，并阐述了地文景观旅游资源各个基本类型在实地调查与评价过程中应重点描述的内容与采集的数据；最后以临海国家地质公园为例，设计了相应的实践实训环节，使学生能够对地文景观类旅游资源做出正确的调查与评价，并完成地文景观类旅游资源调查报告的撰写任务及相应的开发、保护思考。

3.6.2项目测试

【主要概念】

地文景观、垂直自然带、断裂景观、褶曲景观、生物化石点、沟壑与洞穴

【客观题】

1. 根据地理学的划分，山可以分为极高山、高山、中山、低山、丘陵，其中高山的绝对海拔一般在（　）米。

A.1000~3500　B.3500~5000　C.5000 以上　D.1000~500

2. 根据《旅游资源的分类、调查与评价》（GB/T 18972—2017），缙云仙都“鼎湖峰”属于（　）。

A. 台地型景观　B. 褶曲景观　C. 峰柱状地景　D. 节理景观

3. 根据《旅游资源的分类、调查与评价》（GB/T 18972—2017），安徽黄山属于（　）。

A. 山岳型景观　B. 台地型景观　C. 沟谷型景观　D. 滩地型景观

4. 以下旅游资源基本类型中属于自然景观综合体亚类的是（　）

A. 奇特与象形山石、沟谷型景观、自然标志地、垂直自然地带

B. 山丘型景观、断裂景观、自然标志地、垂直自然地带

C. 山丘型景观、沟谷型景观、自然标志地、垂直自然地带

D. 山丘型景观、沟谷型景观、自然标志地、陆地动物栖息地

【简答题】

1. 自然景观综合体有哪些基本类型?

2. 简述沟壑与洞穴的形成。

3. 简述生物化石点的旅游价值。

【分析题】

1. 以喜马拉雅山为例，分析喜马拉雅山垂直自然带的分布特征及其旅游价值。

2. 以自己熟悉的某一知名旅游景区，完成对其旅游资源的调查与评价工作。

3. 结合实例简述沟谷型旅游地的美学特征及其在调查与评价过程中应注意的问题。

4. 分析讨论台地型景观和台丘状地景、沟谷型景观和沟壑与洞穴等基本类型的差异点，请举例说明。

项目4 调查与评价水域景观类旅游资源

项目案例导入

水域景观类旅游资源概述视频　　水域景观类旅游资源概述PPT

案例1：我国各地共有西湖36处，其中浙江9处，广东、湖南、四川各4处，江西3处，河北2处，福建4处，江苏、广西、云南、湖北、河南、安徽、山东、陕西各1处。此外，越南河内也有西湖。其中最著名的是我国杭州的西湖，是我国著名的旅游胜地，也被誉为“人间天堂”。杭州之美，美在西湖。西湖之美，美在其如诗如画的湖光山色，美在湖山与人文的自然相融，更美在人们对她的呵护及对其历史文脉的传承。

西湖古称武林水、钱塘湖，又名西子湖，原本为海湾，因江潮挟带泥沙长期堆积，日积月累，使海湾与大海隔绝，形成潟湖，又经白居易、苏东坡、杨孟瑛、李卫、阮元等历代先贤的不断疏浚建设，最终成为半封闭之浅水风景湖泊。西湖形态为近于等轴的多边形，湖面被孤山及苏堤、白堤两条人工堤分割为5个子湖区；湖中有小瀛洲、湖心亭、阮公墩三岛。子湖区间由桥孔连通，各部分的湖水不能充分掺混，形成各湖区水质差异的特点。大部分径流补给先进入西侧3个子湖区，再进入外西湖。湖水总面积6.145平方公里，总容积0.1247亿立方米，平均水深2.27米。

中华人民共和国成立以来，尤其是改革开放以来，杭州市在旅游产业的发展上一直处于全国领先地位。在原有“西湖十景”的基础上，又于1985年评选了“西湖新十景”，并通过西湖综合整治保护工程，加快整合了周边的相关景区。自2002年起，西湖周边景区陆续“还湖于民”，实施免费政策，推动“大杭州、大旅游、大产业”的发展战略。

案例2：长江发源于“世界屋脊”——青藏高原的唐古拉山脉各拉丹冬峰西南侧，是中华民族的母亲河。长江干流流经青海、西藏、四川、云南、重庆、湖北、湖南、江西、安徽、江苏、上海11个省（市、区），于上海市崇明岛以东注入东海，全长6300余公里，比黄河长800余公里，在世界大河中长度仅次于非洲的尼罗河和南美洲的亚马孙河，居世界第三位。

长江干流自西而东横贯中国中部。数百条支流辐辏南北，延伸至贵州、甘肃、陕西、河南、广西、广东、浙江、福建8个省、自治区的部分地区。流域面积达180万平方公里，约占中国陆地总面积的1/5。

长江干流宜昌以上为上游，长4504公里，流域面积100万平方公里，其中直门达至宜宾称金沙江，长3464公里。宜宾至宜昌河段习称川江，长1040公里。宜昌至湖口为中游，长955公里，流域面积68万平方公里。湖口以下为下游，长938公里，流域面积12万平方公里。

想一想： 在各地旅游资源开发过程中，往往都不能少了水域景观类旅游资源。请问，人类为何对水域景观类旅游资源情有独钟？

项目导读

学习目的与意义： 水是地球表面分布最广和最重要的物质，水是生命之源、万物之灵，也是旅游资源体系中最具灵性和活力的旅游资源。水体资源与旅游关系密切，是最宝贵的旅游资源之一，是各类旅游景区的重要构景元素，也是最能满足游客参与需求的旅游资源。正确认识、理解水域景观类旅游资源的类型及其含义，深入剖析水域景观类旅游资源各基本类型旅游资源单体的特征、成因、发育规律，并对其进行科学、合理地评价，对水域景观类旅游资源的有效开发利用、保护培育等具有重要意义。

项目内容概述： 本项目在水域景观类旅游资源体系介绍的基础上，重点阐述水域景观类旅游资源5个亚类、13个基本类型的含义、属性特征及在实地调查与评价过程中应注意的具体事项与技巧；根据水域景观类旅游资源的具体特性，设计了相应的实践实训环节，以提升实践应用水平。

学习目标

知识目标： 熟悉水域景观类旅游资源的分类体系；掌握水域景观类旅游资源体系中的各个基本类型资源的内涵、特征、成因及属性。

技能目标： 能够正确识别不同基本类型的水域景观类旅游资源；能分析评价水

域景观类旅游资源的旅游功能与价值；能够对不同基本类型的水域景观类旅游资源进行有效的调查与科学评价；能根据实际情况提出相应的开发、保护策略。

风景的血脉——水域景观PPT

水是自然资源的重要组成部分，是保证人类生活和生产的重要物质条件，也是构成旅游资源不可或缺的物质基础。烟波浩渺的大海，银装素裹的雪山，飞流直下的瀑布，清澈透明的湖水，碧波粼粼的河流……给人以不同的感受、不同的体验、不同的美感。水不仅是旅游景观的构成要素，也是众多旅游活动开展不可或缺的组成部分，正是由于水的存在，可以让更多的人参与到参与性、体验性的旅游活动中。因此，水在旅游活动中具有举足轻重的作用和意义。简言之，水域景观类旅游资源是指能够吸引游客进行观光游赏、参与体验的并能产生经济效益、社会效益和生态效益的各种水体及水文现象。

水域景观类旅游资源的旅游价值主要体现在以下几个方面。

第一，审美功能。水域景观类旅游资源具有雄壮之美、秀丽之美和奇特之美。水体在形态、倒影、声音、色彩、奇特等方面具有很强的吸引力。碧波浩渺的大海、水天一色的江河、跌落飞泻的瀑布、晶莹澄碧的泉水、蜿蜒曲折的溪流、澎湃汹涌的潮流等都是水域景观类旅游资源的体现。

第二，疗养功能。水域景观类旅游资源的疗养功能主要体现在温泉旅游资源，在温泉中洗浴能使人消除疲劳、祛病健身，这在我国众多的古籍中都有记载。如温泉水的温热，可使毛细血管扩张，促进血液循环，而水的浮力与静压力具有按摩、收敛、消肿、止疼等功效。此外，温泉水中含有各种矿物质成分，如钙、镁、硫化氢、二氧化碳、镭、氡等物质，均对人体的美容养颜、养生康体等具有很好的疗效。

第三，品茗功能。明代著名茶饮家钱椿年《茶谱》中提到的“煎茶四要”首先就是要选择好水。如果煎茶的水不甘美，会严重损害茶的香味。古人对泡茶用水非常讲究，一是甘而洁，二是活而鲜，三是贮水得法。现在很多旅游景区都结合本景区良好的水质和茶叶，开展游客品茗旅游活动，如黄山用温泉水泡毛峰茶、西湖茶文化景区用龙井水泡龙井茶的品茗活动。

第四，娱乐功能。随着现代旅游业的快速发展，参与性、体验性旅游活动日益受到游客的青睐，开展水上旅游活动无疑为游客增添了娱乐乐趣。在开阔水域开展水上活动，如游泳、潜水、划船、冲浪、滑水、水上跳伞、水上摩托艇、垂钓、捕鱼等，这些旅游活动参与性与娱乐性很强，是休闲度假旅游的首选项目。

水域景观类旅游资源按水体的性质和基本形态，可以划分为河系、湖沼、地下水、冰雪地、海面 5 个亚类，游憩河段、瀑布、游憩湖区、埋藏水体、积雪地、游憩海域等 13 个基本类型（见表 4–1）。

表4-1　水域景观类旅游资源分类一览

主类	亚类	基本类型
B水域景观	BA河系	BAA游憩河段 BAB瀑布 BAC古河道段落
	BB湖沼	BBA游憩湖区 BBB潭池 BBC湿地
	BC地下水	BCA泉 BCB埋藏水体
	BD冰雪地	BDA积雪地 BDB现代冰川
	BE海面	BEA游憩海域 BEB涌潮与击浪现象 BEC小型岛礁

4.1 河系

根据自然地理学相关知识，河系，亦称“河网”“水系”。河流流域内大大小小的水体，如河流的干流、支流及湖泊、沼泽等，构成脉络相通的系统，称“河系”。河系的类型有：扇形、羽毛状、平行状及辐射状等。本亚类共有游憩河段、瀑布和古河道段落 3 个基本类型。

河系类旅游资源调查与评价PPT

4.1.1游憩河段

游憩河段是指可供观光游览的河流段落。一般来讲，一条河流可以分为上游、中游和下游。上游河段流经高原山地，河床深狭而不稳定，河底纵断面呈阶梯状，水量小、流速快，多急流、险滩，河水涨落幅度相对较大，河流与两岸的山崖构成综合景观；中游河段河床比较稳定，河槽较开阔并呈现出一定弯曲度，水量较大，水流较平稳；下游河段河槽纵度平缓，河道开阔，水流平静流淌，或贴近山麓，或因大量泥沙堆积，河口河道分叉明显，形成三角洲，或两岸山势和缓，形成宽阔的河滩或呈现出冲积平原景观。目前，我国的长江三峡、桂林的漓江山水、黄河风景区，欧洲的多瑙河，美国的密西西比河，巴西的亚马孙河，埃及的尼罗河，俄罗斯的伏尔加河等，均以其形、声、色、质及河岸

游憩河段的调查、评价与鉴赏视频

景色，吸引着世界各地的游客。在实地调查与评价过程中，应侧重游憩河段的形态特征、弯曲程度、景观特色、水文特征、植被特征、沿途河滩与沙洲特征、沿途古村落或城镇、沿途山川特征、河岸基岩性质等方面的描述，重点采集游憩河段的长度、宽度、水文特征、两岸山体及河滩与沙洲的植被覆盖率、河岸的曲折度与坡度、河段的平均比降等基本特征项数据。

4.1.2瀑布

瀑布是指河水在流经断崖、凹陷等地区时垂直从高空跌落的跌水。瀑布景观是水域景观类旅游资源中的一个重要组成部分，具有独特的美学价值。瀑布发育于地势起伏较大、水量较充沛的山区河道内。根据各地地势条件、水文的季节性变化特征，可将瀑布分为常年性瀑布、季节性瀑布、偶发性瀑布。淮河—秦岭以南的山地丘陵地带水量充沛、地形复杂、植被覆盖率高，多形成常年性瀑布，尤以浙江、安徽、福建、台湾、广东、广西、贵州、云南、四川的瀑布数量较多。我国最著名的瀑布有黄果树瀑布、壶口瀑布、庐山瀑布、镜泊湖瀑布、九寨沟瀑布、德天瀑布、长白山瀑布等。根据瀑布水流的跌落级数，又可以分为单级瀑布和多级瀑布；根据瀑布的成因及其基本特征，又可以分为构造瀑布、堰塞瀑布、差异侵蚀瀑布、袭夺瀑布、喀斯特瀑布、悬谷瀑布及人工瀑布；根据瀑布的跌落形态及瀑底形态的差异，可以分为悬瀑和跌水。在实地调查与评价过程中，突出瀑布的形态与结构、水文特征、形成原因、周边基岩情况、底部潭地形态、景观特色、周围植被情况、季节变化等方面的描述，重点采集瀑布的级数、高度或落差、坡度、坡向、水量、宽度、流速及底部潭地的面积、深度、周长等基本特征项数据。

瀑布调查、评价与鉴赏视频

4.1.3古河道段落

古河道河段是在地质历史时期形成的，后因河流改道而废弃的河道，即已经消失的历史河道段落。一般情况下，引起河流改道的原因有构造运动导致地壳抬升或下降，冰川、崩塌、滑坡等将河道堰塞，或人工另辟新河等。构造运动可使河流大规模改道：被废弃的河段可能被抬高出露地表甚至成为现今的分水岭，如古珠穆朗玛峰地区；也可能因沉降而被后来的沉积物所埋藏形成埋藏型古河道，如东部沿海各大平原的河流入海口附近均埋藏着古河道。古河道具有很高的科学考察价值。通过对古河道的研究，有助于了解河床演变的特征与规律，对了解地质时期的气候演变及寻找地下水、砂矿、石油天然气等资源都有着重要的意义，是开展修学、教育、科普旅游活动的重要载体。在实地调查与评价过程中，应重点突出古河道段落的形态特征、景观特色、形成年代、形成原因与变迁规律、植被特征、村落及周围环境特征等方面的描述，重点采集古河道段落长度、宽度、面积等基本特征项数据。

阅读材料4-1：乌梁素海

乌梁素海，位于内蒙古自治区乌拉特前旗境内，为黄河改道而成，形似一瓣橘子。被芦苇和香蒲分割成大小不一的几个水域；南北长35~40公里，东西宽5~10公里，湖面平均高程1018.5米，最大水深约4米，大片水域水深在0.5~1.5米，总面积300平方公里，素有“塞外明珠”之美誉。它是全球范围内干旱草原及荒漠地区极为少见的大型多功能湖泊，也是地球同一纬度最大的湿地。已被国家林业部门列为湿地水禽自然保护示范工程项目和自治区湿地水禽自然保护区，同时列入《国际重要湿地名录》。湖面上升长着茂盛的芦苇和蒲草，在浩瀚的湖水中生长着鲫鱼、草鱼、鲢鱼等多种鱼类。这里尤其以盛产黄河大鲤鱼而蜚声内蒙古。

想一想：我国的古河道段落主要存在哪些地区？为什么？

4.2 湖沼

作为旅游资源的湖泊是指以不同地貌类型为存在背景，构成绚丽多姿的湖泊风景，吸引人们开展各项旅游活动的陆上封闭洼地的一种水体。根据《旅游资源的分类、调查与评价》（GB/T 18972—2017）的标准，该亚类旅游资源主要分为游憩湖区、潭池、湿地3个基本类型。

湖泊与沼泽类调查与评价PPT

4.2.1游憩湖区

游憩湖区是指湖泊水体的观光游览区与段落。湖泊是指陆地表面洼地积水形成的比较宽广的水域，是由湖盆、湖水及水中的矿物质、有机质和生物等组成的地理系统。湖泊的类型很多，按其成因可分为构造湖、火山湖、潟湖、堰塞湖、河迹湖、海迹湖、冰川湖等；按湖水的矿化度可分为淡水湖、咸水湖和盐湖。不同类型的湖泊呈现出不同的迷人景色：平原湖泊，水面开阔，形成烟波浩渺、水天一色的景象；山顶湖泊，湖水清澈、群峰环抱，岚影波光交相辉映，风景如画；园林人工湖则是花木掩映，水榭、亭轩、曲桥相得益彰，集形、色、影、声、奇等特色于一体。在实地调查与评价过程中，应对湖泊类型、所处地理环境、平面状态、形成成因与发展历史、湖面面积、湖水水深情况、湖水水质、湖泊水源、水面变化等水文特征、冬季有无结冰现象、湖中生物生长情况、沿岸基岩特征及景观特色、科学意义等方面进行描述，重点采集湖泊面积、平均水深、水质标准等基本特征项数据。

游憩湖区调查、评价与鉴赏视频

阅读材料4-2：中外知名湖泊

中国湖泊分布广泛又相对集中，主要分布在青藏高原和东部平原，最为著名的是青海湖、鄱阳湖、洞庭湖、太湖、千岛湖、日月潭，以及杭州西湖、云南滇池、嘉兴南湖、扬州瘦西湖、南京玄武湖和莫愁湖、肇庆星湖、武汉东湖、济南大明湖、新疆天山天池、吉林长白山天池、黑龙江五大连池等。

国外的著名湖泊主要包括里海、苏必利尔湖、日内瓦湖、死海及维多利亚湖、咸海、休伦湖、密歇根湖、坦噶尼喀湖、贝加尔湖、马拉维湖、的的喀喀湖、安大略湖、乍得湖等。

想一想：你去过哪些知名的湖泊型旅游目的地，其周边常见的配套设施或旅游业态有哪些？

4.2.2潭池

潭池是指四周有岸的小片水域。相对湖泊而言，潭池的水面面积要小得多。潭池往往与瀑布、溪流等连接，大小不一、形状各异。在实地调查与评价过程中，对潭池的类型、潭池平面形态、成因、面积、水深、水质、季节变化、潭中及四周生物生长情况、景观特征、相关神话传说或人文古迹等方面进行描述，重点采集潭池面积、潭池周长、平均水深、水质标准、水温等基本特征项数据。

潭池的调查、评价与鉴赏视频

想一想：潭池与游憩湖泊的主要区别是什么？

4.2.3湿地

湿地是指天然或人工形成的沼泽地等带有静止或流动水体的成片浅水区。湿地拥有“鸟类的乐园”和“地球之肾”之美称。在实地调查与评价过程中，应注意描述其形态与结构、类型、平面形态、地形特征、气候条件、所处地理环境、成因及发育过程、物种组成及珍稀物种、泥炭含量、水量补给源、相关生物种类、周围环境及人文背景等内容，重点采集面积、气候水文数据、海拔高度、泥炭含量等基本特征项数据。

湿地的调查、评价与鉴赏视频

阅读材料4-3：沼泽

沼泽是指地表及地表下层土壤经常过度湿润，地表生长着湿性植物和沼泽植物，有泥炭累积或虽无泥炭累积但有潜育层存在的土地。其形成主要取决于地貌条件和水热状况。根据发展阶段可分为低位、中位和高位沼泽，即富营养、中营养和贫营养沼泽。按地貌条件可分为山地沼泽、高原沼泽和平原沼泽。根据有无泥炭可分为泥炭沼泽和潜育沼泽。

世界沼泽面积约 268.3 万平方公里，中国的沼泽面积 11 万平方公里，三江平原、大小兴安岭和长白山沼泽较多，青藏高原次之，余为零散分布。

4.3 地下水

地下水就是地面以下的水，是贮存于地面以下岩石裂缝和土壤空隙中的水。按形态分为气态水、吸着水、薄膜水、毛细管水、重力水、固态水等。根据《旅游资源分类、调查与评价》（GB/T 18972—2017），地下水亚类可以分为泉和埋藏水体 2 个基本类型。

地下水类旅游资源调查与评价PPT

4.3.1泉

泉是指地下水的天然露头，是地下含水层或含水通道呈点状出露地表的地下水涌出现象，为地下水集中排泄形式。它是在一定的地形、地质和水文地质条件的结合下产生的。泉水的类型多种多样。根据泉水涌出地表的动力来源，可分为上升泉和下降泉，前者可以向上自喷，即喷泉（如济南的趵突泉），后者只能向低处自流；按泉水的成因和地质条件可分为侵蚀泉、接触泉、溢出泉、堤泉、断层泉、喀斯特泉等；按泉水的温度，又可以分为冷泉、地热或温泉。在实地调查与评价过程中，要注重泉的出水量、水温、水质特征、喷涌方式、泉水露点或泉池面积、水量的季节变化、泉水的构造成因及类型、景观特征、矿物价值、理疗价值、相关古迹传说等方面的描述，重点采集泉的出水量、水温、矿化度、泉池性状、泉池面积、水质等级、水文特征等基本特征项数据。

泉调查、评价与鉴赏视频

4.3.2埋藏水体

埋藏水体是指埋藏于地下的温度适宜、具有矿物元素的地下热水、热气，又称为地热。埋藏水体按照其储存形式，可分为蒸汽型、热水型、地压型、干热岩型和熔岩型 5 大类。我国的西南地区是地热资源最为丰富的地区，拥有羊八井地热、腾冲地热等著名地热。世界上的地热分布规律与地震带、火山的分布规律相一致。目前，人类能够开发利用的主要是地下蒸汽和地热水。温泉按照其主要成分的不同，可以划分为多个品种（见表 4–2）。中国已知的温泉点约 2400 多处。台湾、广东、福建、浙江、江西、云南、西藏等地温泉较多，其中最多的是云南，有温泉 400 多处。腾冲的温泉最著名，数量多，水温高，富含硫质。温泉的旅游功能主要是温泉浴和旅游疗养。在实地调查与评价过程中，要重视地热或温泉的成因及类型、喷涌方式、地质构造及岩层状况、出水（汽）量、四季变化、温度与水质、主要成分、景观特征、矿物价值、理疗价值等方面的描述，重点采集温泉的出水量或地热的出汽量、水（汽）温、出露面积、矿化度、主要矿物成分及其含量等基本特征项数据。

埋藏水体调查、评价与鉴赏视频

表4–2　各种温泉的成分与功效对比一览

温泉名	主要成分	使用方法	主要功效
单纯泉	各种成分都有，但含量都不大	浴用	神经痛，风湿，皮肤病，骨折，外伤保养
		饮用	轻度胃炎，利尿功效

温泉名	主要成分	使用方法	主要功效
碳酸泉	CO32–	浴用	高血压，心脏病，更年期障碍，不孕症
		饮用	肠胃病，便秘，利尿功效
重碳酸土类泉	Ca2+，HCO3–	浴用	过敏性疾病，慢性皮肤病，荨麻疹
		饮用	痛风，尿管结石，膀胱炎，尿糖病，慢性胃肠炎
重曹泉	Na+，HCO3–	浴用	伤口，烧伤等
		饮用	肠胃病，胆囊炎，早期肝硬化等
食盐泉	Na+，Cl–	浴用	神经痛，风湿，寒症，跌打损伤，挫伤，不孕症
		饮用	肠胃病
		吸入	慢性支气管炎，咽喉炎
硫酸盐泉	SO42–	浴用	跌打损伤，烧伤，割伤，慢性湿疹
		饮用	糖尿病，中风，动脉硬化，肥胖症，便秘
铁泉	Fe2+，HCO3–	浴用	风湿，更年期障碍，慢性湿疹，脚气
		饮用	贫血（喷出后立即饮用）
明矾泉	Al3+，SO42–	浴用	慢性皮肤病，手脚多汗症，静脉瘤
酸性泉	H+	浴用	脚气，疥癣，不孕症
		饮用	低色素性贫血
硫磺泉	S	浴用	心脏病，动脉硬化，白蜡病，风湿，慢性皮肤病，糖尿病
		饮用	解毒作用，便秘，其他
放射能泉	Ra	浴用	痛风，神经痛，植物神经失调症
		饮用	利尿功效，肝功能不全

想一想：近年来，我国多地在旅游项目投资开发过程中，热衷于通过地质勘探与钻井等技术，以开发相关地热类资源。请问，此类项目开发的风险点与盈利点分别有哪些？

4.4 冰雪地

冰雪地作为水体的固态形式，是水域景观类旅游资源中十分独特的一个亚类。冰雪地可以分为积雪地和现代冰川 2 个基本类型。

冰雪地类旅游资源调查与评价PPT

4.4.1积雪地

积雪地是指长时间不融化的降雪堆积面。雪是中高纬度地区冬季常见的一种降水现象，可以形成壮观的雪景，加上森林、高山等要素的配合，形成的景观更为迷人。有积雪的地区，根据积雪时间的长短，可以分为季节性积雪地区和永久积雪地区。我国绝大部分属于季节性积雪地区，而永久性积雪地区的面积地区大约为 5 万平方公里，主要积雪旅游地有丽江玉龙雪山、大理苍山、梅里雪山、台湾玉山、秦岭太白山、长白山、天山博格达峰、贡嘎山、四姑娘山、西岭雪山、昆仑山、喜马拉雅山、阿尔金山、阿尔泰山、祁连山、阿尼玛卿雪山、南迦巴瓦峰等。从旅游资源的开发条件来说，积雪地必须同时满足两个条件：足够的积雪量和适宜开展雪上活动的地表起伏状况。因此，在实地调查与评价过程中，应对积雪地所处的地理环境、平面起伏状态、雪期长短及起止时间、气候特征（含风、日照、气温变化等）、面积及其历史变化、景观特色、科学意义等方面进行详细的描述，重点采集其面积、雪期长短、雪期起止时间、常年平均降雪量、积雪期平均气温及风向、日照指数等基本特征项数据。

4.4.2现代冰川

现代冰川是指现代冰川存留区域。冰川是较长时间存在于寒冷地区的一种由多年降雪不断加压变质而形成的天然冰体，即现代冰川通常处于雪线以上的常年积雪区域。所谓雪线是指当地的降雪与融雪达到动态平衡的高度。冰川可以分为大陆冰川和山岳冰川两种类型，前者存在于高纬度的南极大陆和北极地区，后者主要指全球海拔较高的山脉顶部，我国的冰川均属于此类，集中分布在青藏高原及西部高海拔的山地中。冰川的下部具有较强的可塑性，受重力和压力作用的影响，能沿着山坡缓慢地向下滑动，但速度较慢。在冰川的综合作用下，除了形成雪线景观外，还能塑造粒雪盆、冰斗、冰碛、冰面湖、冰洞、冰塔、冰钟乳、冰蘑菇等独特的地貌景观资源。在实地调查与评价过程中，应重视现代冰川所处的地理环境、平面形态、形成成因及其发展历史、变化规律、气候环境、冰川面积、冰川厚度、景观特色、科学意义等方面的描述，重点采集其面积及其变化、存留时间等基本特征项数据。

想一想：瑞士作为国际知名的冰雪旅游目的地，有哪些经验或做法值得我国北方冬季打造冰雪旅游目的地时学习或借鉴？

4.5 海面

海洋是世界上最大的水体，它以浩瀚无际、深邃奥妙的魅力吸引着每一个旅游者。由于海和洋在水文地理环境上的差异，所以旅游资源的开发利用多限于大洋的边缘部分——海，并局限于海岸、海滨地带，即海面旅游资源。根据《旅游资源分类、调查与评价》(GB/T 18972—2017)，本亚类主要包括游憩海域、涌潮与击浪现象、小型岛礁 3 个基本类型。

海面类旅游资源调查与评价PPT

4.5.1游憩海域

游憩海域是指可供观光游憩的海上区域。游憩海域可开展赏海景、品海鲜、乘渔船、冲海浪、玩海钓、住渔村等诸多观光休闲旅游活动，亦可充分利用阳光、沙滩、滩涂等资源开展康体、健身、运动、养生、度假等相关旅游活动。我国拥有 1.8 万余公里的大陆海岸线与 1.4 万余公里、6961 个面积在 500 平方米以上的海岛和 300 多万平方公里的海洋国土资源，自北向南，滨海及海岛风光各有不同，海洋旅游资源丰富，较为著名的有辽宁大连金石滩生态旅游区、辽宁葫芦岛兴城海滨风景区、河北秦皇岛北戴河与黄金海岸、山东烟台蓬莱、山东威海银滩旅游度假区与国际海水浴场、江苏连云港连岛旅游度假区、浙江舟山嵊泗列岛、福建厦门鼓浪屿旅游区、广西北海银滩旅游度假区、海南三亚亚龙湾旅游度假区等。在实地调查与评价过程中，要重视游憩海域的气候环境及灾害、海底地形、组成物质、海水的物理化学生物性质、海水动力条件、岛礁分布情况、人文遗迹分布情况、发展保护历史、沙滩与滩涂情况、海岸特征、水质情况、潮汐情况、生物种类、周边环境、景观特色等方面的描述，重点采集海域范围、潮差、水温及其季节变化、洋流及其季节变化、灾害气候频率及高发季节、海水盐分、岸线曲折度、沙滩或滩涂面积、拥有岛屿数量及其面积等基本特征项数据。

4.5.2涌潮与击浪现象

涌潮与击浪现象是指海水大潮时潮水涌进的景象，以及海浪推进时的击岸现象。由于月球与地球的引力，海面呈现出周期性的升降现象，称为潮汐。潮涌伴随着涨潮而发生，潮差越大，潮涌现象越壮观。每月的朔日（农历初一）和望日（农历十五），太阳、月球和地球的中心几乎成一直线，地球受到的引潮力相当于月球引潮力和太阳引潮力之和，海水涨潮最高，称为大潮。钱塘江大潮与南美亚马孙河、南亚恒河并列为“世界三大强涌潮河流”；此外，诸如悉尼邦迪海滩的涌潮、击浪现象也非常有名。在实地调查与评价过程中，应详细描述涌潮与击浪现象发生区海陆间的地貌形态、水文特征（潮汐现象的强弱、河流水文特征）、形成成因、涌潮与击浪现象景观特征、发生时段及规律、发生区的纵深、最佳观赏地及周围环境、最佳观赏时间等内容，重点采集潮差、潮头或击浪高度、发生时段、持续时间等基本特征项数据。

4.5.3小型岛礁

小型岛礁是指出现在江、河、湖、海中的小型明礁或暗礁。从字面理解，“岛”一般来讲是四面环水的陆地，有一定的面积，上面可能有各种地形；“礁”一般来说就是江海中的石头，在水面上能看到的叫明礁，水面上看不到的叫暗礁，“岛礁”是它们的合称。按成因可分为大陆岛、海洋岛或火山岛、珊瑚岛和冲积岛。按岛屿的数量及分布特点分为孤立的岛屿和彼此相距很近、成群的岛屿（群岛）。在实地调查与评价过程中，要重点描述小型岛礁的形态特征、岩性组成、奇特或象形情况、景观特征、周围环境、气候特征、邻近生物种类等方面的内容，注重采集小型岛礁面积、高度、距岸或岛屿的最近距离等基本特征项数据。

想一想：为什么《旅游资源分类、调查与评价》（GB/T 18972—2017）规定小型岛礁为岛屿类水域景观资源？

4.6 水域景观类旅游资源调查与评价实训

4.6.1实训目的

通过实地考察学习，能充分利用本项目及项目 1 和项目 2 的相关知识与技能要点，加深对水域景观类旅游资源概念的理解，了解并掌握水域景观类旅游资源的功能、类型、特点；能有序开展水域景观类旅游资源调查与评价的各个环节，熟练掌握水域景观类旅游资源的认定、调查技巧；完成各个旅游资源的调查表填写，提出相应的保护、开发建议。

4.6.2实训地点

可利用某周末或专业综合实训周时间去水域景观类旅游资源较全面且具有代表性的景区景点，也可随堂通过水域景观类景区景点的视频观赏进行。

4.6.3 实训教学内容及要求

（1）观察了解水域景观类旅游资源的特点。

（2）准备旅游资源调查前的各项准备工作，完成资源调查表的预填。

（3）全面调查实训区域内所有水域景观类旅游资源的基本类型。

（4）提出开发、保护水域景观类旅游资源的对策措施。

4.6.4 实训教学工具与方法

4.6.4.1 实训教学工具

详见 2.2 调查工具的准备与使用。

4.6.4.2 实训教学方法

（1）对全班同学进行实训调研分组。

（2）教师组织学生完成准备阶段的各项工作，包括资料的收集整理、调查表的预填。

（3）邀请景区景点的专业人员为学生进行专业讲解。

4.6.5 实训教学资料简介

西湖风景名胜区，详见本项目案例导入。

4.6.6 旅游资源单体调查表示例

浙江省杭州市西湖区西湖旅游资源单体调查表

单体名称：西湖

基本类型：BBA游憩湖区　　　　序号：××××

代　　号	ZJ—HGH—XHQ—BBA—01　　其他代号：①　　　　　；②

行政位置	杭州市西湖区西湖风景名胜区
地理位置	东经120°08′39.34″，北纬30°14′48.81″

性质与特征（单体性质、形态、结构、组成成分的外在表现和内在因素，以及单体生成过程、演化历史、人事影响等主要环境因素）

西湖，位于浙江省杭州市西面，是中国大陆首批国家重点风景名胜区和中国十大风景名胜之一。它是中国大陆主要的观赏性淡水湖泊之一，也是现今《世界遗产名录》中少数几个和中国唯一一个湖泊类文化遗产。西湖三面环山，面积约 6.39 平方公里，东西宽约 2.8 公里，南北长约 3.2 公里，绕湖一周近 15 公里。集雨面积 27 平方公里，平均水深 1.55 米，蓄水量 850 万 ~ 870 万立方米。湖中被孤山、白堤、苏堤、杨公堤分隔，按面积大小分别为外西湖、西里湖、北里湖、小南湖及岳湖五片水面，苏堤、白堤越过湖面，小瀛洲、湖心亭、阮公墩三个小岛鼎立于外西湖湖心，夕照山的雷峰塔与宝石山的保俶塔隔湖相映，由此形成了“一山、二塔、三岛、三堤、五湖”的基本格局。

西湖名称之来由是湖在城之西，故称西湖，而古时候还流传着许多湖的别名，伴随着一段神奇的传说。如汉时见金牛于湖中而称其为金牛湖，以后又有明圣湖、钱塘湖、放生池、明月湖等，然而这些名称都已随着历史的沿革而荡然无存，只有由宋朝苏东坡的诗句“欲把西湖比西子”中的“西子湖”与西湖并齐留传至今。

西湖是自然造化和人类文明的结晶。西湖湖光山色景色秀丽自不待言，究其成因也具有较高的科学普及教育价值。

西湖周围山体隆起、褶皱成陆之后，其平原地区还是处于海平面之下，当时的海平面一直可在的半山腰上，如相传的宝石山秦始皇系船缆绳的石孔，即可作为 2000 多年前海平面高度的证据。

当时杭州城及西湖现在所处的位置，都是与大海一脉相通的浅海湾，钱塘江河口和长江河口都远在现在河口位置的上游，然而两条河流都携带有一定数量的泥沙，在其两岸堆积使其河口不断地外移，河长不断地延伸，这些被携带的泥沙在经吴山的前缘时则沉积下来，不断地延伸加长成为沙坝。与此同时，由于潮汐作用，长江带出的泥沙和钱塘江带出的部分泥沙随涨潮流涌进浅海湾，在湾口湾内沉积，在宝石山咀形成沙坝。两条相向的沙坝不断延伸，最后在自然和人为的共同促合下联结起来，使浅海湾变成了潟湖。潟湖形成的初期，涨潮流还能漫过沙坝直达沿湖的山脚。如过去韬光寺有一对联曰：“楼观沧海日，门对浙江湖”就是描述当时的这种情景。

西湖完全与海洋脱离大约在隋朝前后，也即距今只有 1000 多年的历史。然而杭州人民却长期与西湖的淤废作着不懈的斗争。因为涨潮流携带进来的泥沙与西湖周围群山随流水带入的泥沙不断地在湖盆内沉积，使湖盆缩小，水深变浅，外加历代皇亲国戚霸湖造田，使西湖几经淤浅甚至沼泽化。杭州人民为了保护这个供灌溉调节的天然水库——西湖不被淤浅，经常疏浚治理。唐朝的白居易和宋朝的苏东坡就是当时深通民心的治理西湖的专家，在近代，国家已对西湖进行了多次大规模的疏浚整修，使西湖水深保持在近 2 米的水准上。最近的一次疏浚，更使疏浚后平均水深达到 2.27 米，水质指标也有明显好转，生物指标有明显下降，西湖水体的平均透明度比以往上升了 10 厘米，随着西湖引水工程规模进一步扩大，30 天即可以将湖水水体替换一次，必将大大改善了西湖水质，从而整体提高西湖周边地区的生态环境。

因此，就西湖的成因而言，自然的因素形成了原始的西湖——人们称为潟湖，然而历代劳动人民的疏浚治理是不可缺少的。所以从这个角度来看，西湖也是一个人工湖。总而言之，西湖是自然力和人为的共同的产物。

西湖是我国著名游览胜地，素居全国三十多处以“西湖”命名湖泊之首，南宋画院画师将西湖风光入画，因景作画，因画名景，朝野认可，形成驰名中外的西湖十景：苏堤春晓、曲院风荷、平湖秋月、断桥残雪、柳浪闻莺、花港观鱼、雷峰夕照、双峰插云、南屏晚钟、三潭印月，此外还有新西湖十景。

旅游区域及进出条件（单体所在地区的具体部位、进出交通、与周边旅游集散地和主要旅游区、点之间的关系）

西湖位于杭州市城区核心区，交通便利，临近吴山、黄龙两大集散中心，并有多条公交线路及旅游专线，周边有诸多风景旅游点与特色街区。

保护与开发现状（单体保存现状、保护措施、开发情况）

保存完整，已开发。1985 年和 2003 年进行了两次西湖风景区规划，1998 年 9 月 10 日杭州市人大常委会公布了《杭州市西湖水域保护管理条例》；现为国家级风景名胜区与国家 5A 级旅游景区；2011 年 6 月 24 日在法国巴黎举办的第 35 届世界遗产大会上，“杭州西湖文化景观”正式列入世界文化遗产名录。被列入目录的景观范围共计 3322.88 公顷（包括“西湖十景”及保俶塔、雷峰塔遗址、六和塔、净慈寺、灵隐寺、飞来峰造像、岳飞墓 / 庙、文澜阁、抱朴道院、钱塘门遗址、清行宫遗址、舞鹤赋刻石及林逋墓、西泠印社、龙井等其他文化史迹均在这个景观范围之内)，缓冲区 7270.31 公顷。

评价项目	资源要素价值（85分）					资源影响力（15分）		附加值
评价因子	观赏游憩使用价值（30分）	历史文化科学艺术价值（25分）	珍稀奇特程度（15分）	规模、丰度与几率（10分）	完整性（5分）	知名度和影响力（10分）	适游期或使用范围（5分）	环境保护与环境安全
分　值	29	24	14	9	5	9	5	3
总　分	98分；五级旅游资源单体							

图片资料

4.6.7 实训成果及其评价主体与细则

4.6.7.1 实训成果要求

（1）完成不少于 10 个水域景观类旅游资源单体表的填写。

（2）完成对每个旅游资源单体的摄像或摄影工作，其中每个旅游资源单体的照片不少于 5 张，且要求美观。

（3）提出水域景观类旅游资源未来开发的对策与思路，形成汇报 PPT。

4.6.7.2 评价主体及其权重

本次实训成果的评价建议由校内专业老师、企业指导老师及学生代表（每个实训小组各选 1 名代表）参加，权重分别为 40%、40% 和 20%。

4.6.7.3 评分细则

评分细则具体如表 4-3 所示。

表4-3 水域景观类实训成果评价标准

实训任务名称：________ 汇报人：________ 第____组

<table>
<tr><th colspan="2">评价内容</th><th>评价分值</th><th>评价标准</th><th>评价得分</th></tr>
<tr><td rowspan="3">旅游资源单体调查表及摄像照片</td><td>旅游资源单体调查表数量</td><td>10分</td><td>旅游资源单体表数量在10个及以上得10分，数量9个及以下，按实际完成数量得分</td><td></td></tr>
<tr><td>旅游资源单体调查表质量</td><td>15分</td><td>单体表填写准确、描述达到要求得12~15分；单体表填写基本准确、描述基本到位得7~11分；单体表填写尚可、描述较弱得0~6分</td><td></td></tr>
<tr><td>旅游资源单体照片</td><td>15分</td><td>旅游资源单体照片数量达标且美观度、清晰度较高的得12~15分；数量基本达标且美观度、清晰度尚可的得7~11分；数量未达标且美观度、清晰度较差的得0~6分</td><td></td></tr>
<tr><td rowspan="2">水域景观类旅游资源开发对策与思路</td><td>PPT报告完整性</td><td>15分</td><td>包括课题组组成、调查情况、调查步骤与方法、调查结果、对策建议等，每一项得3分</td><td></td></tr>
<tr><td>PPT报告科学性与合理性</td><td>15分</td><td>报告建议科学合理得12~15分；报告建议基本科学、合理得7~11分；报告建议科学性与合理性较差得0~6分</td><td></td></tr>
<tr><td rowspan="3">表现方式</td><td>PPT演示文稿</td><td>10分</td><td>PPT排版美观大方且有特色得8~10分；排版基本整齐且有一定特色得4~7分；排版美观度相对较弱得0~3分</td><td></td></tr>
<tr><td>现场演讲</td><td>10分</td><td>演讲者形象气质佳、演讲流利、条理清晰者得8~10分；形象一般、演讲一般得4~7分；其他方面得0~3分</td><td></td></tr>
<tr><td>现场答辩</td><td>10分</td><td>现场答辩流利、回答内容准确得8~10分；答辩一般、内容基本准得4~7分；其他方面得0~3分</td><td></td></tr>
<tr><td colspan="2">评委签名：</td><td></td><td>合计得分：</td><td></td></tr>
</table>

4.7 总结与测试

4.7.1总结

本项目首先介绍了水域景观类旅游资源的定义、旅游价值及其分类，让学习者对水域景观类旅游资源有了初步的认识；然后详细介绍了水域景观类旅游资源各个基本类型的定义、形成、特征，并对水域景观类旅游资源的实地调查与评价的主要内容、相关技巧进行了详细阐述；最后以西湖风景区为例，设计了相应的实践实训环节，使学习者能够对水域景观类旅游资源做出正确的调查与评价，并完成水域景观类旅游资源调查报告的撰写任务及相应的开发、保护思考。

4.7.2项目测试

【主要概念】

水域风光、河系、瀑布、湿地、泉、积雪地、现代冰川

【客观题】

1. 根据《旅游资源分类、调查与评价》（GB/T 18972—2017），济南趵突泉属于（　）。

A. 冷泉　B. 温泉　C. 高温泉　D. 气热爆炸泉

2. 根据《旅游资源分类、调查与评价》（GB/T 18972—2017），淳安千岛湖属于（　）。

A. 山岳型景观　B. 游憩湖区　C. 湿地　D. 滩地型景观

3. 以下旅游资源的基本类型中属于湖沼亚类的是（　）。

A. 游憩湖区、湿地、潭地

B. 游憩湖区、游憩海域、涌潮与击浪现象

C. 游憩湖区、涌潮与击浪现象、潭池

D. 游憩湖区、湿地、悬瀑

【简答题】

1. 在地下水亚类中，如何区分泉与埋藏水体，在调查与评价过程中应分别注意什么？

2. 简述湿地景观调查与评价的内容。

【分析题】

1. 结合实际分析埋藏水体的旅游价值。

2. 简述游憩河段旅游资源的主要类型及其调查与评价的要领。

【应用题】

1. 以自己熟悉的某一知名的水体旅游景区，完成对其旅游资源的调查与评价工作。

2. 以自己熟悉的某一知名水体旅游景区为例，思考水域景观类旅游资源的开发与利用。

项目5　调查与评价生物景观类旅游资源

项目案例导入

生物景观类旅游资源概述PPT　　生物景观类旅游资源概述视频

案例1：2010年4月20日夜间，位于墨西哥湾的“深水地平线”钻井平台发生爆炸并引发大火，大约36小时后沉入墨西哥湾，11名工作人员死亡。钻井平台底部油井自2010年4月24日起漏油不止，对墨西哥湾海域的生态环境造成了恶劣影响，即2010年度全球影响力最大的事件之一——美国墨西哥湾原油泄漏事件。相关专家指出，原油泄漏污染可能导致墨西哥湾沿岸约1069公里长的湿地和海滩被毁，渔业受损，脆弱的物种灭绝。2010年6月和7月，美国康奈尔鸟类学实验室研究人员两次对该海域及沿岸的鸟类生存状况进行了实地考察和研究，并拍摄了浣熊岛鸟类在油污中艰难生存的系列图片。通过调查表明，爆炸及后续漏油事件对墨西哥湾海域及沿岸的生态环境，尤其是浣熊岛鸟类栖息地造成了灾难性的破坏。

案例2：2018年10月，黑龙江省伊春市朗乡林业局多处出现疑似东北虎足迹，经黑龙江省科学院专家实地勘察，确定为野生东北虎足迹。据介绍，东北虎足迹多发现于冬季的雪地上，本次出现在秋天而且是松软的泥土上实属罕见。野生东北虎出现在小兴安岭腹地，是野生东北虎种群在小兴安岭消失40多年来的首次。东北虎是北方森林生态系统的旗舰物种，是生态系统健康的标志。作为长距离迁移的动物，这只东北虎能深入小兴安岭腹地，并且连续多日停留在一个区域内，表明该区域有它需要的食物等资源及适宜的生存环境。这说明伊春林区已形成了有利于野生东北虎生存的条件，对小兴安岭生态文明建设来说意义重大。

另据了解，黑龙江省科学院自然与生态研究所中国—俄罗斯生态联合创新研究中心黑龙江省东北虎潜在生境及种群恢复研究项目专家组两年来多次到小兴安岭地区对黑龙江省东北虎潜在生境进行了深入调研，取得了阶段性成果。东北虎的出现将有力促进伊春及黑龙江省相关保护研究工作的深入开展。

（引自：光明网百家号）

想一想：良好又独特的地理环境条件是鸟类等生物群落的重要栖息地，也是重要的旅游资源。请问，如何处理好动物栖息地的培育与旅游开发之间的关系？

项目导读

学习目的与意义：生物景观类旅游资源是旅游资源体系的重要组成部分，正确理解、认识生物景观类旅游资源的含义，认识生物景观类旅游资源中主要的、常见的基本类型的定义、特征、分布、属性，并对其进行正确的评价，对生物景观类旅游资源的开发利用具有重要意义。

项目内容概述：本项目通过对生物景观类旅游资源定义、类型、属性特征等内容的分析与评价，初步形成生物景观类旅游资源正确的认识和评价；通过对生物景观类旅游资源中主要的、常见的基本类型的定义、特征、分布及属性的介绍，使学生能够掌握生物景观类旅游资源中常见的、主要的基本类型旅游资源的评价、开发利用技能。

学习目标

知识目标：熟悉生物景观类旅游资源的功能价值与分类体系；掌握生物景观类旅游资源体系中各个基本类型资源的内涵、特征、成因及属性。

技能目标：能够正确识别不同基本类型的生物景观类旅游资源；能分析评价生物景观类旅游资源的旅游功能；能够对不同基本类型的生物景观类旅游资源进行科学、合理的评价，并能提出相应的开发、保护建议。

生物景观是指以生物群体构成的总体景观和个别的具有珍稀品种和奇异形态个体。生物是自然环境中最活跃、最复杂的有机因素，是自然生态的重要组成部分。随着旅游业发展的多样化，人们旅游活动中的观赏对象不仅仅局限于山水风光，生物及其独特的美学价值和科学研究价值日益受到不同旅游者的关注与青睐，并且与地理环境中的地质、水文、地貌、气候等要素相互作用共同构成了自然旅游资源体系。

生物与旅游的关系极为密切。首先，生物是自然旅游资源的构景要素之一。古人云：风景以山为骨架，以水为血脉，以草木为毛发，以云岫为服饰。生物构成山水风景的肌肤、风景区的容貌，使大自然充满了生机与活力。其次，生物是园林景观不可或缺的要素。地形、水体、植物、建筑向来被认为是中国造园的四大构成要素。最后，生物具有极高的美学价值、科学价值和食用价值，对游客具有很大的吸引力。具体来讲，生物景观类旅游资源的旅游价值主要体现在以下几个方面。

第一，审美价值。不论是植物景观，还是动物景观，都具有独特的审美价值。植物的审美价值表现在其幽、翠、形、色、香、奇、古等特征，以及物候变化和生物生长的动态变化上。动物的审美价在于其独特性、珍稀性及其驯化性所表现出来的美感。

第二，医疗保健功能。植物尤其是森林具一定的医疗保健功能：植物具有吸滞烟尘的能力；许多植物（如垂柳、女贞、合欢等）具有吸收有害气体的能力；部分植物（如圆柏、云杉、杨树等）可以制造杀菌素，具有杀菌、抗生、抗癌等作用。一般来说，林区大气中飘尘浓度比非林区低 10%~25%；从空气的含菌量看，城市公共场所可达 3 万~4 万个 / 立方米，而森林内仅 300~400 个 / 立方米。此外，森林中的负氧离子也非常有利于人们的身体健康，具有镇静、安神、催眠、止痒等功效。

第三，科学研究与科普教育功能。生物圈是地球上最大的生态系统，包括人类也生活在生物圈中，具有纷繁复杂的形态与现象。同时，这些现象背后蕴藏着丰富的科学知识，如植物的地域分异、动物的生活习性、生物的仿生原理等，成为开展科普教育活动的重要资源。

第四，美化、净化功能。生物景观类旅游资源在各种自然景观和人文景观旅游资源的总体构架中起着背景和育景的作用。动物的奔腾飞跃、鸣叫怒吼和植物的开花结果、风中摇曳多姿的形态，都使景观变得充满生机与活力。植物通过吸收、转化、降解和合成等方式作用于土壤、水体和空气中的有害物质，对环境起到一定的净化作用。

根据《旅游资源分类、调查与评价》（GB/T 18972—2017），生物景观类旅游资源可以分为植被景观、野生动物栖息地 2 个亚类、8 个基本类型（见表 5–1）。

表5–1　生物景观类旅游资源体系一览

主类	亚类	基本类型
C 生物景观	CA 植被景观	CAA 林地　CAB 独树与丛树　CAC 草地　CAD 花卉地
	CB 野生动物栖息地	CBA 水生动物栖息地　CBB 陆地动物栖息地　CBC 鸟类栖息地　CBD 蝶类栖息地

5.1 植被景观

植被景观包括单株或生长在一起的花卉、草本植物、灌木或树木群体，是指天然或人工栽植的由乔、灌、草和古树名木等繁多植物组成的不同林相、季相，绚丽多姿的植物群落景色。植物景观一般主要是指由自然界的植被、植物群落、植物个体所表现的形象。根据《旅游资源分类、调查与评价》（GB/T 18972—2017），本亚类包括林地、独树与丛树、草地及花卉地4个基本类型。

植被景观类旅游资源调查与评价PPT　　植被景观类旅游资源调查与评价视频

5.1.1林地

林地是指生长在一起的大片树木组成的植物群落，包括原始森林、人工林、天然人工混合林，外表形态为森林景观，是全球生物圈中的重要组成部分。根据《中华人民共和国森林法实施条例》，林地包括郁闭度0.2以上的乔木林地、竹林地、灌木林地、疏林地、采伐迹地、火烧迹地、未成林造林地、苗圃地和县级以上人民政府规划的宜林地。森林具有净化空气、涵养水源、保持水土、调节气候等多种功能，可以开展探险、探奇、探幽、科考、疗养、健身、生态旅游和标本采集等旅游活动，典型的森林景观包括热带雨林景观、红树林景观、亚热带阔叶林景观、温带落叶阔叶林景观等。在实地调查与评价过程中，应突出林地的植物群落类型、主要优势种群、生长习性、珍稀程度、垂直分层情况、主要栖居动物、典型物候景观、常见病虫害、观赏植物、景观特征及其科学价值、园林用途、林下伴生植物、所处地理环境、配套设施或开发情况等方面的描述，重点采集林地面积（长度、宽度）、郁闭度、林龄、净高、林冠平均高度、最大树木高度、树干平均直径、最大树干直径等基本特征项数据。

阅读材料5-1：中国国家森林公园

中国国家森林公园（national forest park）的提法主要适用于中国大陆地区，是各类别森林公园中的最高级。中国的森林公园分为国家森林公园、省级森林公园和市、县级森林公园等三级，其中国家森林公园是指森林景观特别优美，人文景物比较集中，观赏、科学、文化价值高，地理位置特殊，具有一定的区域代表性，旅游服务设施齐全，有较高的知名度，可供人们游览、休息或进行科学、文化、教育活动的场所，由国家林业和草原局做出准予设立的行政许可决定。

截至 2017 年年底，全国共建立森林公园 3505 处（不含广东镇级森林公园、重庆社区森林公园和宁夏市民休闲公园），规划总面积 2028.19 万公顷。其中，国家级森林公园 881 处、国家级森林旅游区 1 处，面积 1441.05 万公顷；省级森林公园 1447 处，面积 448.14 万公顷；县（市）级森林公园 1176 处，面积 139 万公顷。11 个省的森林公园总数超 100 处，分别是广东（709 处）、浙江（262 处）、山东（246 处）、江西（179 处）、河南（178 处）、福建（177 处）、山西（138 处）、四川（137 处）、湖南（131 处）、江苏（106 处）和河北（101 处）。

2016 年，2888 处森林公园（含白山市国家森林旅游区）共接待游客 9.62 亿人次（其中，海外游客 1360.96 万人次），占国内旅游总人数的 19%，旅游收入 878.5 亿元，分别比 2015 年度增长 5% 和 12%。

（引自：中国林业网 . 2017 年度森林公园建设发展情况 [EB/OL]. http://zgslgy.forestry.gov.cn/slgy/2452/20180418/1093104.html，2018-4-18，有删改）

5.1.2独树与丛树

独树与丛树是指单株或生长在一起的小片树林组成的植物群落。独树是指单株树木，通常系古树名木，是记录历史、指示环境变迁、展示生态特征的历史文物和科学资料，具有科学研究和旅游欣赏价值。古树名木通常具有两重含义：第一，系古树，即生长百年以上、景观独特又珍稀的老树，如银杏、金钱松、榕树、樟树等；第二，系名木，具有特定的历史文化特性，或因名人手植、或因传说故事、或因历史事件、或因性状独特、或因功能特殊。古树名木多与庙宇、古建筑、古村落、山岳景象等结合在一起，具有一定的文化内涵，成为旅游者观赏游览的重要内容，如黄山的迎客松、福建莆田的千年荔枝王、山西黄帝陵的轩辕柏、浙江临安天目山的大树王等。丛树是指生长在一起的小片树木组成的植物群落。与林地相比，丛树的面积更小，但观赏性一般更强，多表现为珍贵的植物群落，如浙江临安天然野生银杏群——五世同堂、百山祖冷杉等。在实地调查与评价过程中，要对独树或丛树的科、属、种名、形态特征、生长情况、典型物候景观，景观特征、科学价值、园林用途、周围环境、相关人与事等进行描述，重点采集独树的树龄、树冠面积、高度、胸径和丛树面积、郁闭度、林龄、林冠平均高度、最大树木高度、树干平均直径、最大树干直径等基本特征项数据。

阅读材料5-2：百山祖冷杉

被国际物种组织（SSC）列为世界上最珍稀濒危的12种植物之一的百山祖冷杉（Abies beshanzuensis），是第四纪冰川期遗留下来的植物，有“植物活化石”和“植物大熊猫”之称，对研究古气候、古地质变迁、古生物、古植被等具有重要意义。目前，野生百山祖冷杉全球仅存3株，均生长于浙江省庆元县的百山祖国家级自然保护区的核心区。

百山祖冷杉产地位于东部亚热带高山地区，气候特点是温度低，湿度大，降水多，云雾重。年平均温度8℃~9℃，极端最低−15℃；年降水量达2300毫米，相对湿度92%。成土母质多为凝灰岩、流纹岩之风化物，土壤为黄棕壤，呈酸性，pH值4.5，有机质含量3.5%。自然植被为落叶阔叶林，伴生植物主要有亮叶水青冈，林下木为百山祖玉山竹和华赤竹。本种幼树极耐阴，但生长不良。大树枝条常向光面屈曲。结实周期4~5年，多数种子发育不良，5月开花，11月球果成熟。

5.1.3草地

草地是指以多年生草本植物或小半灌木组成的植物群落构成的地区，以多年生旱生草本植物为主构成的一种植物类型，分为天然草地和人工草地。疏林草地属于草地中的一种，是指生长着稀疏林木的草地，植物种类仍然以多年生旱生草本植物为主。在实地调查与评价过程中，应对草地的群落类型、种类组成、形态特征、地形地貌、气候特征、观赏花卉、演化历史、典型物候景观、栖居动物、周围环境等进行详细描述，重点采集草地面积、正常年份覆盖度、植冠平均高度、生长期等基本特征项数据。

阅读材料5-3：中国的草原

我国草原分成三大片，即北方的温带草原、青藏高寒草地和南方热带亚热带草地。北方温带草原面积最大，是我国天然草地的主体；青藏高寒草地位于我国西南部，包括青海、西藏、甘肃西南部、四川与云南的西北部；南方热带亚热带草地主要指秦岭－淮河以南广大热带亚热带地区的草山草坡。我国的草原集中分布在一条绵延数千公里的草原带上，即东北起自东北地区的西部、经内蒙古、西至西北荒漠地区的山地和青藏高原一带。

目前，我国景观特征最为典型的草原主要包括呼伦贝尔东部草原、伊犁草原、锡林郭勒草原、鄂尔多斯大草原、川西高寒草原、那曲高寒草原、祁连山草原。

想一想：与草地伴生的旅游资源单体类型可能有哪些，请举例说明。

5.1.4花卉地

花卉地是指一种或多种花卉组成的群体。将花卉地作为一种旅游资源的基本类型，是基于其具有观赏价值、并构成吸引物的关键部分均在“花”上，而且要相对集中、形成规模集聚优势。鉴于花是植物生长过程中的一种自然生理现象，花期总是在一定的时间内完成，具有季节性和周期性，也使得花卉地的旅游活动具有季节性和周期性，如每年3月底4月初，浙江天台山的云顶杜鹃和江西婺源的油菜花，均使各地游客蜂拥而至。花卉地通常可包括露地花卉地和温室花卉地两大类，其中露地花卉地一般又包括草场花卉地、林间花卉地等。在实地调查与评价过程中，应对其群落类型、形态特征、种类组成、演化历史、珍稀程度、典型物候景观、栖居动物、景观特点及周围环境、园林用途、经济用途等进行详细描述，重点采集花卉地的面积、开花季节、花季持续时间等基本特征项数据。

想一想：武汉东湖、杭州西湖、嘉兴南湖与湖南洞庭湖的赏荷、育荷最为出名。请问，大片荷花栽植地属于哪一类旅游资源？除了传统的观赏价值外，花卉还有哪些价值可供旅游休闲开发所用？请举例。

阅读材料5-4：花语

花语是各国、各民族根据各种植物，尤其是花卉的特点、习性和传说典故，赋予的各种不同的人性化象征意义。指人们用花来表达人的语言，表达人的某种感情与愿望，在一定的历史条件下逐渐约定俗成的，为一定范围人群所公认的信息交流形式。赏花要懂花语，花语构成花卉文化的核心，在花卉交流中，花语虽无声，但此时无声胜有声，其中的含义和情感表达甚于言语。

花语最早起源于古希腊，在希腊神话里记载过爱神出生时创造了玫瑰的故事，玫瑰从那个时代起就成为爱情的代名词。花语真正盛行是在19世纪法国皇室时期，贵族们将民间对于花卉的资料整理编档，里面就包括了花语的信息，这样的信息在宫廷后期的园林建筑中得到了完美的体现。大众对于花语的接受是在19世纪中期，那个时候的社会风气还不是十分开放，在大庭广众下表达爱意是难为情的事情，所以恋人间赠送的花卉就成为爱情的信使。随着时代的发展，花卉成为社交的一种赠予品，更加完善的花语代表了赠送者的意图。

比如，玫瑰花代表了“爱情、爱与美、容光焕发、爱和艳情”，且不同的颜色、数字均拥有特殊的含义；百合花代表了“顺利、心想事成、祝福、高贵”；菊花代表了“清净、高洁、我爱你、真情”；康乃馨是所有女性的神圣之花，美好典雅的典范，通常代表了“母亲我爱您、热情、真情”。

想一想：每年金秋时节，即是杭州满陇桂雨公园桂花争相开放的季节，不仅吸引了无数的摄影爱好者，更是吸引了无数的赏花爱好者。请以某一种花为例，谈谈如何利用“花语”来有效开发花卉旅游资源或创新旅游活动。

5.2 野生动物栖息地

野生动物栖息地是指一种或多种野生动物常年或季节性栖息的地域。地球上的动物种类繁多，绝大部分为野生动物，并在一定的地理环境条件下生存繁衍，使得各地均有较为典型、独特的动物，如北极的北极熊、南极的企鹅、中国的熊猫、澳洲的袋鼠等。野生动物不仅具有经济、科学、文化教育等各方面重要价值，而且以其奇特性、珍稀性和表演性成为深受人们喜爱的旅游景观。野生动物栖息地通常包括水生动物栖息地、陆地动物栖息地、鸟类栖息地和蝶类栖息地 4 个基本类型。

野生动物栖息地类旅游资源调查与评价PPT　　野生动物栖息地类旅游资源调查与评价视频

5.2.1水生动物栖息地

水生动物栖息地是一种或多种水生动物常年或季节性栖息的地方。江、河、湖、海是诸多水上动物的天然生长场所或天然避难、避害场所。根据所处水域环境的不同，可以划分为淡水型水生动物栖息地、咸水型水生动物栖息地及两栖型水生动物栖息地。如湖北的长江新螺段白鳍豚、江豚和中华鲟保护区、吉林鸭绿江上游的冷水性鱼类保护区、广东珠江口中华白海豚保护区等。在实地调查与评价过程中，应对水生动物栖息地类型、栖息地形态特征、栖居地演化历史、栖居水生动物种类组成、水生动物栖息方式、水生动物的迁徙方式与规律、景观特点、珍稀程度或保护级别、科学价值及栖居地周围环境等内容进行详细描述，重点采集水生动物栖息地的面积或容积、水生动物种类与数量、水生动物总个体数、栖居时间等基本特征项数据。

5.2.2陆地动物栖息地

陆地动物栖息地是指一种或多种陆地野生哺乳动物、两栖动物、爬行动物等常年或季节性栖息的地方。陆地动物栖息地的范围很广泛，除了穴居或生存于土壤的动物外，植物种类及群落、气候等因素是形成各类栖居地的主要因素。植物为动物提供栖居、活动、觅食、隐蔽和繁殖的场所。森林的树冠是各种猿猴的理想栖居地，树干则是许多鸟类和小型哺乳动物栖居的地方；腐烂的原木、地面的枯叶落叶层则是小型动物赖以生存的地方。在实地调查与评价过程中，应对陆地动物栖息地的形态特征、栖息地演化历史、栖息地动物种类及其珍稀程度或保护级别、动物栖息方式、迁徙规律、景观特点、科学价值、栖息地周围环境等内容进行重点描述，重点采集陆地动物栖息地面积、栖息动物种类与数量、栖居时间与周期等基本特征项数据。

阅读材料5-5：卧龙大熊猫自然保护区

卧龙大熊猫自然保护区位于四川阿坝藏族羌族自治州汶川县西南部，邛崃山脉东南坡，距四川省会成都130公里，交通便利。保护区始建于1963年，面积70万公顷，是中国最早建立的综合性国家级保护区之一，是国家和四川省命名的“科普教育基地”“爱国主义教育基地”。

1980年，保护区加入联合国教科文组织“人与生物圈”保护区网，并与世界野生生物基金会合作建立中国保护大熊猫研究中心。1983年3月经国务院批准，将卧龙保护区内汶川县的卧龙、耿达两个公社划定为汶川县卧龙特别行政区，实行部、省双重领导体制，由林业厅代管。同年7月，省政府、原林业部联合做出了将四川省汶川县卧龙特别行政区改为四川省汶川卧龙特别行政区的决定，与卧龙自然保护区管理局合署办公的综合管理体制。

卧龙自然保护区以“熊猫之乡”“宝贵的生物基因库”“天然动植物园”享誉中外，有着丰富的动植物资源和矿产资源。区内共分布着100多只大熊猫，约占全国总数的10%。被列为国家级重点保护的其他珍稀濒危动物金丝猴、羚牛等共有56种，其中属于国家一级重点保护的野生动物共有12种，二类保护动物44种。据统计，区内其他动物种类有：脊椎动物有450种，其中，兽类103种，鸟类283种，两栖类21种，爬行类25种，鱼类18种；昆虫约1700种。已采集的植物标本统计数据显示，区内植物有近4000种。高等植物1989种，在种子植物中，裸子植物20种，被子植物1604种。被列为国家级保护的珍贵濒危植物达24种，其中，一级保护植物有珙桐、连香树、水清树，二级保护植物9种，三级保护植物13种。保护区内还有丰富的水能蕴藏量。

卧龙自然保护区地理条件独特、地貌类型复杂，风景秀丽、景物多样、气候宜人，集山、水、林、洞、险、峻、奇、秀于一体，还有浓郁的藏、羌民族文化。区内建有相当规模的大熊猫、小熊猫、金丝猴等国家保护动物繁殖场；有世界著名的“五一棚”大熊猫野外观测站；有国内迄今为止以单一生物物种为主建立的博物馆——大熊猫博物馆。

（引自：四川卧龙国家级自然保护区官方网站和百度百科）

5.2.3鸟类栖息地

鸟类栖息地是指一种或多种鸟类常年或季节性栖息的地方。我国绝大部分湿地类自然保护区为鸟类提供了安全的环境和充足的食物，成为鸟类聚集和候鸟栖居的良好场所，其中不少自然保护区成为某些珍稀鸟类的栖息地，如黑龙江扎龙丹顶鹤自然保护区。在实地调查与评价过程中，应对鸟类栖息地的形态特征、栖息地演化历史、栖居鸟类种类组成及珍稀程度、鸟类栖息方式与迁徙程度、景观特征、科学价值、周围环境、气候特征等内容进行描述，重点采集栖息地面积、鸟类种数、鸟类总个体数、栖居时间等基本特征项数据。

想一想：鸟类栖息地通常与哪些旅游资源伴生？可以开展哪些旅游业态或旅游产品？

5.2.4蝶类栖息地

蝶类栖息地是指一种或多种蝶类常年或积极性栖息的地方。蝶类具有很大的艺术观赏价值。我国综合自然条件优越，适合多种蝶类生存繁衍。全球有记录的蝴蝶总数有14000多种，中国约占1200种。蝴蝶的数量以南美洲亚马孙河流域出产最多，其次是东南亚一带。世界上最美丽、最有观赏价值的蝴蝶，也多出产于南美巴西、秘鲁等国。而受到国际保护的种类，多分布在东南亚。在同一地区、不同海拔高度形成了不同的湿度环境和不同的植物群落，也相应形成很多不同的蝴蝶种群，如云南西双版纳地区的景洪、勐海、勐腊、勐仑、勐养、橄榄坝等，又如滇西北怒江中游蝴蝶谷布满了南亚热带、北亚热带、中温带及北温带的蝴蝶种群。在实地调查与评价过程中，应对蝶类栖息地类型、栖息地形态特征、栖息地演化历史、栖居蝶类种类组成及珍稀程度、蝶类栖息方式、景观特征、科学价值及周围环境等内容进行详细描述，重点采集栖息地面积、蝶类种数、蝶类总个体数及栖居时间等基本特征项数据。

5.3 生物景观类旅游资源调查与评价实训

5.3.1 实训目的

通过实地考察学习，能充分利用本项目及项目 1、项目 2 的相关知识与技能要点，加深对生物景观类旅游资源概念的理解，了解并掌握生物景观类旅游资源的功能、类型、特点；能有序开展生物景观类旅游资源调查与评价的各个环节，熟练掌握生物景观类旅游资源的认定、调查技巧；完成各个旅游资源的调查表填写，提出相应的保护、开发建议。

5.3.2 实训地点

可利用某周末或专业综合实训周的时间去生物景观类旅游资源较全面且具有代表性的景区景点（如动物园或植物园），也可随堂通过对生物类景区景点的视频观赏进行。

5.3.3实训教学内容及要求

（1）观察了解生物景观类旅游资源的特点。

（2）准备旅游资源调查前的各项准备工作，完成资源调查表的预填。

（3）全面调查实训区域内所有生物景观类旅游资源的基本类型。

（4）提出开发、保护生物景观类旅游资源的对策措施，形成汇报 PPT。

5.3.4 实训教学工具与方法

5.3.4.1 实训教学工具

详见 2.2 调查工具的准备与使用。

5.3.4.2 实训教学方法

（1）对全班同学进行实训调研分组。

（2）教师组织学生完成准备阶段的各项工作，包括资料的收集整理、调查表的预填。

（3）邀请景区景点的专业人员为学生进行专业讲解。

5.3.5 实训教学资料简介

浙江长兴扬子鳄保护区

我国国内第二大扬子鳄自然保护区，现占地132.98公顷，位于浙江省湖州市长兴县泗安镇尹家边村。由扬子鳄自然繁殖母子湖、鳄鱼系列池、钓鱼馆、入鳄共乐园、鳄鱼标本陈列室、扬子鳄度假村组成，现有扬子鳄5000余条。进入产卵孵化期的鳄鱼会出池上岛，用杂草、枯枝和泥土在合适的地方建筑圆形的巢穴供产卵，每巢约产卵10 ~ 30枚。卵产于草丛中，上覆杂草，母鳄则守护在一旁，靠日晒和杂草发酵产生的自然温度孵化，孵化期约为60天，幼鳄约在9月出壳。

5.3.6 旅游资源单体调查表示例

浙江省湖州市长兴县“尹家边扬子鳄保护区”旅游资源单体调查表

单体名称：尹家边扬子鳄保护区

基本类型：CBB陆地动物栖息地　　　　序号：××××

<table>
<tr><td>代　　号</td><td>ZJ—HUZ—CXX—CBB—01　其他代号：①　　　　；②</td></tr>
<tr><td>行政位置</td><td>浙江省湖州市长兴县泗安镇管棣村</td></tr>
<tr><td>地理位置</td><td>东经119°43′45.19″，北纬30°55 ′21.86″</td></tr>
<tr><td colspan="2">性质与特征（单体性质、形态、结构、组成成分的外在表现和内在因素，以及单体生成过程、演化历史、人事影响等主要环境因素）
　　尹家边扬子鳄保护区为我国仅存的两处扬子鳄养育、繁殖、保护中心之一。尹家边地处长泗平原，在泗安水塘北岸，属水网密布区，环境偏僻，适于栖息繁衍。中华人民共和国成立前，泗安塘鳄鱼群集，有几百条，后生态环境破坏，又遭大量捕杀，特别是20世纪60年代前后，鳄鱼数量急剧减少。1979年经中科院动物研究所专家来此考证后，将此地列为扬子鳄重点保护区。现已建成国家人工繁育基地，保护区面积122万平方米，建筑面积6700平方米，由扬子鳄自然繁殖的母子湖、不同年龄系列的鳄鱼池、钓鱼馆、人鳄共乐园、鳄鱼标本陈列室组成。2017年11月，浙江省政府批复将其范围进行了调整与扩展，新保护区面积达132.98公顷。现有扬子鳄5000多条，厂内圈养着当代“中国鳄鱼王”“鳄鱼光荣妈妈”“中国扬子鳄王”，长度近两米，重量超过40公斤。
　　扬子鳄别名中华鼍、土龙、猪婆龙，属于鼍科，学名为Alligator sinensis，头扁，国家一级保护动物。在江湖和水塘边掘穴而栖，性情凶猛，以各种兽类、鸟类、爬行类、两栖类和甲壳类为食。6月份交配，7~8月份产卵。2017年，扬子鳄产卵量达1300枚。</td></tr>
</table>

扬子鳄与恐龙类、翼龙类源出一祖，从中生代繁衍至今。据调查，扬子鳄仅存于我国，且分布区窄小，数量稀少。长兴的尹家边环境僻静，气候温和，食料丰富，最适合扬子鳄栖息繁衍。扬子鳄可以为研究大陆漂移、生物进化等世界性课题提供科学依据，对于保护生物多样化、维持生态平衡有重要意义。扬子鳄是世界上25种鳄鱼中的“兄长”，有2.3亿年的历史，与恐龙共同生存约1亿年。恐龙早已灭绝，而扬子鳄则奇迹般幸存至今，故有“活化石”之称，为世界20种最濒危动物之一。我国现有扬子鳄保护区两处，另一处在安徽的广德、宣州等与浙江、江苏交界的县市，现扬子鳄的人工繁殖已大获成功，但野生扬子鳄已濒临灭绝，中国除在安徽、浙江两省设立保护区外，在靠近保护区的地方同时建立了繁育基地，安徽省扬子鳄繁育基地设在宣城。

此外，扬子鳄自然保护区的发展壮大还带动了周边农家乐的快速发展，为当地居民增加收入、提升生活品质等起到了很大的推动作用。

旅游区域及进出条件（单体所在地区的具体部位、进出交通、与周边旅游集散地和主要旅游区、点之间的关系）

长兴扬子鳄村位于长兴县泗安镇尹家村，距318国道不到2公里，紧邻G20沪渝高速长兴服务区。从长兴客运中心乘汽车沿318国道西行15公里，再向南1公里即可到达。

保护与开发现状（单体保存现状、保护措施、开发情况）

“中国扬子鳄村”是在原有长兴扬子鳄保护区的基础上扩建的，包含了扬子鳄自然繁育研究中心，除了拥有大小不等的5000余条扬子鳄外，还新增设了以暹罗鳄、尼罗鳄为主体的鳄鱼馆，分自然繁育、休闲、垂钓、观赏四大功能区，拥有观鳄楼、垂钓台、休闲亭、绿色长廊、翠竹茶楼等，形成了独具一格的“楼台亭闲、廊桥轩舫”等江南古园林景观。晚上还配备了声光设施，使游人在鳄吼及鸟鸣声中真切感受置身于世外桃源般的自然气息和浓厚的乡土文化氛围。

已开发，现为国家3A级旅游景区和省级自然保护区，并对外经营。

评价项目	资源要素价值（85分）					资源影响力（15分）		附加值
评价因子	观赏游憩使用价值（30分）	历史文化科学艺术价值（25分）	珍稀奇特程度（15分）	规模、丰度与几率（10分）	完整性（5分）	知名度和影响力（10分）	适游期或使用范围（5分）	环境保护与环境安全
分　值	27	24	14	9	4	8	4	3
总　分	93分；五级旅游资源单体							

图片资料

5.3.7 实训成果及其评价主体与细则

5.3.7.1 实训成果要求

（1）完成不少于 10 个生物景观类旅游资源单体表的填写。

（2）完成对每个旅游资源单体的摄像或摄影工作，其中每个旅游资源单体的照片不少于 5 张，且要求美观。

（3）提出生物景观类旅游资源未来开发的对策与思路，形成汇报 PPT。

5.3.7.2 评价主体及其权重

本次实训成果的评价建议由校内专业老师、企业指导老师及学生代表（每个实训小组各选 1 名代表）参加，权重分别为 40%、40% 和 20%。

5.3.7.3 评分细则

评分细则具体如表 5-2 所示。

表5-2　生物景观类实训成果评价标准

实训任务名称：__________　　汇报人：__________　　第____组

评价内容		评价分值	评价标准	评价得分
旅游资源单体调查表及摄像照片	旅游资源单体调查表数量	10分	旅游资源单体表数量在10个及以上得10分，数量9个及以下，按实际完成数量得分	
	旅游资源单体调查表质量	15分	单体表填写准确、描述达到要求得12~15分；单体表填写基本准确、描述基本到位得7~11分；单体表填写尚可、描述较弱得0~6分	
	旅游资源单体照片	15分	旅游资源单体照片数量达标且美观度、清晰度较高的得12~15分；数量基本达标且美观度、清晰度尚可的得7~11分；数量未达标且美观度、清晰度较差的得0~6分	
生物景观类旅游资源开发对策与思路	PPT报告完整性	15分	包括课题组组成、调查情况、调查步骤与方法、调查结果、对策建议等，每一项得3分	
	PPT报告科学性与合理性	15分	报告建议科学合理得12~15分；报告建议基本科学、合理得7~11分；报告建议科学性与合理性较差得0~6分	
表现方式	PPT演示文稿	10分	PPT排版美观大方且有特色得8~10分；排版基本整齐且有一定特色得4~7分；排版美观度相对较弱得0~3分	
	现场演讲	10分	演讲者形象气质佳、演讲流利、条理清晰者得8~10分；形象一般、演讲一般得4~7分；其他方面得0~3分	
	现场答辩	10分	现场答辩流利、回答内容准确得8~10分；答辩一般、内容基本准得4~7分；其他方面得0~3分	
评委签名：			合计得分：	

5.4 总结与测试

5.4.1总结

本项目首先介绍了生物景观类旅游资源的定义、旅游价值及其分类，让学习者对生物景观类旅游资源有了初步的认识；然后详细介绍了生物景观类旅游资源各个基本类型的定义、形成、特征，并对生物景观类旅游资源的实地调查与评价的主要内容、相关技巧进行了详细阐述；最后以浙江长兴扬子鳄自然保护区为例，设计了相应的实践实训环节，使学习者能够对生物景观类旅游资源做出正确的调查与评价，并完成生物景观类旅游资源调查报告的撰写任务及相应的开发、保护思考。

区别于第一版（2003 版）的编写内容，最大的不同在于资源体系的重新梳理。原有体系亚类有树木（CA）、草原与草地（CB）、花卉地（CC）、野生动物栖息地（CD）4 个亚类，每个大类中包含 2~4 个基本类型。2017 版中亚类只有植被景观（CA）、野生动物栖息地（CB）2 个，每个亚类下面包含 4 个基本类型。

5.4.2 项目测试

【主要概念】

生物景观、林地、草地、花卉地、水生动物栖息地、陆地动物栖息地

【客观题】

1.《中华人民共和国森林法》规定，林地包括郁闭度（　　）以上的乔木林地、竹林地等。

A.0.1　　B.0.2　　C.0.3　　D.0.4

2. 根据《旅游资源分类、调查与评价》（GB/T 18972—2017），四川卧龙大熊猫自然保护区属于（　）。

A. 水生动物栖息地　　B. 林地　　C. 陆地动物栖息地　　D. 鸟类栖息地

3. 以下旅游资源的基本类型属于野生动物栖息地亚类的是（　）。

A. 草地、林地、水生动物栖息地、鸟类栖息地、蝶类栖息地

B. 林地、水生动物栖息地、陆地动物栖息地、鸟类栖息地

C. 水生动物栖息地、陆地动物栖息地、鸟类栖息地、蝶类栖息地

D. 草地、蝶类栖息地、鸟类栖息地、陆地动物栖息地

【简答题】

1. 我国生物景观类旅游资源主要有哪些？

2. 简述独树的旅游价值。

【分析题】

1. 结合实际分析花卉地的旅游价值。

2. 简述植被景观的主要类型及其调查与评价的要领。

【应用题】

1. 以野生动物栖息地为例说明生物景观类旅游资源调查和评价的主要内容。

2. 请以某知名湖泊型或湿地型水域景观资源集聚区为例，分析其有哪些生物景观类旅游资源？该如何有效处理保护与开发之间的矛盾关系？

项目6　调查与评价天象与气候景观类旅游资源

项目案例导入

天象与气候类资源概述PPT　　天象与气候类资源概述视频

案例1：2009年7月22日，我国长江流域一带出现了近百年来持续时间最长的日全食。此次日食是从1814年至2309年在中国境内全食持续时间最长的一次日全食，开始于上午8时53分，至12时18分结束，日全食时间最长达6分39秒。本次日全食拥有最精彩的全食持续时间很长、整条日全食带扫过区域大、日全食发生在我国人口十分密集的长江流域三大特点，四川、重庆、湖北、湖南、安徽、江西、江苏、浙江等省市的部分地区都能观赏到日全食。作为周边地区最佳观测点之一的浙江安吉天荒坪，自2008年年初即开始接收客房预订及相关组团的报名工作，在2009年4月前后就已经将安吉7月21日当天的酒店客房预订完了，且酒店价格暴涨了3倍。安吉县风景与旅游管理委员会的统计结果显示，日全食期间，安吉县共接待来自美国、英国等25个国家和地区的150多名天文学家及近万名天文学爱好者；浙江全省共接待入境游客超过5万人次，单日接待入境游客数创历史新高。

案例2：极光是出现于星球的高磁纬地区上空，一种绚丽多彩的发光现象。而地球的极光，来自地球磁层和太阳的高能带电粒子流（太阳风）使高层大气分子或原子激发（或电离）而产生。极光产生的条件有三个：大气、磁场、高能带电粒子，这三者缺一不可。极光不只在地球上出现，太阳系内的其他一些具有磁场的行星上也有极光。

极光一般只在南北两极的高纬度地区出现，但是2010年8月1日的太阳风暴恰好面向地球爆发，携带大量带电粒子的太阳风准确无误地"击中"地球，与地球磁场相互作用产生"磁暴"，使美国密歇根州、丹麦和英国等纬度稍低的地区都能够看到美丽的北极光景观。专家称，这一次的太阳风暴并没有像事先推测的那样破坏全球的卫星和电信系统，却给地球带来一场壮丽的"焰火盛会"。

项目导读

学习目的与意义：天象与气候景观类旅游资源是旅游资源体系的重要组成部分，正确理解、认识天象与气候景观类旅游资源的含义，认识天象与气候景观类旅游资源中主要的、常见的基本类型的定义、特征、分布、属性，并对其进行正确的评价，这对天象与气候景观类旅游资源的开发利用具有重要意义。

项目内容概述：本项目通过对天象与气候景观类旅游资源定义、类型、属性特征等内容的分析与评价，初步形成天象与气候景观类旅游资源正确的认识和评价；通过地天象与气候景观类旅游资源中主要的、常见的基本类型的定义、特征、分布及属性的介绍，使学生能够掌握天象与气候景观类旅游资源中常见的、主要的基本类型旅游资源的评价、开发利用技能。

学习目标

知识目标：熟悉天象与气候景观类旅游资源的功能价值与分类体系；掌握天象与气候景观类旅游资源体系中各个基本类型资源的内涵、特征、成因及属性。

技能目标：能够正确识别不同基本类型的天象与气候景观类旅游资源；能分析评价天象与气候景观类旅游资源的旅游功能；能够对不同基本类型的天象与气候景观类旅游资源进行科学、合理的评价，并能提出相应的开发、保护建议。

气候和天象是两个不同的概念。气候是指一个地区在多年时期内气候系统的平均状态，是地球与大气之间长期能量交换和质量交换所形成的一种自然环境状态，包括极端的天气现象。它通过水文、生物、土壤等多种地理因素，形成特定区域内的自然景观。而天象则是指各种天文现象的总称。天象与气候景观类旅游资源是构成自然环境的重要因素之一，也与人们的生产生活存在密切关系。构成天象与气候景观类旅游资源的冷热、干湿、风云雨雪等各种要素，不仅是构景、造景、育景的重要元素，也是人类旅游活动的重要客观条件。天象与气候景观类旅游资源的旅游价值体现在以下方面。

大自然的彩笔——天象气候景观PPT

天象与气候类旅游资源概述视频

第一，审美价值。独特的天象与气候要素不仅是其他自然景观的构成要素，而且本身所具有的观赏性也会使游客产生愉悦的美感。闻名世界的黄山风景名胜区吸引着无数中外游客前来观赏游览，游客在赞叹黄山的奇松、怪石的同时，也为神奇多彩、变幻莫测的气象景观所陶醉。

第二，疗养价值。气候条件是进行疗养活动的一个重要环境条件，许多“气候宜人”的环境适合开展疗养旅游活动。“宜人的气候”是指人们无须借助任何消寒、避暑的装备和设施，就能保证一切生理过程正常进行的气候条件，也称为满足人们正常生理需求的气候条件。一般来说，清洁的空气、适宜的温度和湿度状况、充足的阳光及宜人的景色对人体保健和疾病康复具有积极作用，有利于开展疗养活动。

第三，体验价值。由于温度、湿度、风、光等给人带来直接的身体体验，这种身体体验往往能给游客留下深刻的印象，是一种更高层次的旅游形式。因此，冬季的黑龙江万里雪飘、千里冰封，其特有的冰雪旅游资源成为旅游者追寻体验的主要内容。

根据《旅游资源分类、调查与评价》（GB/T 18972—2017），天象与气候景观类旅游资源可以分为光现象、天象与气候现象 2 个亚类、5 个基本类型（见表 6-1）。

表6-1　天象与气候景观类旅游资源分类一览

<table>
<tr><th>主类</th><th>亚类</th><th>基本类型</th></tr>
<tr><td rowspan="2">D
天象与气候景观</td><td>DA天象景观</td><td>DAA太空景象观赏地　DAB地表光现象</td></tr>
<tr><td>DB天气与气候现象</td><td>DBA云雾多发区　DBB 极端与特殊气候显示地　DBC物候景象</td></tr>
</table>

6.1 天象景观

天象景观，可根据其景观现象发生的地理空间高度，分为太空景象观赏地和地表光现象两类。其中，太空景象观赏地主要是由于光线经不同密度的空气层，发生显著折射或全反射的一种景观现象；地表光现象则主要是由于光线经地表的空气层发生显著折射或全反射所形成的一种景观现象，也可能是由于人工现象引起的景观现象。

天象景观PPT

6.1.1太空景象观赏地

太空景象观赏地是指观察各种日、月、星、辰、极光等太空现象的地方。根据《旅游资源分类、调查与评价》(GB/T 18972—2003)可知，该基本类型实际上可包括日月星辰观察地、光环现象观察地和海市蜃楼现象多发地等类型。日月星辰观察地是指观察日、月、星辰的地方。观察日月星辰是人们认识宇宙的重要方式，也是天文爱好者喜爱参与的一项活动，日出、日落、月光、日食、月食、日月并升、流星雨等均对旅游者有极大的吸引力。光环现象观察地是指大气中光的折射、反射现象所构成奇幻景观的地方，包括霞光、彩虹、极光、佛光等内容。海市蜃楼现象多发地是指海面或荒漠地区光折射易造成虚幻景象的地方。事实上，除了日月星辰观察地、霞光和极光等资源相对有规律之外，彩虹、佛光及海市蜃楼等相对很不稳定，这也是对2013版《旅游资源分类、调查与评价》进行修正的主要原因。因此，在实地调查与评价过程中，应对太空景象观赏地所处的地理位置、整体风貌与环境特征、景观特色、相关文化内涵等进行详细描述，重点采集太空景象观赏地的方位、范围、面积、时间等基本特征项数据。

太空景象观赏地调查、评价与鉴赏视频

6.1.2地表光现象

地表光现象是指发生在地面上的天然或人工光现象。这是2017版《旅游资源分类、调查与评价》根据实际情况新增的一个基本类型，尤其是近年来广为游客欢迎的人工光现象，主要包括各类夜景、灯光秀等。在实地调查与评价过程中，应对地表光现象的发生时间、位置、持续时间、景象性质与形态及其变化规律、特定气候和天象条件、成因、周围相关景象与事物等方面进行详细描述，重点采集地表光现象的持续时间、开始时间、结束时间、最佳观赏位置与方位、发生规模等基本特征项数据。

地表光现象调查、评价与鉴赏视频

6.2 天气与气候现象

天象与气候现象主要包括云雾多发区、极端与特殊气候显示地和物候景观3个基本类型。与2003版《旅游资源分类、调查与评价》相比，2017年版主要是将避暑气候地、避寒气候地、极端与特殊气候显示地等基本类型进行了合并归类。

天气与气候现象类旅游资源调查与评价PPT

6.2.1云雾多发区

云雾多发地区是指云雾、雾凇和雨凇出现频率较高的地方。云、雾、雨所构成的气象景观是温润地区或温湿地区经常性出现的气候景观。一是薄云、淡雾、细雨，其独有的轻纱状景观，赋予大自然一种独特的朦胧美，如“水光潋滟晴方好，山色空蒙雨亦奇”即为苏轼称赞西湖的细雨蒙蒙美景。二是流云、飞雾的变化莫测、行云流水、气势磅礴的景观美，如黄山云海、庐山云海、峨眉云海、衡山云海。云、雾、雨景观资源通常与高山峡谷、江河湖海等景观资源伴生。雾凇俗称树挂，是北方冬季常见、南方高山亦可见的一种类似霜降的自然现象，是一种冰雪美景，是由于雾中无数零摄氏度以下而尚未结冰的雾滴随风在树枝等物体上不断积聚冻结的结果，表现为白色不透明的粒状结构沉积物。即只要雾中有过冷却水滴，并达到一定温度就可形成。雾凇可分为硬凇、软凇两种。雨凇是超冷却的降水碰到温度等于或低于零摄氏度的物体表面时所形成玻璃状的透明或无光泽的表面粗糙的冰覆盖层，也叫冰凌、树凝；形成雨凇的雨称为冻雨。南方地区把冻雨叫作“下冰凌”“天凌”或“牛皮凌”。雨凇以山地和湖区多见，年平均雨凇日数分布特点是南方多、北方少。在实地调查与评价过程中，应对云雾多发区的地理位置、地形特征、植被覆盖情况、资源类型、气候特征、科学价值、对当地社会经济发展的影响、资源出现的高发时间与持续时间等方面的内容进行重点描述，重点采集云雾多发区海拔高度、云雾多发区的发生范围、发生频率、持续时间、影响程度、气温、水文等基本特征项数据。

6.2.2极端与特殊气候显示地

极端与特殊气候显示地是指易出现极端与特殊气候的地区或地点，如风区、雨区、热区、寒区、旱区等典型地点。所谓极端气候，是指当某地的天气、气候出现了不容易发生的“异常”现象，即某地的天气、气候严重偏离其平均状态。世界气象组织规定，如果某个（些）气候要素的时、日、月、年值达到25年以上一遇，或者与其相应的30年平均值的“差”超过了2倍均方差时，这个（些）气候要素值就属于“异常”气候值，出现“异常”气候值的气候就称为“极端气候”。干旱、洪涝、高温热浪和低温冷害等都可以看成极端气候。此外，国内多个地方因为其独特的小气候环境，反而在旅游休闲度假方面发展较好，形成了较好的避暑旅游或避寒旅游、冬季旅游（或冰雪旅游）目的地。在实地调查与评价过程中，应突出其所在地的地理环境、极端或特殊气候的类型、气象水文条件、景观特征、科学价值、周边环境、大型或特殊极端气候事件及其影响力等内容的描述，重点采集极端与特殊气候显示地的范围、发生时间、发生频率等基本特征项数据。

6.2.3物候景象

物候景象是自然界生物和非生物受外界因素综合影响而表现出来的季节性景观现象，不仅包括各种植物的发芽、展叶、开花、结实、叶变色、落叶等季变现象，包括各种动物的蜇眠、复苏、始鸣、交配、繁育、换毛、迁徙等变化现象，而且包括始霜、始雪等气候现象。在实地调查与评价过程中，最为常见的是各种生物性物候景象，要突出对群落类型、形态特征、种类组成、形成原因及演化历史、珍稀程度、典型物候景观、栖居动物、动植物的特征变化、景观特点、周围环境等内容的描述，重点采集物候景象的面积或规模、郁闭度、数量、发生时间、气候特征等基本特征项数据。

6.3 天象与气候景观类旅游资源调查与评价实训

6.3.1实训目的

通过实地考察学习，能充分利用本项目及项目 1 和项目 2 的相关知识与技能要点，加深对天象与气候景观类旅游资源概念的理解，了解并掌握天象与气候景观类旅游资源的功能、类型、特点；能有序开展天象与气候景观类旅游资源调查与评价的各个环节，熟练掌握天象与气候景观类旅游资源的认定、调查技巧；完成各个旅游资源的调查表填写，提出相应的保护、开发建议。

6.3.2 实训地点

可利用某周末或专业综合实训周时间去天象与气候景观类旅游资源较全面且具有代表性的景区景点，也可随堂通过对相关景区景点的视频观赏进行。

6.3.3 实训教学内容及要求

（1）观察了解天象与气候景观类旅游资源的特点。

（2）准备旅游资源调查前的各项准备工作，完成资源调查表的预填。

（3）全面调查实训区域内所有天象与气候景观类旅游资源的基本类型。

（4）提出开发、保护天象与气候景观类旅游资源的对策措施。

6.3.4 实训教学工具与方法

6.3.4.1 实训教学工具

详见 2.2 调查工具的准备与使用。

6.3.4.2 实训教学方法

（1）对全班同学进行实训调研分组。

（2）教师组织学生完成准备阶段的各项工作，包括资料的收集整理、调查表的预填。

（3）邀请景区景点的专业人员为学生进行专业讲解。

6.3.5 实训教学资料简介

平湖秋月

平湖秋月，西湖十景之一，位于白堤西端，孤山南麓，濒临外西湖。凭临湖水，登楼眺望秋月，在恬静中感西湖的浩渺，洗涤烦躁的心境，是它的神韵所在。西湖是个广大的立体山水景色，有“景在城中立、人在画里游”的美誉，游客不论站在哪个角度，看到的都是一幅素雅的水墨江南图卷，平湖望秋月更是楼可望、岸可望、水可望。古今皆有赞叹平湖秋月的诗词传世，也有平湖秋月的相关乐曲。

6.3.6 旅游资源单体调查表示例

浙江省杭州市西湖区“平湖秋月”旅游资源单体调查表

单体名称：平湖秋月

基本类型：DAA太空景象观赏地　　　　序号：××××

代　　号	ZJ—HGH—XHQ—DAA—01　　其他代号：①　　　　；②
行政位置	杭州市西湖区西湖风景名胜区白堤
地理位置	东经120°08′32.28″，北纬30°15′20.34″
性质与特征（单体性质、形态、结构、组成成分的外在表现和内在因素，以及单体生成过程、演化历史、人事影响等主要环境因素） 平湖秋月，为西湖十景之一，其位于白堤南段，背依孤山，面湖，是一个临水的平台，平台后侧则建有楼阁。这里湖面开阔，月色下湖水波光粼粼是西湖观赏月亮的最佳所。楼原为御书楼，	

现为“平湖秋月楼”，重檐歇山顶，三间两弄，宽十三点五米，长十一米。楼前建有挑出湖面的石平台，为“平湖露台”，长二十四点零五米，宽二十点零六米，三面临水，几乎与湖面相平，左侧为平湖秋月御碑亭，有水泥曲桥与平台相连，右侧有曲桥与湖岸相连。周围有数株香樟树木和其他园林树木及假山石。现平湖秋月除开放供游客观赏外，还是群众茗茶休憩之处。

宋祝穆在《方舆胜览》序中说：“西湖十景，首平湖秋月，盖湖际秋而益澄，月至秋而全逾洁，合水月以观，而全湖之精神始出也。”《西湖志》说：“每当清秋气爽，水痕初收，皓魄中天，千顷一碧，恍置身琼楼玉宇，不复知为人间世矣。”唐代这里建有望湖亭，白居易诗中说的“尽日湖亭卧”的“湖亭”，说是指此。明代改建为龙王祠。清康熙三十八年（1699年）在望湖亭故址上建“御书楼”，并在楼前水面铺筑平台、构围栏、建水轩、立碑亭，题名为“增湖秋月”。原来的平湖秋月景点，游览面积不足三亩。1959年秋夏，拆去西边沿湖一带“罗苑”（犹太商人哈同妻子罗苑）的高耸围墙，把它并入平湖秋月景点，又调整了庭园建筑，种植了石榴、红枫、紫薇、丹桂等花木，掇叠了湖石假山，从而使游览面积增至十余亩。现在，平湖秋月的庭园，掩映在花木丛中，亭、楼、榭，被巧妙地安排在山（孤山）水（外湖）之间，高下错落，极富“画意诗情”。不论春夏秋冬，阴晴雨雪，这里此后有景可观，而且情趣各有不同。皎月当空的秋夜，这里的水月云天，就更引人入胜。“万顷湖平长似镜，四时月好最宜秋”“穿牖而来，夏日清风冬日日；卷帘相见，前山明月后山山”两副对联，就给这个景点做了一个画龙点睛的注脚。

旅游区域及进出条件（单体所在地区的具体部位、进出交通、与周边旅游集散地和主要旅游区、点之间的关系）

位于白堤西端，孤山南麓，濒临外西湖，系西湖风景名胜区的核心景观，交通便利，与周边景区景点联系紧密。

保护与开发现状（单体保存现状、保护措施、开发情况）

保存完整，已开发；并作为西湖风景名胜区的一部分统一经营、管理与开发。

评价项目	资源要素价值（85分）					资源影响力（15分）		附加值
评价因子	观赏游憩使用价值（30分）	历史文化科学艺术价值（25分）	珍稀奇特程度（15分）	规模、丰度与几率（10分）	完整性（5分）	知名度和影响力（10分）	适游期或使用范围（5分）	环境保护与环境安全
分　值	25	18	12	4	4	9	5	3
总　分	80分；四级旅游资源单体							

图片资料

6.3.7 实训成果及其评价主体与细则

6.3.7.1 实训成果要求

（1）完成不少于 10 个天象气候类旅游资源单体表的填写。

（2）完成对每个旅游资源单体的摄像或摄影工作，其中每个旅游资源单体的照片不少于 5 张，且要求美观。

（3）提出天象气候类旅游资源未来开发的对策与思路，形成汇报 PPT。

6.3.7.2 评价主体及其权重

本次实训成果的评价建议由校内专业老师、企业指导老师及学生代表（每个实训小组各选 1 名代表）参加，权重分别为 40%、40% 和 20%。

6.3.7.3 评分细则

评分细则具体如表 6-2 所示。

表6-2　天象与气候景观类实训成果评价标准

实训任务名称：__________　汇报人：__________　第____组

评价内容		评价分值	评价标准	评价得分
旅游资源单体调查表及摄像照片	旅游资源单体调查表数量	10分	旅游资源单体表数量在10个及以上得10分，数量9个及以下，按实际完成数量得分	
	旅游资源单体调查表质量	15分	单体表填写准确、描述达到要求得12~15分；单体表填写基本准确、描述基本到位得7~11分；单体表填写尚可、描述较弱得0~6分	
	旅游资源单体照片	15分	旅游资源单体照片数量达标且美观度、清晰度较高的得12~15分；数量基本达标且美观度、清晰度尚可的得7~11分；数量未达标且美观度、清晰度较差的得0~6分	
天象气候类旅游资源开发对策与思路	PPT报告完整性	15分	包括课题组组成、调查情况、调查步骤与方法、调查结果、对策建议等，每一项得3分	
	PPT报告科学性与合理性	15分	报告建议科学合理得12~15分；报告建议基本科学、合理得7~11分；报告建议科学性与合理性较差得0~6分	
表现方式	PPT演示文稿	10分	PPT排版美观大方且有特色得8~10分；排版基本整齐且有一定特色得4~7分；排版美观度相对较弱得0~3分	
	现场演讲	10分	演讲者形象气质佳、演讲流利、条理清晰者得8~10分；形象一般、演讲一般得4~7分；其他方面得0~3分	
	现场答辩	10分	现场答辩流利、回答内容准确得8~10分；答辩一般、内容基本准得4~7分；其他方面得0~3分	
评委签名：			合计得分：	

6.4 总结与测试

6.4.1总结

本项目首先介绍了天象与气候景观类旅游资源的定义、旅游价值及其分类，让学习者对天象与气候景观类旅游资源有了初步的认识；然后详细介绍了天象与气候景观类旅游资源各个基本类型的定义、形成、特征，并对天象与气候景观类旅游资源的实地调查与评价的主要内容、相关技巧进行了详细阐述；最后以杭州平湖秋月为例，设计了相应的实践实训环节，使学习者能够对天象与气候景观类旅游资源做出正确的调查与评价，并完成天象与气候景观类旅游资源调查报告的撰写任务及相应的开发、保护思考。

6.4.2项目测试

【主要概念】

天象与气候景观、太空景象观赏地、极端与气候显示地、物候景观

【客观题】

1. 根据人体舒适指数，当气温在（　　）人体会感觉比较舒适。

A.10℃ ~15℃　B.15℃ ~20℃　C.10℃ ~22℃　D.20℃ ~25℃

2. 根据《旅游资源分类、调查与评价》（GB/T 18972—2017），雾凇属于（　　）。

A. 云雾多发区　B. 极端与气候显示地　C. 物候景象　D. 太空景象观赏地

3. 以下旅游资源的基本类型中属于天象与气候景观类旅游资源基本类型的是（　）。

A. 云雾多发区、太空景象观赏地、地表光现象、物候景观

B. 光环现象观察地、避暑气候地、避寒气候地、日月星辰观察地

C. 云雾多发区、避暑气候地、避寒气候地、物候景观

D. 云雾多发区、光环现象观察地、避寒气候地、物候景观

【简答题】

1. 天象与气候景观类旅游资源主要有哪些?

2. 简述雾凇的形成及调查要领。

【分析题】

1. 结合实际分析物候景观的旅游价值及调查内容。

2. 分析天象与气候景观类旅游资源与地文景观类旅游资源的基本特征与异同。

【应用题】

1. 以极端与特殊气候显示地为例阐述天象与气候景观类旅游资源调查与评价要领，并谈谈其开发过程中应注意哪些问题。

2. 请以某山地型自然景观地为例，说明该景区可能会包括哪些天象气候类旅游资源，应该如何保护与开发？

项目7　调查与评价建筑与设施类旅游资源

项目案例导入

建筑与设施类资源概述PPT　　建筑与设施类资源概述视频

案例1：全球唯一一家“深坑酒店”——上海佘山世茂洲际酒店于2018年11月20日正式对外营业，这是世界上海拔最低的酒店。酒店的选址位于佘山脚下一个海拔负65米的采石矿坑中。该矿坑源于20世纪初因城建需要，这一带的采石作业渐渐形成规模，后来因日本入侵，采石工们四散逃离而废止作业，中华人民共和国成立后才又恢复作业，久而久之便形成了这个巨大的坑洞。1999年，市矿产局停止核发采矿许可证，采石场也就此关闭。后来这片地由世茂集团取得开发权，于是在深坑里造酒店的构想开始了。通常建筑都从下往上建造，在深坑里造酒店可以说史无前例，世茂集团发起了国际设计竞标，最后英国Atkins事务所的设计方案在竞赛中获胜，顺理成章地接下了设计任务。经过10年打造，这个“挂在”坑壁上的主体建筑终于建造成功：深坑酒店的总建筑高度约为74米，分为水上、水下两个部分，包括地上2层和地下16层，最底下的2层为水下建筑。其中露出“坑表”的地上两层建筑内含酒店大堂、会议中心和餐饮娱乐中心。水下2层的建筑部分则采用水族馆设计理念，为客人制造近几年比较流行的水下入住体验。结合酒店基地采石坑的特点，酒店还引入了蹦极中心、水下餐厅、水上SPA、室内游泳池等适合崖壁和水上活动的多种娱乐服务。除了蹦极中心和景观餐厅位于地面层外，其余项目均临水设置。深坑酒店并非一个独立的项目，而是与商业配套为主的纳米假日城和以独家酒店为主的纳米魔法小镇一起，组成了佘山纳米魔幻城项目。

案例 2：2017 年 7 月 17 日，第二届国际乡村旅游大会在浙江安吉召开，安吉旅游成了乡村旅游的中国发展样板。作为“两山”理念诞生地、中国美丽乡村发源地，安吉早已在历史的长河中烙下乡村旅游的印记。在此之前的 5 月 19 日，国家旅游局在北京公布了网民最喜欢的 30 个旅游目的地，安吉高中榜首。上榜理由是处处景区、步步风景，绿水青山望不尽，竹影婆娑不虚行。

2001 年《卧虎藏龙》中一场“竹海打斗”的场面至今为众多影迷所称道。当汽车驶入安吉县境内，竹林片片成海，竹叶轻盈，青翠欲滴，这就是在电影《卧虎藏龙》播出后给观众留下深刻印象的安吉大竹海。2014 年，国内首个以野奢度假为主题的“帐篷客茶谷度假酒店”便在这山水林木掩映间开门迎客。一处乡村旅游点，住一晚竟能要价 4680 元，还如此火爆？“这就是乡村旅游升级为休闲度假后的魅力。”酒店负责人介绍说，“帐篷客”房间内设施高端，周边环境优美宜人，借助田园构成的休闲体验产品丰富，游客可以在水面垂钓、田园采茶、竹林挖笋，也可以邻水捧读，凭栏赏绿……在这里，你总能找到一种方式，不必劳苦而又能让自己回归自然，纵享难得的田园休闲时光……

安吉董岭村：董岭村海拔 1300 多米，四面环山，满山的苍松翠竹，夏季的最高温度不超过 30℃，是一个天然的避暑胜地。农家乐是董岭的一大特色，农家乐大多沿山腰而建，坐在屋前庭院内，聊天、吃饭、喝茶、乘凉，仿佛置身世外桃源。

随着休闲度假时代的到来，乡村地区的建筑、农田、林场等资源被前所未有地开发出来，成为人们休闲度假旅游的好去处，在以前看来并不具有资源独特性优势的资源（如农田、林地等）成为人们可以游憩观赏和休闲活动的场所。

目前，世界各地各式新型建筑和场地不断涌现，并增设了各种旅游休闲功能，而建筑和场地本身亦可成为中外游客追捧的对象，建筑设施类旅游资源在现代旅游产业发展过程中发挥着从旅游吸引物到接待服务重要的作用，同时也是观光旅游到休闲度假旅游转型的重要载体。

项目导读

学习目的与意义：建筑设施类旅游资源是旅游资源体系的重要组成部分，正确理解、认识建筑设施类旅游资源的含义，认识建筑设施类旅游资源中主要的、常见的基本类型的定义、特征、分布、属性，并对其进行正确的评价，对建筑设施类旅游资源的开发利用具有重要意义。

项目内容概述：本项目通过对建筑设施类旅游资源定义、类型、属性特征等内容的分析与评价，初步形成对建筑设施类旅游资源正确的认识和评价；通过建筑设施类旅游资源中主要的、常见的基本类型的定义、特征、分布及属性的介绍，使学生能够掌握建筑设施类旅游资源中常见的、主要的基本类型旅游资源的评价、开发利用技能。

学习目标

知识目标：熟悉建筑设施类旅游资源的功能价值与分类体系；掌握建筑设施类旅游资源体系中各个基本类型资源的内涵、特征、成因及属性。

技能目标：能够正确识别不同基本类型的建筑设施类旅游资源；能分析评价建筑设施类旅游资源的旅游功能；能够对不同基本类型的建筑设施类旅游资源进行科学、合理的评价，并能提出相应的开发、保护建议。

建筑设施反映了一个国家、一个时代、一个民族的设计思想与建筑水平，是一个国家社会经济发展、综合国力的体现。具体来说，建筑与设施类旅游资源是指可以满足人们求美、求异、求知的旅游需求，旅游者可以从中增长历史、建筑、美学和科学等方面的知识，并能了解一个国家或地区、民族的建筑风格与传统习俗，具有观光、游览、休闲、度假、科研等多种功能的旅游资源。建筑设施类旅游资源的旅游价值主要表现在以下几个方面。

凝固的音乐——建筑与设施PPT

第一，观赏游览价值。建筑指供人们生产、生活、游憩、观赏及其他活动的房屋或场所。人类的活动场所随着人们长期的社会实践而形成其自有的存在法则，成为社会文明的结晶。游客在观赏和游览建筑设施的过程中，可以充分调动自己的想象力、情感等因素，积极地进行审美观赏，更好地理解建筑设施背后蕴含的文化内涵，更好地欣赏建筑设施表现出来的艺术美。

第二，科普教育价值。各式各样建筑设施中所涉及的科学技术是人们在长期的社会实践中产生和积累起来的，其合理的结构形式、独特的风貌和巧妙的设计手法，是建筑设施科技发展水平的充分体现，是人类智慧的结晶。如房屋、桥梁、堤坝、运河等体现了人类改变和优化自身生活环境而采取的工程措施，它们的选址、建造、形式都蕴含着精妙的科学；景观农田、牧场、林场、养殖场等半自然景观蕴含着人类顺应大自然、适应大自然、与大自然共同营造的过程；各种古典园林，利用建筑科学、环境科学、生态学和“天人合一”的哲学理念，进行叠山理水、植物配置、建筑营造而组合成有机的整体，创造出丰富多彩的景观，同时创造了人与自然和谐统一的理想环境。

第三，文化价值。我国是一个地域辽阔、文明发达的国家，在长期的发展过程中，因不同的区域位置形成了不同的文化圈，即区域文化，建筑设施也随之积淀了特定的区域文化特征。通过对建筑设施丰富的文化内涵的感受，可以了解和认识各个地区人们的社会活动、意识形态及物质生活、精神生活的状况，让游客充分体验地域文化和历史文化的魅力。

第四，相关衍生价值。近年来，我国各地充分利用各地特色建筑，结合现代文创产业、旅游休闲等，对传统建筑设施类旅游资源的功能与价值进行了延拓，如文化创意设计、主题特色餐饮、休闲康体养生、住宿接待设施等，使传统建筑焕发了新的青春与活力。

根据《旅游资源分类、调查与评价》（GB/T 18972—2017），建筑设施类旅游资源具体可以分为人文景观综合体、实用建筑与核心设施、景观与小品建筑 3 个亚类、39 个基本类型（见表 7–1）。

表7–1　建筑与设施类旅游资源一览

主类	亚类	基本类型
E 建筑设施	EA人文景观综合体	EAA 社会与商贸活动场所　EAB军事遗址与古战场　EAC 教学科研试验场所　EAD 建设工程与生产地　EAE文化活动场所　EAF 康体游乐休闲度假地　EAG 宗教与祭祀活动场所　EAH 交通运输场站　EAI 纪念地与纪念活动场所
	EB实用建筑与核心设施	EBA 特色街区　EBB特性屋舍　EBC 独立厅、室、馆　EBD 独立场、所　EBE 桥梁　EBF 渠道、运河段落　EBG 堤坝段落　EBH 港口、渡口与码头　EBI 洞窟　EBJ 陵墓　EBK 景观农田　EBL 景观牧场　EBM 景观林场　EBN 景观养殖场　EBO 特色店铺　EBP 特色市场
	EC景观与小品建筑	ECA 形象标志物　ECB 观景点　ECC 亭、台、楼、阁　ECD 书画作　ECE 雕塑　ECF 碑碣、碑林、经幢　ECG 牌坊牌楼、影壁　ECH 门廊、廊道　ECI 塔形建筑　ECJ 景观步道、甬路　ECK 花草坪　ECL 水井　ECM 喷泉　ECN 堆石

7.1 人文景观综合体

人文景观综合体包括社会与商贸活动场所、军事遗址与古战场、教学科研试验场所 、建设工程与生产地、文化活动场所、康体游乐休闲度假地、宗教与祭祀活动场所、交通运输场站、纪念地与纪念活动场所 9 个基本类型。

人文景观综合体类调查与评价PPT　　人文景观综合体类调查与评价视频

7.1.1社会与商贸活动场所

社会与商贸活动场所是指进行社会交往活动、商业贸易活动的场所。旅游是一种社会交往活动，社会与商贸活动场所通常是一个城市 、地区或社区中商贸活动比较发达的地方，如市场、购物中心、社区中心、广场等，也较能体现一个区域的商业特点和文化氛围。其中，社会交往活动场所类的旅游资源在城市、社区、乡村中都较为多见，一般为公共活动空间，如公园广场社区中心、村口广场、街道路旁的口袋公园等（见图 7–1），提供一定休憩和休闲设施；商业贸易活动场所类的旅游资源拥有多样化商业服务设施，集购物、旅游、餐饮、娱乐、休闲多功能于一体，又因地方特色商品较多、物美价廉等颇具吸引力，通常是地方城市的商业综合体。商业综合体的概念，源自“城市综合体”的概念，是以建筑群为基础，融合商业零售、商务办公、酒店餐饮、公寓住宅、综合娱乐五大核心功能于一体的“城中之城”，如香港 IFC、台北 101、福州东二环泰禾广场、苏州圆融时代广场、深圳万象城等。在实地调查与评价过程中，应注重其类型属性、主要功能、主要构筑物及其建筑特色、场地规模、建设年代、现状运营情况及其所产生的社会影响等方面的描述，重点采集其占地面积、构筑物建筑面积、高度、建设时间、经营或商贸规模等基本特征项数据。

图7–1　社会和商业贸易活动场所（美国纽约口袋公园——帕雷公园）

7.1.2军事遗址与古战场

军事遗址与古战场是指古时用于战事的场所、建筑物和设施遗存。我国历史上发生的无数次的重大战役，并对整个历史进程形成了巨大的影响，如长平之战、官渡之战、赤壁之战、牧野之战等。我国历史上东汉末年赤壁之战的发生地赤壁，在今湖北省赤壁市境内，赤壁之战遗址是由 3 座小山组成，即赤壁山、南屏山和金鸾山。这 3 座小山起伏相连苍翠如海，再加上亭台楼阁错落地隐现于其间，景色益显秀美，其主要景点有赤壁摩崖、拜风台、凤雏庵和翼江亭等。在实地调查与评价过程中，应突出发生战事的背景与渊源、战事的规模及参与者、战场的留存现状、战争过程及战争所造成的历史影响与意义、相关的人和事物、周边环境等方面的描述，重点采集战争发生的具体时间、战场的范围与面积、参与战争的人数等基本特征项数据。

7.1.3教学科研试验场所

教学科研试验场所是指各类学校和教育单位、开展科学研究的机构和从事工程技术试验场所的观光、研究、实习的地方。随着人们文化生活水平的不断提高，人们对精神生活的享受要求越来越高，人们开始走进高等学府、科研机构等场所来开阔视野、增长知识、丰富阅历。如清华大学、北京大学等历史悠久、内涵深厚、校园优美的高等学府与酒泉、西昌等航天中心，充分依托其专业性、知识性与趣味性，越来越受到人们的关注。近年来，“名校游”已经成为暑期旅游热线，让子女感受到名牌大学的风采，激励他们努力学习，是不少家长带领子女参观名校的愿望。因此，“美国十二天名校亲子之旅”、北京大学、清华大学、复旦大学、武汉大学等研学旅游专项旅游产品异常火爆。在实地调查与评价过程中，应对教学科研实验场所的性质与类型、所涉及的主要内容及特色、构筑物建造年代、建筑风貌与材质、科学与文化价值、科研技术优势、重要历史事件或人物、重要科研成果等方面进行详细描述，重点采集教学科研实验场所的占地面积、建筑面积、建筑层高、建筑年代、科研人员或相关人员数量等基本特征项数据。

阅读材料7-1：美国肯尼迪航天中心参观者中心

肯尼迪航天中心（Kennedy Space Center，KSC）位于美国东部佛罗里达州东海岸的梅里特岛，成立于1962 年 7 月，是美国国家航空航天局（NASA）进行载人与不载人航天器测试、准备和实施发射的最重要场所，其名称是为了纪念已故美国总统约翰·肯尼迪（John F. Kennedy）。整个场地长达55公里，宽10公里，面积达到了567平方公里。肯尼迪航天中心是佛罗里达州的一个重要的旅游点。同时由于肯尼迪航天中心大部分地区不开放，它也是一个美国国家野生动物保护区。肯尼迪航天中心由4个部分组成，即工业区、39号发射中心及其两个发射场LC-39A和LC-39B、飞行器组装建筑物和参观者中心。

肯尼迪航天中心参观者中心包括数个博物馆、两个IMAX电影院和不同的汽车导游来让游客从近处看平时看不到的、不公开的地方，包括汽车运送到39号发射场的观察点和运送到阿波罗—土星5号中心。这个中心是一个存放着一个重造的土星5号火箭和其他展览品的大博物馆。在这些展览中有一个重建的阿波罗时期的射击训练场，在那里游客可以重新体验阿波罗的起飞，还有一处地方游客可以重新体会阿波罗11号的着陆。参观者中心还包括两个由宇航员纪念基金会组织的两个设施。其中最显眼的是太空纪念镜，这是一块刻有殉职的宇航员名字的巨大黑色花岗岩镜。这些名字不停地被从背面照明，这些发光的名字似乎悬浮在反射的天空里。附近的荧光屏里记载着这些宇航员的详细的生平和逝世事件。另一个由基金会组织的设施是太空教育中心，包括为教师提供材料的资料中心等。

7.1.4建设工程与生产地

建设工程与生产地是指经济开发工程和实体单位，如工厂、矿区、农田、牧场、林场、茶园、养殖场、加工企业及各类生产部门的生产区域和生产线。建设工程与生产地是发展工农业旅游的主要旅游资源，基于此可开发集体验、科普性、休闲、购物、娱乐等功能于一体的工农业旅游示范点。在实地调查与评价过程中，应注重建设工程与生产地的生产类型、建设年代、主要产品及使用价值、主要构筑物或场地的规模（类型、数量等）、核心生产工艺或生产景观、生产或开发历史描述、使用范围及其所产生的社会影响、科学文化价值、相关产品品牌等方面的描述，重点采集其范围、总面积、构筑物或场地的规模数量、开始生产年代等基本特征项数据。

阅读材料7-2：歌斐颂巧克力工厂和巧克力小镇

歌斐颂巧克力工厂坐落于嘉善县大云，位于其所打造的巧克力小镇中。小镇以巧克力文化为核心，以巧克力生产为依托，充分挖掘巧克力文化内涵，集巧克力生产研发、展示体验、文化游乐和休闲度假于一体。2014—2015年，最初的巧克力工厂工业旅游就是开放工厂，把巧克力的原料、工艺展示给大家看，讲述制作故事。后来由于发展需要，歌斐颂对总体规划进行了调整，在一期项目中形成以巧克力生产为依托的一系列旅游休闲和体验项目，游客除了参观巧克力制作流程、了解巧克力文化、体验 DIY 巧克力、乘坐甜蜜观光小火车之外，准新人还可在主题摄影基地拍摄婚纱照、定制巧克力等。二期规划中，原有的可可森林面积将扩大至 3000 平方米左右，园内还将复原可可农场的人文风貌，提供场景体验，适合更大客流的参观游览。小镇将与专业机构合作成立可可研究中心，一座别具特色的可可博物馆也在规划中。远期规划中，小镇还将建设巧克力主题游乐设施、主题酒店，进一步开放巧克力主题商业街。以巧克力文化为主线串联起一个巧克力王国，融科普、趣味、体验于一体。莫雪峰说，最后落点就是延长游客的逗留时间，并增加其他消费。

巧克力小镇的产品和服务的形态一直在求新求变，但歌斐颂工业旅游的主线仍然十分明确，就是围绕巧克力工厂、小镇市政厅和可可森林这条主线，讲述巧克力小镇的甜蜜故事。

（引自：光明网百家号，http://baijiahao.baidu.com/s?id=1602938366955679589&wfr=spider&for=pc，2018-6-11，有删改）

想一想：在阅读材料 7-2 中，属于建设工程与生产地资源类型的是歌斐颂巧克力工厂还是歌斐颂巧克力小镇？

比一比：建设工程与生产地（EAD）中也有林场、牧场、养殖场等，它们与实用建筑与核心设施（EB）中的景观农田（EBK）、景观牧场（EBL）、景观林场（EBM）、景观养殖场（EBN）之间有何区别。

7.1.5 文化活动场所

文化活动场所是指进行文化活动、展览、科学技术普及的场所。随着国民经济的发展与人们生活水平的提高、科学文化的普及、文化程度的提升，人们对精神文化的追求日益提高。为此，各地纷纷利用各种主题来规划建设相关的文化活动场馆，如各种少年宫、文化馆、科技馆、展览馆、会展中心、城镇或社区文化广场等。在实地调查与评价过程中，应突出文化活动场所的文化活动类型、所涉及主要内容与特色、建筑风貌与特色、主要厅堂功能、科学与文化价值、表现形式等方面的描述，重点采集文化活动场所的占地面积、建筑面积、建造年代等基本特征项数据。

想一想：文化活动场所（EAE）和独立场、所（EBD）的区别是什么？你觉得各大城市的会展中心、博物馆及图书馆分别属于哪一种基本类型？

7.1.6康体游乐休闲度假地

康体游乐休闲度假地是指具有康乐、健身、休闲、疗养、度假条件的地方。康体休闲游乐度假地通常以丰富齐全的娱乐设施、优雅的环境、浓郁的文化氛围、富有人情味与个性特色的服务品质而吸引中外游客，主要由观光游憩资源、生态环境资源、配套服务设施及服务等要素构成。目前，康体、休闲、游乐、度假已经成为人们生活中不可或缺的一部分，如何更好地发挥康体休闲游乐度假地的各项功能，已经成为旅游经营管理者亟待解决的问题。在实地调查与评价过程中，应对康体休闲游乐度假地的性质与类型、范围面积、总体风貌、主要活动项目内容、游憩设施情况、各项配套服务设施的功能与使用价值、接待容量或构筑物数量、周围环境状况、气候条件等内容进行详细描述，重点采集范围面积、建筑面积、建设时间、年游客量、相关经济社会效益等基本特征项数据。

阅读材料7-3：国家级旅游度假区

国家级旅游度假区是指符合国际度假旅游要求，以接待海内外旅游者为主的综合性旅游区，有明确的地域界限，适于集中设配套旅游设施，所在地区旅游度假资源丰富，客源基础较好，交通便捷，对外开放工作已有较好的基础。与国家级风景名胜区等自然保护区域不同的是，国家旅游度假区属国家级开发区，经济带动作用更大。2015 年 11 月，国家旅游局公布了首批 17 家国家级旅游度假区，分别为吉林省长白山旅游度假区、江苏省汤山温泉旅游度假区、江苏省天目湖旅游度假区、江苏省阳澄湖半岛旅游度假区、浙江省东钱湖旅游度假区、浙江省太湖旅游度假区、浙江省湘湖旅游度假区、山东省凤凰岛旅游度假区、山东省海阳旅游度假区、河南省尧山温泉旅游度假区、湖北省武当太极湖旅游度假区、湖南省灰汤温泉旅游度假区、广东省东部华侨城旅游度假区、重庆市仙女山旅游度假区、四川省邛海旅游度假区、云南省阳宗海旅游度假区、云南省西双版纳旅游度假区；2018 年 1 月公布了第二批 9 家国家级旅游度假区，分别为海南省三亚市亚龙湾旅游度假区、浙江省湖州市安吉灵峰旅游度假区、山东省烟台市蓬莱旅游度假区、江苏省无锡市宜兴阳羡生态旅游度假区、福建省福州市鼓岭旅游度假区、江西省宜春市明月山温汤旅游度假区、安徽省合肥市巢湖半汤温泉养生度假区、贵州省赤水市赤水河谷旅游度假区、西藏自治区林芝市鲁朗小镇旅游度假区。

2019 年 5 月，国家文化和旅游部公布了第三批 4 家国家级旅游度假区，分别为四川成都天府青城康养休闲旅游度假区、广西桂林阳朔遇龙河旅游度假区、云南玉溪抚仙湖旅游度假区、广东河源巴伐利亚庄园。

想一想：你可以列举出几种类型的康体游乐休闲度假地的代表性资源？

7.1.7宗教与祭祀活动场所

宗教与祭祀活动场所是指进行宗教、祭祀、礼仪活动场所的地方。宗教祭祀活动源于古代人们对自然现象的不理解，在祭拜自然和祖先的信仰下，人们开始修建与此相关的礼制建筑并进行祭祀活动。同时，宗教祭祀文化与天文、地理、建筑、绘画、书法、雕刻、音乐、舞蹈、文物、描绘等密切相关。根据活动开展对象的不同，可分为宗教人物、民间信仰神灵人物两大类。为更好地发挥宗教祭祀旅游资源，在实地调查与评价过程中，应突出宗教祭祀活动场所的供奉类型、何种宗派或人物、相关人与事及历史渊源、镇寺之宝、始建年代及其发展历史、周边环境、建筑风貌及其历史价值、建筑物的总体布局特征等内容的描述，重点采集宗教祭祀活动场所的始建年代、重修年代、重建年代、建筑规模（占地面积、建筑面积）、建筑朝向等基本特征项数据。

阅读材料7-4：中国寺庙之最

中国历史上第一座寺庙——白马寺
中国历史上第二座寺庙——大报恩寺
汉地最早的佛寺——阿育王寺，中国第一位佛教信徒刘英建造
中国五山十刹之首——金陵天界寺
民间第一寺——永宁寺
正史记载的最早寺庙——浮图祠
第一比丘尼寺——竹林寺，中国第一位比丘尼净俭建造

最古老的木结构高层楼阁——独乐寺
南朝第一寺——南京鸡鸣寺
中国第一国宝——山西五台山佛光寺
神州第一胜地——嵩山大法王寺
天下第一禅林——灵谷寺
天下第一刹——少林寺，中国禅宗发源地
神州第一坛——戒台寺
达摩第一道场、中国禅宗发祥地和最初祖庭之一——定山寺
第一座佛法僧俱全的寺庙——桑耶寺
佛、道、儒三教合一寺庙——悬空寺，现存唯一的
最早的清真寺——怀圣寺
佛教“三论宗”的发源地——栖霞寺
中国佛教禅宗之源——华林寺
中国佛教净土宗发源地——东林寺
中国现存最古的佛塔——嵩岳寺
现存最大、最早的藏式佛塔——白塔寺
中国最大的舍利塔——栖霞寺舍利塔
第一禅林、川西第一丛林——昭觉寺，入门不见寺、十里听松风
藏传佛教最大的寺庙——哲蚌寺
东南佛国——天童寺
北方最大的佛教丛林——红螺寺
岭南禅林之冠——南华禅寺，岭南第一山
中州一绝——水帘寺
云南规模最大的寺——华亭寺，昆明现存最久的寺庙
云南藏传佛教寺庙之首——噶丹松赞林寺，被喻为“小布达拉宫”
贵州佛教的第一丛林——弘福寺
北京地区最早的寺庙——潭柘寺，皇家第一寺院
北朝最初名胜，东土第一道场——宝相寺，千年宝刹
中国佛教“禅林清规”发祥地——百丈寺
（引自：百度百科．寺庙，2019-1-23，有删改）

7.1.8交通运输场站

交通运输场站是指用于运输通行的地面场站等。按照场站的类型，可以分为汽车站、火车站、地铁站等；按照业务类型，可以分为客运站、货运站和客货运站等；按

照年代不同，可以分为历史车站、现代车站。被旅游业所利用的通常是历史车站，也包括现代车站。历史车站作为一个重要的历史舞台，记录着我国近代史上的种种传奇和悲欢离合，它像一个驻留时光、故事和感情的地方。在实地调查与评价过程中，应突出车站的功能类型、建设年代与背景意义、建筑结构与外观、建筑材料、典型景观、相关的人物与事件、配套设施、运营情况、对当地社会经济发展的影响、周边环境等内容的描述，重点采集其建设年代、规模面积、车次信息、运营效益等基本特征项数据。

想一想：为什么各类交通运输场站会对游客产生吸引力？

7.1.9纪念地与纪念活动场所

纪念地与纪念活动场所是指为纪念故人或开展各种纪念与礼仪活动的馆室或场地。有历史影响的人物的住所或为历史著名事件而保留的建筑物，具有很高的历史文化价值，如毛泽东故居、蔡元培故居等。该类型旅游资源通常与地方人物（如帝王、政治家、军事家、文人、知名商贾、民族英雄等）、特色街区、地方事件等旅游资源类型伴生。根据纪念活动对象的不同，可以分为纪念知名历史人物（如山东曲阜孔庙）与纪念祭拜宗族长辈（如江西婺源俞氏宗祠）。在实地调查与评价过程中，要突出其纪念对象、性质类型、功能特征、建筑布局与风貌、发展历史、建筑材料、历史文化价值、相关人物或事件、周边环境等方面的描述，重点采集其建设年代、重修或重建年代、规模面积（占地面积、建筑面积）、层高等基本特征项数据。

想一想：祖居、故居与旧居有何差异？名人故居与历史纪念建筑在保护或复原的过程中，应注意哪些问题？可以设计哪些创新型旅游产品或项目？请举例。

7.2 实用建筑与核心设施

实用建筑与核心设施包括特色街区，特性屋舍，独立厅、室、馆，独立场、所，桥梁，渠道、运河段落，堤坝段落，港口、渡口与码头，洞窟，陵墓，景观农田，景观牧场，景观林场，景观养殖场，特色店铺，特色市场 16 个基本类型。

实用建筑与核心设施类旅游资源调查与评价PPT　　实用建筑与核心设施类旅游资源调查与评价视频

7.2.1特色街区

特色街区是指反映某一时代建筑风貌，或经营专门特色商品和商业服务的街道。特色街区由于塑造城镇景观和城镇优良形象的需要，它们或与城镇发展的历史息息相关，或是城镇中重要的商贸集散地。作为历史街区型的特色街区，可充分利用其丰富的文化内涵与历史古迹，通过其保护、修缮与复原，既可满足当地居民对历史的怀念，又可满足旅游者对其的探求心理，如杭州的河坊街、上海新天地；作为现代特色商贸型街区，主要特色是体现在商贸方面的经济功能，如北京的秀水街、杭州的武林路女装街等。在实地调查与评价过程中，要对特色街区的性质类型、功能特点、结构布局、特色建筑及风格、经营业态、主要商铺名号或知名品牌、相关人物或事件、相关节庆活动、历史渊源等内容进行详细描述，重点采集特色街区的建设年代、街巷长度、街面宽度、沿街建筑高度、面积（占地面积、建筑面积）等基本特征项数据。

7.2.2特性屋舍

特性屋舍是指具有观赏游览功能的房屋。一般来说，各地的特色民居通常具有地方建筑风格和历史色彩，并以独特的建筑风貌、多样的历史文化遗迹、深厚的地方人文内涵、特有的传统民俗文化活动、古朴的环境氛围等为主要吸引点，从而成为旅游市场供应体系中的重要组成部分。根据国际古迹遗址理事会第 12 届大会通过的《乡土建筑遗产的宪章》有关规定，传统与乡土建筑应该是整个存在于乡土社会中，与生产生活相关的建筑，除了有单纯的住宅外，还有寺庙、祠堂、书院、戏台、酒楼、商铺、作坊、牌坊、小桥等。我国较为著名的传统与乡土建筑有山西王家大院、北京四合院、侗族竹楼、福建土楼等。在实地调查与评价过程中，应对其功能特点、特色与风格、建筑院落结构、建筑材料、相关历史文化与科学价值、与所在地（古城、古镇、古村或寺院等）的关系、相关人物与事件、建设时代背景及历史渊源、周边环境等内容进行详细描述，重点采集建设年代、层数、高度、长度、面积（占地面积、建筑面积）、进数、开间及相应尺寸、文物级别等基本特征项数据。

想一想：特性房屋和纪念地与纪念活动场所、特色街区等资源类型有何异同，请举例说明。

7.2.3独立厅、室、馆

独立厅、室、馆是指具有观赏游览功能的景观建筑。在古代园林、宅第中，厅多具有小型公共建筑的性质，用以会客、宴请、观赏花木。因此，室内空间较大，门窗装饰考究，造型典雅、端庄，前后多置花木、叠石，使人置身厅内就能欣赏园林景色。因此在这里的室和馆也是与厅的功能相当的景观建筑，建筑规模一般不大，满足观赏、游览和休憩等功能。如苏州留园中的五峰仙馆，是苏州园林中最大的厅堂建筑，是以石林小院为中心的一组院落，因旧时厅内梁柱均为楠木，故俗称“楠木厅”。它用材奢华，梁柱采用楠木，中间是红木银杏纱隔屏风，厅南部宽敞明亮，旧时为宴饮会客之处，故布置十分讲究，严格按制陈设。北部稍显狭窄，专为女眷而辟，也可供下人在此听候。五峰仙馆前后两院皆列假山，假山下用石围砌金鱼池，三面湖石罗立，掇叠自然，人坐厅中，仿佛面对丘壑。后部小山前，有清泉一泓，境界至静。在实地调查与评价过程中，应突出独立厅、室、馆的主要功能与类型、建设年代与背景意义、主体建筑的格局与风貌、相关人物与事件、周边环境等方面的描述，重点采集厅、室、馆的类型、面积（占地面积、建筑面积）、规格、朝向等基本特征项数据。

想一想：你认为作为独立厅、室、馆这类具有观赏游览功能的景观建筑，应该有什么样的建筑和周边环境特征？其与特性屋舍有什么区别？

7.2.4独立场、所

独立场、所是指具有观赏游览功能的文化、体育场馆等空间场所。进入21世纪以来，随着人们闲暇时间越来越多，怀着对美好生活的向往，各种戏剧院、主题演艺馆、音乐厅、博物馆、美术馆、图书馆、体育馆等成为人们日常休闲和旅游休闲的重要载体。与文化活动场所（EAE）相比，独立场、所的功能相对单一且固定。位于浙江省桐乡市北端的乌镇景区，依托东栅和西栅两个部分，形成了“观光＋休闲”的体验型古镇景区，完美融合了观光和度假功能，景区内除了名胜古迹、住宿酒店和特色街区以外，还有各种主题的文化展馆，如婚庆展馆、茅盾文学奖展馆、木心美术馆等，这些场馆设施深度刻画了乌镇景区的文化内涵，将传统文化以现代的方式进行多角度呈现。在实地调查与评价过程中，应突出独立场、所的主要功能与类型、建设年代与背景意义、主体建筑的格局与风貌、相关人物与事件、周边环境等方面的描述，重点采集场、所的类型、面积（占地面积、建筑面积）、规格、朝向等基本特征项数据。

阅读材料7-5：乡村图书馆

图书馆以它独有的魅力在乡村建设工作中占据一席之地，不仅为村民提供了日常休闲的公共室内场所，也成为游客旅行过程中的精神文化熏陶地。

先锋云夕图书馆，是先锋书店开设的第11家书店，位于浙江桐庐戴家山村。地处独特的“畲族”山村，以地域自然景观为背景，成为当地村民和“异乡读者”的纽带，成为地方文化创意产业的一个聚焦点。云夕图书馆，由两座毗邻的畲族民居改造而成。改造后的图书馆，依旧保留了古老民居的木石结构，一幢为艺术咖啡馆，一幢为图书馆和活动空间。图书馆约150平方米，收藏了民俗文化、地理、乡土文学、人物传记、诗歌、摄影艺术、书院文化等4000多个品种、近2万册图书。云夕图书馆是先锋书店走出江苏的第一个公益项目，图书销售所得全部利润将捐赠给当地畲族贫困学生。

试一试：试着从资金、场地、运营的角度分析一下乡村图书馆的建设会面临什么样的问题？

7.2.5桥梁

桥梁是指跨越河流、山谷、障碍物或其他交通线而修建的架空通道。建桥的目的是允许人、车辆、火车穿过障碍。桥可以横跨河谷或者海峡两边，又可以在地上升高，横跨下面的河或者道路，让下面的交通畅通无阻。我国造桥历史悠久，早在5000~6000年前的半坡遗址中已有桥梁建筑。总体而言，我国的桥梁具有明显的地域性、多样性、多功能性与公益性等特征；按照主要材料分，可以分为木桥、石桥、砖桥、竹桥、藤桥、铁桥、盐桥、冰桥、纸桥等；按结构及外观分，可分为梁桥、浮桥、索桥、拱桥、斜拉桥、混凝土斜拉桥、组合梁斜拉桥、钢斜拉桥等。随着现代科技的发展，世界各地新型大桥逐渐增多，如杭州湾跨海大桥、港珠澳大桥等。在实地调查与评价过程中，应突出桥的功能特征、建筑结构与外观、建筑材料、典型景观、相关的人物与事件、相关传说、运营情况、对当地社会经济发展的影响、周边环境等内容的描述，重点采集其建设年代、规模（高度、宽度、长度、跨数）等基本特征项数据。

阅读材料7-6：杭州湾跨海大桥

杭州湾跨海大桥是一座横跨中国杭州湾海域的跨海大桥，它北起浙江嘉兴海盐郑家埭，南至宁波慈溪水路湾，全长36公里，是当时世界上最长的跨海大桥，比连接巴林与沙特的法赫德国王大桥还长11公里，已经成为中国世界纪录协会世界最长的跨海大桥候选世界纪录，成为继美国的庞恰特雷恩湖桥后世界第二长的桥梁。

杭州湾跨海大桥于2003年11月14日开工建设，2007年6月26日全线贯通，2008年5月1日正式启用。大桥桥下净高47米，属于沈阳—海口国家高速公路的一部分，设计时速为100公里/小时，总投资约118亿元，设计使用年限为100年。

杭州湾跨海大桥在设计中首次引入了景观设计的概念。景观设计师们借助西湖苏堤“长桥卧波”的美学理念，兼顾杭州湾水文环境特点，结合行车时司机和乘客的心理因素，确定了大桥总体布置原则。整座大桥平面为S形曲线，总体上看线形优美、生动活泼。从侧面看，在南北航道的通航孔桥处各呈一拱形，具有了起伏跌宕的立面形状。在南航道再往南1.7公里，就在离南岸大约14公里处，有一个面积达1.2万平方米的海中平台，是一个海中交通服务的救援平台，也是一个绝佳的旅游休闲观光台。

7.2.6渠道、运河段落

渠道、运河段落是指正在运行的人工开凿的水道段落。通常与自然水道或其他运河相连，用以沟通地区或水域间水运的人工水道。除航运外，运河与渠道段落还可用于灌溉、分洪、排涝、给水等。我国最重要、最典型的运河与渠道段落型资源是京杭大运河、灵渠。京杭大运河是世界上最长的运河，北起北京、南达杭州，全长1794公里；始掘于春秋，形成于隋代，发展于唐宋，最终在元代贯通五大水系（海河、黄河、淮河、长江、钱塘江）、纵观南北的水上交通要道。在实地调查与评价过程中，应对其性质类型、建造年代与背景意义、对地方经济社会发展的作用影响、所依托的自然环境、沿途设施或村镇、通航能力、相关人物与事件等内容进行详细描述，重点采集其长度、宽度、深度、年通航能力、建造年代等基本特征项的数据。

阅读材料7-7：中国大运河

中国大运河（The Grand Canal of China），世界文化遗产，始建于春秋时期公元前486年，由隋唐大运河、京杭大运河、浙东运河共三大部分。地跨北京、天津、河北、山东、河南、安徽、江苏、浙江8个省、直辖市，25个地级市的27段河道和58个遗产点，全长2700公里（含遗产河道1011公里），是世界上开凿时间较早、规模最大、线路最长、延续时间最久的运河，被国际工业遗产保护委员会在《国际运河古迹名录》中列为最具影响力的水道。

中国大运河跨越地球10多个纬度，纵贯在中国最富饶的华北大平原与江南水乡上，自北向南通达海河、黄河、淮河、长江、钱塘江五大水系，是中国古代南北交通的大动脉，代表了工业革命前水利水运工程的杰出成就，对中国乃至世界历史都产生了巨大和深远的影响。自清末改漕运为海运后，大运河地位衰落。

2014年6月22日，中国大运河在第38届世界遗产大会上获准列入《世界遗产名录》，成为中国第46个世界遗产项目。

7.2.7堤坝段落

堤坝段落是指防水、挡水的构筑物段落。它是人工在海、河、湖岸上所筑的堤坝，以防海潮、洪水的袭击。我国著名的古代堤坝有海塘、荆江大堤和黄河大堤；现代堤坝有葛洲坝、三峡大坝、现代海塘等。堤坝段落往往建筑宏伟、气势磅礴，而且周边环境优美、景色雄伟壮观。在实地调查与评价过程中，应对堤坝段落的建造年代、对地方经济社会的作用影响、典型景观、建筑材料、发展历史、相关人物与事件、相关祭祀节庆活动、周边环境等内容进行详细描述，重点采集其长度、宽度、高度、建造年代、修建年代等基本特征项数据。

阅读材料7-8：鱼鳞石塘

鱼鳞石塘是钱塘江河口两岸的海塘，历史悠久，系为防钱塘江潮汐之患而筑，是我国古代著名的水利工程之一。鱼鳞石塘修筑得十分巧妙，人们先是把条石纵横交错，然后在条石间凿出槽榫，用铸铁嵌合起来，合缝处用油灰、糯米浆浇灌，为了加固塘基，清代开始，人们还把一根根的“梅花桩”“马牙桩”钉死在石塘下面，因为状似鱼鳞，所以叫鱼鳞石塘。它始建于1700多年前，五代时吴越钱王是开先河者，曾征泥工大规模修建海塘。但钱塘江海塘的大规模修筑，却在明清之后。康熙、雍正、乾隆三朝的140年间，规模较大的修筑工程有十三四次。清代还建立了一系列规章制度，如海塘的保固制度规定，在保固期内，海塘如有损坏，承修官员必须赔修，即使官员本人去世，也须由家属赔修。正因为从组织上、制度上、经费上对维修海塘进行保障，明清时修建的鱼鳞石塘，今天仍然屹立在钱塘江畔，有33.4公里，如同一座历史的丰碑。中华人民共和国成立后，对钱江海塘进行了全面的修复整治和扩建，海塘建设技术也有了很大提高。钱塘江北岸海塘加固工程，44.7米的险工地段，作为国家重点扶持项目，1998年5月19日正式开工建设，这是明清以来，规模最大的海塘修筑工程。目前，钱塘江临江海塘总长为400多公里，它们犹如一座海上长城，力挽狂澜，护卫着钱塘江两岸丰腴的土地和过着富足生活的千万百姓。

7.2.8港口、渡口与码头

港口、渡口与码头是指位于江、河、湖、海沿岸进行航运、过渡、商贸、渔业活动的地方。港口是具有水陆联运设备和条件，供船舶安全进出和停泊的运输枢纽，是水陆交通的集结点和枢纽，工农业产品和外贸进出口物资的集散地，船舶停泊、装卸货物、上下旅客、补充给养的场所。由于港口是联系内陆腹地和海洋运输的一个天然界面，因此，人们也把港口作为国际物流的一个特殊结点，如浙江宁波北仑港。渡口是指道路越过河流以船渡方式衔接两岸交通的地点。码头则与港口、渡口等伴生。在实地调查与评价过程中，要突出其功能类型、基本或非基本港口、建设年代与发展历史、相关政策、运营情况及其对当地社会经济的影响、周边环境等内容的描述，重点采集其建设年代、运营规模、范围面积、吞吐量、运营效益、国际航线等基本特征项数据。

7.2.9洞窟

洞窟是指由水的溶蚀、侵蚀和风蚀作用形成而可进入的地下空洞。其中，被水溶蚀的叫溶洞，溶洞内往往由碳酸钙沉淀物形成的钟乳石、石笋、石柱、石花等多种形态。有些溶洞内还有题刻、壁画、古建筑、人类活动遗迹等人文景观。溶洞具有“奇”“险”“幽”等美感特征，可以开展观赏游览、科学考察、探险等旅游活动。被风蚀的叫风蚀洞，一般多见于崖壁，当然也有水和风共同侵蚀作用下形成的空洞，多见于海岸交界地带。在实地调查与评价过程中，对洞窟的形态特征、洞穴类型、岩性组成、构造特征、形成原因及演化规律、景观特征、洞内气候、气象特征、洞穴内水景、洞穴内景观石、洞穴生物、洞穴内摩崖石刻等文化遗迹或其他文物特征等进行重点描述，采集洞窟岩层年代、洞穴发育年龄、洞口与穿洞（天生桥）的高度及宽度、洞的长度（深度）与走向、洞厅数量、最大洞厅的面积、宽度、高度、长度、步行道长度等基本特征项数据。

议一议：我们现在知道在旅游资源调查中，洞窟这一类旅游资源是自然形成地下空洞，但是其与沟壑与洞穴（ACD）资源类型的性质较为雷同，只是在洞窟（EBI）资源类型中强调了可进入性，那么在面对自然形成的可进入洞穴，应该如何去划分其资源类型？人工挖掘形成的洞穴又属于何种旅游资源，应该如何评判？

想一想：敦煌莫高窟、金华双龙洞、桂林象鼻洞（山）、重庆奉节天坑、龙游石窟等分别属于哪一类旅游资源？

7.2.10陵墓

陵墓是指帝王、诸侯陵寝及领袖先烈的坟墓，是我们缅怀先人烈士、探究历史文明、文化体验观光的重要载体。其中，帝王、诸侯陵寝包括了坟墓及墓地的宫殿建筑，以及一般以墓葬为主的园林。陵寝一般规模宏伟，地表地下建筑堂皇；陵墓内殉葬品内容丰富，文物众多；从建筑到出土文物具有极高的科学价值和历史文化艺术价值。同时，历史上陵寝陵园都十分注重选址，往往处于山水风光优美、风水极佳之处，具有较高的观赏游览价值。我国各地已经发掘的陵寝较多，主要有周陵、秦陵、汉陵、唐陵、宋陵、明陵、清陵等，以及早期部落首领陵墓，如太昊陵、女娲陵、黄帝陵、大禹陵、尧帝陵等。但是，我国各个少数民族的葬仪不同，不易保存，导致大型陵寝不多。领袖先烈的坟墓通常指陵寝陵园以外的坟墓，如孔子墓、岳飞墓等历史名人墓。古代墓葬一般由地上和地下两部分构成，墓中殉葬品与墓碑、墓志铭等对了解当时的社会状况、生产水平、文学、艺术、科学技术发展程度等有较大帮助，为研究我国古代史、天文学史、理学史、工艺史、医学史等提供了极为珍贵的资料，具有很高的科学价值。在实地调查与评价过程中，应对墓主名号、建设年代、形态特征及布局特点、典型景观、相关文物、相关祭祀活动、相关人物与事件、历史渊源、周边环境等内容进行详细描述，重点采集始建年代、重修年代、出土文物数量、占地面积等基本特征项数据。

阅读材料7-9：明清皇陵（明显陵、清东陵、清西陵）

2000年，明显陵根据文化遗产遴选标准C（Ⅰ）（Ⅲ）（Ⅵ）被列入《世界遗产名录》；清东陵根据文化遗产遴选标准C（Ⅰ）（Ⅲ）（Ⅳ）（Ⅴ）（Ⅵ）被列入《世界遗产名录》；清西陵根据文化遗产遴选标准C（Ⅰ）（Ⅲ）（Ⅳ）（Ⅴ）（Ⅵ）被列入《世界遗产名录》。2003年，明孝陵和明十三陵被列入《世界遗产名录》。

世界遗产委员会的评价是：明清皇家陵寝依照风水理论，精心选址，将数量众多的建筑物巧妙地安置于地下。它是人类改变自然的产物，体现了传统的建筑和装饰思想，阐释了封建中国持续五百余年的世界观与权力观。

明清时代（1368—1911年）是陵寝建设史上的一个辉煌时期。明朝的开国皇帝朱元璋对陵寝制度做了重大改革。他将地上的封土堆由以前的覆斗式方形改为圆形或长圆形，又取消寝宫，并扩大了祭殿建筑。清代沿袭明代制度，更加注重陵园与周围山川形胜的结合，注重按所葬人辈分排列顺序，还形成了帝后妃陵寝的配套序列，在祭祀制度上也更加完善、合理。

明朝，从太祖朱元璋推翻元朝政权，建元洪武（1368年），到崇祯十七年（1644年）被李自成领导的农民起义军推翻，统治时间277年，其间经历了16位皇帝。其中，除惠帝朱允炆因“靖难之役”，下落不明，没有营建陵园外，其余15帝，都依帝制建造了陵园。

满族人建立的清朝（1644—1911年）是中国最后一个封建王朝。自清太祖努尔哈赤开基至辛亥革命后宣统皇帝退位，共历经12帝，统治295年。清代帝王陵寝，从建陵年代和地理位置，可分为清初关外三陵、清东陵和清西陵三个陵区。清东陵和西陵的陵墓从规划建制到建筑造型均仿照明朝。皇帝、皇后、亲王、公主、嫔妃的陵制级别相当严格，形成了一套程式化的规则。

［引自：国家文物局．明清皇陵（明显陵、清东陵、清西陵）[EB/OL]. http://www.sach.gov.cn/tabid/187/InfoID/7789/Default.aspx，2011-1-3，有删改］

7.2.11景观农田

景观农田是指具有一定观赏性功能的农田。通常为农作物在较大的空间上形成美丽的景观，使得农业的生产性与审美性相结合，是生产、生活、生态三者的有机结合体。景观农田可以是在人类社会农耕文明和自然地貌两者作用下共同形成，也可以通过人为特定创造设计达到观赏性目的农田景观，如各地出现的麦田怪圈、大地彩绘、五彩稻田等。在实地调查与评价过程中，应对景观农田的作物种类、设计思路与理念、相关人物或事件、景观特点、周围环境和游赏方式等进行详细描述，重点采集景观农田面积、作物种类、观赏季节、观赏持续时间、农田设施等基本特征项数据。

想一想：在乡村旅游中，围绕景观农田可以形成哪些特色的旅游服务设施，请举例。

想一想：哈尼梯田、龙胜梯田、云和梯田等属于哪一类旅游资源？为什么？你认为景观农田和此类梯田的核心区别或差异点在哪里？

7.2.12景观牧场

景观牧场是指具有一定观赏游览功能的牧场。牧场一种是指适于放牧的草场，一种是指经营畜牧业的生产单位。我国草场资源位于世界第二位，仅次于澳大利亚。我国的四大牧区分别为新疆牧区、内蒙古牧区、西藏牧区和青海牧区。随着我国自驾游的盛行，这些牧区迎来了源源不断的游客。在我国台湾，开展旅游休闲活动的牧场景观与经营模式是位于世界前列的，如以牧场风光驰名台湾的飞牛牧场，地处通霄镇南和里的山坡地，绵延青翠的大草原，成群的牛羊，为台湾西部首屈一指的休闲牧场。在休闲农业的风潮下，牧场除了畜牧的本业外，也转型成农村体验、生态保育、自然休闲的度假乐土。2017 年，我国农业部办公厅为了展示我国奶业发展成效，引导国产乳品消费，打造休闲观光农业新亮点，印发了《农业部办公厅关于推荐休闲观光牧场的通知》（农办牧〔2017〕15 号）和《休闲观光牧场推介标准（试行）》，并将在中国休闲农业网“休闲农业和乡村旅游精品景点和线路”板块，宣传推介认定的休闲观光牧场，引导消费者观光体验我国奶业。认定的第一批休闲观光牧场分别为：北京归原奶庄、河北君乐宝乳业优致牧场、内蒙古子昂牧业奶牛主题公园、黑龙江飞鹤乳业观光牧场、郑州昌明奶牛科普乐园、洛阳生生乳业农牧庄园、四川德阳原野有机牧场、陕西农垦牧业华山牧场。在实地调查与评价过程中，应对景观牧场的地形地貌、景观特点、周围环境和游赏方式等进行详细描述，重点采集景观牧场面积、畜牧种类、观赏季节、观赏持续时间、牧场设施等基本特征项数据。

比一比：动物园和景观牧场有什么区别？依据旅游资源的基本类型，动物园适合归类到哪一种资源类型中？

7.2.13景观林场

景观林场是指具有一定观赏游览功能的林场。林场是培育、管理或采伐森林的地方和单位，它不仅在我国森林培育和保护方面取得了巨大的成就，也是非常具有吸引力的旅游资源。林场资源在夏季可以成为避暑胜地，在秋季形成壮观的色叶林、在冬季皑皑白雪的装点下更是有一番不同的雪景体验，森林公园的开发与建设便是对林场资源进行旅游利用的一种途径。以张家界国有林场为例，其在1979年就开始从事森林旅游的开发工作，旅游接待人数不到1万人次，旅游收入约为1万元。1982年，张家界国家森林公园成立，来张家界国有林场旅游的人数激增，达到8.36万人次，旅游收入达到55.88万元，随着森林公园的不断发展，后来又与周边的自然保护区合体，一起被列入了世界自然遗产名录。2017年，中国林业文学艺术工作者联合会和中国林场协会联合公布了2017中国最美林场名单，青海省互助县北山林场等35家林场被评为“2017中国最美林场”，浙江省有两家入选，分别为丽水的庆元林场和宁波市林场。在实地调查与评价过程中，应对景观林场的林木种类、地形地貌、景观特点、周围环境和游赏方式等进行详细描述，重点采集景观林场面积、林木种类、观赏季节、观赏持续时间、林场设施等基本特征项数据。

比一比：景观林场（EBM）和林地（CAA）有什么区别?

7.2.14景观养殖场

景观养殖场是指具有一定观赏、游览功能的养殖场。养殖包括家畜养殖、家禽养殖、水产养殖和特种养殖等种类。随着乡村旅游的兴起，养殖场也逐渐变身休闲区，养殖场的观赏游览主要集中在养殖流程的科普教育方面，因此往往通过对于养殖场的科技化、景观化的改造来形成养殖场与旅游的产业融合。如青岛田瑞牧业将青岛市崂山脚下的一个养鸡场打造成了当地集旅游观光、宣传教育、休闲娱乐为一体的著名旅游景点。这个养鸡场以科学设计和建设为前提，通过建设全封闭游客通道、室内展馆，有效突破蛋鸡防疫安全、生产污染与游客批量参观的技术障碍。在这里游客丝毫闻不到鸡场的“象征性气味”，因为这里的鸡粪采用传送带集中自动清除，全程不落地运出养殖区，直接还田或加工有机肥用于果品采摘园和部分园林绿化施肥，属于典型的循环农业、生态农业模式。在实地调查与评价过程中，应对景观养殖场的养殖种类、功能分区、景观特点、周围环境和游赏方式等进行详细描述，重点采集景观养殖场面积、养殖种类、技术特点、繁育季节、养殖场设施等基本特征项数据。

阅读材料7-10：斗亚兰鳄鱼养殖场

斗亚兰，属于马来西亚沙巴州，位于斗亚兰县，是距离沙巴州首府亚庇约车程30分钟的一座小镇，该城镇的主要产业为农产品交易。该养殖场已有50多年的养殖历史，拥有丰富的鳄鱼圈养繁殖和养殖知识，并以生产优质生皮和肉而闻名于世，是世界范围内的水鳄主要商业生产商之一。该镇的鳄鱼养殖场的旅游于2006年1月22日开幕，耗资300万美元的鳄鱼园目前共有1050只鳄鱼，包括许多稀有品种，预计在未来几年将增至5000只。在鳄鱼园中，开设了惊险刺激的鳄鱼表演和民间舞蹈。

比一比：景观养殖场（EBN）和景观牧场（EBL）有什么区别

7.2.15特色店铺

特色店铺是指具有一定观光游览功能的店铺。特色店铺是指销售某种特色商品的场所。特色旅游商品是旅游者到访旅游目的地必然追寻、购买的对象，以留作纪念、馈赠亲友或自用。目前，我国各大旅游城市均拥有诸多特色店铺，如北京的同仁堂、杭州胡庆余堂、广州陈李济、汉口叶开泰作为中国四大药店，均系各地的著名旅游景区（点）。该类旅游资源通常位于城镇地区，可与特色市场伴生。在实地调查与评价过程中，应突出商铺名号、主要功能特点、经销商品的规格、建筑格局与风貌、相关人物与事件、相关荣誉或奖项、经营情况、商品创新与商标产权、历史渊源等内容的描述，重点采集其建设年代、店铺面积、特色商品种类及其数量、年经营效益等数据。

想一想：目前，我国各地旅游商品琳琅满目，但对促进地方旅游经济的发展作用依然有限。请问，在开发相关旅游资源时，应注意哪些问题？

7.2.16特色市场

特色市场是指具有一定观光游览功能的市场。特色市场是指批发零售兼顾的特色商品供应场所。由于特色市场拥有较大的规模，通常是各个旅游城市旅游者参观游览、购物体验的主要对象。目前，各地也出现了诸多的特色市场、特色商城，并成功创建了国家A级景区，如浙江义乌小商品市场、海宁中国皮革城等。在实地调查与评价过程中，要突出特色市场的性质类型、空间格局、配套设施、建筑风格、特色景观、经营内容、相关节庆活动、特色品牌等内容的描述，重点采集市场建设年代、投资规模、经营效益、市场规模、店铺数量等基本特征项数据。

阅读材料7-11：中国小商品城

中国小商品城坐落于浙江中部义乌市，创建于1982年，是我国最早创办的专业市场之一。20多年来，经历4次搬迁、8次扩建，现拥有营业面积400余万平方米，由国际商贸城、篁园市场、宾王市场3个市场簇群组成，商位6.2万个，从业人员20多万，日客流量20多万人次，是国际性的小商品流通、信息、展示中心，中国最大的小商品出口基地之一，2005年被联合国、世界银行与摩根士丹利等权威机构称为“全球最大的小商品批发市场”。

其中，国际商贸城一区于2001年10月奠基，2002年10月22日正式投入营运，市场占地420亩，建筑面积34万平方米，总投资7亿元，分为主体市场、生产企业直销中心、商品采购中心、仓储中心、餐饮中心五大经营区，是省旅游局指定的购物旅游定点单位，被省工商局授予全省首个“五星级市场”称号。

国际商贸城二区于2004年10月22日开业，市场占地483亩，建筑面积60余万平方米。市场配套有商务楼、写字楼、四星级酒店及东、西两个广场，开通环线观光旅游车。2005年，市场通过了ISO 9001质量管理体系认证、ISO 14001环境管理体系认证，并通过了国家4A级旅游景区评定。

2009年，由国家旅游局与浙江省人民政府主办，中国旅游协会、浙江省旅游局、义乌市人民政府承办的首届中国国际旅游商品博览会在义乌召开，进一步树立了义乌国际小商品城的品牌形象。截至2018年，已经连续举办了10届中国国际旅游商品博览会。

7.3 景观与小品建筑

景观与小品建筑包括形象标志物，观景点，亭、台、楼、阁，书画作，雕塑，碑碣、碑林、经幢，牌坊牌楼、影壁，门廊、廊道，塔形建筑，景观步道、甬路，花草坪，水井，喷泉，堆石14个基本类型。

景观与小品建筑类调查与评价PPT　　景观与小品建筑类调查与评价视频

7.3.1形象标志物

形象标志物是指能反映某处旅游形象的标志物。形象标志物一般置于区块的显要位置，如景区入口、主要道路的道路交叉口、主要广场、外部可视的最高处等，通常以构筑物、标识标牌、雕塑、植物造型、公共艺术等方式呈现。这些形象标志物必须具有造型上的艺术性，并与区块旅游文化结合，成为反映该处旅游形象的标志物。如美国芝加哥千禧公园的“云门”，是外表高度抛光的不锈钢雕塑，高约10米，重约100吨，由168片不锈钢板拼接而成，它就像芝加哥的一扇窗，将建筑、城市、人等风景浓缩在一起，成为千禧公园的标志物。在实地调查与评价过程中，应突出形象标志物的形态、特色与风格、周边环境、相关人物与事件及历史渊源等方面的描述，重点采集其建设年代、高度、长度、面积等基本特征项数据。

7.3.2观景点

观景点是指用于景观观赏的场所。景区（点）需时时为游客提供能够从各个方面来欣赏美景的良好观赏点，使游客在观光游览过程中能够获取最富有艺术情趣的视觉体验效果。游客在游览行进过程中，因其视点是运动的，导致对同一景物会因观赏视距、观赏角度等因素产生不同的视觉效果，即“远近高低各不同”。在实地调查与评价过程中，应对景物观赏点所处地理位置、整体风貌与环境特征、景观特色、构筑物形态、相关文化内涵等进行详细描述，重点采集景物观赏点的方位、高度、范围、面积、时间等基本特征项数据。

想一想：很多时候，人们会在具有良好视廊、视域的地方修建景观建筑，如亭、台、楼、阁等，那么这些修建了景观建筑的观景点应该归到哪种资源类型中更为合适?

7.3.3亭、台、楼、阁

亭、台、楼、阁是指供游客休息、乘凉或观景用的建筑。亭多建于路旁，供行人休息、乘凉或观景用。亭一般为开敞性结构，没有围墙，顶部可分为三角、四角、六角、八角、圆形等多种形状。因为造型轻巧、选材不拘、布设灵活而被广泛应用在园林建筑之中，杭州西湖边聚贤亭与湖山映衬，亲水性特别高，受到游客的喜爱。台起源于商周，盛行于春秋战国时期，是最古老的园林建筑形式，古代的宫殿建筑多建于台之上。早期的台是一种高耸的夯土建筑，以作登眺之用，其功能主要是祭祀，兼有观景和娱乐功能。早期的楼指重屋，多狭而修曲，在建筑群中处于次要位置；阁指下部架空、底层高悬的建筑，平面呈方形，两层，有平坐，在建筑群中居主要位置。后来，楼与阁互通，无严格区分。楼和阁多为木结构，构架形式有井傒式、重屋式、平坐式、通柱式等。我国古代园林和现代园林中亭台楼阁类的景观建筑很多，形制多样。其中楼阁由于体量、高度远远超过周围一般低平建筑，能压住周围环境，常成为主景。中国古代著名楼阁首推黄鹤楼、滕王阁与岳阳楼。在实地调查与评价过程中，应对楼阁的使用性质、整体风貌、形态特征、典型景观、相关人物与事件及历史渊源、周边环境等进行详细描述，重点采集亭、台、楼、阁建设年代、重建或重修年代、高度、长度、面积等基本特征项数据。

试一试：随着现代建筑和景观设计思想的日益开放，现代园林建筑融合现代艺术和人们的户外需求，出现了很多新的形式，请你针对亭、台、楼、阁各找一个案例，讲一讲它们的特点。

7.3.4书画作

书画作是指具有一定知名度的书画作品。艺术是人类精神文化的一项重要内容，书画作品对于传承优秀传统文化，研究人类发展文化都具有重要意义。所有艺术都需要传播而不断发展、弘扬，书画作品和所有艺术一样，都需要传播才能与时俱进地发展。随着传统文化传承和创意产业的发展，近年来，在文化旅游区中设立大师工作室、书画工作室屡见不鲜，这也是书画艺术逐渐从自己的圈子中走出来、进入大众视野的重要途径。如上海田子坊的发展就源于艺术家这个特殊群体的进入，而上海新天地至今都留有著名艺术家陈逸飞的“逸飞之家”，内有陈逸飞的书画作品。浙江省书画艺术文旅小镇，就是以礼张村中国书画之乡的文化品牌为核心资源优势来打造的。该小镇打造以书画产业为核心的文创产业集聚区，包含创作（书法、绘画、插画、漫画、动画、雕塑、文学等）、展览展销、咨询培训、艺术作品交易等。在实地调查与评价时，应突出其作者或依托团队及其性质与类型、历史渊源及社会影响、知名度与影响力、表现内容与表现形式等方面的描述，重点采集其创作年代、影响期限、覆盖率或吸引观众数量、获奖级别等基本特征项数据。

7.3.5雕塑

雕塑是指用于美化或纪念而雕刻雕塑、具有一定寓意、象征或象形的观赏物和纪念物。雕塑作为现在的艺术表现形式之一，种类也各种各样。不过一般都是从形式、材质、环境、功能四个方面来区分它们。雕塑按形式可以分为圆雕、浮雕、透雕等三种。圆雕又称立体雕，是指非压缩的，可以多方位、多角度欣赏的三维立体雕塑；浮雕是雕塑与绘画结合的产物，用压缩的办法来处理对象，靠透视等因素来表现三维空间，并只供一面或两面观看，浮雕有浅浮雕与高浮雕之分；而透雕在浮雕的基础上，镂空其背景部分，其中又有单面雕、双面雕、凹雕之分。雕塑按材质来分，可以分为玻璃钢雕塑、不锈钢雕塑、铸铜雕塑、锻铜雕塑、石雕、水泥雕塑、砂岩雕塑、陶瓷雕塑、木雕、石膏雕塑、玉雕等，其中各种材质都有其自身价值与特点。雕塑按环境又可以分为城市雕塑、园林雕塑、室内雕塑、室外雕塑、校园雕塑、广场雕塑、公园雕塑、案头雕塑、架上雕塑等。雕塑按功能来分的话有可分为纪念性雕塑、主题性雕塑、装饰性雕塑、功能性雕塑和陈列性雕塑。近年来，公共艺术以不同的雕塑形式吸引着大众的眼球，成为公共空间中的重要点缀，如荷兰艺术家弗洛伦泰因·霍夫曼（Florentijn Hofman）以经典浴盆黄鸭仔为造型创作的巨型橡皮鸭艺术品系列。浙江省开化县的“根宫佛国”景区将根雕与佛教文化结合，其中收藏了大量的根雕作品，而五百罗汉的根雕群更是让人震撼。在实地调查与评价时，应突出其作者或依托团队及其性质与类型、历史渊源及社会影响、知名度与影响力、表现内容与表现形式等方面的描述，重点采集其创作年代、主题、材质、高度、长宽等基本特征项数据。

阅读材料7-12：犹太人纪念碑

在德国首都柏林市中心，位于国会大厦和勃兰登堡门的不远处，有一大片灰色的碑柱群。从远处望去，黑灰色的石碑如同一片“波涛起伏”的石林，非常壮观，也非常显眼，于周围的城市建筑形成强烈的视觉反差，让人不由停下脚步，驻足观赏。这里有数千座呈长方形造型的石灰柱体，高低错落、密密麻麻，一行行、一列列规则地排列在不规则的地面上。行走其间，让人不由自主产生一种不稳定的、迷失方向的感觉，仿佛进入了迷宫一般，带着些许不安和压抑。这些并不是什么“装置艺术”，而是欧洲被害犹太人纪念碑（Denkmal für die ermordeten Juden Europas），亦称“浩劫纪念碑”，于2003年开始兴建，2005年开幕并对外开放，用于纪念当年浩劫中受害的犹太人。纪念碑群占地近2万平方米，共安放了2711块混凝土碑柱，每块均是长2.38米、宽0.95米，高度从0.2米到4.8米不等，在一个斜坡上以网格图形排列。纪念碑群由设计师彼得艾森曼及布罗哈普达设计，混凝土碑柱被设计产生有一种导致心神不安缠扰不清的气氛，而且整个雕塑打算代表一个原有秩序因人为因素而远离人类的悲剧。

（引自：百家号弹指间行摄：http://baijiahao.baidu.com/s?id=1577949869063115078&wfr=spider&for=pc，2019.1.3，有删减）

试一试：请同学们到互联网上去找一找关于犹太人纪念碑的图片，仔细观察，你认为犹太人纪念碑应该属于雕塑类旅游资源还是碑碣、碑林、经幢（ECF）类旅游资源？

7.3.6碑碣、碑林、经幢

碑碣、碑林、经幢是指雕刻记录文字、经文的群体刻石或多角形石柱。碑碣和碑林是指为纪事颂德而筑的刻石。一般来讲，古人把长方形的刻石叫“碑”，把圆首形的或者形状在方圆之间、上小下大的刻石，叫“碣”。秦始皇刻石纪功，大开树立碑碣的风气。东汉以来，碑碣渐多，有碑颂、碑记，又有墓碑，用以纪事颂德，碑的形制也有了一定的格式，此时到现代留存的碑刻最多。在唐代，“碑”和“碣”的用法是有区别的，五品以上的用碑，五品以下的用碣，到后世往往混用。碑碣和碑林保存了大量书法和篆刻艺术珍品，既是重要的文史资料，又是名贵的观赏宝物。古都长安的“碑林”则是中国专门收藏碑刻最早、最多的地方，现存由汉到清的碑碣共计3000余件。历史上，陕西西安碑林、山东曲阜孔庙碑林、台湾高雄南门碑林、四川西昌地震碑林被称为中国四大碑林。经幢带有宣传性和纪念性，最早的时候由于印度佛教的传入，特别是唐代中期佛教密宗的传入，将佛经或佛像起先书写在丝织的幢幡上，为保持经久不毁，后来改书写在石柱上，因刻的主要是《陀罗尼经》，因此称为经幢，是源于古代的旌幡。经幢一般由幢顶、幢身和基座三部分组成，主体是幢身，刻有佛教密宗的咒文或经文、佛像等，多呈六角或八角形。在我国五代两宋时最多，一般安置在通衢大道、寺院等地，也有安放在墓道、墓中、墓旁的。在实地调查与评价过程中，要对碑碣、碑林、经幢的表现内容、发展历史、历史文化价值、何人手迹、纪事颂德的主要内容、周边环境等内容进行详细描述，重点采集其起始年代及各年代的数量、范围等基本特征项数据。

想一想：摩崖字画应该属于哪一类旅游资源？

7.3.7牌坊牌楼、影壁

牌坊牌楼、影壁是指为表彰功勋、科第、德政以及忠孝节义所立的建筑物，以及中国传统建筑中用于遮挡视线的墙壁。牌坊牌楼和影壁是中国建筑文化的独特景观，是由中国文化诞生的特色建筑。牌坊牌楼在园林、寺观、宫苑、陵墓、街道、传统村落中均有建造。安徽歙县棠樾牌坊群不仅体现了徽文化程朱理学“忠、孝、节、义”伦理道德的概貌，也包括了内涵极为丰富的“以人为本”的人文历史，同时亦是徽商纵横商界三百余年的重要见证；牌楼曾作为多届世博会中国馆的门面建筑，吸引了世人的视线。影壁可位于大门内，也可位于大门外，前者称为内影壁，后者称为外影壁。形状有一字形、八字形等，通常是由砖砌成，由座、身、顶三部分组成，座有须弥座。著名的影壁有故宫的九龙壁、中南海新华门内的“为人民服务”影壁等。在实地调查与评价过程中，要对牌坊牌楼、影壁的发展历史、历史文化价值、纪事颂德的主要内容、周边环境等内容进行详细描述，重点采集其起始年代、类型、功能、材质、高宽等基本特征项数据。

7.3.8门廊、廊道

门廊、廊道是指门头廓形装饰物，不同于两侧基质的狭长地带。该类旅游资源在园林中较为常见，是一种引导性的景观建筑或通道。在实地调查与评价过程中，要对门廊形式、风格、材质、功能及周边环境等内容进行详细描述，重点采集其起始年代、类型、长宽等基本特征项数据。

7.3.9塔形建筑

塔形建筑是指具有纪念、镇物、标明风水和某些实用目的的直立建筑物。随着佛教的传入，印度式佛塔与中国的高台建筑、楼阁建筑相融合，形成了具有典型中国特色的塔形建筑物：一是色彩方面，以质朴暗灰色为主要格调，显现平稳、庄重与典雅，呈现圣洁、纯净与崇高的美感；二是环境方面，积极吸收了中国古典园林艺术，注重人工与自然的和谐。因此，我国塔形建筑物有着崇拜与审美功能的特色，从而使塔形建筑物可以独立成为旅游景点，供游客登临、眺望和游览。在实地调查与评价过程中，应对塔形建筑物的形态特征及形状、功能类型、建筑式样、建筑材料、相关人物与事件、历史渊源、周边环境等进行详细描述，重点采集其始建年代、重修或重建年代、层数、高度、面积（占地面积、建筑面积）等基本特征项数据。

想一想： 塔形建筑物如果同时属于形象标志物（ECA）的时候，应该优先把它归到哪一类？

7.3.10景观步道、甬路

景观步道、甬路是指用于观光游览行走而砌成的小路。景观步道不能通车，可供游人步行或骑车者徜徉其间。随着科技的发展，景观步道也出现了很多创造性的设计，如可在夜间发光的荧光步道。在实地调查与评价过程中，应对景观步道、甬路的使用性质、所连接的区域、特色、修筑方式、使用材料、功能、周边环境等内容进行详细描述，重点采集其建造年代、宽度、长度、高度等基本特征项数据。

想一想： 景观步道在游客的旅游过程中能够提供什么样的旅游体验？

7.3.11花草坪

花草坪是指天然或人造的种满花草的地面。将花草坪作为一种旅游资源的基本单元，是基于其具有观赏价值并构成吸引物的关键部分均在“花”上，而且相对集中、形成了规模集聚优势。鉴于花是植物生长过程中的一种自然生理现象，花期总是在一定的时间内完成，具有季节性和周期性，也使得花草坪的旅游活动具有季节性和周期性。杭州湾海上花田生态旅游度假区就是以滨海湿地和四季花海为主题，围绕田园生态风光和创意农业，营造海上花田、七彩田园等大地艺术景观。在实地调查与评价过程中，应对其形态特征、种类组成、景观特点及周围环境、园林用途、经济用途等进行详细描述，重点采集花草坪的面积、花卉种类、开花季节、花季持续时间等方面的数据。

7.3.12水井

水井是指用于生活、灌溉用的取水设施。水井对于人类文明的发展有重大意义。我国已发现最早的水井是浙江余姚河姆渡古文化遗址的方形木结构水井，井深1.35米，边长为2米，其年代为距今约5700年。中国民间长期习用的是圆形筒井，其直径多为1~2米，深度一般为数米到二三十米，多位于拥有浅层地下水区域。在实地调查与评价过程中，应对水井的建造年代、产生的作用与影响、水井的水文特征、地质特征、建筑材质、形态特征、建造原因、相关历史事件或人物、周边环境等内容进行详细描述，重点采集其深度、直径、水量、建造年代、水质等基本特征项数据。

阅读材料7-13：坎儿井

坎儿井是干旱地区利用地下渠道截引砾石层中的地下水，引至地面，实现地表自流灌溉的水利设施，它普遍存在于中国新疆吐鲁番地区。坎儿井与万里长城、京杭大运河并称为中国古代三大工程。坎儿井的结构，大体上是由竖井、地下渠道、地面渠道和“涝坝”（小型蓄水池）四部分组成。吐鲁番的坎儿井总数近千条，全长约5000公里。新疆汉语称为“坎儿井”或简称“坎”，中国内地各省叫法不一，如陕西叫作“井渠”、山西叫作“水巷”、甘肃叫作“百眼串井”，也有的地方称为“地下渠道。”

7.3.13喷泉

喷泉指由地下喷射出地面的泉水，特指人工喷水设备。喷泉是一种将水或其他液体经过一定压力通过喷头喷洒出来具有特定形状的组合体，提供水压的一般为水泵。喷泉景观概括来说可以分为两大类：一是因地制宜，根据现场地形结构，仿照天然水景制作而；二是完全依靠喷泉设备人工造景。喷泉是重要的景观，它是一种水景艺术，体现了动、静结合，形成明朗活泼的气氛，给人以美的享受，是丰富游览体验的重要载体。喷泉的种类很多，大体可以分为普通装饰性喷泉，由各种花形图案组成固定的喷泉；与雕塑结合的喷泉；水雕塑，由人工、机械塑造出各种大型水柱的姿态，形成景观；自控喷泉，利用电子技术，按照设计程序控制水、光、音、色等，形成奇异、变幻的景观。除了以上类型以外，还有高喷泉、旱喷泉、叠泉、音乐喷泉、跑泉、跳泉、浮动喷泉、小品泉、意动泉、音乐喷泉等，还可以通过喷雾形成独特的水景。杭州西湖音乐喷泉建于2003年，依托西湖，以水为舞，别有一番景致，已经成为西湖景区内一个重要景点。在实地调查与评价过程中，应对喷泉的形式、形态特征、周边环境等内容进行详细描述，重点采集其位置、类型、建造年代、运营时间与频率、核心曲子等基本特征项数据。

想一想：你觉得喷泉类旅游资源不适宜在哪些类型的景区或旅游区出现？

7.3.14堆石

堆石是指由石头堆砌或填筑形成的景观。无论是传统园林还是现代园林，堆石都是一项重要的景观要素，蕴含着独特的人文内涵，发挥着丰富空间构成、加强游览体验的作用。苏州狮子林以叠石取胜，洞壑宛转，怪石林立，水池萦绕。狮子林的假山，通过模拟与佛教故事有关的人体、狮形、兽像等，喻佛理于其中，以达到渲染佛教气氛之目的。假山群共有 9 条线路，21 个洞口，横向极尽迂回曲折，竖向力求回环起伏。而在我国西南藏区，也有着特殊的堆石景观，这些石堆叫作嘛呢堆，藏语称“朵帮”，就是垒起来的石头之意。藏族人认为石头是有灵性的，所以会在路口、湖边或者山上堆嘛呢堆，用以祈福。在实地调查与评价过程中，应对堆石的形式、形态特征、周边环境等内容进行详细描述，重点采集其位置、面积、高度、类型、建造年代等基本特征项数据。

想一想：在园林景观中，有特色的挡土墙、围墙也成为塑造地块场所特点和丰富体验的重要元素，那么挡墙中的石笼墙或者是乡土的块石墙能不能归类到堆石旅游资源类型中？

7.4 建筑与设施类旅游资源调查与评价实训

7.4.1 实训目的

通过实地考察学习，能充分利用本项目及的相关知识与技能要点，加深对建筑与设施类旅游资源概念的理解，了解并掌握建筑与设施类旅游资源的功能、类型、特点；能有序开展建筑设施类旅游资源调查与评价的各个环节，熟练掌握建筑设施类旅游资源的认定、调查技巧；完成各个旅游资源的调查表填写，提出相应的保护、开发建议。

7.4.2 实训地点

可利用某周末或专业综合实训周的时间去建筑与设施类旅游资源较全面且具有代表性的景区景点，也可随堂通过对建筑设施类资源为主的景区景点视频观赏进行。

7.4.3 实训教学内容及要求

（1）观察了解建筑与设施类旅游资源的特点。
（2）准备旅游资源调查前的各项准备工作，完成资源调查表的预填。
（3）全面调查实训区域内所有建筑与设施类旅游资源的基本类型。
（4）提出保护、提升和开发建筑与设施类旅游资源的对策措施。

7.4.4 实训教学工具与方法

7.4.4.1 实训教学工具

详见 2.2 调查工具的准备与使用。

7.4.4.2 实训教学方法

（1）对全班同学进行实训调研分组。

（2）教师组织学生完成准备阶段的各项工作，包括资料的收集整理、调查表的预填。

（3）邀请景区景点的专业人员为学生进行专业讲解。

7.4.5 实训教学资料简介

杭州灵隐寺

杭州灵隐寺，又名“云林禅寺”，位于杭州西湖风景区西部灵隐山麓、飞来峰旁。灵隐寺始建于东晋（326 年），到现在已有 1600 多年的历史，是我国佛教禅宗十刹之一。当时印度僧人慧理来杭，看到这里山峰奇秀，以为是“仙灵所隐”，就在这里建寺，取名灵隐。后来济公在此出家，由于他游戏人间的故事家喻户晓，灵隐寺因此名闻遐迩。五代吴越国时，灵隐寺曾两次扩建，大兴土木，建成为九楼、十八阁、七十二殿堂的大寺，房屋达 1300 余间，僧众达 3000 人。灵隐寺自创建以来，曾毁建 10 余次，1956 年和 1975 年两次整修，形成了现在的规模。

7.4.6 旅游资源单体调查表示例

浙江省杭州市“灵隐寺”旅游资源单体调查表

单体名称：灵隐寺

基本类型：EAG宗教与祭祀活动场所　　　　序号：××××

代　　号	JG-HGH-XHQ-EAG-12　其他代号：①　　　　；②
行政位置	杭州市西湖区灵隐街道灵隐路
地理位置	东经120°05′48.19″，北纬30°14′34.20″
性质与特征（单体性质、形态、结构、组成成分的外在表现和内在因素，以及单体生成过程、演化历史、人事影响等主要环境因素） 佛教禅宗寺庙建筑群，是杭州市最大的丛林寺院、中国十大名刹之一（功能、性质、规模）。整体为院落式结构，主要建筑沿南北向伸展的中轴线布局，自南而北依次为天王殿、大雄宝殿、药师殿、藏经楼、华严殿，西厢有五百罗汉堂等配殿、东厢有大慈阁和云林斋堂等配殿（形态、结构、组分）。 初建于东晋咸和三年（328 年），由印度僧人慧理创建，寺名意为“仙灵所隐”。清康熙二十八年（1689 年）康熙南巡时赐名“云林禅寺”。寺在唐会昌年间曾毁，后稍有兴复。经五	

代时吴越国的修建开拓，一度香火鼎盛，曾有9楼18阁72殿、房屋1300余间、僧众3000人。1359年遭兵毁，明清两代6次毁而复建。中华人民共和国成立后又经多次大修，五百罗汉堂和藏经楼等系近年重建和新建（成因、过程）。

大雄宝殿是1910年由江苏盛宣怀巨资用美国红松修建，这批红松原是李鸿章用以兴建海军军舰的木材，后部分被慈禧太后用以修建北京颐和园，部分木材便运到杭州拱宸码头，转拨给灵隐寺，1949年一根主梁被白蚁蛀空，倒塌压毁佛像。1953年重修大雄宝殿，改为永久性的水泥建筑，而殿内的24根梁柱经过防潮、防蛀、混凝土加固后，依然顶在那里。大雄宝殿殿高33.6米，为我国单层重岩结构最高建筑。大殿佛祖释迦牟尼佛像是1953年重修灵隐寺时由中央美术学院华东分院邓白教授以唐代禅宗著名雕像为蓝本构思设计，周恩来总理亲自审定，华东分院雕塑系教师和东阳木雕厂民间艺人合作创制的，用24块香樟木雕成，佛像上悬宝盖，彩花垂旎，高24.8米，石莲花座安背光顶19.6米，佛身净高9.1米，佛耳朵1.3米，佛像全身为贴金，两次贴金共花去黄金86两，是我国最大的香樟木雕坐像，也是我国寺内第二大佛。整座佛像头微前倾，两眼凝视，右手微抬成说法印。大殿内两厢站立的就是佛教的护法神二十诸天，他们是掌管日月金第水火的风雷等的天神（典型建筑）。

寺庙坐落在灵隐山麓，掩映在古树林中，南侧冷泉池水质清澈，北、西、南三面植被茂密，环境幽静，飞来峰造像等众多景点紧邻分布在寺庙周围（周围环境）。

旅游区域及进出条件（单体所在地区的具体部位、进出交通、与周边旅游集散地和主要旅游区、点之间的关系）

单体位于西湖西北部、北高峰南麓、飞来峰北侧，与西湖相距3公里，有专门旅游公共交通线路通达，并与杭州市区主要旅游景点相连。

保护与开发现状（单体保存现状、保护措施、开发情况）

为浙江省重点文物保护单位，为国家对外重点开放寺庙，寺庙建筑及其周围环境均受严格保护。入口处商贩林立、人流密集，但已经有整治规划并将在近期实施。灵隐寺是杭州市区最著名的旅游景点之一，终年游人稠密，高峰时日游客量为7万人次，游客主要来自国内和东南亚各国。

保存完整，已开发。

评价项目	资源要素价值（85分）					资源影响力（15分）		附加值
评价因子	观赏游憩使用价值（30分）	历史文化科学艺术价值（25分）	珍稀奇特程度（15分）	规模、丰度与几率（10分）	完整性（5分）	知名度和影响力（10分）	适游期或使用范围（5分）	环境保护与环境安全
分　值	28	23	13	8	4	9	4	3
总　分	92分；五级旅游资源单体							

图片资料

7.4.7 实训成果及其评价主体与细则

7.4.7.1 实训成果要求

（1）完成不少于 10 个建筑设施类旅游资源单体表的填写。

（2）完成对每个旅游资源单体的摄像或摄影工作，其中每个旅游资源单体的照片不少于 5 张，且要求美观。

（3）提出建筑设施类旅游资源未来开发的对策与思路，形成汇报 PPT。

7.4.7.2 评价主体及其权重

本次实训成果的评价建议由校内专业老师、企业指导老师及学生代表（每个实训小组各选 1 名代表）参加，权重分别为 40%、40% 和 20%。

7.4.7.3 评分细则

评分细则具体如表 7–2 所示。

表7–2　建筑设施类实训成果评价标准

实训任务名称：________________　汇报人：________________　第____组

评价内容		评价分值	评价标准	评价得分
旅游资源单体调查表及摄像照片	旅游资源单体调查表数量	10分	旅游资源单体表数量在10个及以上得10分，数量9个及以下，按实际完成数量得分	
	旅游资源单体调查表质量	15分	单体表填写准确、描述达到要求得12~15分；单体表填写基本准确、描述基本到位得7~11分；单体表填写尚可、描述较弱得0~6分	
	旅游资源单体照片	15分	旅游资源单体照片数量达标且美观度、清晰度较高的得12~15分；数量基本达标且美观度、清晰度尚可的得7~11分；数量未达标且美观度、清晰度较差的得0~6分	
建筑设施类旅游资源开发对策与思路	PPT报告完整性	15分	包括课题组组成、调查情况、调查步骤与方法、调查结果、对策建议等，每一项得3分	
	PPT报告科学性与合理性	15分	报告建议科学合理得12~15分；报告建议基本科学、合理得7~11分；报告建议科学性与合理性较差得0~6分	
表现方式	PPT演示文稿	10分	PPT排版美观大方且有特色得8~10分；排版基本整齐且有一定特色得4~7分；排版美观度相对较弱得0~3分	
	现场演讲	10分	演讲者形象气质佳、演讲流利、条理清晰者得8~10分；形象一般、演讲一般得4~7分；其他方面得0~3分	
	现场答辩	10分	现场答辩流利、回答内容准确得8~10分；答辩一般、内容基本准得4~7分；其他方面得0~3分	
评委签名：			合计得分：	

7.5 总结与测试

7.5.1 总结

本项目首先介绍了建筑与设施类旅游资源的定义、旅游价值及其分类，让学习者对建筑设施类旅游资源有了初步的认识；然后详细介绍了建筑设施类旅游资源各个基本类型的定义、形成、特征，并对建筑设施类旅游资源的实地调查与评价的主要内容、相关技巧进行了详细阐述；最后以浙江杭州灵隐寺为例，设计了相应的实践实训环节，使学生能够对建筑设施类旅游资源做出正确的调查与评价，并完成建筑设施类旅游资源调查报告的撰写任务及相应的开发、保护思考。

对旅游资源类型 2017 版和 2003 版进行比较以后，可以发现 2017 版将许多资源类型进行了合并、范围扩大和细分，首先这是因为旅游业新业态的不断涌现，对旅游资源有了新的定义范畴，许多在传统旅游中不作为旅游资源的事物和空间被不断地开发利用；其次随着休闲度假旅游的到来，游客对旅游地的景观环境要求也越来越高，2003 版中的园林游憩区域资源类型被细分为多个单体景观资源在 2017 版中呈现。

7.5.2 项目测试

【主要概念】

建筑与设施、园林游憩区域、康体休闲游乐度假地、文化活动场所、纪念地与纪念活动场所、特色街区、特性屋舍、景观牧场、形象标志物、塔形建筑、亭（台、楼、阁）、特色店铺、桥梁

【客观题】

1. 以下不属于江南三大名楼的是（　）。

A. 黄鹤楼　　B. 岳阳楼　　C. 滕王阁　　D. 天一阁

2. 根据旅游资源分类、调查与评价（GB/T 18972—2017），河南洛阳白马寺属于（　）。

A. 宗教祭祀活动场所　　B. 纪念地与纪念活动场所

C. 碑碣、碑林、经幢　　D. 文化活动场所

3. 以下旅游资源的基本类型属于实用建筑与核心设施亚类的是（　）。

A. 特性屋舍、特色街区、独立场（所）、景观牧场、特色市场

B. 建筑遗迹、特色街区、特色社区、原始聚落或活动地、文化活动场所
C. 建筑遗迹、特色街区、特色社区、名人故居与历史纪念建筑、文化活动场所
D. 特性屋舍、特色街区、特色社区、宗教活动与庙会、文化活动场所

【简答题】

1. 建筑与设施类旅游资源主要有哪些?
2. 康体休闲游乐度假地调查内容。
3. 建筑与设施类旅游资源形成的基本条件是什么?

【分析题】

1. 结合案例分析社会与商贸活动场所调查及评价要领。
2. 结合案例分析独立厅、室、馆景观调查与评价要领。
3. 对比分析塔形建筑与亭、台、楼、阁在调查与评价过程中的异同。

【应用题】

1. 以杭州野生动物世界为例阐述建筑与设施类旅游资源调查与评价要领。
2. 试分析建筑与设施类旅游资源的旅游价值。

项目8　调查与评价历史遗迹类旅游资源

项目案例导入

历史遗迹类旅游资源概述PPT　　历史遗迹类旅游资源概述视频

马丘比丘（Machu Picchu）被称作印加帝国的“失落之城”。“马丘比丘”在印加语中意为“古老的山巅”。古城海拔2350米，两侧都有高约600米的悬崖，峭壁下则是日夜奔流的乌鲁班巴河。由于其圣洁、神秘、虔诚的氛围，马丘比丘被列入全球十大怀古圣地名单。

虽然马丘比丘在考古学上首屈一指，名堂响亮，可是对于它的历史却知之甚少。由于印加文化里没有文字，历史全凭口述流传，根本没有任何记载。有人猜测，当时印加人不愿让城堡被西班牙人占领，个个守口如瓶不提以致失传。况且城堡建于陡峭狭窄的山脊，又被四周的崇山峻岭包围遮盖住，因此也没被西班牙人发现。但从建筑的结构来看，它并不适宜居住，只是作为举行庆典仪式之用罢了。

古城遗址位于古印加帝国首都库斯科城西北80公里的高原上。大约1450年，印加帝国统治者帕查库特克·印加·尤潘基建造了该城。1532年，西班牙殖民者入侵秘鲁，攻占了马丘比丘，但最终将它遗弃。

1911年，美国探险家海勒姆·宾厄姆发现了完全掩盖在一片厚厚热带树林之下的古城遗址。此后，随着神秘面纱逐步被揭开，古老的马丘比丘开始向现代社会透射出它曾经辉煌的帝国文明。遗址虽只剩下残垣断壁，但当初兴盛时期的壮观风貌依稀可见。古城街道狭窄，整齐有序，宫殿、寺院、作坊、堡垒等各具特色。它们多用巨石堆砌而成，没有灰浆等黏合物，大小石块严丝合缝，甚至连一个刀片都插不进去。1983年，联合国教科文组织将马丘比丘列入《世界遗产名录》。

因为被建立在悬崖峭壁之上，马丘比丘古城又被称作“空中花园”。在遗址被发现后的不到半个世纪里，每年有大约50万游客涌入这座“空中花园”。数量失控的游客蜂拥而至，直接危及马丘比丘的保护。那些载着游客上下山的小型公共汽车排放大量尾气，严重影响了古城遗址的环境；同时，旅游业的兴旺带来周边城镇的不断扩张，也对古城遗址保护造成了严重困扰。

此外，马丘比丘还面临着山体滑坡的危险，随时有可能毁于一旦。2004年，马丘比丘附近名叫“热水”的小镇发生山体滑坡，共有十几人遇难。而马丘比丘古城遗址地表下不断增多的裂痕也使得人们不得不更加担心它的安危。于是，联合国文化管理部门在2004年明确表示，如果秘鲁政府不尽快对马丘比丘采取保护措施，马丘比丘将被纳入濒危遗址名单中——这意味着它随即将被排除在《世界遗产名录》之外。

（引自：李丰．“失落之城”马丘比丘 [EB/OL]. http://gb.cri.cn/3321/2005/04/20/421@521813.htm，2005-4-20，有删改）

想一想：你认为马丘比丘有什么旅游价值？针对马丘比丘面临的发展困境和问题，你有什么好的解决办法？

项目导读

学习目的与意义：5000年的历史赋予了我国大量宝贵的历史遗迹类旅游资源。认识和理解这种类型旅游资源的特征，理解其背后发生的深刻历史背景及其原因或规律是进行科学调查和评价的根本前提，更是新时代文化与旅游产业融合的基本要求、必然趋势。

项目内容概述：主要介绍历史遗迹类旅游资源的概念、价值和基本类型，阐述其基本特征，分析历史遗迹旅游资源的旅游价值及其调查和评价要点。

学习目标

知识目标：了解历史遗迹类旅游资源的含义；掌握历史遗迹类旅游资源的不同类型；理解历史遗迹类旅游资源的形成的历史背景和原因；理解历史遗迹类旅游资源的旅游价值和深刻人文内涵；理解历史遗迹类旅游资源的旅游价值；理解和掌握历史遗迹类旅游资源在调查与评价过程中的独特之处，能够对历史遗迹旅游资源做出合理的评价。

技能目标：能识别不同类型的历史遗迹类旅游资源；能够分析历史遗迹类旅游资源的人文精神；立足于对历史遗迹类旅游资源特殊性的理解，能对其进行全面科学的调查和评价，并能提出未来开发利用的合理化建议。

历史遗迹是人类在发展过程中留下的物质性遗迹、遗址、遗物和非物质性传统文化、习俗等，是人类适应自然、利用自然和改造自然的结果，是人类历史的载体和见证。人类的发展历史，如果从猿人开始算起，到今天，已经走过了1000多万年历程。在这漫长的发展进程中，人类不断改造自然、改造自身，留下了许许多多可供今天人们瞻仰的遗址遗迹、文化习俗。历史遗迹类旅游资源是指能够对旅游者产生吸引力，满足旅游者探幽访古、寻根问祖、乡愁体验、科普研学等需求，能够为旅游业所利用并产生效益的物质性与非物质性历史遗迹类资源。

祖先的瑰宝——历史遗迹PPT

历史遗迹类旅游资源往往承载着久远、厚重的人类生产、生活痕迹，是特定历史时期人类某些生产、生活活动的产物，反映了各个时代的政治、经济、文化、科学技术、建筑、艺术、社会风俗等方面的特点和水平，是历代人类的智慧结晶，昭示着特定历史时期特定生产、生活的特征，是历史的真实写照。因此，通过合理的旅游开发和利用能够满足旅游者了解人类历史演变、了解传统文化深刻内涵、探寻历史秘密与追忆过往等现实需求。具体而言，历史遗迹类旅游资源具有历史性和时代性、多样性和广泛性、民族性和地域性、不可再生性和唯一性等特征，通常含有知识提升的功能、艺术审美的功能、科学研究的功能、社会发展的功能、追忆往昔的功能，主要体现在以下几个方面。

第一，满足旅游者了解人类历史演变的需要。历史遗迹类旅游资源展现和反映了一定历史时期的人类文明，它们与现代人类生产、生活方式和环境有着巨大差异，对现代旅游者充满陌生、神秘、奇特之感。历史遗迹形成于人类各个历史发展阶段之中，是人文旅游资源的重要组成部分。了解历史自然环境的演变，探索人类进步的足迹，追寻社会文明的真谛，成为现代旅游的主要动机之一。

第二，满足旅游者探寻、感受传统文化的需求。现代旅游讲究参与性，注重文化内涵，强调经历和体验。历史遗迹高度真实地记录了传统文化的基本特征，是传统文化的具体体现和高度凝聚，是旅游者探讨文化演变脉络的重要窗口。散布于中华大地的无数历史遗迹，构成一部宏大的华夏文化发展演变的史册，为旅游者体验传统文化的博大精深提供了可能，为现代游客树立文化自信提供了保障。

第三，满足旅游者了解不同时代科学技术的需要。历史遗迹蕴含极为丰富的科学技术价值，尤其表现在各个交通、城池、水利、建筑等方面的工程历史遗迹上，是古代科学思想、发明创造、技术进步的具体反映，凝聚着不同时代人民的聪明才智，展示着社会科学技术发展的历史进程。因此，历史遗迹类旅游资源为旅游者深刻了解不同时代科学技术的发展和内容创造了实证条件。

第四，满足旅游者了解历代人民生活方式的需要。历代的生活方式，如住房、服饰、饮食、器物、习俗、医药、体育等，与现代的生活方式大相径庭，即使是与10年前、20年前相比，亦存在着极大的差异。通过对相关历史遗迹类旅游资源开发与体验，游客可以充分认识不同时代人们的生活方式、理解其生活方式形成的深刻历史原因，满足游客的好奇心、神秘感或怀旧的心愿。

第五，满足旅游者了解、鉴赏不同时代审美与文学艺术的需要。时代不同，美学观点大不相同，表现出不同的美学追求趋向和意境效果，也会因此衍生出不同的民间文学艺术作品。这些无法捕捉或物化的美学思想物化在历史遗迹旅游资源上面，是各个时期景观美学的形象展示，也是现代旅游者切身理解和感受各个时期美学思想、民间文学艺术的重要场所。文学作品、神话传说、民风民俗、礼仪节庆，往往是一地深厚文化内涵的生动体现，能够很好地帮助旅游者从深层次理解和感受旅游景观所蕴含的深刻的人文之美。如欧阳修的《醉翁亭记》启发和引导旅游者在感受自然的同时，能够由自然的美景联想到人生的道理，启迪人生、陶冶情操。

根据《旅游资源分类、调查与评价》（GB/T 18972—2017），历史遗迹类旅游资源可分为2大亚类、8个基本类型（见表8-1）。与《旅游资源分类、调查与评价》（GB/T 18972—2003）中的遗址遗迹类旅游资源相比，最大的不同在于其分类的方式方法与可保护开发利用的难易程度。

表8-1 历史遗迹景观类旅游资源分类

主类	亚类	基本类型
F历史遗迹	FA物质类文化遗存	FAA建筑遗迹 FAB可移动文物
	FB非物质类文化遗存	FBA 民间文学艺术 FBB地方习俗 FBC传统服饰装饰 FBD传统演艺 FBE传统医药 FBF传统体育赛事

8.1 物质类文化遗存

物质类文化遗存，又称物质文化遗产（material cultural heritage）或有形文化遗产，即传统意义上的文化遗产，是指人们可直接触摸、鉴赏、体验或参观的实体性历史遗迹类旅游资源。根据《保护世界文化和自然遗产公约》（简称《世界遗产公约》），通常可包括历史文物、历史建筑、人类文化遗址；根据《旅游资源分类、调查与评价》（GB/T 18972—2017），可包括建筑遗迹和可移动文物 2 个基本类型。与非物质类文化遗存最大的区别在于，物质类文化遗存具有典型的实体性、稳定性与可存储性。

物质类文化遗存的调查与评价PPT　　物质类文化遗存的调查与评价视频

想一想：《旅游资源分类、调查与评价》（GB/T 18972—2003）中遗址遗迹类中的人类活动遗址、文化层两个基本类型可以归类到《旅游资源分类、调查与评价》（GB/T 18972—2017）历史遗迹类中的哪个基本类型？为什么？

8.1.1 建筑遗迹

建筑遗迹是指具有地方风格和历史色彩的历史建筑遗存。根据建筑遗存的年代、区域、功能或风格等特征，可以分为不同类型的建筑遗迹，如根据我国建筑遗迹的年代不同，可以分为原始社会时期的建筑遗迹、夏商西周与春秋时期的建筑遗迹、战国秦汉与三国时期的建筑遗迹、两晋与南北朝时期的建筑遗迹、隋唐与五代时期的建筑遗迹、两宋与金辽时期的建筑遗迹、元明清时期的建筑遗迹、民国与近现代建筑遗迹；如根据我国建筑遗迹的功能不同，可以分为生活型建筑遗迹（城堡废墟、宫殿址、村址、居址、作坊址、寺庙址、墓址等）、经济生产型建筑遗迹（山地矿穴、采石坑、窑穴、仓库、水渠、水井、窑址）、公共服务型建筑遗迹（码头、车站、道路等）和防卫型建筑遗迹（壕沟、栅栏、围墙、边塞烽燧、长城、界壕及屯戍遗存等）。在实地调查与评价过程中，要突出其构筑物类型、形成年代与演化历史、典型证据、遗存状况、所处环境形态、科学与历史文化价值等内容的描述，重点采集其构筑物的数量、范围面积、所属年代、发现或发掘时间等基本特征项数据。

阅读材料8-1：良渚古城遗址

良渚古城遗址位于浙江省杭州市余杭区瓶窑镇内，总占地面积 3 平方公里，始建于公元前 3300 年。良渚文化的年代为距今 5300~4300 年，持续发展约 1000

年，属于新石器时代晚期的考古学文化。分布于长江下游一带，共发现了136个遗址。良渚古城遗址是长江下游地区首次发现的新石器时代城址，在陕西神木石峁遗址发现之前，是中国最大的史前城址，一直被誉为“中华第一城”。良渚古城外围水利系统是迄今所知中国最早的大型水利工程，也是世界最早的水坝同时是中国长江下游环太湖地区的一个区域性早期国家的权力与信仰中心。

良渚古城略呈圆角长方形，正南北方向，东西长1500~1700米，南北长1800~1900米，总面积达290多万平方米。城墙底部铺垫石块作为基础，宽度40~60米，基础以上用较纯净的黄土堆筑，部分地段地表以上还残留4米多高城墙。共发现六座水门。良渚古城遗址共包括四个遗产点：瑶山片区、谷口高坝片区、平原低坝—山前长堤片区和城址片区。

2018年1月26日，中国联合国教科文组织全国委员会秘书处致函联合国教科文组织世界遗产中心，正式推荐“良渚古城遗址”作为2019年世界文化遗产申报项目。2019年7月6日，中国良渚古城遗址获准列入《世界遗产名录》。2020年5月，良渚古城遗址入选首批“浙江文化印记”。

（引自：百度百科.良渚古城遗址，有改动）

8.1.2 可移动文物

可移动文物是指各时代重要实物、艺术品、文献、手稿、图书资料、代表性实物等，可分为珍贵文物和一般文物。文物是人类在历史发展过程中遗留下来的遗物、遗迹，是人类宝贵的历史文化遗产，是具体的物质遗存。可移动文物的基本特征包括：首先是由人类创造的，或者是与人类活动有关的；其次是已经成为历史的过去，不可能再重新创造的；最后是可移动保护或开发的。在实地调查与评价过程中，要突出其文物类型、形成年代与演化历史、典型证据、遗存状况、材质、发现或发掘情况（时间、地点、人物等）、科学与历史文化价值等内容的描述，重点采集其文物的数量、材质、所属年代、发现或发掘时间等基本特征项数据。

阅读材料8-2：圆明园十二生肖兽首铜像

圆明园十二生肖兽首铜像原为圆明园海晏堂外喷泉的一部分，是清乾隆年间的红铜铸像。1860年英法联军侵略中国，火烧圆明园，兽首铜像开始流失海外。截至2012年，牛首、猴首、虎首、猪首、和马首铜像已回归中国，收藏在保利艺术博物馆；2013 年 4 月 26 日，法国皮诺家族在北京宣布将向中方无偿捐赠流失海外的圆明园十二大水法中的青铜鼠首和兔首。此次捐赠的鼠首、兔首，为北京圆明园流失的十二生肖青铜像中的两件。目前，圆明园十二大水法中的十二大生肖兽首已经有 8 个回归中国，其中龙首目前在台湾保存完好，不过蛇首、鸡首、狗首、羊首则下落不明。

兽首由驻华耶稣会教士郎世宁在乾隆二十四年（1759 年）设计，他以兽头人身的十二生肖代表一天的二十四小时，每座铜像轮流喷水，蔚为奇观。

（引自：百度百科．圆明园十二生肖兽首铜像，2019-01-10，有删改）

8.2 非物质类文化遗存

非物质类文化遗存，又称非物质文化遗产（Intangible cultural heritage）或无形文化遗产，通常简称为“非遗”。《中华人民共和国非物质文化遗产法》规定，非物质文化遗产是指各族人民世代相传并视为其文化遗产组成部分的各种传统文化表现形式，以及与传统文化表现形式相关的实物和场所，主要包括：传统口头文学以及作为其载体的语言；传统美术、（梅花篆字）书法、音乐、舞蹈、戏剧、曲艺和杂技；传统技艺、医药和历法；传统礼仪、节庆等民俗；传统体育和游艺；其他非物质文化遗产。根据《旅游资源分类、调查与评价》（GB/T 18972—2017），可包括民间文学艺术、地方习俗、传统服饰装饰、传统演艺、传统医药、传统体育赛事 6 个基本类型。与物质类文化遗存最大的区别在于，非物质类文化遗存具有典型的寄宿性或伴生性、时间性与不可存储性。

非物质类文化遗存调查与评价视频

非物质类文化遗存调查与评价PPT

想一想：物质类文化遗存与非物质类文化遗存相比，其各自的开发与利用优势是什么？

8.2.1 民间文学艺术

民间文学艺术是指民间对社会生活进行形象概括而创作的文学艺术作品，是由特定的民族、族群或者社群内不特定成员集体创作和世代传承，并体现其传统观念和文化价值的文学艺术表达，通常包括但不限于以下类型：一是民间故事、传说、诗歌、歌谣、谚语等以言语或者文字形式表达的作品；二是民间歌曲、器乐等以音乐形式表达的作品。在实地调查与评价过程中，要突出其类型、形成年代与演化历史、形成背景与影响力、主要人物或事件、文学艺术作品主题或内容、科学与历史文化艺术价值等内容的描述，重点采集其所属年代、影响面或辐射范围、传承发展情况等基本特征项数据。

阅读材料8-3：中国民间四大爱情故事与宁波方特东方神画

中国民间四大爱情故事是指在中国民间以口头、文稿等形式流传最为宽广、影响最大的四个爱情故事，分别为牛郎织女、孟姜女哭长城、白蛇传、梁山伯与祝英台。

牛郎织女的传说始于《诗经·大东》："跂彼织女""睆彼牵牛"的记载。《古诗十九首·迢迢牵牛星》已称牛郎织女为夫妻。应劭《风俗通》逸文："织女七夕当渡河，使鹊为桥，相传七日鹊首无故皆髡，因为梁（注：桥）以渡织女也。"故事已初步形成，并与七夕习俗相结合。

孟姜女的传说起源于《左传》杞梁妻拒绝齐侯郊吊、遵守礼法的记载。"齐庄公袭莒于夺（隧），杞良死焉，其妻迎其柩于路而哭之哀"是故事的雏形。汉·刘向《列女传（四）》记："齐杞梁殖战死，其妻哭于城下，十日而城崩。"又唐（佚名）《琱玉集》记："秦时有燕人杞良，娶孟超女仲姿为妻，因良被筑长城官吏所击杀，仲姿哭长城下，城即崩倒。"可知这个传说在唐代已盛行，但孟仲姿和杞良，在传说中已改名为孟姜女和范喜良。

白蛇的故事形成最晚，其起源一说源于唐传奇《白蛇记》；一说源于《西湖三塔记》。到明代冯梦龙的《白娘子永镇雷峰塔》(《警世通言》)，故事已初步定型。

梁祝的故事最早见于唐·梁载言的《十道四蕃志》，记载了梁、祝"二人尝同学""同冢"的故事。晚唐·张读的《宣宝志》有较详细的记载。到明代冯梦龙的《古今小说》，又增加了英台不解带、梁山伯生疑和化蝶的情节。

宁波方特东方神画，位于宁波杭州湾新区跨海大桥南岸，是国家4A级旅游景区。作为传承中国历史文化的主题乐园，在创意初期即将整个园区以民间传说、民间戏曲、经典爱情传奇、神秘文化、杂技与竞技、民间节庆、民间手工艺、综合项目八大类别进行区域划分。设计了《女娲补天》《千古蝶恋》《长城绝恋》《惊魂之旅》《神州塔》等20多个优秀的主题演艺项目。

（引自：百度百科．中国古代民间四大传说，2019-01-10，有删改）

想一想：一是民间文学艺术与非物质文化遗产两个概念的差别是什么，请举例说明。二是民间艺术团体与民间文学艺术有什么关系？

8.2.2 地方习俗

地方习俗是指社会文化中长期形成的风尚、礼节、习惯及禁忌等，是特定社会文化区域内历代人们共同遵守的行为模式或规范。主要包括民族风俗、节日习俗、传统礼仪等。地方习俗由于是历史时期长时间形成的，它对社会成员有一种非常强烈的行为制约作用，是社会道德与法律的基础和相辅部分，更是现代游客体验地方风情及地方旅游业发展的核心竞争力。地方习俗具有典型的地方特色性、类型多样性、传承发展性、集体约束性等特征。因此，不同民族或地区、不同历史时期、不同季节或场景下，均有不同的地方习俗展现方式，如藏族的献“哈达”与敬酥油茶、回族的禁食猪肉及相应制品，以及各地在春节、元宵、清明、端午、中秋、重阳等特定节日的习俗都有较大差异。在实地调查与评价过程中，要突出其类型、形成年代与演化历史、形成背景与影响力、主要人物或事件、地方习俗的主题与背景环境、相关节庆活动、科学与历史文化价值等内容的描述，重点采集其发生时间与地点、影响面或辐射范围、传承发展情况等基本特征项数据。

想一想：你所在地区或民族，有哪些地方特色习俗？

8.2.3 传统服饰装饰

传统服饰装饰是指具有地方和民族特色的衣饰。我国不同民族的文化各不相同，其中一个重要表现就是风格各异的服饰文化。如今，随着旅游内涵的不断扩充，特色服饰也成为旅游地的吸引力要素之一。所谓服饰，是指装饰人体的物品总称，包括服装、鞋、帽、袜、手套、围巾、领带、腰带、发饰等。服饰主要具有御寒、遮羞、装饰三方面的作用，且与当地的经济、政治、思想、文化、地理、历史及宗教信仰、生活习惯等因素有密切关系。在实地调查与评价过程中，要突出其始产年代、发展历程、背后蕴含的历史文化内涵与意义、对服饰历史的影响、现代的发展演绎、服装面料、典型特征等方面的描述，重点采集特色服饰的典型尺寸数据、开始年代等基本特征项数据。

阅读材料8-4：Cosply与西塘汉服文化周

Cosplay是英文Costume Play的简写，是指利用服装、饰品、道具及化妆来扮演动漫作品、游戏中及古代人物的角色。玩Cosplay的人则一般被称为Cosplayer。当代Cosplay最初成形的目的仍是出于一种商业上的形为而并非像现在这样是一种流行品位上的消费，主流说法是起源于美国的迪士尼。近年来，Cosplay文化在动漫、游戏界不断热门化和发扬光大，同时借助各种Cosplay活动、传媒推广、互联网资讯传播等，使Cosplay的自由参与者激增，Cosplay才渐渐得到了真正的、独立的发展，可以说现今世界对Cosplay的理念有相当部分继承于日本。

值得注意的是，Cosplay受国内目前网络游戏、虚拟穿越小说、动漫产业、文化复兴等多重因素的影响，以复古或模拟地方或传统服饰装饰的玩家越来越多。2013年11月1日，由方文山倡导并发起的西塘汉服文化周在国家5A级旅游景区——浙江嘉善西塘古镇举行。该活动以中华传统服饰文化、礼仪文化的弘扬及传承为根本目的，是中华传统服饰和传统礼仪文化大规模的呈现，内容主要包括朝代嘉年华、汉服好声音、水上T台秀、汉服之夜、水上传统婚礼、汉服相亲大会、汉服发展高峰论坛、国学好好玩、西塘杯传统射箭邀请赛、草船借箭、中国风集市、文创作品展、霹雳之夜、拜师礼、铠甲展、中华武备展演、“西塘杯”古诗词大赛、全民汉服K歌&生日会、美少女雅集、每日主题穿搭、礼·乐、一席一会、杨树云中国古典妆造大师课、汉礼婚博会、汉服橱窗、汉服娃衣展、国学讲堂等。

西塘汉服文化周至2018年年底已经举办了6届，2017年获中国旅游总评榜“年度最具影响力节庆活动”。该活动不仅展示了中华传统服饰之美，更是借助传统服饰的冠带之规，展现中庸、正直、诚信等中华礼教文化的精髓，具有继承弘扬传统文化、加强民族团结、强化民族自信心的重要意义。

（引自：百度百科.Cosplay、西塘汉服文化周，2019-1-14，有删改）

8.2.4 传统演艺

传统演艺是指民间各种传统表演方式，包括民间音乐、民间舞蹈、传统戏剧、曲艺等。在古代，民间演艺多在岁时节日演出，酬神兼以娱人，而且与集市贸易相联系。庙会是民间戏曲演出的重要时段，除此之外，还有很多民俗宗教性的戏曲、杂耍等表演，如开光戏、求雨戏、丰收戏、还愿戏、谢神戏等。另外，民间演艺也与人生仪礼密切相关，旧中国的宗族制度下，开堂祭祖、修订族谱，或者族人高中、升迁、荣归、祖饯、赐匾、立牌坊等，都要迎班演戏，婚丧嫁娶自不必说。还有中国各大城镇、水陆商埠、各行行会、同乡会每遇新春团拜、祖师诞辰或重大交涉、公私集会都要请戏班演“堂会戏”。在实地调查与评价过程中，应突出民间演艺的演艺性质与类型、主要内容及特色、演艺程序、庆典方式、历史渊源、社会影响等方面的描述，重点采集其创始年代、相关特定节日等基本特征项数据。

阅读材料8-5：信天游

信天游是流传在我国西北广大地区的一种民歌形式。在陕北被称作“信天游”，又称“顺天游”“小曲子”，在山西被称为“山曲”，在内蒙古则被叫作“爬山调”。无论是陕北的信天游，山西的山曲，还是内蒙古的爬山调，其歌词都是以七字格“二二三式”为基本句格式的上下句变文体，而表现则以浪漫主义的比兴手法见长。

信天游唱词一般为两句体，上句起兴作比，下句点题，基本上是即兴之作。这些口语化的诗句语出惊人、形象生动，具有极强的艺术感染力。其内容主要以反映爱情、婚姻、反抗压迫，争取自由为主。陕北人唱信天游，既唱生活的快乐，也唱个人的忧愁；既不乏浪漫，又注重现实，是对生活美的追求和感情的寄托。

8.2.5 传统医药

传统医药是指当地传统留存的医药制品和治疗方式，是非物质文化遗产名录的一项。《中华人民共和国宪法》第 21 条规定，国家发展医疗卫生事业，发展现代医药和我国传统医药。2017 年 7 月 6 日，习近平致信祝贺金砖国家卫生部长会暨传统医药高级别会议召开时指出，传统医药是优秀传统文化的重要载体，在促进文明互鉴、维护人民健康等方面发挥着重要作用。我国拥有 1 万多种中草药资源和 4000 多种中草药制剂，主要包括三大类：植物药，如金银花、连翘、甘草、当归；动物药，如鹿茸、穿山甲、虎骨、蜈蚣；矿物药，龙骨、磁石、石膏等。中草药材的生长需要特定的地理环境，我国地理环境复杂多样，不同的地理环境孕育了不同的中草药材，如吉林人参、宁夏枸杞、甘肃黄芪、山西党参、云南三七等。丰富的中草药材必然伴随着各地传统的治疗方式。在实地调查与评价过程中，应突出药材及制品类型、产地、药用价值与保健功效、制作加工方式、历史渊源与社会影响、生长环境、传统治疗方式及其适用范围、主要传承人或有影响力的人物与事件等内容的描述，重点采集其中草药材、医药制品及治疗方式三个方面的特征项数据。

阅读材料8-6：云南白药

云南白药是驰名世界的中成药，中国国家地理标志产品，于1902年成功创制。云南白药由名贵药材制成，对于多种出血性疾病都有明显的疗效，可以加速止血、缩短病程；止血方面也应用十分广泛，对于创伤出血、消化道出血、呼吸道出血、出血性脑病及妇科、小儿科、五官科出血性疾病都有很好的治疗效果；同时，云南白药对炎症物质的释放有抑制作用，对于改善微循环、改变血管通透性等方面都有效用；在治疗创伤中，能有效治疗局部的红肿热痛，活血化瘀，抑制肿胀；此外，云南白药还有抑菌的作用，能够防止创伤的感染；可以促进肾上腺皮质激素的分泌，对于免疫系统疾病有治疗作用。

云南白药原名“曲焕章百宝丹”。曲焕章原在云南江川一带是有名的伤科医生，后为避祸乱，游历滇南名山，求教当地的民族医生，研究当地草药，苦心钻研，改进配方，历经十载，研制出“百宝丹”，另外他还研制出虎力散、撑骨散的药方。1916年，曲焕章将它们与白药的药方一起交给云南省政府警察厅卫生所检验，合格后颁发了证书，允许公开出售。1917年，云南白药由纸包装改为瓷瓶包装，行销全国，销量骤增。1923年后，云南政局混乱，曲焕章在此期间，钻研配方，总结临床经验，使云南白药达到了更好的药效，形成了“一药化三丹一子”，即普通百宝丹、重升百宝丹、三升百宝丹、保险子。此时百宝丹已享誉海外，在东南亚地区十分畅销。1931年，曲焕章在昆明金碧路建成“曲焕章大药房”。1955年，曲焕章的妻子缪兰英向政府献出该药的配方，之后云南白药开始在其他药厂生产。

云南白药的主要成分就是三七，三七又名田七，明代著名的药学家李时珍称其为“金不换”。清朝药学著作《本草纲目拾遗》中记载：“人参补气第一，三七补血第一，味同而功亦等，故称人参三七，为中药中之最珍贵者。”三七的产地十分集中，云南占绝大部分。云南三七分布较广，几乎在海拔1200~1700米的地区都有种植，其中以文山州各县为主要产区，文山州砚山、马关、西畴等县栽培三七已有三四百年的历史，被誉为“三七之乡”。

云南白药创制至今，已有100多年的历史，凭借其神奇的疗效，被誉为“中华瑰宝，伤科圣药”，畅销海内外，其处方现今仍然是中国政府经济知识产权领域的最高机密。1979年、1984年、1989年三度获国家优质产品金质奖章，产品有传统瓶装和胶囊剂两种。2015年9月17日，胡润研究院发布《2015胡润品牌榜》，200个最具价值中国品牌上榜，医药保健品行业上有11个品牌上榜，云南白药位列医药保健品行业榜首，品牌价值185亿元。2015年11月30日，由国家工商行政管理总局、世界知识产权组织共同举办的中国商标金奖颁奖大会在上海召开，云南白药喜获中国商标金奖（运用奖），获世界知识产权组织认可。

（引自：百度百科. 云南白药[EB/OL]. https://baike.baidu.com/item/云南白药/51233?fr=aladdin，2019-1-14，有删改）

8.2.6 传统体育赛事

传统体育赛事是指当地定期举行的传统体育比赛活动，可包括体育健身比赛、竞技活动或健身活动。我国民间健身活动自古以来便有，是指生活在一定地域的一个或多个民族所独有的，在人民大众中广泛传承的具有修身养性、健身技击、休闲养生、竞技表演、观赏游艺、趣味惊险、民俗音乐歌舞交融特色的体育活动形式。随着时间的延续，这些健身活动往往成为当地传统健身活动，包括传统导引、养生、健身、保健、医疗体育和民间、传统体育等项目。这些健身运动项目有别于竞赛体育项目，健身项目主要体现在重参与，并通过举行健身比赛吸引更多的人参与到健身运动中来。民间健身活动有很强的娱乐性和表演性，这些活动作为祭祀形式、健身手段和男女社交方式的活动，也是“娱己”又“娱人”。在实地调查与评价过程中，应突出其性质与类型、组织形式与参与方式、主要内容及特色、历史渊源、社会影响及范围、举办地点、相关人与事物等方面的描述，重点采集举办时间、创始年代、传奇人物及数量等基本特征项数据。

阅读材料8-7：那达慕大会

“那达慕”是蒙古语，亦称“那雅尔”（Nair），“那达慕”是蒙语的译音，意为“娱乐、游戏”，以表示丰收的喜悦之情。“那达慕”大会是蒙古族历史悠久的传统节日，在蒙古族人民的生活中占有重要地位。

每年七八月牲畜肥壮的季节举行的那达慕大会，是人们为了庆祝丰收而举行的文体娱乐大会。那达慕大会上有惊险刺激的赛马、摔跤，令人赞赏的射箭，有争强斗胜的棋艺，有引人入胜的歌舞。赛马也是大会上重要的活动之一。比赛开始，骑手们一字排开，个个扎着彩色腰带，头缠彩巾，洋溢着青春的活力。赛马的起点和终点插着各种鲜艳的彩旗，只等号角长鸣，骑手们便纷纷飞身上鞍，扬鞭策马，一时红巾飞舞，如箭矢齐发。前五名到达终点者，成为草原上最受人赞誉的健儿。射箭、摔跤等比赛也吸引着众多牧民。

每年农历六月初四开始的为期5天的那达慕，是蒙古族人民的盛会。那达慕大会的内容主要有摔跤、赛马、射箭、套马、下蒙古棋等民族传统项目，有的地方还有田径、拔河、篮球等体育项目。

2006年5月20日，那达慕经国务院批准列入第一批国家级非物质文化遗产名录。

（引自：百度百科．那达慕，2019-1-14）

8.3 历史遗迹类旅游资源调查与评价实训

8.3.1 实训目的

通过实地考察学习，能充分利用本项目及前面项目的相关知识与技能要点，加深对历史遗迹类旅游资源概念的理解，了解并掌握历史遗迹类旅游资源的功能、类型、特点；能有序开展历史遗迹类旅游资源调查与评价的各个环节，掌握历史遗迹类旅游资源的认定、调查技巧；完成各个旅游资源的调查表填写，提出相应的保护、开发建议。

8.3.2 实训地点

可利用某周末或专业综合实训周等时间去历史遗迹类旅游资源较全面且具有代表性的景区景点（如历史文化名城、名镇或名村等），也可随堂提供相应景区景点的视频、照片、文本等资料进行课堂实训。

8.3.3 实训教学内容及要求

（1）观察了解历史遗迹类旅游资源的特点。

（2）准备旅游资源调查前的各项准备工作，完成资源调查表的预填。

（3）全面调查实训区域内所有历史遗迹类旅游资源的基本类型，并能对其进行较为客观的开发价值和开发方向的分析评价。

（4）提出开发、保护历史遗迹类旅游资源的对策措施。

8.3.4 实训教学工具与方法

8.3.4.1 实训教学工具

详见 2.2 调查工具的准备与使用。

8.3.4.2 实训教学方法

（1）对全班同学进行实训调研分组。

（2）教师组织、指导学生完成准备阶段的各项工作，包括资料的收集整理、调查表的预填。

（3）邀请景区景点的专业人员为学生进行专业讲解。

8.3.5 实训教学资料简介

良渚文化遗址

良渚文化为中国新石器文化遗址之一，分布地点在长江下游的太湖地区，其中心在浙江省良渚。1936 年发现的该文化遗址，于 1959 年依照考古惯例按发现地点良渚命名，是为良渚文化。良渚文化存续时间为距今 5300 年至 4200 年，属于新石器时代。该文化遗址最大特色是所出土的玉器。挖掘自墓葬中的玉器包含有璧、琮、钺、璜、冠形器、三叉形玉器、玉镯、玉管、玉珠、玉坠、柱形玉器、锥形玉器、玉带及环等。另外，陶器也相当精致。

良渚位于杭州城北 18 公里处余杭区良渚镇，发现于 1936 年，是新石器时代晚期人类聚居的地方。出土的石器有镰、镞、矛、穿孔斧、穿孔刀等，磨制精致，特别是石犁和耘田器的使用，说明当时已进入犁耕阶段。良渚遗址区内有一座面积 290 万平方米的古城，其年代不晚于良渚文化晚期。考古学家指出，这是长江中下游地区首次发现的良渚文化时期的城址，也是目前所发现的同时代中国最大的城址。当时“良渚”势力占据了半个中国，新发现的这座古城相当于良渚时的首都。

8.3.6 旅游资源单体调查表示例

浙江省杭州市余杭区“良渚文化遗址”旅游资源单体调查表

单体名称：良渚文化遗址

基本类型：FAA建筑遗迹　　　　　　　　　序号：××××

代　　号	ZJ—HGH—YHQ—FAA—01　其他代号：①　　　　；②
行政位置	浙江省杭州市余杭区良渚镇
地理位置	东经120°02′35.53″，北纬30°22′57.80″

性质与特征（单体性质、形态、结构、组成成分的外在表现和内在因素，以及单体生成过程、演化历史、人事影响等主要环境因素）

良渚文化是环太湖流域一支优秀的古文化。据对有关遗址出土文物的碳14测定，其年代距今约5300至4200年，良渚文化先后延续数千年之久。遗址分布的良渚镇、瓶窑、安溪为新石器时代晚期人类聚居地。良渚文化遗址已成为实证中华五千年文明史的最具规模和代表性的遗址。

经过半个多世纪的考古调查和发掘，初步查明主要分布在余杭区良渚、安溪、瓶窑镇地域内。以莫角山为核心呈辐射分布，达50余处，总面积有33.8平方公里，有村落、墓地、祭坛、大型建筑基址等各种遗迹。良渚遗址已被认为是良渚时期的政治、经济、文化和宗教中心。

1936年，浙江省省立西湖博物馆在良渚镇发现并发掘以黑陶和磨光石器为代表的新石器时代遗址。1959年，中国社会科学院考古研究所所长夏鼐在《长江流域考古问题》中，正式提出了“良渚文化”的命名。1977年，考古学家苏秉琦阐述了区系类型的理论，说明良渚文化是长江中下游太湖地区文化序列中的一个阶段，即由马家浜—崧泽文化—良渚文化的发展序列。

从1987年至1993年，最能代表良渚文化的四大遗址依次发现。

莫角山遗址（1993年发掘），位于瓶窑镇东1.5公里处大观山果园。呈长方形，东西长约670米，南北宽450米，面积30余万平方米，最高处10.2米。现可见人工堆筑的3个土墩，呈三足鼎立之势。南为乌龟山、北为小莫角山、东为大莫角山。1987年考古所进行发掘，发现大面积红烧土堆积，最厚处达1.1米。经1993年发掘证实，这是一处人工堆筑的巨型礼制性建筑基址，是良渚文化时期的政治、经济、文化和宗教中心。这一面积超过30万平方米的人工建筑的巨型、礼制性建筑基址的发现奠定了良渚文化范围内的中心地位。莫角山遗址的发掘被评为全国十大考古新发现之一。不久，它又和汇观山遗址一起被评为“八五”期间全国十大考古新发现之一。

反山遗址（1987年发掘）位于瓶窑镇费家村南，大观山果园西北，系人工堆筑的高台基地，东西长90米，南北长30米，高出附近水田7米。上层土呈黄褐色，下层为灰褐色。1986年5月，省考古所配合基建进行发掘，发现“显贵者”大墓八座，出土一件重达6.5公斤的神人兽面纹玉琮、玉钺、玉璧、三叉形器等。

瑶山遗址（1987年发掘）位于安溪镇下溪村西北的瑶山顶，高出附近水田38.2米。为一座良渚文化祭坛和12座良渚文化大墓，面积为400平方米。整个祭坛可分为三，内为南北长6米，东西宽5米的红土台。台四周有宽2米，深1.3米的围沟内填灰褐色土，围沟周围为砾石台面。祭坛四周为砾石台面，祭坛四周原有砾石砌成的石坝护坡。祭坛南半部前后两行共12座排列有序的玉殓墓葬，墓中琮、璧、钺及珠、管等玉器占随葬品95%。它与反山遗址被评为“七五”期间全国十大考古新发现之一。

汇观山遗址（1991年发掘）位于瓶窑镇外窑村西北一座高18米的小丘上，离安溪瑶山8公里。在1000平方米内有祭坛1座，祭坛坑3个，墓葬4座。其中一座不仅有木质葬具，且有双重外椁。

从遗址及遗址中大量出土的石器、玉器、陶器，可以对良渚文化层有个具体的认识。

莫角山遗址为良渚文化时期的政治、经济、文化和宗教中心。而两种不同类型良渚文化墓地的发现，表示当时贫富分化已非常明显，等级差别已经出现，而墓中琮、璧、钺等组成玉器的出现，则是礼仪制度出现的重要标志，表明当时统治者内部已有了严格的礼仪等级制度。

良渚文化时期稻作农业已相当进步。稻谷有籼、粳稻之分，并普遍使用石犁、石镰。蔬菜瓜豆的种植、果树的栽培及捕鱼狩猎，也是良渚先民生产经营的重要方面。

良渚文化的手工业也有很高的成就，玉石制作、制陶、木作、竹器编织、丝麻纺织都达到较高水平：良渚遗址曾出土大量石器，如石斧、石钺、有段锛，还有犁、镰、耘田器等，这些石器棱角分明、器形规整、通体精磨、抛光有致，说明良渚文化时期的稻作农业已从耜耕进入犁耕。

当时的制陶技术有了很大的提高，最具有代表性的是造型美观、表面光亮、胎壁匀薄的黑陶，如鼎、豆、壶、罐等。

良渚文化遗址中的祭坛遗迹与宗教器物说明良渚先民的日常生活中宗教已占很大比重。玉器上的纹饰主题神人面兽纹则是当时“天人合一”观念的体现和信仰，并逐步成为中国传统文化的核心。

同时在一些玉器和陶器上还出现了为数不多的刻画符号，这些符号在形体上已接近了商周时期的文字，是良渚文化进入文明时代的重要标志。

总之，良渚文化在中国文明的起源、中华民族文化传统的形成过程中起了极为重要的作用。

为了更好地发掘、保护、研究良渚文化，已建立起了一座综合反映良渚文化考古研究所成果的专题性博物馆——良渚文化博物馆，占地 12.88 亩，建筑面积 1600 平方米，兼具古文化的古老气息与现代建筑的恢宏气势。1994 年，江泽民题写馆名，并落成开放。

旅游区域及进出条件（单体所在地区的具体部位、进出交通、与周边旅游集散地和主要旅游区、点之间的关系）

良渚文化遗址位于杭州市余杭区良渚镇的中心集散地。由良渚镇到镇内的其他主要旅游区主要是公路，有 104 国道、省道、县乡道路可达。良渚镇到杭州城北约 18 公里。

评价项目	资源要素价值（85分）					资源影响力（15分）		附加值
评价因子	观赏游憩使用价值（30分）	历史文化科学艺术价值（25分）	珍稀奇特程度（15分）	规模、丰度与几率（10分）	完整性（5分）	知名度和影响力（10分）	适游期或使用范围（5分）	环境保护与环境安全
分　值	25	25	15	10	4	10	4	3
总　分	96分；五级旅游资源单体							

图片资料

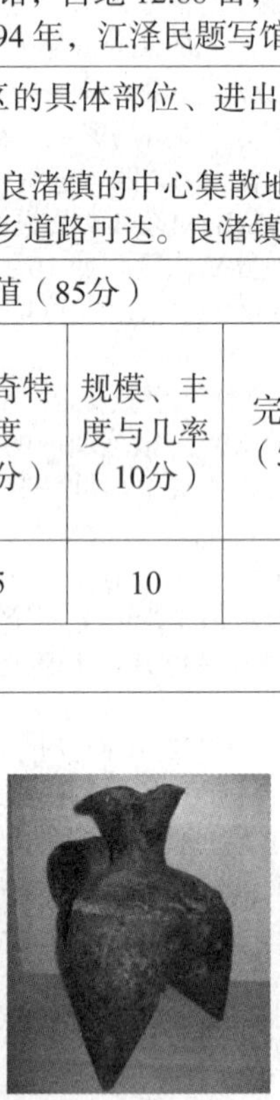
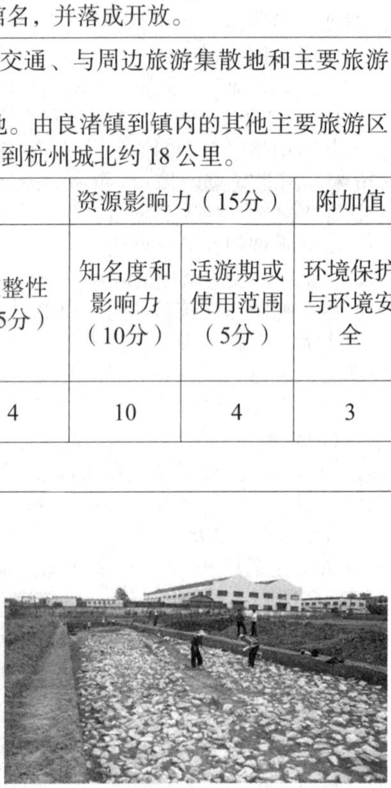

8.3.7 实训成果及其评价主体与细则

8.3.7.1 实训成果要求

（1）完成不少于 10 个历史遗迹类旅游资源单体表的填写。

（2）完成对每个旅游资源单体的摄像或摄影工作，其中每个旅游资源单体的照片不少于 5 张，且要求美观。

（3）提出历史遗迹类旅游资源未来开发的对策与思路，形成汇报 PPT。

8.3.7.2 评价主体及其权重

本次实训成果的评价建议由校内专业老师、企业指导老师及学生代表（每个实训小组各选 1 名代表）参加，权重分别为 40%、40% 和 20%。

8.3.7.3 评分细则

评分细则具体如表 8–2 所示。

表8–2 历史遗迹类实训成果评价标准

实训任务名称：__________ 汇报人：__________ 第___组

评价内容		评价分值	评价标准	评价得分
旅游资源单体调查表及摄像照片	旅游资源单体调查表数量	10分	旅游资源单体表数量在10个及以上得10分，数量9个及以下，按实际完成数量得分	
	旅游资源单体调查表质量	15分	单体表填写准确、描述达到要求得12～15分；单体表填写基本准确、描述基本到位得7～11分；单体表填写尚可、描述较弱得0～6分	
	旅游资源单体照片	15分	旅游资源单体照片数量达标且美观度、清晰度较高的得12～15分；数量基本达标且美观度、清晰度尚可的得7～11分；数量未达标且美观度、清晰度较差的得0～6分	
历史遗迹类旅游资源开发对策与思路	PPT报告完整性	15分	包括课题组组成、调查情况、调查步骤与方法、调查结果、对策建议等，每一项得3分	
	PPT报告科学性与合理性	15分	报告建议科学合理得12～15分；报告建议基本科学、合理得7～11分；报告建议科学性与合理性较差得0～6分	
表现方式	PPT演示文稿	10分	PPT排版美观大方且有特色得8～10分；排版基本整齐且有一定特色得4～7分；排版美观度相对较弱得0～3分	
	现场演讲	10分	演讲者形象气质佳、演讲流利、条理清晰者得8～10分；形象一般、演讲一般得4～7分；其他方面得0～3分	
	现场答辩	10分	现场答辩流利、回答内容准确得8～10分；答辩一般、内容基本准得4～7分；其他方面得0～3分	
评委签名：			合计得分：	

8.4 总结与测试

8.4.1 总结

历史遗迹类旅游资源是我国旅游资源的重要组成部分，是我国旅游景观的重要类型。悠久的历史孕育了灿烂的文化，对这些资源概念的理解、类型的掌握是剖析其旅游价值的基本前提；基于它们的独特性，在调查和评价过程中只有掌握这些要点，才能得出科学的结论，才能为合理开发这些宝贵的旅游资源提供科学的依据。

8.4.2 项目测试

【主要概念】

物质类文化遗存、非物质类文化遗存、建筑遗迹、可移动文物、民间文学艺术、地方习俗、传统服饰装饰、传统演艺、传统医药、传统体育赛事

【客观题】

1. 下列属于国标中传统体育赛事类旅游资源的是（　）。

A. 奥运会　B. 那达慕大会　C. 上海旅游节　D. 傣族婚礼

2. 傣族女子的花筒裙属于国标中的（　）类型旅游资源。

A. 人　物　B. 民间文学艺术　C. 传统演艺　D. 传统服饰装饰

【简答题】

1. 建筑遗迹的调查和评价要点是什么，请结合实例说明。

2. 简述地方习俗类旅游资源的调查评价要点。

3. 传统体育赛事类旅游资源调查与评价要点有哪些，请结合实例说明。

【分析题】

1. 以河姆渡遗址为例，分析历史遗迹类旅游资源类型及其旅游价值（功能）。

2. 以现在非常火爆的杭州宋城大型演艺《宋城千古情》为例，请同学们分析我国旅游演艺类旅游资源的开发现状。

【应用题】

1. 请大家选择自己熟悉的案例，对我国目前传统地方习俗旅游资源开发利用现状

进行深入分析，针对性地指出存在的问题，并提出自己的想法。

2. 请结合你熟悉的例子，结合现代旅游者的旅游需求，分析我国目前历史遗迹类旅游资源的开发现状，并提出自己的看法。

3. 以你所熟悉的某类中草药材为例，提出开发养生康体型旅游度假区的对策与思路。

项目9　调查与评价旅游购品类旅游资源

项目案例导入

旅游购品类资源概述视频　　旅游购品类资源概述PPT

案例1：我国是世界上最早发现和利用茶的国家，是茶的故乡。西湖龙井茶是全国十大名茶之一，属于六大基本茶类中的绿茶，产自浙江杭州，龙井既是泉名也是地名，也是茶名。西湖龙井茶的特点是形状扁平挺直，大小长短匀齐，色泽嫩绿或翠绿，鲜艳有光，香气清高鲜爽，滋味甘甜，具有提神、生津止渴、降低血液中的中性脂肪和胆固醇、抗氧化、抗突然异变、抗肿瘤、抑制血压上升、抑制血小板凝集、抗菌、抗产物过敏等功效。

西湖龙井茶的采制已有1200多年的历史。最初的史料源于唐代陆羽著的《茶经》"杭州钱塘天竺，灵隐二寺产茶"的记载。宋朝时，宝云山出产的宝云茶、下天竺香林洞出产的香林茶和上天竺白云峰出产的白云茶，都被列为"贡茶"。清朝乾隆皇帝下江南时，曾到狮峰山下的胡公庙品饮西湖龙井茶，并赞不绝口。

西湖龙井茶产于西湖西侧的群山之中，其中又以狮峰山、龙井村所产的茶叶品质最佳。历史上西湖龙井有"狮（峰山）""龙（井村）""云（栖）""虎（跑）"四个品号，民国后，"梅（家坞）"也位列其中，现在统称为西湖龙井茶。西湖山区各地所产龙井茶，由于生长条件不同，自然品质和炒制技巧略有差异，形成不同的品质风格。

西湖龙井茶的采摘和加工技艺相当讲究。每年春天，茶农分四次按档次采摘青叶，"清明"前三天采摘的称"明前茶"。该茶的嫩芽初迸，如同莲心，故又叫"莲心茶"，一斤干茶约需36000颗嫩芽方可炒制成，是西湖龙井茶中的珍品。清明后到"谷雨"前采摘的叫"雨前茶"，这时，茶柄上长出一片小叶，形状似旗，茶芽稍长，形状似枪，故又称"旗枪"。"立夏"时采摘的叫"雀舌"。再过一个月采摘的茶，谓之"梗片"。

西湖龙井茶的加工炒制，因原料等级不同，加工技术也不尽相同，产品各有特色。特级西湖龙井茶全部采用手工炒制，温度约在80℃左右，要求保持茶叶的颜色翠绿、香味醇高和外形美观。炒茶每锅一次只能炒二两，一个熟练的炒茶能手，一天只能炒二斤多干茶。龙井茶采摘十分细致，要求苛刻。

为了保护西湖龙井茶，国家质监总局已于2001年实施了原产地产品保护政策。根据西湖龙井茶的实际产生范围，杭州市政府划定了168平方公里的保护区域，凡是在这个区域之外的，都只能叫“钱塘龙井”和“越州龙井”。正宗的西湖龙井都贴有原产地保护和防伪标识。西湖龙井茶的品牌有20多个，其中名气、信誉度和质量最好的应属“贡”牌。

案例2：2017年9月，首届特色旅游商品博览会暨2017中国特色旅游商品大赛在内蒙古自治区包头市举行。经过40多位专家、评委两天的评选，浙江省推选的31件特色旅游商品脱颖而出，奖项总数在全国名列前茅。其中，王星记扇子、特洁尔智能马桶便盖等9件商品获得金奖，阿拉窝里—东海船包、江南古方豆酱面酱等10件商品获得银奖，禅音香插、遇见青瓷—江南韵等12件商品获得铜奖，浙江省旅游局被大赛主委会授予最佳贡献奖。

在首届特色旅游商品博览会正式开幕之前，由中国旅游协会、内蒙古自治区旅游发展委员会和包头市人民政府主办的2017中国特色旅游商品大赛先期举行。经过各省市区的层层筛选，从数千家企业选送的数万件参赛商品中筛选出超过1500件/套商品进入包头大赛现场参加评审。

为了保证大赛的权威性和专业性，大赛组委会特别组建了来自全国的强大评审阵容，评审专家根据参赛商品的地域性、市场性、实用性、创新性、工艺性、示范性等在现场评比出金奖100个、银奖200个、铜奖200个。

尤为值得关注的是，浙江特洁尔智能洁具有限公司作为唯一参展的智能马桶盖产品生产企业，参评的TB-320Z型智能马桶便盖最终获得了大赛金奖。“前几年，不少游客去日本抢购智能马桶盖，但实际上我们自己的产品质量一点都不逊色，重量轻，包装精致，便于携带，非常适合游客购买。”浙江特洁尔智能洁具有限公司大区经理李海军介绍。

同样获得金奖的旅游商品还有由会稽山绍兴酒股份有限公司选送的会稽山黄酒系列，创建于1743年的会稽山绍兴酒股份有限公司这回选送了3款会稽山黄酒，分别是会稽山12年陈绍兴花雕酒、会稽山名士20年珍藏花雕酒和会稽山典雅20年陈绍兴花雕酒。

到底怎样的旅游商品才算是优秀的旅游商品？“我们研究过，生活化、功能化的商品才是旅游者需要的。”本次大赛的评委会负责人、中国旅游协会商品和装备分会秘书长陈斌认为，一件旅游商品是否能引起游客的购买欲、是否贴近游客的日常生活、是否能体现文化的独特内涵是评价旅游商品是否优秀的主要指标。

（资料来源：网易新闻. 浙江产的马桶盖抱回旅游商品金奖[EB/OL]. http://news.163.com/17/0906/05/CTKK6KA3000187VI.html，2017-09-06）

想一想：根据案例 1 和案例 2，你认为什么样的商品可以称为旅游购品？

项目导读

学习目的与意义：旅游购品是旅游业的重要产业要素之一，是旅游资源的重要组成部分，其发展水平直接影响着游客满意度和旅游业的整体效益。对不同类别旅游购品类资源的深刻认识，是充分理解其旅游价值的基本前提；唯有立足于此我们才能对旅游购品类资源进行细致的调查和科学的评价，才能为提升当地旅游业的经济效益提供决策依据。

项目内容概述：通过对旅游购品资源的内涵、分类和价值的分析阐述，加深我们对旅游购品资源的立体认识；尤其强调不同类别的旅游购品资源的调查评价要点，能够提出不同区域或主题 IP 下旅游购品的发展对策与措施。

项目学习目标

知识目标：了解旅游购品的不同类别；理解旅游购品的价值；掌握旅游购品所蕴含的文化内容。

技能目标：能理解和表达旅游购品所蕴含的文化内容；能够对不同旅游购品进行鉴赏，掌握分辨优劣的方法；能剖析旅游购品类旅游资源调查与评价的基本要点；分析不同类型旅游购品的特征及其旅游价值；提出旅游购品的开发设想。

旅游商品购物是旅游业的重要组成部分，是旅游过程的重要环节，旅游商品购物发展的好坏会对地方产业结构调整与旅游经济效益产生重要影响。所谓旅游购物商品，简称旅游商品或旅游购品，是特指“旅游者因旅游而产生购买的，其所有权发生转移的，含有旅游信息或旅游地文化内涵的劳动产品，不包括商业性或投资性的购买对象”（谌世龙等，2009）。

对游客而言，旅游购品的旅游价值主要包括：一是实用功能，即或是作为食品、或作为装饰品、或作为服饰等日用品来使用（如案例中的智能马桶盖）；二是纪念功能，很多旅游者在购买旅游商品时非常注重旅游商品所代表和体现的地方性或特殊性，主题越明显的，越是旅游者常住地缺乏的、纪念意义就越强烈；三是馈赠功能，在旅游结束后，回到旅游常住地，将旅游商品作为礼品馈赠亲朋好友；四是珍藏功能，尤其是随着现代文创产业与手工制作的逐渐流行，带有明显 IP 特征的部分限量版或知名手工艺人制作的部分旅游购品，具有明显的增值空间与收藏意义。

对旅游地而言，旅游购品对当地旅游业及相关产业的发展会产生重要的影响作用，具体表现在：首先，旅游购品是地方旅游吸引力的重要组成部分和重要承载。国家或地区旅游吸引力的表现形式非常多样，而其中很重要的一部分就是旅游购品，它是当地文化、历史、民俗的重要物化表现形式之一，国内游客赴境外知名旅游目的地的商品抢购就是最好的例证。其次，旅游购品是旅游发展创新的重要窗口。随着现代旅游者的不断成熟，旅游业的飞速发展，旅游需求呈现出多元化、个性化的特征，在各类旅游产品中，旅游购品是相对更容易创新，更能很好地体展现当地旅游业的创新发展，越是新奇的、立足于当地特色的旅游购品越能吸引旅游者的目光。最后，旅游购物是旅游活动的重要组成部分，是旅游收入的重要来源。旅游的传统六大要素“食、住、行、游、购、娱”，购物是旅游者出游获得愉悦体验的重要方式和途径，在出游的过程中旅游者的购买倾向和购买欲望往往强于平常。同时，旅游购物也是分担单一的景区门票收入风险的重要途径。旅游购物所占比重的多少，已经成为衡量一个国家或地区旅游业发展程度的重要标志之一。

根据《旅游资源分类、调查与评价》（GB/T 18972—2017），旅游购品类旅游资源主要包含农业产品、工业产品和手工工艺品 3 个亚类，具体包括 15 个基本类型（见表 9-1）。

表9-1 旅游购品类旅游资源分类

主类	亚类	基本类型
G旅游购品	GA 农业产品	GAA 种植业产品及制品 GAB林业产品与制品 GAC畜牧业产品与制品 GAD水产品及制品 GAE养殖业产品与制品
	GB工业产品	GBA日用工业品 GBB旅游装备产品
	GC手工工艺品	GCA文房用品 GCB织品、染织 GCC家具 GCD陶瓷 GCE金石雕刻、雕塑制品 GCF金石器 GCG纸艺与灯艺 GCH画作

9.1 农业产品

农业产品，又称农产品（farm produce），是农业中生产的物品，包括种植业（如高粱、稻子、花生、玉米、小麦等）、林业、畜牧业、渔业与养殖业及各个地区土特产等。国家规定初级农业产品是指农业活动中获得的植物、动物及其产品，不包括经过加工的各类产品或制品。本项目所指的农业产品，不仅包括初级农业产品，而且包括各类经过加工制作的成品或制品。根据《旅游资源分类、调查与评价》（GB/T 18972—2017），本亚类可包括种植业产品及制品、林业产品与制品、畜牧业产品与制品、水产品及制品、养殖业产品与制品 5 个基本类型。

农业产品类旅游资源调查与评价视频　　农业产品类旅游资源调查与评价PPT

想一想：《旅游资源分类、调查与评价》（GB/T 18972—2017）取消了 2003 版本中的 GAA 菜品饮食，你认为地方特色餐饮属于旅游资源吗？西湖醋鱼、北京烤鸭、笋干老鸭煲、双汇火腿肠等分别属于哪一类旅游购品？

9.1.1 种植业产品及制品

种植业产品及制品是指具有跨地区声望的当地生产的种植业产品及制品。种植业是农业的主要组成部分之一，主要包括各种农作物、果树、药用和观赏等植物的栽培，具体有粮食作物、经济作物、蔬菜作物、绿肥作物、饲料作物、牧草、花卉等园艺作物。在我国通常指粮、棉、油、糖、麻、丝、烟、茶、果、药、杂等作物的生产。我国以农业为立国之本，各类农林畜产品与制品丰富多样，东、西、南、北各地因地理位置、气候、历史遗留等因素呈现出不同特色，各色名优瓜果蔬菜、名酒名茶种类花样繁多，历史悠久。根据发展种植业的条件、种植制度、作物结构、生产布局和商品化程度，以及发展种植业生产的方向、措施，按照区内相似性与区间差异性，并保持一定行政区界完整性的原则，中国农作物种植业区域划分为 10 个一级区和 31 个二级区。其中一级区分别为：东北大豆、春麦、玉米、甜菜区；北部高原小杂粮、甜菜区；黄淮海棉、麦、油、烟、果区；长江中下游稻、棉、油、桑、茶区；南方丘陵双季稻、茶、柑橘区；华南双季稻、热带作物、甘蔗区；川陕盆地稻、玉米、薯类、柑橘、桑区；云贵高原稻、玉米、烟草区；西北绿洲麦、棉、甜菜、葡萄区；青藏高原青稞、小麦、甜菜区。目前，各地充分依托各自优势种植业的综合优势，大力发展地方特色购物商品系列，成为各个旅游目的地的重要吸引物，如新疆吐鲁番的葡萄、浙江的龙井茶、黑龙江的大米、云南的普洱茶等。在实地调查与评价过程中，应突出农作物及其产品的名称、类型与产地、产品的形态特征、营养成分、保健价值、采集加工方式、历史渊源与社会影响等方面的描述，重点采集其种植或养殖面积、年产量、收获日期、始产年代、获奖类型或等级、代表性产品的数量及价格等基本特征项数据。

想一想：你的家乡最为有名、规模或优势的农作物是什么？能以此为资源依托，开发一系列的旅游购物商品吗？

9.1.2 林业产品与制品

林业产品与制品是指具有跨地区声望的当地生产的林业产品及制品。林业是指为了保护生态环境保持生态平衡，通过培育和保护森林以取得木材和其他林产品、利用林木的自然特性以发挥防护作用的生产部门。通常而言，林业与森林资源是密不可分的，但概念与范畴又要大于森林。中国国土辽阔，森林资源少，森林覆盖率低，地区差异很大。全国绝大部分森林资源集中分布于东北、西南等边远山区和台湾山地及东南丘陵，而广大的西北地区森林资源贫乏。全国森林覆盖率为20.36%，其中以台湾省和香港为最高，达70%。同样由于中国国土辽阔、地形复杂、气候多样，林业资源的类型多种多样，有针叶林、落叶阔叶林、常绿阔叶林、针阔混交林、竹林、热带雨林。树种共达8000余种，其中乔木树种2000多种，经济价值高、材质优良的就有1000多种。珍贵的树种如银杏、银杉、水杉、水松、金钱松、福建柏、台湾杉、珙桐等均为中国所特有。经济林种繁多，橡胶、油桐、油茶、乌桕、漆树、杜仲、肉桂、核桃、板栗等都有很高的经济价值。在实地调查与评价过程中，应突出林种及其产品的名称、类型与产地、产品的形态特征、营养成分、保健或使用价值、加工制作方式、历史渊源与社会影响等方面的描述，重点采集其种植面积、产品或制品产量、主要品牌、代表性产品的数量及价格等基本特征项数据。

想一想：你的家乡最为有名或达到一定规模、有特色的森林或树木种类是什么？能以此为资源依托，列举20个以上的旅游购物商品吗？

9.1.3 畜牧业产品与制品

畜牧业产品与制品是指具有跨地区声望的当地生产的畜牧产品及制品。畜牧业主要包括牛、马、驴、骡、骆驼、羊等相对大型的家畜家禽饲养业和鹿、貂、水獭、麝等野生经济动物驯养业，其生产过程相对更受自然环境与资源的影响。依据畜牧业区划的分区原则与指标，在充分考虑饲料资源、自然环境、饲养技术和社会需要及民族习惯与生产特点等地区差异的基础上，我国畜牧业可划分为七个畜牧业地域类型区，即青藏高原区、蒙新高原区、黄土高原区、西南山地区、东北区、黄淮海区、东海区；根据具体畜牧业生产与人类生活的关系，又可以分为农区畜牧业、牧区畜牧业、草地畜牧业、半农畜牧业和城郊畜牧业 5 种。在实地调查与评价过程中，应突出畜牧业产品与制品的名称、类型与产地、产品与制品的形态特征、营养成分、保健或使用价值、采集或加工方式、历史渊源与社会影响等方面的描述，重点采集其牧场面积、年产量、主要产品或制品种类及品牌、代表性产品的数量及价格等基本特征项数据。

阅读材料9-1：潘帕斯草原牧场

潘帕斯草原又称南美草原或阿根廷草原，南美亚热带湿润气候下的高草草原。分布在拉普拉塔平原的南部，包括乌拉圭、阿根廷东部、巴西南部等地区，面积约 76 万平方公里；“潘帕斯”源于印第安克丘亚语，意为“没有树木的大草原”。潘帕斯草原是阿根廷农牧业的主要产区，也是南美的粮仓。潘帕斯草原产的牛皮是国际 A 类牛皮，也孕育了如国际顶级男靴品牌潘帕斯狼牙（Pampaspike）的原料工艺。

潘帕斯现大部分已开垦成农田和牧场，盛产小麦、玉米、饲料、蔬菜、水果、肉类、皮革等，是阿根廷最重要的农牧业区；潘帕斯草原的大牧场放牧业，是世界大牧场放牧业的典型代表，以牧业为主。阿根廷地广人稀，所产牛肉主要供出口。铁路的贯通，便于把肉牛运到港口城市屠宰加工后外运；海上冷冻船的发明，使潘帕斯牛肉的市场扩展到欧洲。为了保证潘帕斯牧牛业的发展，阿根廷人一方面采取围栏放牧、划区轮牧，种植饲料，打井机保证人畜饮水和牧草生长用水等措施，使牧场不退化；另一方面饲养良种牛，加强对良种牛的培育，以及对牛群病害的研究。潘帕斯畜牧业商品化、专业化、地域化程度高，已成为牧场放牧业的典型。

阿根廷有成千上万个农庄牧场，像一颗颗璀璨的明珠，星罗棋布地散落在碧绿的潘帕斯大草原，这些农庄成了人们旅游和休闲的好去处。阿根廷的庄园旅游模式多种多样。在不同的季节，现场可以展示养牛养羊、挤奶、制作奶酪、耕种或收割等，也可以乘坐马车或骑马游览庄园，还可以观看探戈和民间歌舞表演。庄园游的一个重要节目是品尝当地特色烤肉。可容纳四五百人同时进餐的巨大餐厅，是由旧仓房改建而成的。餐厅内的全部陈设都是旧时农场用的本色纯木桌椅。餐厅进口处有一个老式小酒吧，厅内有几把用牛骨和牛皮制作的椅子和一张茶几，既是供展览用的古董，又可供游人坐下休息。

（引自：百度百科 . 潘帕斯草原）

9.1.4 水产品及制品

水产品及制品是指具有跨地区声望的当地生产的水产品及制品。我国拥有广阔的水域，海域面积广大、江河湖泊众多，水产资源品种多、产量高，在全世界约 3000 余种鱼类中，中国约有 2400 余种，是一项极具开发价值的资源种类，经过技术加工和包装设计之后成为许多游客珍爱的旅游商品。我国水产资源大致可分为鱼类、甲壳动物类、软体动物类、藻类、哺乳类 5 种，鱼类是水产资源中数量最大的类群；大多数海、淡水鱼类具有种类多、成熟早、生长快、繁殖力强、补充能力大、适应性广等特点，奠定了中国渔业生产的物质基础。国家统计局《中华人民共和国 2019 年国民经济和社会发展统计公报》数据显示，2019 年我国水产品产量 6450 万吨，比上年下降 0.1%。其中，养殖水产品产量 5050 万吨，增长 1.0%；捕捞水产品产量 1400 万吨，下降 5.0%。在实地调查与评价过程中，应突出其产品及制品名称、类型与产地、产品的形态特征、营养成分、保健价值、养殖与加工方式、历史渊源与社会影响等方面的描述，重点采集其养殖面积、年产量、收获日期、收获期、代表性产品的数量及价格等基本特征项数据。

阅读材料9-2：阳澄湖大闸蟹

阳澄湖大闸蟹，产于江苏苏州阳澄湖，是闻名国内外的中国名产。阳澄湖大闸蟹，个大体肥，一般 3 只重 500 克，大者只重 250 克以上，最大者可达 500 克，青背、白肚、黄毛、金爪，十肢矫健，蟹肉丰满，营养丰富。自古以来，阳澄湖大闸蟹即令无数食客为之倾倒。章太炎夫人汤国黎女士有诗曰：“不是阳澄蟹味好，此生何必住苏州！”

阳澄湖蟹，历来被称为蟹中之冠。这与阳澄湖的特殊生态环境有关。水域百里方圆，碧波荡漾，水质清纯如镜，水浅底硬，水草丰茂，延伸宽阔，气候适宜，正是螃蟹定居生长最理想的水晶宫。所以，阳澄湖蟹的形态和肉质，在螃蟹家族中与众不同。形态有四大特征：一是青背，蟹壳呈青灰色，平滑而有光泽；二是白肚，贴泥的肚脐、甲壳晶莹洁白，没有黑色斑点；三是黄毛，蟹腿的毛长而黄，根根挺拔；四是金爪，蟹爪金黄，坚挺有力，放在玻璃上都能八足挺立，双螯腾空，脐背隆起，威风凛凛。肉质肥嫩鲜美，食过后再食其他再好名菜，都会嘴里无味。因此，阳澄湖蟹在海外久享盛誉，被称为“中华金丝绒毛蟹”。

“蟹螯即金液，糟丘是蓬莱。且需饮美酒，乘月醉高台。”这是诗仙李白赞美蟹的诗句。每逢金风送爽、菊花盛开之时，正是金爪蟹上市的旺季。农历九月的雌蟹、十月的雄蟹，性腺发育最佳。煮熟凝结，雌者成金黄色，雄者如白玉状，滋味鲜美，是享誉中国的名牌产品。

营养价值：螃蟹营养丰富，含有多种维生素。其中，维生素A高于其他陆生及水生动物，维生素B2是肉类的5~6倍，比鱼类高出6~10倍，比蛋类高出2~3倍。维生素B1及磷的含量比一般鱼类高出6~10倍。每100克螃蟹可食部分含蛋白质17.5克，脂肪2.8克，磷182毫克，钙126毫克，铁2.8毫克。螃蟹壳除含丰富的钙外，还含有蟹红素、蟹黄素等。

据《本草纲目》记载：螃蟹具有舒筋益气、理胃消食、通经络、散诸热、散瘀血之功效。蟹肉味咸性寒，有清热、化瘀、滋阴之功，可治疗跌打损伤、筋伤骨折、过敏性皮炎。蟹壳煅灰，调以蜂蜜，外敷可治黄蜂蜇伤或其他无名肿毒。蟹肉对各种癌症都有较好的疗效。同时，又是儿童天然滋补品，经常食用可以补充儿童身体必需的各种微量元素。

（引自：百度百科．阳澄湖大闸蟹，有删改）

9.1.5 养殖业产品与制品

养殖业产品与制品是指具有跨地区声望的当地生产的养殖业产品及制品。我国养殖业发展历史悠久，且因各地自然资源条件的差异与不同民族的习俗差异，养殖类型、历史、规模及衍生的内容也有较大差异。养殖业主要包括猪、鸡、鸭、鹅、兔、狗、蜂等中小型家畜家禽饲养业，其生产过程相对更加受人为因素的影响与制约。在实地调查与评价过程中，应突出其产品名称、类型与产地、产品的形态特征、营养成分、保健价值、采集加工方式、历史渊源与社会影响等方面的描述，重点采集其养殖产量、养殖周期、年产量、始产年代、获奖类型或等级、主要品牌商品、代表性产品的数量及价格等基本特征项数据。

想一想： 畜牧业与养殖业的区别或差异是什么？

9.2 工业产品

工业产品（industry stock），是工业中生产的物品，是工业企业进行工业生产活动的直接有效成果。必须同时具备以下四个条件：一是本企业生产活动的成果，任何外购和未经本企业加工而转销的产品和物资，不是工业产品；二是本企业工业生产活动的成果，而本企业非工业生产活动的成果如基建部门、厂外运输、农副业部门、生活福利部门的生产经营成果，不是工业产品；三是本企业工业生产活动的直接成果，其间产生的废料、残渣不是工业产品，但与主要产品同时产出的联产品和利用废料、残渣制造的副产品，具有新的使用价值和独立的经济价值，属于工业产品，如浙江龙游红木小镇利用生产红木家具产生的边角料制作成红木钢笔、红木书签等；四是本企业工业生产活动的有效成果，即符合产品原定用途和质量标准的产品才是工业产品，完全不符合质量标准的废品不是工业产品，虽不完全符合质量标准，但可在原定用途上降级使用的次品、等外品，应视为工业产品。因此，在判定某工业品是否为当地工业产品，首先应判断其是否出自被调查区域本地企业生产或加工制作而成。根据《旅游资源分类、调查与评价》（GB/T 18972—2017），本亚类可包括日用工业品和旅游装备产品 2 个基本类型。

工业产品类旅游资源调查与评价视频　　工业产品类旅游资源调查与评价PPT

9.2.1 日用工业品

指具有跨地区声望的当地生产的日用工业品，包括各种日用百货、箱包、雨具、电子电器、玩具、化妆品、文体用品、钟表、线带、针棉、纺织品、领带、服装等。日用工业品，主要指旅游者在旅游活动中购买的生活日用品等。该类旅游商品不仅可以在旅游生活中使用，而且可以用于日常生活，主要包括轻工产品类、纺织产品类、五金交电类、化工商品类等。在实地调查与评价过程中，应突出其产品名称、类型与产地、产品的形态特征、主要功效或用途、原料、制作方式、历史渊源与社会影响、相关的人与事物、品牌知名度、知识产权等方面的描述，重点采集其生产厂址面积、年产量、始产年代、获奖类型及数量、原料组成成分及产品性能指标、代表性品牌的价格等基本特征项数据。

想一想：以牛肉干、鱿鱼丝等为代表的旅游食品类商品，应该属于哪一类旅游购物商品或哪一类基本类型？

9.2.2 旅游装备产品

指具有跨地区声望的当地生产的户外旅游装备和物品。通常是参加各种探险旅游及户外活动时需要配置的一些设备，主要包括帐篷、背包、睡袋、防潮垫或气垫、登山绳、岩石钉、安全带、上升器、下降器、大小铁锁、绳套、冰镐、岩石锤、小冰镐、冰爪、雪杖、头盔、踏雪板、高山眼镜、羽绒衣裤、防风衣裤、毛衣裤、手套、高山靴、袜子、防寒帽、冰锥、雪锥、炊具、炉具、多功能水壶、吸管或净水杯、指北针、望远镜、等高线地图或其他资料、防水灯具、各种刀具、登山表、皮肤风衣、速干衣、水袋包、防水袋等常规装备物品，以及特色休闲船艇、无人机等特色装备物品。虽然都是工业产品，但与上述日用工业品不同的是，旅游装备产品通常只在户外运动或休闲时使用，而前者主要在家庭范围内或普通生活中使用。在实地调查与评价过程中，应突出其产品名称、类型与产地、产品的形态特征、主要功效或用途、原料、制作方式、适宜人群或使用范围、相关的人与事物、品牌知名度、知识产权等方面的描述，重点采集其生产厂址面积、年产量、始产年代、获奖类型及数量、原料组成成分及产品性能指标、代表性品牌的价格等基本特征项数据。

9.3 手工工艺品

手工工艺品（handicrafts），俗称“民间手工艺品”，是指具有跨地区声望的当地生产的传统手工产品与工艺品，是民间的劳动人民为适应生活需要和审美要求，就地取材，以手工生产为主的一种工艺美术品。我国传统手工艺品种类繁多、制作精巧、设计新颖，是传统文化艺术的重要组成部分，集民族性、地域性、实用性、艺术性、纪念性于一身，品种非常繁多，如皮具、宋锦、竹编、草编、手工刺绣、蓝印花布、蜡染、手工木雕、油纸伞、泥塑、剪纸、民间玩具等，受到中外游客的青睐。因此，在判定某工艺品是否为本亚类旅游购物商品时，首先应判断其是否是工业化、标准化生产，还是纯手工化生产加工。只有当地百姓通过手工生产或加工制作而成的才属于此类。根据《旅游资源分类、调查与评价》（GB/T 18972—2017），本亚类可包括文房用品，织品、染织，家具，陶瓷，金石雕刻、雕塑制品，金石器，纸艺与灯艺，画作 8 个基本类型，而且是指通过地方特色手工工艺制作的、未通过工业化与标准化的量产型地方特色传统手工工艺品。

手工工艺品类的调查与评价PPT　　手工工艺品类的调查与评价视频

想一想：我们不同地区都不同程度遗留的根雕或木雕，应该属于哪一类旅游购物商品？

9.3.1 文房用品

又称文房用具，是指文房书斋的主要文具，通常是以“笔、墨、纸、砚”等为代表，是中国传统文化的重要组成部分，也是世界文化科学史上璀璨的明珠。明代屠隆在《文具雅编》中记述了40多种文房用品，通常较为常见的有笔掭（又称笔砚，用于验墨浓淡或理顺笔毫，常制成片状树叶形）、臂搁（又称秘阁、搁臂、腕枕，写字时为防墨沾污手，垫于臂下的用具，呈拱形，以竹制品为多）、诗筒（日常吟咏唱和书于诗笺后，可供插放的用具，多以竹制，取清雅之意）、笔架（又称笔格、笔搁，供架笔所用）、笔筒、笔洗（笔使用后以之濯洗余墨，多为钵盂形，也作花叶形或他形）、墨床、墨匣、镇纸、水注（注水于砚面供研磨，多作圆壶、方壶，有嘴，也常作辟邪、蟾蜍、天鹅等动物形）、砚滴、砚匣（又称砚盒，安置砚台之用）、印章（用于钤在书法、绘画作品上，有名号章、闲章等，多以寿山石、青田石、昌化石等制成，也有铜、玉、象牙章等）、印盒（又称印台、印色池，置放印泥，多为瓷、玉质）等。在实地调查与评价过程中，应突出其产品类型与产地、形态特征、主要原料、制作加工方式、历史渊源与社会影响、相关的人与事物、非遗传承情况等方面的描述，重点采集其年产量（件）、始产年代、获奖类型及数量、收藏或转卖情况、市场价格、销售渠道等基本特征项数据。

阅读材料9-3：文房四宝

中国古代传统文化中的文书工具，即笔、墨、纸、砚。文房四宝之名，起源于南北朝时期。历史上，“文房四宝”所指之物屡有变化。在南唐时，“文房四宝”特指安徽宣城诸葛笔、安徽徽州李廷圭墨、安徽徽州澄心堂纸，安徽徽州婺源龙尾砚。自宋朝以来“文房四宝”则特指宣笔（安徽宣城）、徽墨（安徽徽州歙县)、宣纸（安徽宣城泾县)、歙砚（安徽徽州歙县)、洮砚（甘肃卓尼县)、端砚（广东肇庆，古称端州)，元代以后湖笔（浙江湖州）渐兴，宣笔渐衰；改革开放后，宣笔渐渐恢复了生机。

改革开放40多年来，我国经济社会发展取得巨大进步，人民生活水平不断提升，不仅中小学生开始日益普及书法、绘画写作，而且以科普研学旅游、休闲度假旅游或家庭亲子旅游等为主要功能或形式的书法教育机构、度假酒店或民宿、研学营地或基地、休闲茶艺空间等，均推出了相应的服务功能或设施，甚至不少家庭还自配了相应的书法创作空间。

9.3.2 织品、染织

指纺织及用染色印花的织物。织品，又称纺织用品，主要可分为刺绣、丝绸、服饰和地毯四大类。织绣类旅游购品主要包括南京云锦、成都蜀锦、苏州宋锦、杭州织锦，以及少数民族的黎锦、壮锦、傣锦、瑶锦、侗锦、苗锦、土家锦等；编织类旅游购品包括竹编、草编、柳、藤、葵编、棕、麻编等。染织，广义为染与织的合称。染即染色，染色在某种意义上含印花，因为织物印花是局部染色；织即织造、织花；染织狭义指印花和织花。在实地调查与评价过程中，应突出其产品类型与产地、形态特征、主要原料、制作加工方式、历史渊源与社会影响、相关的人与事物、图案花纹及其代表意义、非遗传承情况等方面的描述，重点采集其工作室或生产空间的面积、设施设备、年产量（件）或生产周期、始产年代、获奖类型及数量、市场价格、销售渠道等基本特征项数据。

阅读材料9-4：刺绣、绫罗绸缎及印花

刺绣是针线在织物上绣制的各种装饰图案的总称，分丝线刺绣和羽毛刺绣两种。即用针将丝线或其他纤维、纱线以一定图案和色彩在绣料上穿刺，以绣迹构成花纹的装饰织物。它是用针和线把人的设计和制作添加在任何存在的织物上的一种艺术。刺绣是中国民间传统手工艺之一，在中国至少有二三千年历史。中国刺绣主要有苏绣、湘绣、蜀绣和粤绣四大门类。刺绣的技法有：错针绣、乱针绣、网绣、满地绣、锁丝、纳丝、纳锦、平金、影金、盘金、铺绒、刮绒、戳纱、洒线、挑花等，刺绣的用途主要包括生活和艺术装饰，如服装、床上用品、台布、舞台、艺术品装饰。近年来，十字绣又开始在国内外各个年龄层中流行起来。

（引自：百度百科. 刺绣[EB/OL]. https://baike.baidu.com/item/刺绣/601645?fr=aladdin，2019-01-24，有删改）

绫罗绸缎是日常生活中对丝织品的通称，并非一个完整的分类方法。中国古代丝织品种有绢、纱、绮、绫、罗、锦、缎、缂丝等。今天，丝织品则依据组织结构、原料、工艺、外观及用途分成纱、罗、绫、绢、纺、绡、绉、锦、缎、绨、葛、呢、绒、绸14大类。

● 绫：以斜纹组织为基本特征的丝织品，可分为素绫和纹绫。素绫是单一的斜纹或变化斜纹织物，纹绫则是斜纹地上的单层暗花织物。绫盛行于唐代，其中以缭绫最为著名。

● 罗：采用绞经组织使经线形成明显绞转的丝织物。罗在商代已经出现，在唐代，浙江的越罗和四川的单丝罗均十分著名。其中，单丝罗表观具有均匀分布的孔眼——后来称为纱。

● 绢：古代对质地紧密轻薄、细腻平挺的平纹类丝织物的通称。平纹类织物早在新石器时期已经出现，并一直沿用至今，历代又有纨、缟、纺、绨等的变化。

● 绸：抽茧绪加捻成线织出的平纹织物。清代的绸有江绸、宁绸、春绸、绉绸等，指平纹地或斜纹地上显花的暗花织物。民国时期，大量的平纹素织物也称为绸。今天，绸成为丝织品的通称。

● 缎：经纬丝中只有一种显现于织物表面并形成外观光亮平滑的丝织品。缎织物最早见于元代，明清时成为丝织品中的主流产品，是采用挖梭工艺织入彩色丝线的提花织物。根据不同的地组织，妆花织物可分为妆花纱、妆花罗、妆花缎等。妆花始于唐宋，盛于明清，是中国古代丝织品最高水平的代表。

● 妆花：中国明清时期用挖梭（俗称过管）方法织造纹饰的彩色提花丝织物。织锦中云锦的品种之一，产地在江苏南京一带。

● 织金：在不同的组织上再织入金线的织物，出现于唐代，流行于宋元，最为著名的是元代的纳石失。织金通常要求纹样花满地少，充分发挥显金效果。

● 经锦：锦是用彩色丝线以重组织织成的多彩显花织物，是古代丝织品中结构最为复杂、变化最为丰富的一种。织锦始于西周，唐以前主要采用以经线显花的经锦。

● 纬锦：受到西域纺织文化的影响，魏唐时织锦开始使用彩色纬线织出图案，称为纬锦。中唐起，纬线显花成为丝绸提花织物中的主流。

● 宋式锦：明清时期，苏州织锦颇为盛行，其部分花色继承宋代风格而称“宋式锦”。宋式锦采用特结经固结显花纹纬，纹样多为几何纹骨架中饰以团花或折枝小花，配色典雅和谐。

● 双层锦：以双层组织显示图案。其组织早在汉唐时期已经出现，明清又重新流行。其图案均为两色，正反面纹样一致，色彩相反，多为中小型的满地纹样。

● 绒：全部或部分采用起绒组织、表面呈现绒毛或绒圈的丝织物。汉代出现绒圈锦，在锦上织出绒圈。明清时期的绒有漳绒、漳缎等多种名称。

● 缂丝：采用通经断纬法以平纹组织织成。织制时以本色丝作经，用小梭将各色纬线依画稿挖梭织入，最后不同色彩的纬线间出现空隙，如“雕镂之状”，因此又称刻丝、克丝。缂丝技术出现于唐代，盛行于宋代，一直延续至今。

印花品种主要有以下四种。

直接印花：将染料或颜料拌以黏合剂，并用凸纹版或镂空版将其直接印在织物上显花的方法。秦汉时期，直接印花采用型版印花与手绘相结合的方法，以后又有了进一步的发展。

夹缬：将丝绸夹于两块镂空花版之间，利用花版的紧夹进行纺染，解开花版，花纹即现。夹缬始于唐，并盛行于唐宋两代，明清时期依然使用，多见于浙江和西藏一带。

绞缬：又称扎染，用线或织物本身将织物扎结后入染，解结成纹，纹样具有晕色效果。绞缬又名扎染，出现于东晋时期，唐宋时极盛，至今一直沿用。

蜡缬、灰缬：蜡缬是用蜡作防染剂进行防染印花的产品。蜡缬又称蜡染，最早出现在东汉时期的棉布上，似由西域输入，魏唐间流传渐广。由于中原地区产蜡很少，唐代出现以灰代蜡的防染印花，亦称灰缬，明清时被广泛用于棉织物，即现今流行的蓝印花布。

（引自：百度百科 . 染织品种 [EB/OL]. https://baike.baidu.com/item/ 染织品种 /12597172?fr=aladdin，2019-01-24，有删改）

9.3.3 家具

指生活、工作或社会实践中供人们坐、卧或支撑与贮存物品的器具。我国家具历史悠久，工艺精湛，至明代发展到了历史高峰，形成了鲜明、独特的民族风格。北京、苏州、广州等主要产地又形成了强烈的地方特色，至今依然保持着我国家具的传统做法和传统式样。传统家具具有怀旧与情调、天然与淳朴、大气与充溢等特征。在实地调查与评价过程中，应突出家具的类型与产地、形态特征与功能、主要原料、制作加工方式或工艺、历史渊源与社会影响、相关的人与事物、品牌或历史、图案花纹及其代表意义、非遗传承人等方面的描述，重点采集其加工生产空间、制作流程、年产量（件）、始产年代、获奖类型及数量、收藏或转卖情况、市场价格、销售渠道等基本特征项数据。

阅读材料9-5：家具的分类及组成

一、家具的分类

为方便学习者了解与掌握，此处列举了全部家具的不同分类方法。

1. 按家具风格分为：现代家具、后现代家具、欧式古典家具、美式家具、中式古典家具、新古典家具、简约家具、田园家具、地中海家具。

2. 按所用材料分为：玉石家具、实木家具、红木家具、板式家具、软体家具、藤编家具、竹编家具、金属家具、钢木家具及其他材料组合如玻璃、大理石、陶瓷、无机矿物、纤维织物、树脂等。

3. 按家具功能分为：办公家具、户外家具、客厅家具、卧室家具、书房家具、儿童家具、餐厅家具、卫浴家具、厨卫家具（设备）和辅助家具等几类。

4. 按家具结构分为：整装家具、拆装家具、折叠家具、组合家具、连壁家具、悬吊家具。

5. 按家具造型的效果分为：普通家具、艺术家具。

6. 按家具产品的档次分类分为：高档、中高档、中档、中低档、低档。

7. 按家具的产地分为：进口家具和国产家具，也就是国际品牌和国内品牌。国际品牌在上海、广东比较多，目前在国内家具最大的生产基地北京和广东已形成南北家具联盟，但近几年浙江的家具也在迅速崛起。

8. 按家具结构类型可分为：框式家具、板式家具、软体家具等。

二、家具的组成

1. 客厅：沙发、沙发椅、长（方）茶几、三人沙发或者单人、角几（放电话）、电视柜、酒柜及装饰柜。

2. 过道：鞋柜、衣帽柜、玄关柜、隔断。

3. 卧室：床、床头柜、榻、抱枕、衣柜、梳妆台、梳妆镜、挂衣架。

4. 厨房：橱柜、吸油烟机、灶具、挂件、冰箱、微波炉、烤箱、餐具。

5. 餐厅：餐桌、餐椅、餐边柜、角柜、吧台。

6. 卫生间：洗脸盆、坐便器、淋浴屏、浴缸、花洒、墩布池、小便斗、手纸篓、地漏、马桶。

7. 书房：书架、书桌椅、文件柜。

8. 门厅：鞋柜、衣帽柜、雨伞架。

9.3.4 陶瓷

陶瓷是由瓷石、高岭土、石英石、莫来石等烧制而成，外表施有玻璃质釉或彩绘的物器。具体而言，陶瓷是以天然黏土及各种天然矿物为主要原料经过粉碎混炼、成型和煅烧而成的各种制品。之前，人们把用陶土制作成的且在专门的窑炉中高温烧制的物品称作陶瓷，陶瓷是陶器和瓷器的总称。陶瓷的传统概念是指所有以黏土等无机非金属矿物为原料的人工工业产品。陶瓷的主要产区为彭城镇、景德镇、醴陵、高安、丰城、萍乡、黎川、佛山、潮州、德化、淄博、唐山、北流等地，其中景德镇是我国“瓷都”之一。陶瓷类旅游购品主要以日用陶瓷（如餐具、茶具、缸，坛、盆、罐、盘、碟、碗等）和艺术工艺陶瓷（如花瓶、雕塑品、园林陶瓷、器皿、相框、壁画、陈设品等）等为主。在实地调查与评价过程中，应突出其产品类型与产地、形态特征、主要原料、制作加工方式、历史渊源与社会影响、相关的人与事物、图案花纹及其代表意义、非遗传承情况、工业化发展替代情况等方面的描述，重点采集其年产量（件）、始产年代、获奖类型及数量、收藏或转卖情况、市场价格、销售渠道等基本特征项数据。

阅读材料9-6：龙泉青瓷烧制技艺

龙泉凭瓷生辉，龙泉青瓷始于三国两晋，盛于宋元，中兴于当代，以“清澈如秋空、宁静似深海”的哥、弟窑瓷器享誉海内外，龙泉“哥窑”与著名的官、汝、定、钧并称宋代五大名窑。从宋代开始，龙泉青瓷以主角的身份，参与开拓了漫长的世界“海上陶瓷之路”，使龙泉成为“国家级出口基地”，成为“海上丝绸之路”重要起始地。2006年5月20日，龙泉青瓷烧制技艺经国务院批准列入第一批国家级非物质文化遗产名录（传统技艺，编号Ⅷ—9）。2009年9月30日，联合国教科文组织保护非物质文化遗产政府间委员会第四次会议上，浙江龙泉青瓷传统烧制技艺被正式列入《人类非物质文化遗产代表作名录》。2016年，中国青瓷小镇被列为省“十大示范特色小镇”和国家住建部第一批中国特色小镇创建名单。2017年，创成大窑龙泉窑国家考古遗址公园，获评中国青瓷公园，龙泉青瓷作品连续四次入选世界互联网大会礼品，在中国嘉德拍卖行成功首拍龙泉青瓷。

龙泉青瓷工艺流程由配料、成型、修坯、装饰、施釉和素烧、装匣、装窑、烧成八个环节组成，其中施釉和烧成两个环节极富特色。坯件干燥后施釉，可分为荡釉、浸釉、涂釉、喷釉等几个步骤。厚釉类产品通常要施釉数层，施一层素烧一次，再施釉再素烧，如此反复四五次方可，最多者要施釉十层以上，然后才进入正烧。素烧温度比较低，一般在800℃左右。而釉烧则在1200℃左右，按要求逐步升温、控温，控制窑内气氛，最后烧成成品。南宋至元代前期，龙泉窑曾烧制薄胎原釉器物，施一层釉烧一次，最厚可达十余层。

9.3.5 金石雕刻、雕塑制品

指用金属、石料或木料等材料雕刻而成的工艺品，通常可包括金雕、石雕、木雕、竹雕、根雕、漆雕等多种材质的类型，但一般不包括目前国内大小城市雕塑（即以硬质材料制成的设置于广场、公园、绿地、街道旁或建筑物前等城市空间的室外雕塑）。在实地调查与评价过程中，应突出其产品类型与产地、形态特征、主要原料、制作加工方式、历史渊源与社会影响、相关的人与事物、非遗传承情况、主要制作人等方面的描述，重点采集其年产量（件）、始产年代、获奖类型及数量、收藏或转卖情况、市场价格、销售渠道等基本特征项数据。

阅读材料9-7：石雕、木雕、根雕

石雕，指用各种可雕、可刻的石头，创造出具有一定空间的可视、可触的艺术形象，借以反映社会生活、表达艺术家的审美感受、审美情感、审美理想的艺术。常用的石材有花岗石、大理石、青石、砂石等。2008年，以传统美术（编号：Ⅶ—56）入选第二批国家级非物质文化遗产名录。国内主要知名的石雕生产区包括湖南浏阳、福建惠安、浙江温岭、浙江青田、浙江临安、山东嘉祥、河北曲阳、台湾埔里、北京大石窝等。

木雕，一般选用质地细密坚韧、不易变形的树种，如楠木、紫檀、樟木、柏木、银杏、沉香、红木、龙眼等。采用自然形态的树根雕刻艺术品则为“树根雕刻”。木雕有圆雕、浮雕、镂雕或几种技法并用。在我国，木雕流派大多是以地域来区分的，如东阳木雕、乐清黄杨木雕、泉州木雕、广东潮州金漆木雕、福建龙眼木雕、北京宫灯、台湾木雕、宁波朱金木雕、云南剑川木雕、湖北木雕船、曲阜楷木雕刻、苏州红木雕刻、上海红木雕、南京仿古木雕、江苏泰州彩绘木雕、山西木雕、山东潍坊红木嵌根雕、上海黄杨、宁海白木小件雕、辽宁永陵桦木雕、贵州苗族龙舟雕和面具雕、江西傩面具雕、湖北通山木雕、咸浦邦木雕、天津木雕、东山海柳雕等。其中，最为著名的是泉州木雕、东阳木雕、乐清黄杨木雕、广东潮州金漆木雕、福建龙眼木雕，被称为“中国五大木雕”。

根雕，是一种雕刻方法，是中国传统雕刻艺术之一，是以树根（包括树身、树瘤、竹根等）的自生形态及畸变形态为艺术创作对象，通过构思立意、艺术加工及工艺处理，创作出人物、动物、器物等艺术形象作品。根雕工艺讲究“三分人工，七分天成”，意为在根雕创作中，应主要利用根材的天然形态来表现艺术形象，辅助性进行人工处理修饰。因此，根雕又被称为“根的艺术”或“根艺”。

9.3.6 金石器

指用金属、石料制成的具有观赏价值的器物。值得注意的是，根据《旅游资源分类、调查与评价》（GB/T 18972—2017），建筑与设施大类、EC 景观与小品建筑亚类中的 ECE 雕塑和金石器有较大的雷同或重复之处，尤其是目前国内各大城镇的道路、公园、广场等地所设置的各类城市雕塑，基本上以金属或石材为材料，且通常亦具有纪念意义或观赏价值。为便于区分，传统手工工艺品亚类的金石器则主要指可移动的工艺品或器物，且通常是可以买卖的。因此，在实地调查与评价过程中，应突出其产品类型与产地、形态特征、主要功能或意义、主要原料、制作加工方式、历史渊源与社会影响、相关的人与事物等方面的描述，重点采集其始产年代、获奖类型及数量、收藏或转卖情况、市场价格、销售渠道等基本特征项数据。

想一想：2011 年 7 月 2 日，浙江嘉兴人吴菊萍勇敢地伸出双手，去接十楼坠下的两岁妞妞，整座杭城为之感动，成就了“最美妈妈”的美好故事。事后，由国家工艺美术大师韩美林先生负责创作设计的“最美妈妈雕塑”也安置于杭州钱江新城青少年发展中心东北角的休憩广场——最美妈妈广场。请问，该“最美妈妈雕塑”应该属于哪一类旅游资源？

9.3.7 纸艺与灯艺

指以纸材质和灯饰材料为主要材料制成的平面或立体的艺术品。具体而言，纸艺是指以各种纸张、纸材质为主要材料，通过剪、刻、撕、拼、叠、揉、编织、压印、裱糊、印刷、装帧，装置或者高科技（如激光）等手段制作而成的平面或者立体的艺术品和纸艺作品。常见的表现类型有传统纸雕、3D 免切割立体纸雕、纸藤花、立体刻画、纸蕾丝、纸艺包装、折纸、衍纸、纸艺小品等。纸艺既古老丰富又现代多样，从东方平面或立体的剪纸、折纸、纸扎（彩灯、风筝、欢门、明器纸扎、戏曲人物纸扎等）等到西方二维或多维的剪影、纸拼贴、纸构成、纸雕塑、纸装置、纸浆艺术、实用纸艺（纸玩具、纸家具等）等；从民间艺人的乡土纸艺到印象派、立体派、野兽派、表现主义及包豪斯的现代纸艺，源远流长，生生不息。而以花灯等为代表的灯艺，则是灯光艺术与立体纸艺的完美结合。在实地调查与评价过程中，应突出其产品类型与产地、形态特征、主要原料、制作加工方式、历史渊源与社会影响、相关的人与事物、图案人物及其代表意义、非遗传承情况等方面的描述，重点采集其年产量（件）、始产年代、获奖类型及数量、市场价格、销售渠道等基本特征项数据。

9.3.8 画作

又称为绘画作品，指具有一定观赏价值的手工画成作品，主要包括国画、农民画、贝雕画、羽毛画、枝叶画、剪纸等。在实地调查与评价过程中，应突出其产品类型与产地、形态特征、主要原料、制作加工方式、历史渊源与社会影响、相关的人与事物等方面的描述，重点采集其年产量（件）、始产年代、获奖类型及数量、市场价格、销售渠道等基本特征项数据。

想一想：画作（GCH）与书画作（ECD）的差异是什么?

9.4 旅游购品类旅游资源调查与评价实训

9.4.1 实训目的

通过实地考察学习，能充分利用本项目及项目 2 的相关知识与技能要点，加深对旅游购品类旅游资源概念的理解，了解并掌握旅游购品类旅游资源的功能、类型、特点；能有序开展旅游购品类旅游资源调查与评价的各个环节，熟练掌握旅游购品类旅游资源的认定、调查技巧；完成各个旅游资源的调查表填写，提出相应的保护、开发建议。

9.4.2 实训地点

可利用某周末或专业综合实训周的时间去旅游购品类旅游资源较全面且具有代表性的景区景点（如历史特色街区、特色小镇、商品工厂等），也可随堂或在邻近景区景点内进行。

9.4.3 实训教学内容及要求

（1）观察了解旅游购品类旅游资源的特点。

（2）准备旅游资源调查前的各项准备工作，完成资源调查表的预填。

（3）全面调查实训区域内所有旅游购品类旅游资源的基本类型。

（4）提出开发、保护旅游购品类旅游资源的对策措施。

9.4.4 实训教学工具与方法

9.4.4.1 实训教学工具

详见 2.2 调查工具的准备与使用。

9.4.4.2 实训教学方法

（1）对全班同学进行实训调研分组。

（2）教师组织学生完成准备阶段的各项工作，包括资料的收集整理、调查表的预填。

（3）邀请景区景点或商店、工厂的专业讲解人员为学生进行专业讲解。

9.4.5 实训教学资料简介

鸡血石

鸡血石是辰砂条带的地开石，其颜色比朱砂还鲜红。因为它的颜色像鸡血一样鲜红，所以人们俗称鸡血石。我国最早发现的鸡血石是浙江昌化玉岩山鸡血石，后来又发现了内蒙古赤峰市巴林右旗的巴林鸡血石。20 世纪 90 年代，又在陕西、甘肃、四川、湖南、云南等地发现了鸡血石。由于现在的昌化朱砂（汞矿）已近尾声，所以出产的鸡血石产量相当有限，市场价格日增不衰。

9.4.6 旅游资源单体调查表示例

浙江省杭州市临安区“鸡血石”旅游资源单体调查表

单体名称：鸡血石

基本类型：GCE金石雕刻、雕塑制品　　　　序号：××××

代　号	JG–HGH–LAS–GCE–01　其他代号：①　　　；②
行政位置	杭州市临安区大峡谷镇玉山村
地理位置	东经120°05′48.19″，北纬30°14′34.20″

性质与特征（单体性质、形态、结构、组成成分的外在表现和内在因素，以及单体生成过程、演化历史、人事影响等主要环境因素）

昌化鸡血石产于浙江省临安市大峡谷镇西北面的玉山村，因历史上系原昌化县辖地，故名昌化鸡血石，又名凤血石。据传说，鸡血石具有兴家避邪之效，还为皇帝安国镇邦之用。走势自西南向东北延伸，主矿区在康山岭，海拔948米。矿区地处中山浅谷区，四周群山环抱，峻岭延绵，玉岩山鼎峙其中。昌化鸡血石矿中鸡血矿体的产出形态是多种多样的，主要受构造裂隙控制，即顺层理产出和穿插层理产出两种。

昌化鸡血石的开采加工始于明初，距今已有600多年历史。最早发现鸡血石的是上溪乡邵家村（今玉山村）的一位农民。之后，邵家村和邻近村庄的村民相继上山采石，并加工成工艺品。清咸丰年间，来自徽州的一位商人，用铁锤铜凿挖鸡血石加工成方章，销往全国各地，从单个开采演化为规模开采。到20世纪20年代，鸡血石的开采步入机械开采。

鸡血石的颜色有鲜红、淡红、紫红、暗红等，最可贵的是带有活性的鲜红血形。鸡血石产自低温热液矿床、火山岩或热泉沉积矿的朱砂条带的头尾及边缘地带，产量相当有限。鸡血石主要用作为印章或是工艺雕刻品材料，是“印石三宝”之一。鸡血石含有辰砂（朱砂）、石英、方解石、辉锑矿、地开石、高岭石、白云石等矿物，且大部分含硫化汞等多种成分的硫化物及硅酸盐矿物。产地不同，质地成分也不同，但都离不开硫化汞成分。

由于现在的昌化朱砂（汞矿）已近尾声，所以出产的鸡血石产量相当有限，市场价格日增不衰。

旅游区域及进出条件（单体所在地区的具体部位、进出交通、与周边旅游集散地和主要旅游区、点之间的关系）

鸡血石矿位于临安区大峡谷镇玉山村，介于浙西大峡谷与石长城之间，为清凉峰旅游度假区旅游大环线的中心区域，是国宝鸡血石产地。矿区距南侧原上溪乡政府2公里，距北侧原新桥乡政府5公里，距昌化镇50公里，距临安市区100公里，距杭州主城区150公里。交通主要靠公路。矿区南侧的通道华源公路自汤苦公路的华光潭，经鱼跳贯穿上溪全乡至矿山末端的源头村，全长19.6公里。北侧的县道到石公路自汤苦公路到龙山。

保护与开发现状（单体保存现状、保护措施、开发情况）

开发历史近百年，大规模开发始于20世纪70年代初。主要矿藏现由开发商承包经营。

评价项目	资源要素价值（85分）					资源影响力（15分）		附加值
评价因子	观赏游憩使用价值（30分）	历史文化科学艺术价值（25分）	珍稀奇特程度（15分）	规模、丰度与几率（10分）	完整性（5分）	知名度和影响力（10分）	适游期或使用范围（5分）	环境保护与环境安全
分　值	28	24	15	6	4	9	4	3
总　分	93分；五级旅游资源单体							

图片资料

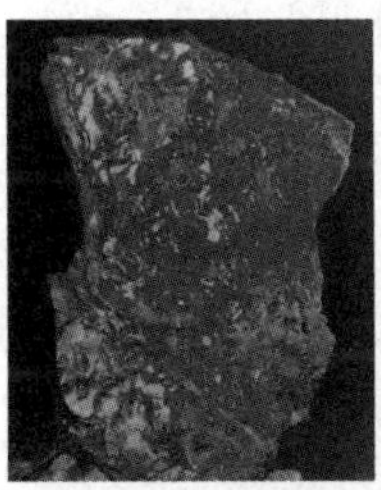

9.4.7 实训成果及其评价主体与细则

9.4.7.1 实训成果要求

（1）完成不少于 10 个旅游购品类旅游资源单体表的填写。

（2）完成对每个旅游资源单体的摄像或摄影工作，其中每个旅游资源单体的照片不少于 5 张，且要求美观。

（3）提出旅游购品类旅游资源未来开发的对策与思路，形成汇报 PPT。

9.4.7.2 评价主体及其权重

本次实训成果的评价建议由校内专业老师、企业指导老师及学生代表（每个实训小组各选 1 名代表）参加，权重分别为 40%、40% 和 20%。

9.4.7.3 评分细则

评分细则具体如表 9-2 所示。

表9-2　旅游购品类实训成果评价标准

实训任务名称：________　　汇报人：________　　第____组

<table>
<tr><th colspan="2">评价内容</th><th>评价分值</th><th>评价标准</th><th>评价得分</th></tr>
<tr><td rowspan="3">旅游资源单体调查表及摄像照片</td><td>旅游资源单体调查表数量</td><td>10分</td><td>旅游资源单体表数量在10个及以上得10分，数量9个及以下，按实际完成数量得分</td><td></td></tr>
<tr><td>旅游资源单体调查表质量</td><td>15分</td><td>单体表填写准确、描述达到要求得12~15分；单体表填写基本准确、描述基本到位得7~11分；单体表填写尚可、描述较弱得0~6分</td><td></td></tr>
<tr><td>旅游资源单体照片</td><td>15分</td><td>旅游资源单体照片数量达标且美观度、清晰度较高的得12~15分；数量基本达标且美观度、清晰度尚可的得7~11分；数量未达标且美观度、清晰度较差的得0~6分</td><td></td></tr>
<tr><td rowspan="2">旅游购品类旅游资源开发对策与思路</td><td>PPT报告完整性</td><td>15分</td><td>包括课题组组成、调查情况、调查步骤与方法、调查结果、对策建议等，每一项得3分</td><td></td></tr>
<tr><td>PPT报告科学性与合理性</td><td>15分</td><td>报告建议科学合理得12~15分；报告建议基本科学、合理得7~11分；报告建议科学性与合理性较差得0~6分</td><td></td></tr>
<tr><td rowspan="3">表现方式</td><td>PPT演示文稿</td><td>10分</td><td>PPT排版美观大方且有特色得8~10分；排版基本整齐且有一定特色得4~7分；排版美观度相对较弱得0~3分</td><td></td></tr>
<tr><td>现场演讲</td><td>10分</td><td>演讲者形象气质佳、演讲流利、条理清晰者得8~10分；形象一般、演讲一般得4~7分；其他方面得0~3分</td><td></td></tr>
<tr><td>现场答辩</td><td>10分</td><td>现场答辩流利、回答内容准确得8~10分；答辩一般、内容基本准得4~7分；其他方面得0~3分</td><td></td></tr>
<tr><td colspan="2">评委签名：</td><td></td><td>合计得分：</td><td></td></tr>
</table>

9.5 总结与测试

9.5.1 总结

本项目首先介绍了旅游购品类旅游资源的定义、旅游价值及其分类，让学习者对旅游购品类旅游资源有了初步的认识；其次逐个介绍了旅游购品类旅游资源各个基本类型的定义、形成、特征，并对旅游购品类旅游资源的实地调查与评价的主要内容、相关技巧进行了详细阐述；最后以浙江临安昌化鸡血石为例，设计了相应的实践实训环节，使学习者能够对旅游购品类旅游资源做出正确的调查与评价，并完成旅游购品类旅游资源调查报告的撰写任务及相应的开发、保护思考。

本项目与第一版教材相比，有非常大的改动与创新。一是根据《旅游资源分类、调查与评价》（GB/T 18972—2017）所增加的亚类、基本类型进行了系统梳理；二是增加了多个旅游资源类型的横向比较，尤其是边界范围或内涵有所雷同的；三是增加了引导资源所属类型甄别的相关讨论环节。

9.5.2 项目测试

【主要概念】

农业产品、工业产品、手工工艺品，种植业产品及制品、林业产品与制品、畜牧业产品与制品、水产品及制品、养殖业产品与制品，日用工业品、旅游装备产品，文房用品、陶瓷、石雕、木雕、根雕、纸艺。

【客观题】

1. 下列属于水产品及制品的是（　　）。

A. 陕西凉皮　　B. 藏族糌粑　　C. 维吾尔抓饭　　D. 苗族酸汤鱼

2. 著名的浙江“三门青蟹”与千岛湖鱼头属于（　　）。

A. 养殖业产品与制品　　B. 传统手工艺与工艺品资源

C. 中草药材及制品资源　　D. 水产品及制品资源

3. 下列属于种植业产品及制品资源的是（　　）。

A. 云南白药　　B. 浙江寿仙谷　　C. 甘肃宁夏枸杞　　D. 阿克苏加丽果

4. 下列哪个不属于画作类资源（　　）。

A、东北林区农民画　　B. 浙江舟山渔民画

C、梵·高的《星月夜》　　D. 陕西剪纸

5. 下列哪个属于金石雕刻、雕塑类旅游商品（　）。

A. 城市广场的铜牛　　B. 古民居中的石头雕像

C. 古街古董店里的木雕　　D. 铜雕明星公仔

6. 下列哪个属于日用工业品类旅游购品（　）。

A. 山东德州扒鸡　　B. 野营帐篷　　C. 创意保温杯　　D. 孔明灯

【简答题】

1. 旅游购品类旅游资源有哪些基本类型?

2. 简述手工工艺品与日用产品两大亚类旅游资源的调查评价要点。

【分析题】

1. 以杭州龙井茶为例，分析其调查评价要点，并由此分析旅游购品的旅游价值。

2. 以蚕丝被或画作、陶瓷等为例，请分析我国旅游商品开发的现状。

【应用题】

1. 请大家选择自己熟悉的案例，对我国旅游商品的开发现状进行深入分析，针对性地指出存在的问题，并提出自己的想法。

2. 请以具体某个旅游景区为例，深入剖析该景区的核心优势与主题文化，提出可开发的旅游购品系列。

项目10　调查与评价人文活动类旅游资源

项目案例导入

人文活动类旅游资源概述视频　　人文活动类旅游资源概述PPT

案例：众所周知，2016年9月4日至5日，举世瞩目的二十国集团领导人第十一会议（G20）在中国杭州顺利举行。本次会议的主题是构建创新、活力、联动、包容的世界经济。应中国国家主席习近平邀请，阿根廷总统马克里、巴西代总统特梅尔、法国总统奥朗德、印度尼西亚总统佐科、韩国总统朴槿惠、墨西哥总统培尼亚、俄罗斯总统普京、南非总统祖马、土耳其总统埃尔多安、美国总统奥巴马、澳大利亚总理特恩布尔、加拿大总理特鲁多、德国总理默克尔、印度总理莫迪、意大利总理伦齐、日本首相安倍晋三、英国首相特蕾莎·梅、欧洲理事会主席图斯克、欧盟委员会主席容克及沙特阿拉伯王储继承人兼第二副首相、国防大臣穆罕默德二十国集团成员领导人，乍得总统代比、埃及总统塞西、哈萨克斯坦总统纳扎尔巴耶夫、老挝国家主席本扬、塞内加尔总统萨勒、新加坡总理李显龙、西班牙首相拉霍伊、泰国总理巴育等嘉宾国领导人，以及联合国秘书长潘基文、世界银行行长金墉、国际货币基金组织总裁拉加德、世界贸易组织总干事阿泽维多、国际劳工组织总干事莱德、金融稳定理事会主席卡尼、经济合作与发展组织秘书长古里亚等有关国际组织负责人与会。

G20杭州峰会的顺利举行，不仅极大地促进了我国的对外开放水平、全面树立了民族自信心、提高了外交话语权，而且全面拉动了浙江的基础设施建设，促进了杭州外向型经济和国际化水平；尤其是峰会的召开，不仅极大地展现了杭州城市与旅游的高颜值、高服务与高品质，而且迅速为杭州创造了极大的市场影响力与口碑效应，为杭州带来了极大的后续客流溢出。峰会结束后，外地游客纷至沓来，除了传统的西湖之外，钱江新城、国际博览中心乃至外宾下榻的酒店，都成为游客必游之地、必拍之景。

想一想：结合2008年北京奥运会、2010年上海世博会、2016年G20杭州峰会、2017年金砖厦门峰会、2018年上合青岛峰会等系列重大节事活动案例，谈谈这些活动为我们创造了哪些旅游资源？其可持续发展的影响力或竞争力有多强？

项目导读

学习目的与意义：人文活动类旅游资源是旅游资源的重要组成部分，正是它们的存在赋予了旅游资源鲜活的生命力。其开发利用水平直接影响着旅游地旅游产品的整体文化内涵和品牌效应。对人文活动类旅游资源不同类别的认识，是充分理解其旅游价值的基本前提；唯有立足于此，我们才能对人文活动类旅游资源进行细致的调查和科学的评价，才能对合理开发利用提出科学建议。

项目内容概述：本项目主要任务是厘清人文活动类旅游资源的概念和类别，对其所具有的旅游价值进行了深入的分析，并针对不同的人文活动类旅游资源指出其调查评价过程中应把握的要点，提出相应的开发对策与措施。

项目学习目标

知识目标：了解人文活动类旅游资源的类别；充分理解其表达的人文情怀；掌握人文活动类旅游资源的旅游资源所蕴含的文化内容。

技能目标：能深入挖掘人文活动类旅游资源的内涵与价值；能分析评价不同类型人文活动旅游资源的价值；能剖析不同类别人文活动类旅游资源调查与评价的基本要点；能科学、客观地提出旅游开发设想。

人文活动类旅游资源是指以社会民风、民情、民俗为主体，反映社会风貌、人文意识、人文教育及人文文化等内容，可以被旅游业开发利用的活动性、过程性旅游资源。人类文化活动丰富多彩，是人类历史发展过程中的积淀和结晶，同时又代表了地方人文特色，是游客最容易参与的部分，也是旅游业开发中最具变化性、神秘性的部分，其旅游价值主要体现在以下几个方面。

（1）历史文化价值。人文活动旅游资源具有鲜明的时代性、民族性和地域性，往往是一个地区和民族的历史及文化发展历程的生动再现，具有很高的历史文化研究价值。如历代帝王将相、文人墨客游历风景名胜区留下大量诗词、游记、题字、传说等，既丰富了旅游区的历史文化底蕴，又增加了旅游景观美的内涵。

（2）品牌形象价值。人文活动类旅游资源能够直接或者间接的影响旅游资源品牌的形成和知名度的大小。一方面人文活动类的旅游资源能够丰富和提升旅游资源的文化内涵，提升景观的美感；另一方面随着现代社会旅游者对文化内涵和精神需求的狂热追求，人文活动类的许多旅游资源已经独立成景，如北京奥运会对北京旅游、G20

杭州峰会对杭州旅游的品牌影响力都是巨大的。

（3）旅游经济价值。越是文化内涵深厚、表现力越强、表现形式越丰富多样，就越能聚焦旅游者的目光，为旅游地带来可观的旅游经济收益。尤其是作为旅游产业发展要素中的“节事”“商务”等，将更为明显。

（4）科普教育价值。参观、游览、体验当地的民俗风情，就不可避免地受到该文化的熏陶和感染，不仅能增长游客的见识，而且可能会影响到其价值观念和行为准则。游客通过参与、体验人文活动类旅游资源而得到情趣，在潜移默化中塑造和陶冶各自的高尚情操。

根据《旅游资源分类、调查与评价》（GB/T 18972—2017），人文活动类旅游资源可以分为 2 个亚类、5 个基本类型（见表 10–1）。

表10–1　人文活动旅游资源分类

主类	亚类	基本类型
H人文活动	HA人事活动记录	HAA地方人物　HAB 地方事件
	HB岁时节令	HBA宗教活动与庙会　HBB农时节日　HBC现代节庆

10.1 人事活动记录

本亚类包括地方人物与地方事件 2 个基本类型。鉴于名人效应、重大事件对提升地方旅游知名度、推动旅游产业发展具有强大的作用，各地在旅游资源开发过程中争抢名人属地的事件时有发生。因此，深入挖掘地方知名人物及其相关事件，也是发展旅游业的重要内容。与 2003 版《旅游资源分类、调查与评价》的标准相比，此次将原先遗址遗迹类旅游资源中社会经济文化活动遗址遗迹中的历史事件发生地（EBA）等亦并入地方事件（HAB），且更加突出了人物与事件的“地方”性。

人事活动记录类调查与评价视频

人事活动记录类调查与评价PPT

10.1.1 地方人物

指当地的历史和现代名人，应该对当地历史和社会发展产生过重要影响的人物。在我国悠久的历史长河中，各个领域涌现出的杰出人物使得历史和文化的积淀尤为丰厚，同时也正是因为有了这些人物的聚集，众多的历史事件及无数的文化遗产才具有了鲜活的生命力和灵魂。根据地方人物的自有特征，又可以分为政治名人、文化名人、学术名人、军事名人、宗教名人、商业名人、技术名人、体育名人、娱乐名人等类型。如就政治名人而言，从远古时期的大禹到封建社会时期的秦始皇、唐太宗李世民、成吉思汗，从近代的李大钊到现代的毛泽东、周恩来等。值得注意的是，并不是说某个知名人物曾经到访过某地就属于该地的地方人物了，而应该判断其是否在此生活居住、学习或工作过为主。在实地调查与评价过程中，应突出其出生年代与背景、人物类型、祖籍、故居情况、主要成就与影响、成就事业的地点等方面内容的描述，重点采集其生卒年月、重要纪念日等基本特征项数据。

10.1.2 地方事件

地方事件是指当地发生过有影响的历史和现代事件。重大历史事件往往令人震撼，发人深省；在历史事件中，往往会造就一批历史人物。人物与事件结合后，形成名人文化，成为人文活动旅游资源中的一个重要组成部分。开发和利用事件旅游资源，可以还原历史，令游客感受到历史的真实面貌。根据事件的不同，可以将事件划分为战争事件（如“七七事变”）、自然灾害事件（如 2008 年汶川大地震事件）、政治事件（如西安事变）、事故灾难（如山西孝义矿难事件、“9・11”事件）等类型。该类旅游资源通常与地方人物（HAA）、现代节庆等旅游资源伴生。在实地调查与评价过程中，应突出事件的类型与性质、事件涉及的主要人物、事件发生地、主要经过及其经济与社会影响等内容的描述，重点采集事件的发生时间、重要纪念日、影响力等基本特征项数据。

阅读材料10-1：事件与事件旅游

事件及事件旅游（Event & Event Tourism，E &ET）已经成为西方旅游的热点之一。与事件及事件旅游实践的发展相一致，西方对其进行的相关研究也获得了很快的发展，并且成为近年来西方旅游学界的热门研究课题之一。

事件是短时发生的、一系列活动项目的组合，也是其发生时间内环境、设施、管理和人员的独特组合。事件旅游有两个方面的含义：一方面，事件旅游是对事件进行系统规划、开发和营销的过程，其出发点是使事件成为旅游吸引物、促进旅游业发展的动力、旅游形象塑造者、提升旅游吸引物和旅游目的地地位的催化剂，事件旅游发展战略还要对新闻媒介和不良事件的管理做出规划；另一方面，事件旅游要对事件市场进行细分，包括分析和确定什么人将进行事件旅行、哪些人可能会离开家而被吸引前来参与事件。

10.2 岁时节令

岁时节令也称为岁时、岁事、时节、时令等事，是人们的社会生活中约定俗成的一种集体性习俗活动。南朝梁人宗懔的《荆楚岁时记》，是我国较早出现的一部记载地域性岁时习俗的笔记小品，反映了古代的社会众生相和人们的生活情趣。各种岁时风俗活动的产生，显示了我们祖先对自然运动规律的认识与把握，探究其根源，即是人们祈望五谷丰登、人畜两旺、岁岁平安。此处的岁时节令，自然还包括了现代节庆。现代节庆旅游资源，是指能够对人们产生吸引，并可以被用来开发成消费对象的节日和活动的总和（郎富平等，2014）。立足于旅游业发展的需要和旅游者的不断成熟，现代节庆类旅游产品的开发越来越受到关注，现代节庆旅游资源也日益成为旅游者眼中旅游地的重要吸引要素之一，其作用主要表现为：塑造旅游地形象，提升旅游地知名度；极大地促进旅游地的交通、通信、城建、绿化等基础设施建设的步伐，优化旅游地环境；增加旺季客流量、弥补淡季需求不足；改善投资环境，推进旅游地招商引资；提高心理预期，带动消费，促进相关产业发展；弘扬地方传统文化，推进旅游地文明建设；创造新的就业机会，减轻就业压力；节前、节后蝴蝶效应使节事活动产生较长影响（余青等，2005）。本亚类包括宗教活动与庙会、农时节日和现代节庆 3 个基本类型。

岁时节令类调查与评价视频

岁时节令类调查与评价PPT

10.2.1 宗教活动与庙会

指宗教信徒举办的礼仪活动及节日或规定日子里在寺庙附近或既定地点举行的聚会。我国宗教主要有佛教、基督教、伊斯兰教、道教。在漫长的历史发展过程中，不同类型的宗教以其不同的信仰为特征，通过不同的表现方式，为我们留下了大量的传统宗教习俗。随着社会的发展，以及宗教本身发展的需要，现代宗教正在以多种形式向世俗化方向转变，而这一转变使得更多的百姓能够了解和接受宗教，更多的民间团体以钱、物、人的方式参与宗教，弱化了宗教肃穆的气息，增强了宗教的娱乐性，使得广大游客能够普遍接受，尤其是少数民族的宗教活动，更是以其强烈的神秘性、差异性、故事性吸引了众多旅游者的目光。常见的佛教活动有浴佛节、盂兰盆会（俗称鬼节）、释迦牟尼成佛日等，常见的道教活动有三会日、三元日、五腊日、三清圣诞等，常见的伊斯兰教活动有开斋节、古尔邦节、圣纪节等，常见的基督教活动有复活节、圣诞节、升天节等。庙会，又称庙市，是中国民间宗教及岁时风俗，也是我国集市贸易形式之一，其形成与发展和地庙的宗教活动有关，流行于全国广大地区。古代，“日中为市”，进行集市贸易。至南北朝时，统治者信仰佛教，大造寺庙，菩萨诞辰、佛像开光之类盛会应运而生，商贩为供应游人信徒，百货云集，遂成庙市。在实地调查与评价过程中，应突出其宗教类型、地方特点、活动形式与地点、历史渊源、社会影响及范围、相关的人与事物等方面的描述，重点采集其开始年代、活动开始时间、活动结束时间、参与人数等基本特征项数据。

阅读材料10-2：中国传统节日

我国历史文化久远，传统民俗活动众多。除上述具有明显宗教活动或庙会相关的活动以外，目前更为人民大众所接受的传统节日主要如下。

除夕：农历腊月三十或农历年的最后一天。除夕的午餐称“团年”“团圆饭”。

元宵节：农历正月十五，又称上元节。有吃汤圆、闹花灯、舞龙灯、样古史、禳神、打瓯盖等习俗。

花朝节：农历二月十五，取百花盛开之意而得名。有糯谷爆禾泡、坐食擂茶、穿耳环孔等活动。

清明节：古以寒食后第二天（一说第三天）为清明节，今以日历所定节气日为准，家家户户都进行扫墓祭祖。

立夏节：腊味、盐蛋、米粉肉是不能少的，故有“腊杂节”之俗称。还有吃糯米糖、炖鸡、吃补品的习惯，俗称“补夏”。

端午节：农历五月初五，俗称“五月节”，又称“端阳”“重午”。食粽子、麦糍（又叫煎鱼），喝雄黄酒，挂着葛藤捆卷的菖蒲、艾枝，还有龙舟竞赛等。

六月六：农历六月初六，是龙晒衣之日。

七月半：农历七月十一至十五均属七月半期，是亡人节，“七月半，鬼乱窜”，群众祭祀时不入坟地。

中元节：农历七月十五，又称“鬼节”“七月半”，是祭祀祖先的节日。

中秋节：农历八月十五，最尚月饼，民俗多以饼相赠。夜晚，中老年盛行赏月，青少年摸青（窃少许蔬菜瓜果），妇女们则“接月光”。

重阳节：农历九月初九，又称“重九”。有登高、饮茱萸菊花酒，吃油炸芋包、薯包的习俗仍旧盛行。

小年：农历腊月二十五，也有少数乡村二十四日过小年的。从前，节前之夜送灶群，自节日起不吃粥，不吃霉豆腐，妇女不入娘家，更不能在娘家住宿。

春节：农历正月初一，俗称“大初一”。

七夕节：农历七月初七，妇女结彩绸对月穿织，陈瓜果于道以祀牛郎织女。

冬至节：白族称祭祖节。

此外，因各地习俗不同，尚有其他各类传统节日。

10.2.2 农时节日

农时节日指当地与农业生产息息相关的传统节日，即与当地农业、林业、牧业或渔业等大农业生产活动紧密相连的传统节日。作为传统岁时节令的重要组成部分，农时节日与传统节日的初衷相近，以祈求农事顺利、丰收、平安等为主。而且与春节、元宵、清明等普天性的传统节日相比，农时节日则往往因各地农事活动的差异及季节性、民族性、地域性等有较大差异，如每年农历六月初六，贵州榕江、车江地区的侗族及布依族地区有一个“洗牛节”，家家牵牛下河，为其洗身，并杀鸡鸭为牛祝福，愿耕牛清洁平安，并感谢耕牛对农业发展的贡献；又如藏族在秋收、打场和送肥结束后的藏历十一月间举行“娱驴节”，浙江宁波象山县一带每年9月前后举行开渔节。在实地调查与评价过程中，应突出其主题性质与类型、主要内容及特色、活动项目数量与规模、活动地点、组织形式、经费来源、举办规律、历史渊源或典故、经济与社会影响及范围等方面的描述，重点采集其始办时间、举办时间（季节）、历届参与人数或规模、活动举办频率等基本特征项数据。

阅读材料10-3：中国农民丰收节

2018 年 6 月 7 日，《国务院关于同意设立“中国农民丰收节”的批复》（国函〔2018〕80 号）同意自 2018 年起，将每年农历秋分设立为“中国农民丰收节”，具体工作由农业农村部有关部门组织实施。这是第一个在国家层面专门为农民设立的节日。第一届“中国农民丰收节”的日期为公历 2018 年 9 月 23 日，农历戊戌年八月十四。而之所以设立中国农民丰收节，主要原因有以下几点。

一是农民是中国人口的最大多数，是中国共产党执政的基础，广大农民在革命、建设、改革等各个历史时期都做出了重大贡献。中央决定，在脱贫攻坚的关键时期、全面建成小康社会的决胜阶段、实施乡村振兴战略的开局之年，设立“中国农民丰收节”，顺应了新时代的新要求、新期待。

二是我国农事节庆活动有传统。我国古代就有庆五谷丰登、盼国泰民安的传统。通过举办民俗表演、技能比赛、品尝美食等活动，大家一起分享丰收的喜悦。目前有 13 个少数民族有庆祝丰收的节日，这为设立“中国农民丰收节”积累了经验。

三是全国各地均有相关节庆活动的有益探索。很多地方根据节庆特点和假日节点，举办了具有当地特色、主题鲜明、和农事有关的节庆活动，也形成了一批民俗活动、观花赏景、采摘体验、农业嘉年华等知名品牌。

四是农旅融合的市场新需求。现在我国人均 GDP 已经接近 9000 美元，休闲观光大众化正成为常态，广大市民也有回归乡村、参与农事体验、品味农村情调的需求和田园梦想，这为设立“中国农民丰收节”提供了广阔市场空间。

五是农业农村发展有基础。改革开放以来，特别是党的十八大以来，我国农业连年丰收，农民持续增收，粮食生产能力已经连续 5 年稳定在 12000 亿斤水平，农业现代化在加快推进，绿色发展、农村改革、结构调整都取得了明显的成效。特别是脱贫攻坚和农民增收，可以说有巨大变化，农村社会保持长期稳定。这些都为举办中国农民丰收节奠定了坚实基础。

10.2.3 现代节庆

指当地定期或不定期的文化、商贸、体育活动等，通常可包括但不限于旅游节、文化节、体育节、商贸节等。其中，文化旅游节通常由文化和旅游主管部门、行业协会、相关媒体或旅游企业发起、组织并参与；体育运动类节庆活动通常由体育主管部门、行业协会或相关媒体、体育企业发起、组织并参与；商贸节通常由商务、经信等部门、行业协会或行业龙头企业等发起并组织参与。与传统节日相比，现代节庆组织相对更加规范化、有序化并讲究一定的政治、经济或社会效益，但稳定性有时候反而会更差一些。在实地调查与评价过程中，应突出其主题性质与类型、主要内容及特色、活动项目数量与规模、活动地点、组织形式、经费来源、举办规律、历史渊源、经济与社会影响及范围等方面的描述，重点采集其始办时间、举办时间（季节）、历届参与人数或参展单位、相关经济效益指标、活动举办频率等基本特征项数据。

阅读材料10-4：中国国际进口博览会

中国国际进口博览会（China International Import Expo，CIIE），由中华人民共和国商务部、上海市人民政府主办，旨在坚定支持贸易自由化和经济全球化、主动向世界开放市场。2017 年 5 月，习近平主席在“一带一路”国际合作论坛上宣布，中国将从 2018 年起举办中国国际进口博览会。

2018 年 11 月 4 日，首届中国国际进口博览会新闻中心正式运营；11 月 5 日至 10 日，首届中国国际进口博览会在国家会展中心（上海）举行，中国国家主席习近平出席开幕式并举行相关活动，共吸引了 58 个“一带一路”沿线国家的超过 1000 多家企业参展，将成为共建“一带一路”的又一个重要支撑。2018 年 11 月 13 日，“中国国际进口博览会‘6 天 +365 天’常年展示交易平台——绿地全球商品贸易港”正式开港，以打造“永不落幕的进口博览会”。

中国国际进口博览会作为世界上第一个以进口为主题的大型国家级展会，包括展会和论坛两个部分。展会即国家贸易投资综合展（简称国家展）和企业商业展（简称企业展），论坛即虹桥国际经贸论坛。国家展是本届中国国际进口博览会的重要内容，共有 82 个国家、3 个国际组织设立 71 个展台，展览面积约 3 万平方米，各参展国展示了国家形象、经贸发展成就和特色优势产品。国家展中，印度尼西亚、越南、巴基斯坦、南非、埃及、俄罗斯、英国、匈牙利、德国、加拿大、巴西、墨西哥 12 个主宾国均设立了独具特色的展馆。作为东道主，中国设立了中国馆，包括港澳台展区。中国馆以“创新、协调、绿色、开放、共享”的新发展理念为主线，展示了中国改革开放的巨大成就，以及中国发展、共建“一带一路”给世界带来的新机遇。企业展分 7 个展区，展览面积 27 万平方米，来自 130 多个国家的 3000 多家企业签约参展。

（引自：中国国际进口博览会官方网站 [EB/OL].https://www.ciie.org/zbh/index.html，有改动）

10.3 人文活动类旅游资源调查与评价实训

10.3.1 实训目的

通过实地考察学习，能充分利用本项目及项目 2 的相关知识与技能要点，加深对人文活动类旅游资源概念的理解，了解并掌握人文活动类旅游资源的功能、类型、特点；能有序开展人文活动类旅游资源调查与评价的各个环节，熟练掌握人文活动类旅游资源的认定、调查技巧；完成各个旅游资源的调查表填写，提出相应的保护、开发建议。

10.3.2 实训地点

可利用某周末或专业综合实训周的时间去人文活动类旅游资源较全面且具有代表性的城市或古村落，也可随堂通过相关视频观摩进行。

10.3.3 实训教学内容及要求

（1）观察了解人文活动类旅游资源的特点。

（2）准备旅游资源调查前的各项准备工作，完成资源调查表的预填。

（3）全面调查实训区域内所有人文活动类旅游资源的基本类型。

（4）提出开发、保护人文活动类旅游资源的对策措施。

10.3.4 实训教学工具与方法

10.3.4.1 实训教学工具

详见 2.2 调查工具的准备与使用。

10.3.4.2 实训教学方法

（1）对全班同学进行实训调研分组。

（2）教师组织学生完成准备阶段的各项工作，包括资料的收集整理、调查表的预填。

（3）邀请专业人员为学生进行专业讲解。

10.3.5 实训教学资料简介

杭州西湖国际博览会

西湖国际博览会创办于 1929 年 6 月，此后停办 70 年，1999 年 6 月重新开办。2000 年 10 月 20 日第二届西湖国际博览会开幕，定名为“中国杭州—2000 西湖国际博览会”（简称“中国杭州西湖国际博览会”或“西湖国际博览会”）。2018 年 10 月 20 日至 11 月 3 日，第二十届中国杭州西湖国际博览会以“新时代 新西博”为主题顺利举行，围绕“助推城市国际化战略、助推拥江发展战略、助推产业提质增效和助推会展业转型升级”四大思路，重点举办了 28 个项目。

10.3.6 旅游资源单体调查表示例

浙江省杭州市“西湖国际博览会”旅游资源单体调查表

单体名称：西湖国际博览会

基本类型：HBC现代节庆　　　　序号：××××

代　　号	JG-HGH-XHQ-HBC-01　　其他代号：①　　　　　；②
行政位置	杭州市西湖区北山街道北山路
地理位置	东经120°08′25.11″，北纬30°15′34.32″
性质与特征（单体性质、形态、结构、组成成分的外在表现和内在因素，以及单体生成过程、演化历史、人事影响等主要环境因素） 为加快杭州市的城市发展，扩大城市影响力，杭州市委、市政府于 2000 年再次举办了西湖国际博览会（以下简称西博会），以后每年举办。西博会的成功召开，标志着杭州市向国际化城市的靠拢。 西博会是一个牵动整个城市的系统工程。通过全市上下的齐心协力，西博会在成功举办的同时，也促进了杭州市的经济与社会的全面发展。西博会已成为杭州市含金量极高的“金名片”，成为发展经济的“助推器”。 西博会中高档次的展览是会聚商流、物流、技术流、人才流、信息流、资金流的平台和商品展示、技术推广、寻找贸易机会的最直观、便捷、集中及快速导入市场的载体。高层次的会议则是发布、传播、学习和交流新经济、新科技、新观念、新思想、新知识的载体。大型国际会议和国际展览还是发展对外经济贸易和技术交流的重要手段，依托西博会，与各地经贸人士开展经济、科技、贸易、投资、交流、合作与竞争，凸显中心城市的集聚与辐射作用。西博会以展促旅、以旅带展，举办的多项旅游活动吸引了大量客流。商务旅游的兴起，促进了杭州旅游业产业结构的多样化、高级化。西博会的集聚辐射效应，形成了广泛的城市吸引力；西博会造就了新的企业群体，带动旅游、广告、设计、购物、餐饮等服务业的发展。积极促进会展与旅游、会展与文化和会展与主导产品的融合，架起杭州与世界进行积极合作和文化交流的桥梁，极大地促进了杭州市经济社会的发展。 2018 年举办的第二十届西博会是一次成功的盛会。一是在国际化办会上取得新突破。15 天时间里，云栖大会、休闲产业博览会、文化创意产业博览会、Money20/20 全球金融科技创新博览大会等，实现贸易成交额 101 亿元，来自 60 多个国家或地区的中外来宾和市民、游客 110 余万人次参加。二是在产业化办会上取得新突破。西博会围绕杭州市产业发展重点，精心组织的一系列产业类品牌会展项目，不仅聚焦中心工作更加精准，而且在助推产业融合发展更有实效，在搭建招商引智平台方面更是成果斐然。三是在市场化办会上取得新突破。形成了“企业主体、市场运作、政府支持”的办会新模式，积极鼓励和吸引国内外机构、行业、企业承办西博会项目，采用市场化运作的方式，创新面向社会公开征集符合杭州市“1+6”主导产业和十大潜力产业导向的品牌会展项目。	

<table>
<tr><td colspan="9">西湖博览会始办于1929年。由于国民革命军北伐胜利，当时的浙江省政府为纪念统一、奖励实业、振兴文化，决定筹办西湖博览会。首届西博会有8个场馆，分别为革命纪念馆、博物馆、艺术馆、农业馆、教育馆、卫生馆、丝绸馆和工业馆，展出商品达14.76万件，从6月6日开幕，到10月10日闭幕，前后历时137天，参观人数总计达2000余万人次，盛况空前。1929年西湖博览会轰动了浙江和全国，影响波及国外，与历史上著名的1893年“芝加哥博览会”、1900年“巴黎博览会”和1927年“费城博览会”并称为国际性庆典。</td></tr>
<tr><td colspan="9">旅游区域及进出条件（单体所在地区的具体部位、进出交通、与周边旅游集散地和主要旅游区、点之间的关系）
西湖国际博览会的各项活动涉及下属各个区、县、市。</td></tr>
<tr><td colspan="9">保护与开发现状（单体保存现状、保护措施、开发情况）
杭州市委、市政府每年秋季举办一次西湖国际博览会，并不断丰富内容、创新表现体制，目前已经成为浙江省乃至全国最具世界品牌影响力的文化节庆活动之一。</td></tr>
<tr><td>评价项目</td><td colspan="5">资源要素价值（85分）</td><td colspan="2">资源影响力（15分）</td><td>附加值</td></tr>
<tr><td>评价因子</td><td>观赏游憩使用价值（30分）</td><td>历史文化科学艺术价值（25分）</td><td>珍稀奇特程度（15分）</td><td>规模、丰度与几率（10分）</td><td>完整性（5分）</td><td>知名度和影响力（10分）</td><td>适游期或使用范围（5分）</td><td>环境保护与环境安全</td></tr>
<tr><td>分　值</td><td>30</td><td>23</td><td>14</td><td>7</td><td>4</td><td>9</td><td>4</td><td>3</td></tr>
<tr><td>总　分</td><td colspan="8">94分；五级旅游资源单体</td></tr>
<tr><td colspan="9">图片资料
  </td></tr>
</table>

10.3.7 实训成果及其评价主体与细则

10.3.7.1 实训成果要求

（1）完成不少于10个人文活动类旅游资源单体表的填写。

（2）完成对每个旅游资源单体的摄像或摄影工作，其中每个旅游资源单体的照片不少于5张，且要求美观。

（3）提出人文活动类旅游资源未来开发的对策与思路，形成汇报PPT。

10.3.7.2 评价主体及其权重

本次实训成果的评价建议由校内专业老师、企业指导老师及学生代表（每个实训小组各选 1 名代表）参加，权重分别为 40%、40% 和 20%。

10.3.7.3 评分细则

评分细则具体如表 10–2 所示。

表10–2　人文活动类实训成果评价标准

实训任务名称：__________　汇报人：__________　第____组

评价内容		评价分值	评价标准	评价得分
旅游资源单体调查表及摄像照片	旅游资源单体调查表数量	10分	旅游资源单体表数量在10个及以上得10分，数量9个及以下，按实际完成数量得分	
	旅游资源单体调查表质量	15分	单体表填写准确、描述达到要求得12~15分；单体表填写基本准确、描述基本到位得7~11分；单体表填写尚可、描述较弱得0~6分	
	旅游资源单体照片	15分	旅游资源单体照片数量达标且美观度、清晰度较高的得12~15分；数量基本达标且美观度、清晰度尚可的得7~11分；数量未达标且美观度、清晰度较差的得0~6分	
人文活动类旅游资源开发对策与思路	PPT报告完整性	15分	包括课题组组成、调查情况、调查步骤与方法、调查结果、对策建议等，每一项得3分	
	PPT报告科学性与合理性	15分	报告建议科学合理得12~15分；报告建议基本科学、合理得7~11分；报告建议科学性与合理性较差得0~6分	
表现方式	PPT演示文稿	10分	PPT排版美观大方且有特色得8~10分；排版基本整齐且有一定特色得4~7分；排版美观度相对较弱得0~3分	
	现场演讲	10分	演讲者形象气质佳、演讲流利、条理清晰者得8~10分；形象一般、演讲一般得4~7分；其他方面得0~3分	
	现场答辩	10分	现场答辩流利、回答内容准确得8~10分；答辩一般、内容基本准得4~7分；其他方面得0~3分	
评委签名：			合计得分：	

10.4 总结与测试

10.4.1 总结

本项目首先介绍了人文活动类旅游资源的定义、旅游价值及其分类，让学习者对人文活动类旅游资源有了初步的认识；然后以图文并茂的形式详细介绍了人文活动类旅游资源各个基本类型的定义、形成、特征，并对人文活动类旅游资源的实地调查与评价的主要内容、相关技巧进行了详细阐述；最后以杭州西湖国际博览会为例，设计了相应的实践实训环节，使学生能够对人文活动类旅游资源做出正确的调查与评价，并完成人文活动类旅游资源调查报告的撰写任务及相应的开发、保护思考。

本项目与第一版教材相比，亦有较大的改动与创新。一是根据《旅游资源分类、调查与评价》（GB/T 18972—2017），将2003版的两个亚类的相关旅游资源单体归并至历史遗迹类旅游资源的非物质文化遗存亚类；二是更加丰富并调整了岁时节令亚类中的各个基本类型，尤其是增加了农时节日（HBB）、归并了现代节庆（HBC），较好地解决了2003版现代节庆具有多种功能属性而难以归类的现象；三是尚未有效解决人文活动主类与历史遗迹主类非物质文化遗存亚类之间的部分重叠关系，有待后续优化完善。

10.4.2 项目测试

【主要概念】

地方事件、宗教活动与庙会、农时节日、现代节庆

【客观题】

1. 下列属于国标中现代节庆类旅游资源的是（　）。

A. 元宵节庙会　B. 那达慕大会　C. 中国（上海）国际进博会　D. 傣族婚礼

2. 下列哪些不属于地方人物（　）。

A. 该地出生的将军　　B. 曾经是在此“下乡”的知青作家

C. 曾经在此演出的明星　　D. 曾经在此工作过的省部级领导

3. 下列哪个活动不属于宗教活动与庙会类旅游资源（　）。

A. 元宵节赶集　B. 七月半祭祀　C. 七夕节相亲　D. 观音菩萨生日

4. 下列哪个活动不属于农时节日类旅游资源（　　）。

A. 开耕节　　　B. 稻香节　　　C. 洗牛节　　　D. 端午节

【简答题】

1. 旅游人文类旅游资源有哪些亚类和基本类型？

2. 简述岁时节令类旅游资源的调查评价要点。

3. 如何判断宗教活动与庙会的两面性？

【分析题】

1. 以中国国际孔子文化节会为例，分析其调查评价要点，并由此分析旅游节类旅游资源的旅游价值。

2. 比较分析宗教活动与庙会活动、现代节庆活动及农时节日活动的差别及其影响力差异。

【应用题】

请大家选择自己熟悉的农业生产案例，对我国目前传统农时节日类旅游资源开发利用现状进行深入分析，针对性地指出存在的问题，并提出自己的想法。

项目11　旅游资源的综合评价与报告撰写

项目案例导入

综合评价与报告撰写概述PPT　　综合评价与报告撰写概述视频

案例：2017 年 1 月 19 日，甘肃省张掖七彩丹霞旅游景区作为甘肃唯一进入 5A 级旅游景区景观质量评审的景区，经过国家旅游局各级专家的严格评审和层层筛选，张掖七彩丹霞旅游景区以独特的地质景观资源、完善的基础设施建设、科学规范的管理体系脱颖而出，顺利通过了全国旅游资源规划开发质量评定委员会组织的景区资源价值和景观质量评审，标志着张掖七彩丹霞旅游景区创建国家 5A 级景区工作迈出了实质性的关键一步。

国家 5A 级旅游景区创建必须经过创建资料提报、景观质量评审、专家暗访、社会公示和授牌 5 个程序。根据《旅游景区质量等级管理办法》，景观质量评审是申报国家 5A 级旅游区非常重要的关键程序，由全国旅游景区质量等级评定委员会组织专家召开评审会进行评审，要求 5A 级旅游景区必须具有世界级的旅游资源和一流的景观价值。

此次评审，严格按照 5A 级旅游景区创建程序，从全国 100 多个申报 5A 创建的 4A 级景区中审核确定了包括张掖七彩丹霞旅游景区在内的 24 家景区参与评审。张掖七彩丹霞旅游景区创建 5A 级旅游景区专家评审会于 2017 年 1 月 19 日下午在北京进行，通过观看景区景观质量宣传片、景观质量汇报、省级旅游景区质量等级评定机构推荐、评审专家现场提问和打分等环节，张掖七彩丹霞旅游景区获得了 94.4 分的高分，不负众望，顺利通过评审。

下一步，张掖丹霞文化旅游股份有限公司将按照省委省政府和集团公司指示，继续加快 5A 级景区创建步伐，同时加强与张掖市委、市政府通力合作，成立张掖七彩丹霞旅游景区 5A 创建组织机构，与各职级部门沟通协作，严格按照《服务质量与环境质量评分细则》中的旅游交通、游览、旅游安全、卫生、旅游购物、综合管理、资源与环境保护八个大项，240 多个小项，查漏补缺，细化落实，举全市之力，尽丹霞所能、动员全民参与，力争尽快成功创建国家 5A 级旅游景区。

（引自：网易新闻 . http://www.sohu.com/a/127074257_395895，2019-1-24，有删改）

想一想：目前，我国各个旅游景区在创建国家 3A 级及以上旅游景区时，均可能需要根据《旅游景区质量等级的划分与评定》（GB/T 17775—2003）细则二的要求，通过景区景观质量的评估与审查。为什么创建中高级旅游景区需要通过景观质量的评估？这个评估该怎么做？

项目导读

学习目的与意义：评价工作是旅游资源调查与评价过程中核心组成部分。通过本项目内容的学习，能够使各位学员有效掌握旅游资源综合评价的技术方法，掌握旅游资源调查与评价总报告、景区景观质量评估报告的撰写要求与技巧，为后续的图纸的绘制、实际应用做铺垫。

项目内容概述：第一，初步了解旅游资源评价的内涵、原则与意义，明确旅游资源评价的内容与类型；第二，全方位掌握旅游资源评价的技术方法；第三，以国家标准为准则，结合调查与评价总报告的撰写要求，分别对旅游资源的品质评价、类型评价、分区或集聚区评价方法进行详细阐述；第四，选取实例，进行区域旅游资源评价与报告撰写的实训、旅游景区景观质量评估报告撰写实训。

项目学习目标

知识目标：了解旅游资源评价的概念、意义与原则；掌握旅游资源评价的内容；理解旅游资源评价过程中应注意的相关事项；掌握旅游资源评价的技术方法；掌握旅游资源调查与评价报告、景区景观质量评估报告的撰写要求。

技能目标：能根据旅游资源保护、开发利用的实际需要，能科学、合理地选择相应的评价方法对旅游资源进行应用性评价；能独立撰写旅游资源调查与评价的总报告；能协同撰写景区景观质量评估报告。

旅游资源评价是指在旅游资源调查的基础上对旅游资源现状进行深层次的剖析与研究，是从合理开发利用、保护旅游资源、获取最大综合效益的角度出发，采取一定的技术方法，对一定区域内旅游资源本身的价值及其外部开发条件等进行综合评判和鉴定的过程，也是对一个区域发展旅游业的潜力及前景的研判工作。近年来，随着国民经济和社会的快速发展，旅游资源的数量越来越多，游客所喜欢或者能对游客产生吸引力的旅游资源类型越来越多样，尤其是随着旅游者感兴趣旅游资源的内涵不断延拓、边界越来越模糊，对区域旅游资源进行客观、科学的评价，就显得至关重要。

11.1 旅游资源评价的概况

11.1.1 旅游资源评价的意义与原则

11.1.1.1 旅游资源评价的意义

通过对旅游资源类型、性质、结构、功能、规模、分布、开发条件等方面的评价，确定区域旅游资源的数量、品质，评估各种旅游资源在规划区所处的地位，为区域旅游规划设计、开发建设、经营管理、资源培育、环境保护等提供科学依据。

旅游资源评价的类型与内容PPT

11.1.1.2 旅游资源评价的原则

（1）客观真实的原则。旅游资源作为一种客观存在的资源，其品质、数量、规模、性质、结构、历史等一般都是确定的，不以评价者或开发者的意志为转移。资源本身涉及的内容非常丰富，在进行评价工作时要本着实事求是、客观真实的态度，对旅游资源的各项价值、可开发程度、未来可能产生的政治经济文化生态效益、资源的美学价值等方面都要真实地予以判断，不能凭借评价者的个人喜好或开发商的兴趣爱好而任意夸大或缩小其真实情况，尽可能采取客观的评价标准，这样才能确保评价结果的客观性、公正性。

旅游资源评价的意义与原则（上）视频

（2）系统综合的原则。作为一种特殊的资源，旅游资源所涉及的面更广、内容更多、情况更复杂。在对旅游资源进行评价时，要对旅游资源进行系统、全面的评价。比如，对旅游资源的价值进行分析评价时，不仅要考虑其观赏价值、历史价值，而且要考虑其运动休闲价值、康体养生价值及其他特殊价值。同时，旅游资源吸引力的大小，不仅取决于资源本身，而且取决于资源所在地区的经济发展水平、地理环境、交通区位条件、客源市场需求、投资环境等多方面的条件。因此，在评价过程中，要综合衡量，全面、系统地分析，准确反映旅游资源的整体价值。

旅游资源评价的意义与原则（下）视频

（3）动态发展的原则。旅游资源本身及其所处环境均处于不断的发展变化过程中。在调查与评价过程中，要摸清楚资源的形成及发展规律，而不能以静态的眼光、僵化的思维来看待资源，既不能局限于过去，更不能局限于现状。

（4）宏观微观相结合的原则。在对区域旅游资源进行调查评价时，既要注意对具体数据的分析比较，也要注意对系列微观数据进行概括性总结与归纳。在宏观评价的基础上，要有具体的数据作为辅助证据，用具体的调查资料作为有力的补充。

（5）定性定量相结合的原则。在旅游资源的评价过程中，要注重定性评价与定量评价的有机结合。定性评价简便易行，应用范围较广，包含内容丰富，但缺乏可比性，只能反映旅游资源的概况，而且主观性太强；定量评价则是根据一定的评价标准与评价体系，以全面系统的方法，对旅游资源的各个评价因子进行量化，使结果更具可比性。

11.1.2 旅游资源评价的类型与内容

11.1.2.1 旅游资源评价的类型

根据不同的目的，旅游资源的评价类型可以分为旅游资源单体评价、旅游资源类型评价、旅游资源专题评价、旅游资源分区评价或旅游资源集聚区评价。

旅游资源评价的类型视频

（1）旅游资源单体评价。主要是指针对单个旅游资源单体的评价，是进行旅游资源类型评价、专题评价、分区评价的基础与前提，也通常是在旅游资源实地调查与评价过程中就应完成的。

（2）旅游资源类型评价。主要是指针对某一个类型的旅游资源集群的评价。根据类型设计范围的大小，又可分为大类、亚类和基本类型三个层次。在实际操作过程中，通常以大类为划分标准。

（3）旅游资源专题评价。主要是指针对某一个项目的旅游资源集群的评价。比如，某风景名胜区为了更好地测定区内各个旅游资源的环境承载力与保护现状，可展开风景名胜旅游资源的保护性专题评价。

（4）旅游资源分区评价。主要是指针对某特定区域的旅游资源集群的评价。根据分区范围的大小，其实际评价区域范围可以是某一个旅游景区，也可以是一个乡镇或县级市等。此项评价也是实践中最为常见的。

11.1.2.2 旅游资源评价的内容

旅游资源评价的内容极为广泛、丰富和复杂，主要涉及旅游资源本体评价、旅游资源环境评价和旅游资源开发条件评价三个方面（见图 11-1）。

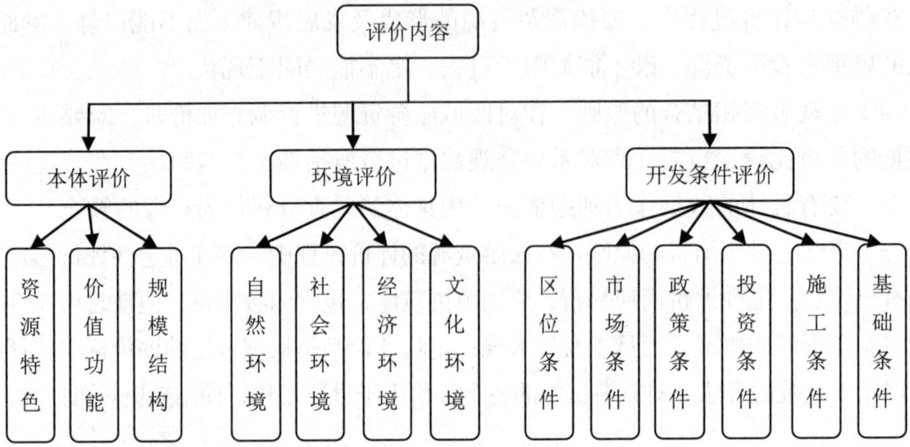

图11-1　旅游资源评价内容框架

（1）旅游资源本体评价。

①旅游资源的特色。旅游资源特色（特色性、奇异性）是吸引旅游者出游的关键性因素，是旅游资源开发的灵魂。通过调查与对比研究，可找出旅游资源的个性与特色，并为确定旅游资源的开发方向和具体旅游项目的建设提供依据。

旅游资源本体评价视频

②旅游资源的价值与功能。旅游资源的功能是其价值的具体体现，并决定了其旅游开发的功能。拥有美学观赏、历史文化、科学考察、经济社会等价值的旅游资源，通常具有观光游憩、文化体验、休闲度假、康体养生、商务会议、科考探险、娱乐美食等功能。

③旅游资源的规模与结构。旅游资源的规模是指旅游资源数量的多少、占地面积或范围的大小，与旅游资源的密度直接相关；旅游资源的结构是指旅游资源的空间分布与组合特征。因此，旅游资源的规模与结构不仅是旅游资源评价的主体内容之一，更是决定旅游资源的规模集聚效应，体现其群体价值特征，是形成各类旅游区、景区（点）或风景名胜区的主要参考。值得注意的是，在考虑一定范围内旅游资源的数量时，还应考虑资源的匹配度或互补性、各个要素的组合度或协调性等问题。

想一想：为什么一定范围内旅游资源的数量时，还应考虑资源的匹配度或互补性、各个要素的组合度或协调性等问题？

（2）旅游资源环境评价。旅游资源的环境评价包括自然环境、社会环境、经济环境与文化环境四个层面的内容。

①自然环境评价。旅游自然环境是指旅游资源所处区域的地质地貌、气象水文、土壤植被、生物生态等要素构成的自然环境。它是旅游活动得以顺利开展的重要外部环境条件之一，也是旅游资源不可分割的组成部分，直接关系到旅游资源的品质与开发前景。

旅游资源环境评价视频

②社会环境评价。旅游社会环境是指旅游资源所在地的政治局势、社会治安、医疗保健及政府和社区居民对旅游业发展的态度与认识等。这些要素往往与投资方的资产安全、有序运营与管理，与旅游者的游览安全及财产安全等有关。

想一想：随着乡村旅游的日益成熟与发展，国外很多地区及国内部分城市已经出现了社区居民开始抵制发展乡村旅游的行为，请问可能的原因是为什么？

③经济环境评价。旅游经济环境是指能够满足旅游者开展旅游活动的一切外部经济条件，主要包括劳动力、物力与财力及基础设施等条件。旅游经济环境要素将直接影响到旅游资源开发的成本与效益、旅游地的可进入性和旅游服务质量。

④文化环境评价。旅游文化环境是指旅游资源所处区域的文化习俗、礼仪制度等，其涉及了未来区域旅游资源开发的特色内涵与品牌形象。在少数民族地区，还有可能涉及地方准入项目或产品。

（3）开发条件评价。旅游资源的开发利用条件主要包括区位条件、市场条件、政策条件、施工条件、投资条件与基础条件等方面。

开发条件评价视频

①区位条件评价。区位条件是影响旅游资源可开发性的重要因素，主要包括资源所处的地理位置、交通条件、距离客源地的时空距离及与周边旅游区或旅游集散中心的关系等。它不仅能影响到旅游资源的品质与吸引力、开发规模，而且能影响到旅游资源未来的线路布置和开发利用的方向。地理位置与交通条件是相辅相成的，是提高旅游资源可进入性的根本与前提，其最直接的评价标准即为距离主要客源地的时空距离。而影响到时空距离的，不仅涉及客源地与资源地的道路等级，而且与交通工具、线路安排等因素均有关联。

阅读材料11-1：中国高速铁路

2003年10月12日，秦沈客运专线通车，设计时速200公里，预留250公里的提速条件，全长404公里。从此，拉开了我国高速铁路的辉煌篇章。2008

年3月31日，时速350公里的首列国产化CRH3高速动车组在"唐车"下线，进入测试运行。作为中国第一条真正意义上的高速铁路，京津高铁从一问世就站在世界前沿，创造了运营速度、运量、节能环保、舒适度四个世界第一。2010年12月3日，在京沪高铁枣庄至蚌埠段进行综合试验的"和谐号"CRH380A新一代高速动车组试车最高时速达486.1公里。截至2019年年底，中国高速铁路运营里程已达3.5万公里，居世界第一。我国已成为世界上高速铁路系统技术最全、集成能力最强、运营里程最长、运行速度最高、在建规模最大的国家。

想一想：高速铁路、普通铁路、高速公路、普通公路、水运、航空等道路交通方式，对地方旅游市场的开拓有何差异？

②市场条件评价。市场条件的评价包括供给市场的条件评价与需求市场的条件评价。前者是指与被评价旅游资源相似或不同旅游资源的开发程度与规模，为未来旅游资源的差异化开发、设计或组合式发展奠定基础。因此，要注重与周边相关旅游区的对比分析，而具体周边范围的大小又与资源本身的影响力成正比关系。后者即为客源市场的条件评价，它决定了被评价旅游资源未来的开发、设计方向与发展规模。通过对旅游资源所处区域目标需求市场的相关特征分析（如市场空间范围、消费层次、消费习惯等），并以此为依据，有针对性地进行相应的规划设计与开发建设，才能促进区域旅游业的发展。

③政策条件评价。政策条件评价要重点分析两个方面：一是各级政府所有的相关法律法规对待评价旅游资源及其所在区域的相关规定；二是各级政府所出台的相关惠旅支旅政策，对待评价旅游资源及其所在区域的相关规定。

政策条件评价视频

④投资条件评价。旅游业是资金密集型产业，旅游资源的开发利用需要大量的资金支持，且回收周期较长。资金来源是否充裕、财力储备是否雄厚，直接关系到旅游开发的深度、广度及开发的可能性。因此，在对旅游资源进行评价过程中，要评价区域投资效益条件，明晰项目的可行性，确定投资收益率。

⑤施工条件评价。对涉及旅游资源开发建设的相关施工条件，主要包括两个部分：一是旅游资源所在地的自然基础条件，可依据地质、地貌、水文、气象、土壤等因素将其划分为适宜建设地区、基本适宜建设地区与不适宜建设地区；二是涉及旅游资源

开发建设的相关技术条件评价。

⑥基础条件评价。在进行旅游资源调查与评价过程中，可以将其划分为已开发旅游资源与未开发旅游资源。在评价过程中，针对已开发旅游资源，应注意总结先前开发过程中的成功经验和失败教训，剖析其中存在的问题与不足，为下一步开发利用和保护旅游资源提出更好的意见或建议。

11.2 旅游资源评价的技术方法

对旅游资源的评价存在着应用性和研究性两种取向、含定性评价与定量评价两类方法。由于评价的目的、资源的赋存条件、开发基础与导向的不同，均须采取不同的评价方法。在实际应用过程中，最为典型的应用性定性评价方法包括一般体验性评价、“三三六”评价方法、美感质量评价方法等；最为典型的应用性定量评价方法主要包括国家标准《旅游资源分类、调查与评价》（GB/T 18972—2017）、《风景名胜区总体规划规范》（GB/T 50298—2018）和《旅游景区质量等级的划分与评定》（GB/T 17775）的景观质量评价方法。下面将重点介绍几种实用性强、应用较为广泛的定性、定量评价方法。

旅游资源评价的方法PPT

11.2.1 定性评价方法

11.2.1.1 一般体验性评价方法

一般体验性评价是由评价者根据自己的亲身体验对一个或一系列的旅游资源（集聚区）就其整体质量进行定性评价。可通过统计大量旅游者或相关旅游专家、管理人员在设定的问卷上有关旅游资源的优劣顺序，或统计旅游资源在报刊、旅游指南、书籍、网络平台上出现的频率，或邀请各相关领域的专家学者集中讨论评议等方式，形成一个国家或地区、旅游区最优旅游资源的评价序列，以大致说明其整体质量、知名度或影响力。事实上，该评价方法通常由传播媒介、政府部门或相关行业协会发起，其评价目的多着眼于推销和宣传。如1985年由《中国旅游报》主持的“中国十大名胜”评比，2001年国家旅游局启动的“中国最佳旅游城市”评比，各类网络电商平台组织的“国内或华东地区十大最热门旅游

一般体验性评价方法视频

目的地”评比等。值得注意的是，虽然该评价方法简单易行，只要求对旅游资源（集聚区）的整体进行评价，但通常仅限于已开发且知名度相对较高的旅游资源（集聚区），否则评价范围具有很大的局限性，无法应用于尚未开发的旅游资源（集聚区）。

想一想：某地级市境内拥有已开发旅游区数十个。目前，该市旅游管理部门与旅游协会将联合开展“十大旅游区”的评比活动，请问可以邀请哪些地区的评价者参与评价？

11.2.1.2“三三六”评价方法

“三三六”评价方法是由卢云亭于2001年首先提出的，可以概括为“三大价值”“三大效益”和“六大条件”。其中，“三大价值”是指旅游资源的历史文化价值、艺术观赏价值和科学考察价值；“三大效益”是指经济效益、社会效益和环境效益；“六大条件”是指地理位置和交通条件、资源的地域组合条件、旅游客源市场条件、市场投资能力条件、施工难易条件、旅游容量条件（见表11-1）。

“三三六”评价方法视频

表11-1　“三三六”评价方法的评价因素[1]

价值评价	历史文化价值	①世界级 ②国家级 ③省级或地区级 ④县级
	艺术观赏价值	①地方特色的浓郁程度 ②历史感的深浅 ③艺术性的高低
	科学考察价值	①自然科学方面 ②社会科学方面 ③教学方面
效益评价	经济效益评价	①增收创汇 ②促进经济收入的增加 ③扩大当地居民就业机会 ④税收
	社会效益评价	①促进文化交流 ②宣传自身形象 ③精神文明建设 ④提高当地居民文化素质 ⑤保护民族文化
	环境效益评价	①提高污染物的处理能力 ②游客产生污染物的数量 ③生态平衡的保持
条件评价	地理位置和交通条件	①地理位置 ②可进入性 ③交通条件 ④气候
	资源的地域组合条件	①景观的集中程度 ②自然风景与人文风景的融合度 ③主要景点和次要景点的安排 ④旅游线路、特色

1　王昆欣．旅游资源评价与开发[M].北京：清华大学出版社，2010：10.

条件评价	旅游客源市场条件	①一级市场、二级市场、三级市场 ②一段时间内（通常是1年）游客的增长情况
	市场投资能力条件	①国家投资 ②地方投资 ③部门投资 ④企业投资 ⑤个人投资 ⑥国外投资
	施工难易条件	①工程技术条件 ②基础设施供应条件 ③工程的设计和审批、耗资的数量、工期的长短、天气对施工的影响
	旅游容量条件	①容人量（人/平方米） ②容时量（小时/景点）

11.2.1.3 美感质量评价方法

旅游资源美感质量评价一般是基于对旅游者或专家体验的深入分析，建立规范化的评价模型，评价结果多是具有可比性的尺度或数量值。关于自然风景质量的视觉评估，目前较为公认的有专家学派、心理物理学派、心理学派和现象学派四大学派。

11.2.1.4 “六字七标准”评价方法

该评价方法由黄辉实提出，主要从旅游资源的本身和资源所处环境两大方面予以评价。从旅游资源本身而言，提出了“六字”评价法，分别为美、古、名、特、奇、用；从旅游资源所处的环境而言，提出了“七标准”评价法，分别为季节性、污染状况、联系性、可进入性、基础结构、社会经济环境、市场七个标准。

11.2.2 定量评价方法

定量评价分析方法是依托一定的统计、分析、计算等技术方法，根据一定的评价标准和评价模型，以全面系统的方法，用具体的数量来表示旅游资源（集聚区）的各个评价因子，其结果具有可比性。但是，定量评价方法的结果往往代表某一个时间节点，对某些无法量化的因素难以表达。该方法通常又可以分为技术性单因子定量评价法和综合性多因子定量评价法。

定量评价法暨单因子评价法视频

11.2.2.1 技术性单因子定量评价法

所谓技术性单因子定量评价法，是评价者在评价旅游资源（集聚区）时，集中考虑某些典型而又关键的因素，并对这些因素进行适宜性评价与优劣势评价。这种评价方法主要适用于开展专项旅游资源开发、旅游活动开展或旅游环境保护等方面，如登山、养生、滑翔、游泳、滑雪等。

阅读材料11-2：日本海水浴场的评价标准

序号	资源项目	符合要求的条件	附注
1	海滩宽度	30~60m	实际总利用宽度 50 ~ 100m
2	海底倾斜	1/10~1/60	倾斜度越低越好
3	海滩倾斜	1/10~1/50	倾斜度越低越好
4	流速	游泳对流速要求在0.2~0.3m/s，极限为0.5m/s	无离岸流之类的局部性海流
5	波高	0.6m以下	0.3m以下符合游泳要求
6	水温	23℃以上	不超过30℃，但愈近30℃愈好
7	气温	23℃以下	
8	风速	5m/s以下	
9	水质	透明度0.3m以上，COD2g以下，大肠杆菌1000MPN/100ml以下，油摸肉眼难以辨明	
10	地质粒径	没有泥和岩石	越细越好
11	有害生物	不能辨认程度	
12	藻类	在游泳区域中不接触身体	
13	危险物	无	
14	浮游物	无	

［引自：保继刚，楚义芳. 旅游地理学（修订版）[M]. 北京：高等教育出版社，1999］

想一想：随着现代旅游产业新兴业态的不断创新与涌现，我们对传统旅游资源的认识应注意哪几方面的问题？请举例。

11.2.2.2 综合性多因子定量评价法

综合性多因子定量评价方法是在考虑多个因子的基础上，利用一定的数学方法，对旅游资源（集聚区）进行综合评价。具体的评价方法包括层次分析法、指数评价法、共有因子评价法等。这里重点介绍层次分析法。

综合性多因子定量评价法视频

层次分析法是由美国运筹学家萨蒂（T. H. Saaty）于 1973 年提出的一种系统分析方法。它把问题的各个组成因素划分为相互联系的有序层次，对各个层次的组成因素的相对重要性给予数量标定，然后运用相关数学方法进行处理，以求得各因子重要程度的量化结果，并通过排序来分析和解决问题。具体应用到旅游资源（集聚区）的评价过程中，可遵循如下步骤。

（1）设计评价标准体系。国内最先将该方法应用于旅游资源评价的是保继刚，其将旅游区内的各个特征因素进行划分，共分为综合层、项目层和因子层三个层次（见表 11–2）。

表11-2　旅游资源定量评价参数[1]

综合层	分值	项目层	分值	因子层	分值
资源价值	72	观赏特征	44	愉悦度	20
				奇特度	12
				完整度	12
		科学价值	8	科学考察	3
				科普教育	5
		文化价值	20	历史文化	9
				宗教朝拜	4
				修养娱乐	7
景点规模	16	景点地域组合	9	—	
		旅游环境容量	7		
旅游条件	12	交通通信	6	便捷	3
				安全可靠	2
				费用	1
		饮食	3	—	
		旅游商品	1		
		导游服务	1		
		人员素质	1		
合计	100	—	100		

（2）明确各评价因子的权重、分值。通过前面的定性评价方法，经过主观判断，再经过调查和分析（如德尔菲法）确定各个分项的得分值，然后通过相应的数学处理方法，建立反映对应因子关系的矩阵，以此获得评价因子排序权重及位次。然后以满分 100 为标准，对各个层次的因子进行赋值。

（3）依据评价模型展开资源评价。利用相应的评价模型，对旅游资源（集聚区）进行综合性评价，求得最后的评价结果。

1　保继刚 . 北京旅游资源定量评价 [M]. 北京：中国旅游出版社，1989.

阅读材料11-3：专家咨询法（德尔菲法）

所谓专家咨询法，又称为德尔菲法，是系统工程学中应用较广的一种科学预测方法。其实质是利用专家的知识、经验和智慧，对许多无法通过量化评定并带有很大模糊性的决策方案，通过邮件、电话、E-mail、访谈等方式进行问答咨询，并进行多次信息交换和反馈，使相关学者专家取得相对较一致的意见，从而达到评价和预测的目的，其具体做法如下图所示。

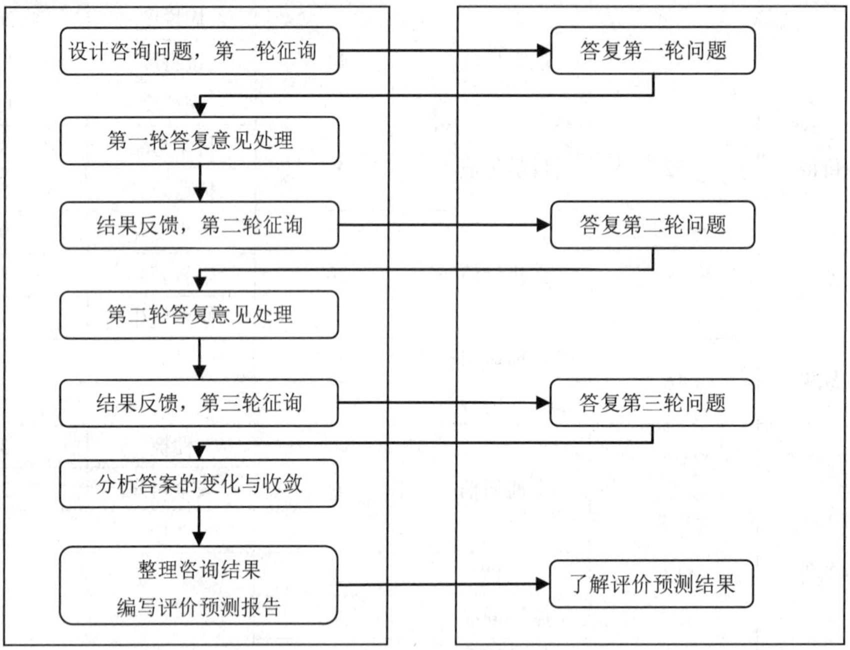

11.2.3 国家标准规定的综合打分评价方法

《旅游资源分类、调查与评价》（GB/T 18972—2017）中所采用的旅游资源评价体系，基本沿用了2003版的综合打分评价方法，是介于层次分析法与共有因子评价法之间的一种综合性多因子定性评价方法。

综合打分评价方法之一视频

11.2.3.1 共有因子评价体系与结构

该评价体系将“旅游资源共有因子”划分为“评价项目”和“评价因子”两个层次。“评价项目”包括“资源要素价值”“资源影响力”“附加值”三项。其中，“资源要素价值”含“观赏游憩价值”“历史文化科学艺术价值”“珍稀奇特程度”“规模、丰度与几率”“完整性”5个因子；“资源影响力”含“知名度和影响力”“适游期或使用范围”2个因子；“附加值”仅含“环境保护与环境安全”1个因子，但其并非是真正意义上的共有因子，因此是作为“附加值”来考虑（见表11-3与表2-6、表2-7、表2-8）。

表11-3　旅游资源共有因子综合评价体系及赋分说明

评价项目	评价因子	评价及赋分方法
资源要素价值（85分）	观赏游憩使用价值（30分）	全部或其中一项具有的观赏价值、游憩价值、使用价值。分为4个档次，从高到低分别赋予一定区间的分值。可先从整体上确定评价对象的档次，再根据实际情况，赋予此档次内的某一分值。如果拥有的价值项目多，赋分时应优先考虑
	历史文化科学艺术价值（25分）	同时或其中一项具有的历史价值、文化价值、科学价值、艺术价值。分为4个档次，从高到低分别赋予一定区间的分值。可先从整体上确定评价单体属于哪个档次，再根据实际情况赋予具体分值。如果拥有的价值项目多，在赋分时优先考虑
	珍稀奇特程度（15分）	物种的珍稀程度和景观的奇特程度。分为4个档次，从高到低分别赋予一定区间的分值。可先从整体上确定评价单体属于哪个档次，再根据实际情况，赋予其实际分值
	规模、丰度与几率（10分）	独立型单体要参考其规模，集合或集聚型单体要参考其结构和密度，周期性或季节性单体要参考其发生概率或频率。分为4个档次，从高到低分别赋予一定区间的分值。可先从整体上确定评价单体的档次，再根据实际情况赋予其实际分值
	完整性（5分）	形态与结构的完整性。分为4个档次，从高到低分别赋予一定区间的分值。可先从整体上判断评价单体的档次，再根据其实际情况赋予其实际分值
资源影响力（15分）	知名度和影响力（10分）	单体在区域内的知名度与影响力。分为4个档次，从高到低分别赋予一定区间的分值。可先从整体上确定评价单体属于哪一个档次，再根据实际情况，赋予其实际分值
	适游期或使用范围（5分）	单体开发后的适游期或适游人群。分为4个档次，从高到低分别赋予一定区间的分值。可先从整体上确定评价单体属于哪一个档次，再根据实际情况，赋予其实际分值
附加值	环境保护与环境安全	旅游资源及其所处环境受到保护与污染的程度。分为4个档次，从高到低分别赋予一定区间的分值。可先从整体上确定评价单体的档次，再根据实际情况赋予实际的分值

11.2.3.2 评价要求与评定程序

在共有因子评价体系的基础上，可由专家（调查组）、旅游业主为主执行，必要时吸收游客的意见，遵照标准的技术规范对旅游资源单体进行赋分评价。在实际的赋分过程中，也可以采取德尔菲法进行多回合赋分处理。值得注意的是，调查组在实地调查的时候是完成资源的预赋值或预评级，该结果还要经专家组或相关旅游管理部门的最终认定审核，具体程序方法如下。

综合打分评价方法之二视频

（1）整体判断。要依次根据评价因子的实际要求和评价依据，从整体上判断目标旅游资源属于哪一个档次。判断时，要站在大区域或大范围的立场上，考虑其在全国乃至世界同类型资源中的地位或作用。值得注意的是，如果碰到“多重价值组合”时，可根据评价目的的需要，选择全部或其中的 1 项或 2 项作为赋分参考；而且只要拥有其中 1 项价值，即可获得相应的分值。

（2）分值计算。在确定单体属于具体某一档次的前提下，应根据单体的实际情况，在赋分区间范围内进行微调，并确定一个因子的实际分值。假如某旅游资源拥有多项价值组合，可以适当提高分值；反之，则可以降低一些分值。在得出各个评价因子分数的基础上，相加以得到最后的总分。

（3）等级确定。根据表 2–9 最后确定旅游资源的等级。

（4）编制统计表。在完成区域内全部旅游资源单体后，应及时编制《旅游资源单体统计一览表》，样表如表 11–4 所示。

表11-4　旅游资源单体统计一览（样表）

单体序号	单体名称	单体代号	行政位置	地理位置	主类	亚类	基本类型	等级	新单体

11.3 旅游资源调查与评价报告的撰写规范与要求

在完成所有旅游资源单体评价定级与单体统计表的基础上，接下来就要认真开始进行旅游资源调查与评价报告的撰写工作。就报告的类型而言，通常包括总报告、分类报告、工作报告、专题报告等几类。本子项目将重点阐述总报告的撰写要求与技巧。

评价报告的内容与撰写要求视频　　评价报告的内容与撰写要求PPT

11.3.1 总报告的目录结构

旅游资源调查与评价的总报告包括正文与附件两部分。正文的目录结构主要包括前言、调查区旅游环境或资源的形成背景、旅游资源的开发历史和现状、旅游资源的基本类型、旅游资源的综合评价（包含总体评价、分区评价、分类评价、集合区评价）、旅游资源的保护与开发建议、参考文献；附件主要包括旅游资源图集（具体参见项目 12）、旅游资源单体统计一览表（见表 11-4）、旅游资源单体简介、相关影像资料或其他资料，如调查区的资料卡片库、调查日记、资源信息数据库等。

阅读材料11-4：浙江省旅游资源普查总报告目录（2003版）

第一章　旅游资源形成与演化的省域背景
　　第一节　自然地理背景
　　第二节　历史与人文背景
　　第三节　社会与经济背景
第二章　旅游资源开发利用的历史与现状
　　第一节　历史时期旅游资源的开发利用
　　第二节　建国后旅游资源的开发利用与保护
第三章　旅游资源总体评价
　　第一节　旅游资源的丰度
　　第二节　旅游资源的品质
　　第三节　旅游资源的空间分布
　　第四节　旅游资源评价的基本结论
第四章　省域旅游资源的分区评价
　　第一节　环杭州湾旅游区旅游资源评价
　　第二节　温台沿海旅游区旅游资源评价
　　第三节　金衢丽旅游区旅游资源评价
第五章　省域旅游资源分类评价

第一节 地文景观类旅游资源
第二节 水域风光类旅游资源
第三节 生物景观类旅游资源
第四节 天象与气候景观类旅游资源
第五节 遗址遗迹类旅游资源
第六节 建筑与设施类旅游资源
第七节 旅游商品类资源
第八节 人文活动类旅游资源
第六章 全省旅游资源集合区评价
第一节 旅游资源集合区的内涵界定
第二节 旅游资源集合区的总体特点
第七章 省域旅游资源开发与保护建议
第一节 旅游资源开发与保护存在的主要问题
第二节 旅游资源开发保护的相关建议
附录
附录 1 浙江省旅游资源集合区汇总表
附录 2 浙江省优良级旅游资源单体表

11.3.1.1 前言

在总报告中，前言的内容主要包括旅游资源调查的目的、调查的地区、调查的任务、调查人员的组成、时间的安排、主要工作成果及调查的发起机构等。

旅游资源调查与评价报告的主要内容（一）视频

11.3.1.2 调查区旅游环境

调查区的旅游环境，即为旅游资源的形成背景或原因。根据旅游资源的基本类型，其形成背景或原因主要包括三个方面：一是自然与生态环境，即在阐述地理位置与范围面积的基础上，具体叙述地质地貌条件、气候水文条件、土壤植被条件、生物与生态条件等内容，且其中大部分资料可从地方志中找到。二是历史与人文环境，主要包括调查区境域变化与建制沿革、时代变迁与文化积淀、人居环境与地方风俗等内容。三是社会与经济背景，主要包括行政区划与人口结构、经济水平与产业特色、发展规划与战略目标等内容。最后应完成调查区实际资料表（详见附件附录 C 表 1）。

11.3.1.3 旅游资源的开发历史和现状

根据旅游资源的开发状态，重点阐述已开发旅游资源的开发历史与现状情况，主要叙述两个方面的内容：一是历史时期旅游资源的开发利用历史，包括各个时代的开发利用情况与取得的成绩；二是改革开放以后的开发利用历史或当前的开发利用情况，以及所取得的相关成绩。该部分内容可以从地方志、旅游主管部门或相关职能部门的资料中获取信息。

旅游资源调查与评价报告的主要内容（二）视频

11.3.1.4 旅游资源的基本类型

重点阐述调查区内所拥有的主类、亚类和基本类型的数量及其占所有数量的比例（见表11–5），以及旅游资源的名称、位置、规模、形态、特征等基本情况。

表11-5　各层次旅游资源数量统计

系 列	标准数目	调查区	
		数目	占全国比例（%）
主 类	8		
亚 类	23		
基本类型	110		

11.3.1.5 旅游资源的综合评价

旅游资源的综合评价包括总体评价、分区评价、分类评价和集合区评价四类。总体评价的内容又包括旅游资源的丰度评价、旅游资源的品质评价、旅游资源的空间分布特征评价及总体评价的结论等；分区评价则是根据资源的性状与特征、地理环境要素等因素，将被调查区划分为若干个分区，并对分区内的资源进行评价、分区之间的资源进行比较研究；分类评价则分别从八大类旅游资源的丰度、品质和集聚区等方面做出评价；集合区评价主要包括集合区的界定与相关内容的评价两个方面。

11.3.1.6 旅游资源的保护与开发建议

主要包括被调查区域旅游资源的开发利用现状、旅游资源保护的现状与存在问题及原因分析、旅游资源保护的主要任务、旅游资源开发利用的主要思路等内容。

11.3.1.7 参考文献

在报告的结尾部分，要罗列出本次旅游资源调查与评价所参考的主要文献，主要内容可参考项目2.1基础资料的准备与收集。

在报告的实际撰写过程中，可依据具体的调查与评价目的，对报告的内容做一定的调整和增补。

11.3.2 旅游资源的总体评价

11.3.2.1 旅游资源的丰度评价

旅游资源的评价方式PPT

旅游资源的丰度评价之资源密度视频

在旅游资源的调查与评价时，可对旅游资源的密度、类型丰度与储量丰度三个指标予以深入评价分析。

（1）旅游资源的密度。所谓旅游资源的密度，是指一定区域范围内，单位面积内拥有旅游资源的个体数量，通常用“个 / 平方公里”来表示。鉴于大部分旅游资源单体的面积差异较大，亦可认为旅游资源的密度是一定区域范围内，所有旅游资源单体的面积之和占总面积的比重，具体可用如下公式表示：

$$p=\frac{\sum_{i=1}^{n}s_i}{S} \qquad \text{（公式 11–1）}$$

其中：p——旅游资源密度；

S_i——第 i 个旅游资源单体的面积；

S——区域总面积；

i——区域旅游资源的数量。

值得注意的是，由于很多旅游资源并无明确的地域范围或面积，尤其是天象气候类旅游资源、旅游购品类旅游资源与人文活动类旅游资源。因此，公式 11–1 通常在系统分析、评价地文景观类旅游资源、水域景观类旅游资源、生物景观类旅游资源、历史遗迹类旅游资源、建筑设施类旅游资源的专项评价中运用。

练一练：2017 年，浙江省某县级市为编制全域旅游发展总体规划，对全市旅游资源进行了再次详细调查。通过调查，共获得旅游资源单体 412 个，市域总面积为 1931 平方公里。请问，该市的旅游资源密度是多少？

旅游资源的丰度评价之类型丰度视频

（2）旅游资源的类型丰度。所谓旅游资源的类型丰度主要是指一定区域范围内，其旅游资源所涉及的主类、亚类与基本类型的拥有率，通常包括主类拥有率、亚类拥有率与基本类型拥有率等三个指标。如某省通过旅游资源普查共获取的旅游资源分属 8 个主类、23 个亚类、108 个基本类型，主类和亚类的拥有率均为 100%，基本类型比全国总数仅少 2 个，拥有率为 98.18%。从资源类型的拥有数量及拥有率来看，该省旅游资源十分丰富。在报告的撰写过程中，要在前述三个指标的分析基础上，注重以下两个层次的评价总结：一是调查区内自然旅游资源与人文旅游资源的总体格局。旅游学术界一般认为，通过比较某个区域自然旅游资源与人文旅游资源的基本类型数量，可以在很大程度上反映出区域旅游资源的总体结构与特色。如果自然旅游资源与人文旅游资源的数量关系接近 1 : 2，表明该区域自然旅游资源与人文旅游资源并重；如果明显超过 1 : 2，表明该区域以自然旅游资源为主；如果明显低于 1 : 2，则表明该区域以人文旅游资源为主。二是比较八个主类旅游资源中基本类型的拥有率，并对其进行排序，以凸显调查区域内旅游资源的特色所在。

（3）旅游资源的储量丰度。所谓旅游资源的储量丰度，是指在对旅游资源进行定量分析研究时，通过专家讨论确定一定范围内各个资源单体等级的影响力，即分别赋予各等级单体一定的影响系数，再乘以各等级单体数量并求和。

旅游资源的丰度评价之储量丰度视频

具体可用如下公式表示：

$$C=\sum_{i=1}^{5}x_i g_i \qquad \text{（公式 11-2）}$$

其中，C——某地旅游资源的储量丰度；

x_i——第 i 级旅游资源单体的影响系数；

g_i——第 i 级旅游资源单体的数量；

i——旅游资源单体的等级。

2002 年全国旅游资源普查试点项目《杭州市旅游资源普查》及 2003 年浙江省旅游资源普查时，均引用了“旅游资源储量”的概念，将各等级旅游资源的单体数量分别乘以 10（五级）、7（四级）、5（三级）、3（二级）、1（一级），其总和确定为某一区域或某一类型的旅游资源储量。在报告的撰写过程中，在区域旅游资源总储量的叙述分析基础上，应注重以下两个层次的评价总结：一是调查区内自然旅游资源的储量与人文旅游资源的储量的总体格局与对比。二是比较八个主类的旅游资源的储量值，并对其进行排序，以凸显调查区域内旅游资源储量分布的类型特征。

练一练：某县共有旅游资源单体 350 个，其中五级旅游资源单体 5 个、四级旅游资源单体 13 个、三级旅游资源单体 45 个、二级旅游资源单体 106 个，一级旅游资源单体 181 个。假设各等级旅游资源的影响系数分别为 11、9、7、5、1，请计算该县旅游资源的总储量丰度。

11.3.2.2 旅游资源的品质评价

所谓的品质是指人的行为、作风所表现的思想、认识、品性等的本质或产品、物品的质量。旅游资源的品质，就是指旅游资源的质量，其实质是旅游资源的评价等级及其表现特征。区域旅游资源的品质主要体现在两个方面：其一，区域范围内所有旅游资源单体的平均品质；其二，所有旅游资源单体的等级构成。前者可用旅游资源的平均品质分表示，即将旅游资源的储量除以旅游资源的单体总数，即可求出旅游资源的平均品质分（见公式 11–3）；后者可以用优良级旅游资源单体（即三级及以上旅游资源单体）的数量及其占总量的比重来反映。

旅游资源的品质评价视频

$$q=\frac{C}{\sum_{i=1}^{5}g_i}=\frac{\sum_{i=1}^{5}x_i g_i}{\sum_{i=1}^{5}g_i} \qquad \text{（公式 11–3）}$$

其中，q——某地旅游资源的平均品质；

C——某地旅游资源的储量丰度；

x_i——第 i 级旅游资源单体的影响系数；

g_i——第 i 级旅游资源单体的数量；

i——旅游资源单体的等级。

在报告的撰写过程中，在区域旅游资源的总的平均品质分析与周边或相似地区的对比分析基础上，应注重以下两个层次的评价总结：一是调查区内自然旅游资源的平均品质与人文旅游资源的平均品质对比，以突出该地区是以自然旅游资源或人文旅游资源见长。二是比较八个主类旅游资源的平均品质分，并对其进行排序，以明确调查区域内各大类旅游资源孰轻孰重，为将来旅游资源的主要开发方向与品牌树立明确方向。就旅游资源单体的等级构成而言，除了优良级旅游资源单体数占总单体数的比重以外，还可以采用等级与主类两个维度对其进入深入分析，具体表现形式可以是表格或柱状图。例如，2003 年浙江省旅游资源普查结果显示，全省共有优良级旅游资源单体 3917 个，占全省旅游资源总数的 18.54%，其资源单体的等级构成有表 11–6 与图 11–2 两种表示形式。

表11–6　浙江省优良级旅游资源单体构成

主类	优良级单体数	五级单体数	四级单体数	三级单体数
地文景观	797	47	134	616
水域风光	360	26	52	282
生物景观	166	8	32	126

主类	优良级单体数	五级单体数	四级单体数	三级单体数
天象气候	54	6	10	38
遗址遗迹	112	12	28	72
建筑设施	1818	104	303	1411
旅游商品	254	24	42	188
人文活动	356	25	77	254

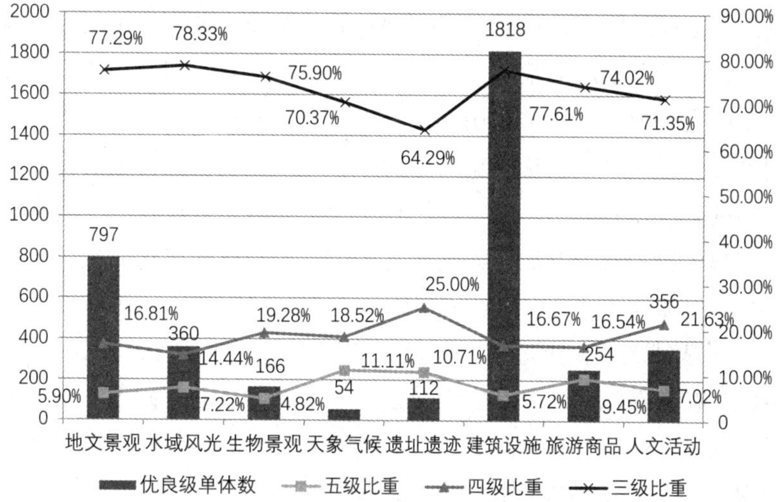

图11–2　浙江省优良级旅游资源单体构成

11.3.2.3 旅游资源总体评价的结论

在前述旅游资源的丰度评价、品质评价与分区评价的基础上，需要提出一个总结性的结论。该总结评论应包括调查区旅游资源的数量特征、类型特征、品质特征、分布特征及典型特色等相关内容。如总量丰富、类型多样，以自然旅游资源为主、自然旅游资源与人文旅游资源兼容并蓄；平均品质高，优良级旅游资源多，且有为数不少的极品资源单体；各类资源的丰度和品质差异显著，但均有精品和亮点；资源分布呈大分散、小集中格局，各地均有丰富的旅游资源，区域特色明显等。

11.3.3 旅游资源的分区、分类评价

在旅游资源总体评价的基础上，应展开调查区内旅游资源的分区评价与分类评价。

旅游资源的分区评价视频

11.3.3.1 旅游资源的分区评价

就旅游资源的空间分布而言，其在总报告的分析内容通常包

括三个步骤：一是明确资源分区；二是资源的丰度分布分析；三是资源品质的空间差异分析。就旅游资源的分区而言，可依据实际情况选择以下四种方法：首先，直接根据行政区划来进行资源分区，通常适用于资源尚未进行规划开发建设，旅游资源数量、类型等分布相对均匀的地区；其次，依据旅游资源的类型、数量的空间集聚情况来予以分区，该方法在旅游资源的规划、策划与开发建设中较为常用；再次，根据旅游资源的属性特征及其形成原因或背景来进行分区，该方法主要适用于旅游资源的保护或开发利用等方面的研究；最后，根据已有的功能分区进行分区研究。就资源的丰度分布分析，包括类型丰度的空间分布研究、储量丰度的空间分布研究及八个主类的储量空间分布研究等内容，通常采用排序分析与对比分析的方法来突出重点。就资源品质的空间差异分析而言，包括平均品质的分区差异分析、优良级资源的分区差异分析与八个主类的分区差异分析，通常采用排序分析、对比分析及与平均水平或平均优良级资源单体数比较分析等方法，如浙江省旅游资源分区的平均品质差异分析与优良级结构差异分析结果（见表 11-7）。值得注意的是，假如被调查区域较大，可以在大调查区域的分区基础之上，再进一步分区，如“两江一湖”（富春江—新安江—千岛湖风景名胜区）在富春江分区、新安江分区与千岛湖分区的基础上，对各个分区又进一步进行了分区。

11.3.3.2 旅游资源的分类评价

旅游资源的分类评价是指分别对八个主类的旅游资源进行评价，包括丰度评价、品质评价、空间分布评价三个部分。

旅游资源的分类评价视频

（1）分类丰度评价。分类丰度评价包括类型丰度及其构成评价、储量丰度及其构成评价两大部分。前者包括各个主类旅游资源的拥有率（亚类拥有率与基本类型拥有率）、各个亚类与基本类型资源的数量、拥有单体数量最多的基本类型及各个基本类型单体拥有量的排序、各个基本类型资源在各个分区的分布规律及其原因分析等内容；后者包括各大主类旅游资源的储量值及其占区域储量值的比率、各个分区对应类型储量值的排序与其占各自分区总储量值的比率及其高于或低于区域平均水平情况、各等级旅游资源单体的数量与储量及其在各个分区的分布规律等内容。

表11-7　浙江省旅游资源品质分区比较

项目	平均品质分	与全区比较	品质序位	优良级单体数	五级单体数	优良级比例（%）
浙江省	2.56	—	—	3917	252	6.43

项目	平均品质分	与全区比较	品质序位	优良级单体数	五级单体数	优良级比例（%）
环杭州湾旅游区	2.58	+0.02	—	2031	145	7.14
杭州市	2.59	+0.03	5	475	41	17.55
宁波市	2.59	+0.03	5	388	27	20.42
嘉兴市	3.29	+0.73	1	318	16	27.51
湖州市	2.50	−0.06	9	274	20	17.93
绍兴市	2.56	0	7	357	26	19.18
舟山市	2.77	+0.21	2	221	17	21.56
金衢丽旅游区	2.55	−0.01	—	945	66	6.98
金华市	2.75	+0.19	3	382	25	19.59
衢州市	1.96	−0.6	11	210	16	13.38
丽水市	2.34	−0.22	10	353	25	14.93
温台沿海旅游区	2.54	−0.02	—	941	41	4.36
温州市	2.51	−0.05	8	649	25	19.79
台州市	2.68	+0.12	4	292	16	16.38

（2）分类品质评价。分类品质评价包括该类旅游资源的平均品质分、各个分区的平均品质分及其与该类资源的平均品质分与区域旅游资源平均品质分的差距、各个基本类型优良级旅游资源单体的数量占该基本类型旅游资源单体总量的比例与占全部优良级旅游资源单体数量的比例、各个分区的所有类型优良级单体数量及各个主类优良级单体数量。

11.4 旅游资源综合评价与报告撰写实训

11.4.1 实训目的

在实地考察学习与各个旅游资源单体评价的基础上，充分利用本项目的相关知识与技能要点，加强对相关评价技术方法与数据处理技能的掌握，掌握旅游资源调查与评价报告的撰写要求；能单独完成旅游资源调查与评价报告的撰写。

11.4.2 实训地点

可利用某周末或专业综合实训周的时间去专业综合实训基地进行全面的调查，或在前述各个项目实训成果的基础上，进行本项目的实训。

11.4.3 实训教学内容及要求

（1）完成所有旅游资源单体调查表与调查区实际资料表。

（2）完成调查区旅游资源单体统计一览表。

（3）完成调查报告相关资料的整理。

（4）完成旅游资源的总体评价、分区或集聚区评价、分类评价等内容的数据处理。

（5）完成旅游资源调查与评价的调查报告文稿及汇报 PPT。

11.4.4 实训教学工具与方法

11.4.4.1 实训教学工具

（1）旅游资源单体调查表。

（2）旅游资源单体统计表。

（3）计算机（配 Office 或 WPS、SPSS、PhotoShop 等软件）。

11.4.4.2 实训教学方法

（1）对全班同学进行实训分组。

（2）教师检查学生已完成的各项工作。

（3）教师讲解调研报告的撰写细则。

（4）学生分组分析相关数据、撰写报告。

11.4.5 实训教学资料简介

可以参考由程玉申与金平斌作为执行主编，由杭州市出版社于 2004 年 11 月出版的杭州市旅游资源丛书。

11.4.6 实训成果及其评价主体与细则

11.4.6.1 评价主体及其权重

本次实训成果的评价建议由校内专业老师、企业指导老师及学生代表（每个实训小组各选 1 名代表）参加，权重分别为 40%、40% 和 20%。

11.4.6.2 评分细则

评分细则具体如表 11–8 所示。

表11-8　旅游资源调查与评价报告评价标准

实训任务名称：＿＿＿＿＿＿＿＿　汇报人：＿＿＿＿＿＿＿＿　第＿＿组

评价内容		评价分值	评价标准	评价得分
旅游资源调查与评价报告	内容完整性	20分	包括前言、资源形成背景与原因、资源开发历史与现状、资源评价、开发对策措施、附录与图集等，每缺一项扣3分	
	内容的科学合理性、准确性	15分	资源评价与定位科学、合理准确得12~15分；基本科学合理准确得6~11分；不甚科学合理准确得0~5分	
	报告的美观度	15分	报告排版美观大方有特色得12~15分；报告排版基本整齐且有一定特色得8~11分；报告排版美观度相对较弱得0~7分	
旅游资源基础资料收集与整理	基础资料收集与整理完整度	10分	完整度高得8~10分；完整度一般得4~7分；完整度较差得0~3分	
	单体简介与图片视频资料	10分	单体简介详细、照片丰富得8~10分；单体简介一般、照片较多得4~7分；单体简介较弱、照片较少且较差得0~3分	
表现方式	PPT演示稿	10分	PPT演示稿条理清晰、表现到位得8 ~ 10分；条理基本清晰、表现基本得体得4~7分；其他方面得0~3分	
	现场演讲	10分	演讲者形象气质佳、演讲流利、条理清晰者得8~10分；形象一般、演讲一般得4~7分；其他方面得0~3分	
	现场答辩	10分	现场答辩流利、回答内容准确得8~10分；答辩一般、内容基本准确得4~7分；其他方面得0~3分	
评委签名：			合计得分：	

11.5 旅游景区景观质量评估报告撰写实训

11.5.1 实训目的

根据各地旅游景区评定管理相关办法与《旅游景区质量等级的划分与评定》（GB/T 17775）中关于景观质量评价的实施细则，完成特定旅游景区的旅游资源及其景观质量的调查、评价及相关演示工作，提交《××旅游景区旅游景观质量评价报告》、××旅游景区创建宣传视频与××旅游景区旅游景观质量评价汇报PPT等材料。

旅游景区的资源吸引力评价视频

旅游景区的资源吸引力评价PPT

旅游景区的市场影响力评价视频

旅游景区的市场影响力评价PPT

11.5.2 实训地点

可利用某周末或专业综合实训周的时间去专业综合实训基地或校外实践实训基地（以国家 3A 级及以上旅游景区为佳）进行全面的调查，或在前述各个项目实训成果的基础上，进行本项目的实训。

11.5.3 实训教学内容及要求

（1）完成特定旅游景区所有旅游资源单体调查表与调查区实际资料表。

（2）完成特定旅游景区旅游资源单体一览表。

（3）完成特定旅游景区旅游资源吸引力和市场影响力等相关资料的整理。

（4）完成特定旅游景区旅游景观质量评价报告的撰写、排版工作。

（5）完成特定旅游景区创建国家 3A 级及以上旅游景区宣传视频的现场拍摄与剪辑工作。

（6）完成特定旅游景区旅游景观质量评价汇报 PPT。

旅游景区景观质量评估报告与撰写要求视频

游景区景观质量评估报告与撰写要求PPT

11.5.4 实训教学工具与方法

11.5.4.1 实训教学工具

（1）旅游资源单体调查表。

（2）旅游资源单体统计表。

（3）计算机（配 Office 或 WPS、SPSS、PhotoShop、爱剪辑等软件）。

（4）特定旅游景区旅游资源高清照片与各类视频资料。

（5）特定旅游景区旅游景观质量评估所需的相关资料。

（6）其他互联网的相关资料。

11.5.4.2 实训教学方法

（1）对全班同学进行实训分组。

（2）由专业教师协助各组学生获取特定旅游景区的相关资料。

（3）专业教师带领学生进行现场调研与评价、视频或照片录制。

（4）专业教师检查学生已完成的各项工作。

（5）专业教师讲解景观质量评价报告的撰写细则及视频制作要求。

（6）学生分组分析相关数据与资料、撰写报告并制作视频、PPT。

（7）学生分组进行汇报演示（视频演示、PPT 汇报、现场答辩）。

11.5.5 实训教学资料简介

11.5.5.1 浙江古堰画乡创建国家 5A 级旅游景区景观质量评估报告目录

古堰画乡创建5A级景区景观质量视频

古堰画乡景区位于中国生态第一市——浙江省丽水市，这里山水秀美、人文荟萃，集山、水、林、田、湖、城、镇、村为一体，堪称“诗画浙江”之典范，是“绿水青山就是金山银山”的实践地。景区交通区位优越，距丽龙高速碧湖互通 6.2 公里，距丽水高铁站 30.2 公里，S53、S50、S33 省道贯穿全境。2005 年 4 月，在丽水市委市政府着力打造“艺术之乡、浪漫之都、休闲胜地”的大背景下，古堰画乡用“生态”“文化”“休闲”三大特色全力打造美术写生基地、创作基地、商品油画生产基地和生态休闲度假中心（三基地一中心）。2008 年 10 月 1 日，启动古堰画乡部分景点旅游，2009 年 5 月 1 日，景区核心区块整体开园，面向国内外游客经营生态、经营环境、经营乡村、经营文化，并融汇水上娱乐、乡村度假等特色旅游元素。近十年来，古堰画乡景区先后被列入世界首批灌溉工程遗产、联合国教科文组织遗产目录，荣获国家 4A 级旅游景区、中国乡村旅游创客示范基地、国家湿地公园、国家水利风景区等荣誉。2016 年，景区接待游客 159.69 万人次，实现旅游总收入 2.86 亿元，较开园之初，在地居民人均收入有了很大提高，已经成为带动整个丽水城市“中闲区域”城乡融合一体化发展的龙头和丽水旅游发展的重要引擎。

为顺利创建国家 5A 级旅游景区，该景区委托浙江省旅游发展研究中心编制创建国家 5A 级旅游景区的景观质量评估报告，报告目录如下：

1. 前言

1.1 基本情况与红线范围

1.2 景观质量核心优势与特征

2. 资源吸引力

2.1 观赏游憩价值

2.1.1 通济古堰：世界灌溉工程遗产

2.1.2 画乡小镇：艺术创作和艺术体验胜地

2.1.3 百里瓯江："诗画浙江"典范

2.1.4 乡愁画卷：慢享空间

2.2 历史文化科学价值

2.2.1 历史文化价值

2.2.2 科学价值

2.3 珍稀或奇特程度

2.3.1 农田水利史的瑰宝

2.3.2 绘画史的一个重音

2.3.3 罕见的城市湿地

2.3.4 珍稀动植物的天堂

2.4 规模与丰度

2.4.1 空间分布有序，便于集聚开发

2.4.2 资源类型多样，组合优势明显

2.4.3 资源品质优良，核心优势突出

2.5 完整性

2.5.1 旅游资源的完整性

2.5.2 生态环境的完整性

2.5.3 保护体系的完整性

3. 市场影响力

3.1 知名度

3.1.1 品牌知名度

3.1.2 媒体知名度

3.1.3 网络知名度

3.1.4 各级领导人和名人到访

3.2 美誉度

3.2.1 业内知名专家评价（旅游大咖）

3.2.2 游客满意度

3.2.3 游客网络好评率高

3.2.4 历代文学作品中的画乡

3.2.5 获奖与荣誉

3.3 市场辐射力

3.3.1 市场辐射洲内外

3.3.2 游客群体类型多样

3.3.3 旅游人次逐年递增

3.4 主题强化度

3.4.1“古堰”与“画乡”两大主题辨识度高

3.4.2“古堰”与“画乡”两大主题融合度高

附录：古堰画乡旅游资源单体一览表

11.5.5.2 浙江省绍兴黄酒小镇创建国家 4A 级旅游景区景观质量评估报告目录

黄酒小镇创建4A级景区景观质量视频

绍兴黄酒小镇位于浙江省绍兴市越城区东浦街道核心区——东浦古镇。就宏观区位而言，景区位于长三角南翼、宁绍平原西部，地处越城、柯桥、袍江三大片区交界地，是杭州东南部的经济腹地，是柯桥—越城、柯桥—袍江的必经节点；就微观区位而言，景区东北接镜湖湿地、西临瓜渚湖，南连浙东运河绍兴段、青甸湖，西南望柯岩旅游度假区，在整个绍兴旅游发展格局中保持自己独特的文化特色；就交通区位而言，景区距离杭州萧山国际机场约 35 公里，距离 G92 环杭州湾高速柯桥互通枢纽与绍兴互通枢纽均在 20 分钟车程以内，紧邻高铁绍兴北站与 G104 国道，绍兴地铁 1 号线（建设中）贯彻景区东北角。

自绍兴黄酒小镇景区被列为省级特色小镇创建单位以来，得到了越城区及绍兴市委、市政府乃至各级政府、部门的关心与支持。黄酒相关产业链不断延拓、古镇文化旅游发展水平不断提升。2018 年，小镇景区共接待国内外游客 31 万人次，旅游总收入 1250 万元，其中，接待入境游客 1.2 万人次，实现景区总投资约 1.5 亿元。

2018 年，绍兴黄酒小镇正式启动创建国家 4A 级旅游景区的相关工作，委托浙江旅游职业学院、浙江思博旅游发展有限公司编制创建国家 4A 级旅游景区的景观质量评估报告，主要目录如下：

1. 绍兴黄酒小镇景区基本情况
1.1 区位条件
1.2 重要历史
1.3 红线范围
1.4 经济指标
1.5 自评得分
2. 资源吸引力评价
2.1 观赏游憩价值
2.1.1 水域景观观赏游憩价值
2.1.2 生物景观观赏游憩价值
2.1.3 建筑景观观赏游憩价值
2.1.4 民俗风情观赏游憩价值
2.1.5 天象物候观赏游憩价值
2.2 历史文化科学价值
2.2.1 历史价值
2.2.2 文化价值
2.2.3 科学价值
2.2.4 诗词歌赋
2.3 珍稀或奇特程度
2.3.1 景区是国家级历史文化名镇
2.3.2 景区拥有中国最大的黄酒博物馆
2.3.3 景区坐拥世界级文化遗产节点
2.3.4 景区是国家级和省级特色小镇创建单位
2.3.5 景区拥有国家级非遗与戏曲资源
2.3.6 景区是国家级城市湿地公园——镜湖湿地的重要组成部分
2.4 规模与丰度
2.4.1 规模
2.4.2 丰度
2.5 完整性
2.5.1 规划的编制与实施情况
2.5.2 地方法律法规的实施情况

2.5.3 景区资金投入、人员落实情况
3. 市场影响力
3.1 知名度
3.1.1 全国知名媒体纷纷报道黄酒小镇
3.1.2 知名人物与各级领导认可黄酒小镇
3.1.3 已获各类荣誉、奖项
3.1.4 知名旅游节庆活动
3.2 美誉度
3.2.1 市场调查美誉度高
3.2.2 历代诗词名人赞誉
3.2.3 主要新闻媒体赞誉
3.2.4 主要网络电商评价
3.3 市场辐射力
3.3.1 近三年小镇景区游客接待情况
3.3.2 拥有较大比例的外地游客
3.3.3 拥有较大比例的洲内游客及洲际近程游客
3.3.4 “酒文化 + 旅游”，经济收益更明显
3.4 主题强化度
3.4.1 黄酒文化主题
3.4.2 红色革命文化主题
3.4.3 非遗体验文化主题
3.4.4 江南水乡主题
附录 黄酒小镇景区旅游资源单体一览表

11.5.6 实训成果及其评价主体与细则

11.5.6.1 评价主体及其权重

本次实训成果的评价建议由校内专业老师、企业指导老师及学生代表（每个实训小组各选 1 名代表）参加，权重分别为 40%、40% 和 20%。

11.5.6.2 评分细则

评分细则具体如表 11–9 所示。

表11-9　旅游景区景观质量评估报告评价标准

实训任务名称：__________________　汇报人：__________________　第____组

评价内容		评价分值	评价标准	评价得分
景区景观质量评估报告	内容完整性	15分	包括前言、观赏游憩价值、历史文化科学价值、珍稀奇特程度、完整性、知名度和美誉度、主题强化度、市场辐射力、附录与图集等，每缺一项扣3分	
	评价得科学合理性与精准性	15分	景区评价科学合理且精准得12~15分；基本科学合理与精准得6~11分；不甚科学合理精准得0~5分	
景区景观质量评估报告	报告的美观度	15分	报告排版美观大方有特色12~15分；报告排版基本整齐且有一定特色8~11分；报告排版美观度相对较弱得0~7分	
景观质量宣传片	视频长度	10分	视频长度8~12分钟得8~10分；视频长度6~8分钟或12~14分钟得4~7分；视频长度6分钟以下或15分钟以上得0~3分	
	视频完整度	10分	视频内容完整度高得8~10分；视频内容相对完整得4~7分；完整度较差得0~3分。	
	视频美观度与效果	10分	视频剪辑拍摄效果好得8~10分；视频剪辑拍摄效果一般得4~7分；视频剪辑拍摄效果较差得0~3分	
表现方式	PPT演示稿	10分	PPT演示稿条理清晰、表现到位得8~10分；条理基本清晰、表现基本得体得4~7分；其他方面得0~3分	
	现场演讲	10分	演讲者形象气质佳、演讲流利、条理清晰者得8~10分；形象一般、演讲一般得4~7分；其他方面得0~3分	
	现场答辩	5分	现场答辩流利、回答内容准确得4~5分；答辩一般、内容基本准确得2~3分；其他方面得0~1分	
评委签名：			合计得分：	

11.6 总结与测试

11.6.1 总结

本项目首先叙述了旅游资源评价的内涵、原则与意义，明确了旅游资源评价的内容与类型；接着重点阐述了当前比较实用的旅游资源评价的技术方法；然后以《旅游资源分类、调查与评价》（GB/T 18972—2017）为准则，结合调查与评价总报告的撰写要求，分别对旅游资源的品质评价、类型评价、分区或集聚区评价方法进行了详细阐述；最后，设置了旅游资源评价与报告撰写、创建A级旅游景区景观质量评估两个实训环节。

11.6.2 项目测试

【主要概念】

旅游资源评价、一般体验性评价方法、定量评价方法、旅游资源的丰度、旅游资源的品质

【客观题】

1. 在旅游资源的评价内容中，下列哪一项不属于旅游资源的本体评价？（ ）

A. 政策条件　B. 规模结构　C. 价值功能　D. 资源特色

2. 下列评价方法中，哪一项不属于定量评价法？（ ）

A. 国标评价法　B. 风景名胜资源评价法　C. 美感质量评价法　D. 层次分析法

【简答题】

1. 简述旅游资源评价的意义与原则。

2. 简述旅游资源评价的类型与内容。

3. 旅游资源调查与评价总报告的内容应包括哪些？

【分析题】

浙江省旅游资源丰富多样，全省由杭州、宁波、绍兴、嘉兴、湖州、舟山、金华、衢州、丽水、温州和台州11个地市组成。据《浙江省旅游资源普查报告》，以国标为分类标准和依据，这11个地市的8大类旅游资源主类储量丰度如下。

1. 地文景观类资源储量的分布

11个地市从高到低依次为温州市（2611）、丽水市（1493）、台州市（1299）、金华市（975）、杭州市（805）、舟山市（686）、衢州市（659）、绍兴市（547）、宁波市（374）、湖州市（351）、嘉兴市（143）。排在前四位的地市的储量约占全省地文景观类资源总储量的64.15%，其中，温州市占26.26%、丽水市占15.02%、台州市占13.06%、金华市占9.81，并且这四座城市均分布在浙西南地区，互相比邻，而排名在后四位的城市，均分布在浙东北地区，说明浙江省的地文景观类旅游资源在地理空间分布上具有相对集中的特点。从三大旅游区的空间层次来说，温州市与台州市属

于温台沿海旅游区，丽水市与金华市属于金衢丽旅游区，而后四位的城市，储量都低于600，属于环杭州湾旅游区，其中，杭州市储量最高，为805，但仅排名全省第五，不到温州市的1/3。资源储量主要集中在温台沿海旅游区（占39.43%）和金衢丽旅游区（31.45%），而环杭州湾旅游区的资源储量明显偏低。

2. 水域风光类资源储量的分布

温州市的资源储量是全省最高的，为1177，其余地市均低于500。数量在300~500之间的有四个城市：丽水市（485）、杭州市（463）、台州市（401）、金华市（376）；数量在200~300之间的有三个城市：绍兴市（283）、湖州市（277）、宁波市（227）；数量在200以下的城市有：嘉兴市（191）、衢州市（188）、舟山市（105）。在三大旅游区中，温台沿海旅游区储量最高（占37.81%），环杭州湾旅游区虽然城市个体储量不多，但由于其城市数量占优，所以区域整体储量也很高（占37.05%），金衢丽旅游区储量最低。

3. 生物景观类资源储量的分布

全省11个地市的生物景观类资源储量都不高，除舟山市最低为46，其余均集中在150~450。环杭州湾旅游区6个地市占总储量的比例为40.18%，除舟山外，分布较平均；金衢丽旅游区的储量占总储量的比例为36.41%，三个城市数量差别不大；温台沿海旅游区中两个城市的储量相比较，温州市（446）明显高于台州市（275），说明区域资源相对集中分布于温州地区。

4. 天象气候类资源储量的分布

浙江省天象气候类资源的储量仅占全省旅游资源总储量的0.95%左右。普查发现的资源储量主要集中在丽水市、杭州市、台州市和湖州市境内。

5. 遗址遗迹类资源储量的分布

全省各地市均有分布，但绝对数量不高。主要集中在环杭州湾旅游区，占总储量的比重为63.47%。其余两个旅游区所占比例相差不大。在所有地市中，储量最高的是杭州市（占17.83%），其次是嘉兴市（占12.63%），第三为宁波市（占11.61%），其余地市的储量占全省比例均低于10%。

6. 建筑设施类资源储量的分布

建筑设施类资源储量是所有主类中最高的。尽管各个地市均有较高的储量，但资源储量的空间差异依然明显。总储量多半集中在环杭州湾旅游区，其中杭州市就占了总储量的14.92%，宁波市占总储量的比例也有11.52%；金衢丽旅游区和温台沿海旅游区的比例分别为23.32%和20.69%，其中温州市与金华市储量最高，所占总储量的比例也均大于 10%，分别为 13.12% 和 11.20%。

7. 旅游商品类资源储量的分布

各地市之间相差不大。11 个地市中，储量最高的为绍兴市，占总储量的比例为 14.05%。三大旅游区中，储量明显偏高的是环杭州湾旅游区（占 60.92%），金衢丽旅游区与温台沿海旅游区相近，分别为 22.39% 和 16.07%。

8. 人文活动类资源储量的分布

按储量丰度依次为环杭州湾旅游区（67.75%）、金衢丽旅游区（22.14%）和温台沿海旅游区（10.10%）。由于全省储量排名靠前的城市均属于环杭州湾旅游区，其储量丰度明显偏高。内部各地之间的丰度除绍兴最高（16.92%）和舟山最低（6.38%）差异较大外，其余相差不大。金衢丽旅游区和温台沿海旅游区内部各地之间的丰度差异也不大。

根据以上案例回答如下问题：

1. 在 11 个地市中，哪些地市的旅游资源储量相对丰富？主要以哪些类型的旅游资源为主？

2. 浙江省会杭州的旅游资源主要以哪些类型为主？

【应用题】

对杭州市下属 A 县进行旅游资源普查后，其相应的旅游资源单体统计如表 11–10 所示。请分别对该县的旅游资源进行储量丰度评价、平均品质评价与资源等级评价，并给出总结性评论。

表11–10 杭州市A县旅游资源单体统计

主类	五级	四级	三级	二级	一级	合计
地文景观类	0	1	4	9	20	34
水域风光类	0	0	3	15	25	43
生物景观类	1	1	5	18	22	47
天象气候类	0	1	2	8	7	18
遗址遗迹类	2	1	12	20	21	56
建筑设施类	1	1	8	38	44	92
旅游商品类	0	1	2	10	16	29
人文活动类	1	1	1	6	18	27
合计	5	7	37	124	173	346

项目12　旅游资源专题图纸的绘制

项目案例导入

旅游资源专题图纸绘制的概述视频　旅游资源专题图纸绘制的概述PPT

案例：到渌江书院感受千年文脉，到沩山古窑探秘醴陵瓷器发源，到云岩古寺聆听梵音袅袅……2017 年年末，《醴陵市全域旅游资源分布图》出炉，103 个旅游景点的位置和线路图一目了然，“玩转”醴陵有了最新的“导航”。

这份《醴陵市全域旅游资源分布图》，主要包含书院春秋、官庄平湖等“新醴陵八景”和渌江书院、渌江桥、李立三故居、醴陵窑 4 个重点文物保护单位，以及新世纪艺术馆、先农坛等多个 3A 级、2A 级景区。其中，既有大家熟悉的醴陵窑、渌江桥和渌江书院等知名景点，也有红色文化、特色建筑、农耕文化等“养在深闺人未识”的新景点，以及枫林印象、耿祠荷风等一系列丰富的乡村旅游资源。这张图册于 2017 年 3 月启动制作，醴陵相关部门上报了大量景点资料。之后，该市全域旅游创建办派出专人实地走访，经醴陵市政府审定，规划、交通等部门审核，最终敲定这份分布图。

该市全域旅游创建办还将对分布图内的相关景点资料进行升级，于 2018 年推出智能版。游客可以扫描景区二维码打开地图，通过点击上面的景点，查看景区的实景照片和相关情况。

（引自：株洲新闻网 [EB/OL].http://www.zznews.gov.cn/news/2017/1212/274907.shtml，有删改）

项目导读

学习目的与意义：旅游资源图是一种表示旅游资源要素的专题地图，是旅游资源调查与评价成果的一种直观表现形式。通过本项目的学习，学生可以掌握旅游资源地图的绘制程序与相关技巧，能够为后续的评价开发奠定基础。本项目最终将以 PhotoShop 为例，进行旅游资源图的设计实训。

项目内容概述：第一，熟悉旅游资源图的类型，并能够了解绘制这些旅游资源图的目的，能够读懂各类资源图所代表的意义；第二，把握旅游资源图编制的原则，对于资源图绘制的成果形式有明确概念；第三，掌握旅游资源图绘制的要素和要求，形成制图的规范性；第四，掌握旅游资源图绘制的程序，学会制订计划和收集材料。

项目学习目标

知识目标：了解旅游资源图的类型与原则，掌握旅游资源图的绘制要求；理解旅游资源图绘制的程序与步骤，掌握相关技巧与方法。

技能目标：能编制旅游资源图的绘制计划，能顺利收集与整理旅游资源图绘制的相关材料；能利用 PhotoShop 或 CorelDraw 等平面处理软件进行相关图纸的绘制；能对相关图纸设计的细节进行有效掌握，并能确保科学、合理、直观。

12.1 旅游资源专题图纸的类型与要求

12.1.1 旅游资源图的类型

旅游资源图通常可以包括旅游资源分布图、旅游资源分区图、旅游资源类型（分类）图、旅游资源等级图、旅游资源统计分析图等，反映了旅游资源的价值和开发潜力，并为今后旅游资源的开发利用指明方向。需要注意的是，在旅游资源图的绘制中，必须一图一主题，形成一目了然的图纸内容。

旅游资源专题图纸的类型视频　　旅游资源专题图纸的类型PPT

12.1.1.1 旅游资源分布图

指按旅游资源的类型、空间分布、等级、数量等指标编制而成的旅游资源分布图，是反映区域旅游资源现状的地图。

12.1.1.2 旅游资源分区图

从调查区域内旅游资源的特征或形成原因等指标出发，通过区域旅游开发相关条件的综合分析，对不同分区内的旅游资源进行深入的分析评价，并将相关元素编制在图纸上的地图，是进行区域规划设计功能分区或划分专题保护区的前提与基础。

12.1.1.3 旅游资源类型（分类）图

指按照旅游资源的类型，以各类旅游资源的等级、数量等元素为主，分别绘制相关的专项图纸，通常可以包括自然旅游资源图、人文旅游资源图及八个主类的旅游资源图。

12.1.1.4 旅游资源等级图

指按照调查区内所有旅游资源单体的等级差异，彰显各类型、各分区旅游资源差异的专项图纸。

12.1.1.5 旅游资源统计分析图

又称为旅游资源评价图，是以各类旅游资源的特点、质量、规模、特色、等级及功能等评价分析内容为主，反映区域旅游资源质量的旅游资源专项图纸。

12.1.2 旅游资源图的编制原则

12.1.2.1 综合性原则

在绘制旅游资源图的时候，不仅要体现旅游资源的种类、特色、数量、等级和评价结论等信息，还要尽可能地表现调查区的环境背景条件与开发利用条件，如在工作底图上应尽可能地显示当地的地形地貌、水系走向、城镇布局等相关信息，以更全面、系统地反映调查区的情况。

12.1.2.2 特色性原则

在绘制旅游资源图的时候，除了要遵循一般地图的设计要求外，还要借鉴测绘新技术，实现图文并茂，即除了主图以外，还要附带一定的统计分析图、统计表、简要文字说明、相关实景照片等。

12.1.2.3 美学性原则

通过地图形式真实、形象、集中、直观而又典型地将旅游资源的美传输给读者，使其有身临其境的感觉。因此，在进行图纸绘制的时候，要在表现形式上特别强调艺术美的作用，通过地图反映出客观世界中资源景观的比例、对称、和谐、完整等形式美，注重比例尺、图面配置、符号系统、彩色、装帧等细节。

12.1.2.4 准确性原则

在绘制旅游资源图的时候，必须准确无误地标明旅游资源的名称、位置、交通线路、历史典故等所有相关的内容。

12.1.2.5 层次性原则

在绘制旅游资源图的时候，不仅要设计能够表现出总体特征的图纸，而且要设计相应的分类、分区等图纸，以突显细节特征，构成相应的体系，使之层次分明、条理清晰。

12.1.2.6 实用性原则

在绘制旅游资源图的时候，要充分考虑旅游资源调查与评价的目的，要遵循实用、贴近现实的原则。

12.1.3 旅游资源图的要素与绘制要求

旅游资源图的要素与绘制要求视频　　旅游资源专题图纸的基本要素PPT

12.1.3.1 比例尺

所谓比例尺，是指地图上线段的长度与地面上相应距离的水平长度之比。用公式表示为：比例尺 = 图上距离 / 实际距离。比例尺通常有三种表示方法，即数字式、文字式、线段式。数字式，即用数字的比例式或分数式表示比例尺的大小，如地图上 1 厘米代表实地距离 500 公里，可写成“1 : 50000000”或“1/50000000”；线段式，即在地图上画一条线段，并注明地图上 1 厘米所代表的实际距离；文字式，即在地图上用文字直接写出地图上 1 厘米代表实地距离多少公里，如图上 1 厘米相当于地面距离 500 公里，或五千万分之一。为了图纸表达的标准性，要求放置比例尺于图纸左、右上角，显示清晰，布局合理。

12.1.3.2 图例

旅游资源图的图例通常包括通用图例和资源图例两大类。前者是指底图已有的相关图例，通常包括道路交通、水系湖泊、城镇设施、地形地貌、农作植被等内容；后者则专指表示旅游资源的类型、等级等相关信息的图例，具体如表 12–1 所示。在实际的图纸绘制过程中，亦可以用不同的颜色组合来表示各个分区各个主类的旅游资源统计数据。为了图纸表达的标准性，要求放置图例于图纸左、右下角，顶端必须标注“图例”两个字。

12.1.3.3 风玫瑰图

又叫风向频率玫瑰图，它是根据某一地区多年平均统计的风向和风速的百分数值，并按一定比例绘制，一般多用 8 个或 16 个罗盘方位表示。由于该图的形状形似玫瑰花朵，故名“风玫瑰”。玫瑰图上所表示风的吹向（即风的来向），是指从外面吹向地区中心的方向见（见图 12-1）。在旅游区的旅游资源开发利用过程中，必须标注风玫瑰图，以为未来相关设施布局与空间分区的时候提供依据。为了图纸表达的标准性，要求放置比风玫瑰图于图纸左、右上角，显示清晰，布局合理，并位于比例尺上部。

表12-1　旅游资源图图例

旅游资源等级	图例	使用说明
五级旅游资源	★	1.图例大小根据图面大小而定，形状不变。 2.自然旅游资源（旅游资源分类表中主类A、B、C、D）使用蓝色图例；人文旅游资源（旅游资源分类表中主类E、F、G、H）使用红色图例。
四级旅游资源	■	
三级旅游资源	◆	
二级旅游资源	▲	
一级旅游资源	●	

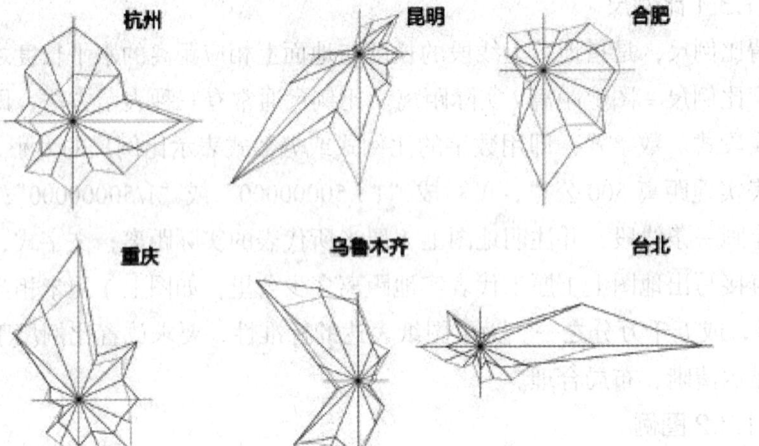

图12-1　部分城市风玫瑰图示例

12.1.3.4 主体内容

指旅游资源图的核心内容与体现，主要包括旅游资源的空间位置、旅游资源的名称及其序号、旅游资源的等级、旅游资源的数量、旅游资源的集聚状态与规律、旅游资源的典型景观等内容，其常见的表现形式包括文字、彩图、表格、柱状图或饼图等。

12.2.2 相关注意事项

旅游资源专题图纸绘制注意事项视频

12.2.2.1 版权问题

在旅游资源图的绘制过程中，对于工作底图、相关数据引用、相关影像资料的使用等，必须注明其出处或所有者。

12.2.2.2 保密问题

在图纸绘制的时候，地形图等相关资料是属于保密的。因此，除了专题地图或用于景区的规划设计、开发建设之外，最好不要用地形图作为工作底图。如果图纸要公开发行，则必须有拥有测绘资格的相关单位出具相关许可编号才允许出版发行。

12.2.2.3 集聚区问题

在实际调查过程中经常会发现城镇、古村落或风景名胜区的旅游资源分布相对密集，直接在大图上往往难以清晰表达。因此，可在主图的四周或另辟图幅设计附图，以更清晰地显示相关内容与信息。

12.2.2.4 软件处理问题

在进行软件绘制的过程中，宜将各类要素分图层处理，不宜合并图层，以备后续修改。

12.2.2.5 底图选用问题

底图通常可以选等高线地形图、行政区划图或卫星影像图等几类。但是在实际绘制过程中，需要对原有工作底图进行一定的技术处理。对于县级及以上区域的旅游资源总图，通常可选用小比例尺地图，比例尺通常在 1 : 20 万以下；对于镇域或较大旅游区的旅游资源总图，通常选用比例尺为 1 : 1 万 ~1 : 20 万的地图；对于区域范围较小的旅游资源总图，通常选用 1 : 5000~1 : 10000 比例尺地图；特殊情况下为更大比例尺，但往往需要委托单位委托相关测绘部门进行单独测绘。底图一般可通过绘制软件调整为淡色，或者选择灰度模式，以突显图面上的资源要素。

12.3 旅游资源专题图纸的绘制实训

12.3.1 实训目的

能针对不同区域范围的项目（如区域性旅游规划、景区旅游规划），根据旅游资源调查与评价的目的，拟订旅游资源图的绘制计划，能有效收集相关资料，并能利用相关软件有效梳理、研究、分析与归纳资料；能有效阅读与识别地形图等资料；能熟练运用 PhotoShop 或 CorelDraw 等设计软件绘制各类旅游资源图。

12.3.2 实训地点

本项目实训可在带有 PC 计算机的专业综合实验室进行，该计算机需安装微软 Office、PhotoShop、SPSS、CorelDraw 等相关软件，并可连接互联网。

12.3.3 实训教学内容及要求

（1）制订旅游资源图的绘制计划。

（2）收集旅游资源图所需的工作底图与相关资料。

（3）明确各个旅游资源图的绘制内容或元素。

（4）完成旅游资源图的绘制。

12.3.4 实训教学工具与方法

12.3.4.1 实训教学工具

（1）旅游资源图的工作底图（地形图、行政区划图或卫星影像图）。

（2）旅游资源单体统计表。

（3）计算机（配 Word、Excel 或 SPSS、PhotoShop 等软件）。

12.3.4.2 实训教学方法

（1）由专业教师指导学生收集资料与整理归纳。

（2）由专业教师指导学生进行旅游资源图的绘制。

12.3.5 实训成果评价及其主体与细则

12.3.5.1 评价主体及其权重

本次实训成果的评价建议由校内专业老师、企业指导老师及学生代表（每个实训组各选 1 名代表）参加，权重分别为 40%、40% 和 20%。

12.3.5.2 评分细则

评分细则具体如表 12–2 所示。

表12-2　旅游资源专题图纸绘制实训成果评价标准

实训任务名称：________　　汇报人：________　　第____组

评价内容		评价分值	评价标准	评价得分
旅游资源单体调查表及摄像照片	图纸内容的完整性	25分	包括评价区域位置分析图、红线范围图、空间布局图、等级分析图、资源现状图等，每一张图纸得5分	
	图纸内容的准确性	15分	图纸内容表现科学、准确得12~15分；图纸内容表现基本科学、准确得6~11分；图纸内容科学性或准确性较弱得0~5分	
旅游资源单体调查表及摄像照片	图纸要素的完整性	15分	图纸的比例尺、风玫瑰、图例、编制单位、编制时间、图框等要素应齐全，每一项得3分	
旅游资源专题图纸的表现方式	图纸的提交形式	15分	每张图纸同时提交JPG、PSD或CDR格式的得12~15分；提交1~2种格式的得6~11分；只提交1种格式的得0~5分	
	图纸的色彩配置与美观度	15分	图纸设计美观大方得12 ~ 15分；图纸设计美观度一般得6~11分；图纸设计美感度较差得0~5分	
	图纸的图层处理	15分	图层设计合理得12~15分，图层设计基本合理得6~11分，图层设计较差得0~5分	
评委签名：			合计得分：	

12.4 总结与测试

12.4.1 总结

本项目在叙述旅游资源图的类型及其要素组成的基础上，重点阐述了旅游资源图的绘制程序与方法；最后，以 PhotoShop 为例，设计了旅游资源图绘制的实训环节。

12.4.2 项目测试

【主要概念】

旅游资源图、比例尺、风玫瑰图

【客观题】

1. 某地级市在完成旅游资源普查与评价之后，需要绘制旅游资源的总分布图，宜

选用何种比例尺的工作底图？（　）

A.1 : 1 万以上　B.1 : 1 万 ~1 : 5 万　C.1 : 5 万 ~1 : 20 万　D.1 : 20 万以下

2. 某旅游景区在编制旅游资源保护专项图纸的时候，不宜采用哪一类工作底图？（　）

A. 行政区划图　B. 遥感影像图　C. 地形图　D. 卫星影像图

【简答题】

1. 简述旅游资源图的编制原则。

2. 旅游资源图通常包含哪些要素？

3. 旅游资源图在现代旅游中可以通过哪些方式和途径服务于游客？

项目13 旅游资源保护与可持续发展

项目案例导入

旅游资源保护与可持续发展概述PPT

旅游资源保护与可持续发展概述视频

案例1:《风景名胜区条例》(以下简称《条例》)已经于2006年12月1日起正式施行，取代了“暂行”达22年之久的《风景名胜区管理暂行条例》，使得我国在风景名胜区管理上迈出了坚定的步伐。新的《条例》主要呈现出以下特征。

1. 风景名胜管理机构成执法主体

目前大部分风景名胜区已经设有管理局等管理机构，但仍有一部分尚未设立，还有一些只是虚设的机构。因此，《条例》明确指出，风景名胜区所在地县级以上地方人民政府要依法设置风景名胜区管理机构，作为风景名胜区内各类活动管理的行政主体和执法主体。健全机构设置将是下一步各地贯彻《条例》的重要工作。同时，原住建部副部长仇保兴表示，风景名胜区管理机构必须实现政企分开。

2. 未经规划禁止一切开发建设

与1985年颁布的暂行条例相比，《条例》首次提出了“科学规划”的基本原则，要求风景名胜区成立两年之内必须制定出总体规划，并且明确了国家级风景名胜区规划要由省级政府相关部门组织编制，报国务院审批；省级风景名胜区规划由县级政府组织编制，报省级政府审批。逾期未完成的要追究编制主体的责任。

3. 名胜区收入不归管理机构支配

《条例》明确规定了风景名胜区收支两条线管理。也就是说，包括门票和资源有偿使用费在内的所有收入都要上缴财政，每年管理机构的工作经费需再由财政划拨，而不是像以往那样由风景名胜区管理机构自己支配收入，以此杜绝任何形式的寻租现象。

4. 破坏风景名胜可究刑责

珍贵、脆弱、不可再生是风景名胜区的典型特征，一旦由于管理不当、保护不力或由于人为原因造成的破坏，都将对资源和环境造成难以挽回的重大损失。《条例》

列出了区内禁止性活动，包括禁止违反规划在区内设立各类开发区和在核心景区内建设宾馆、招待所、培训中心、疗养院等建筑物，已经建设的要按规划逐步迁出。此外，《条例》不仅对严重破坏风景名胜区的行为做出了最高罚款 100 万元的规定，还规定构成犯罪的要依法追究刑事责任。

［引自：陈晶晶 . 风景名胜区管理机构将获执法权——《风景名胜区管理条例》12 月 1 日正式执行 [N]. 法制日报，2006-10-31（7），有删改］

案例 2： 2016 年 9 月 6 日，国家发展和改革委和国家旅游局共同印发了《全国生态旅游发展规划》(以下简称《规划》)，相关旅游企业或将迎来利好。

《规划》指出，国内生态旅游发展存在很多问题。目前国内一些地区对生态旅游的认识不到位，进行竭泽而渔式的开发，造成严重的生态破坏和环境污染。部分地区过分追求门票经济，导致旅游质量降低。同时，还有相当数量的景区没有充分发挥生态旅游的科普、教育功能，在产品开发、导游解说上过于肤浅和形象化。部分景区所在的社区参与度低，没有决策建议权，缺失利益共享机制。此外，生态资源的保护监督体系也亟待健全。

在此背景下，规划提出了四条发展生态旅游的基本原则，并针对国内包括东北平原漫岗、黄河中下游等 8 个生态旅游片区进行了具体规划。值得注意的是，规划还布置了未来 10 年的重点任务。据介绍，2016—2025 年间，国内要培育 20 个生态旅游协作区、建设 200 个重点生态旅游目的地、形成 50 条精品生态旅游线路及打造 25 条国家生态风景道。

［引自：《全国生态旅游发展规划（2016—2025 年）》，http://www.ndrc.gov.cn/zcfb/zcfbghwb/201609/t20160906_817763.html，2019-1-25，有删改］

项目导读

学习目的与意义： 旅游资源的保护与可持续发展是旅游产业得以可持续发展的基础与关键。通过本项目内容的学习，能够使各位学员更加深入地认识到旅游资源保护的重要意义，找出当前破坏旅游资源的因素；通过旅游环境容量的测算学习，为今后科学合理地进行旅游资源的开发奠定基础。

项目内容概述： 首先，在对旅游环境与环境容量概念叙述的基础上，阐述了旅游资源开发对旅游环境的影响，提出了旅游资源环境容量调控的对策与措施；其次，阐述旅游资源保护的意义，深入剖析了旅游资源破坏受损的因素，并提出旅游资源保护的对策与措施；最后，在阐述可持续发展的内涵与原则的基础上，提出旅游可持续发展的核心内涵。

项目学习目标

知识目标：了解旅游资源保护的意义与可持续发展的内涵与原则；理解旅游资源遭受破坏的因素；理解旅游资源开发对旅游环境的影响；掌握旅游资源保护的对策与措施；掌握旅游环境容量调控的对策。

技能目标：能分析测算不同类型旅游景区或旅游资源集聚区的旅游容量；能剖析旅游资源开发过程中可能引起破坏或受损的因素；能提出旅游资源可持续开发的对策与措施。

旅游资源开发在受到高度重视和高速发展的同时，已经受到来自社会和环境的巨大压力。长期以来，人们一直认为旅游业是“绿色工业”或“无烟工业”，忽略了旅游开发建设所带来的负面影响；更有甚者，明确违法国家相关的法律法规，对旅游资源及其环境造成了巨大了损害，如庐山别墅事件、秦岭别墅事件、千岛湖高尔夫球场事件等。目前，社会各界均已认识到旅游资源及其环境保护的重要性，提出了可持续发展理念。在未来的旅游资源的开发利用过程中，必须始终坚持可持续发展理念，科学合理确定旅游资源的环境容量，提高旅游环境质量。

13.1 旅游资源的环境容量

13.1.1 旅游资源环境与容量概述

13.1.1.1 旅游资源环境概述

所谓环境是相对于某一个中心事物而言的，即围绕中心事物的外部空间、条件和状况，便构成某一中心事物的“环境”。按照《中华人民共和国环境保护法》的界定，“环境是指影响人类生存和发展的各种天然的和经过人工改造的自然因素的总体，包括大气、水、海洋、土地、矿藏、森林、草原、湿地、野生生物、自然遗迹、人文遗迹、自然保护区、风景名胜区、城市和乡村等”。

旅游环境容量的概念、分类视频

根据环境的定义，旅游环境是以旅游者为中心，以旅游资源为根本，以旅游目的地为基础，并由自然生态环境和人文社会环境共同构成的旅游活动特定区域的环境系统（宋炜等，2009）。它是一个综合概念，主要包括旅游资源的本身环境、旅游自然生态环境、旅游人文社会环境、旅游气氛环境等几个方面，与旅游资源评价的内容相对应。

旅游资源环境，即旅游资源的本身环境，就是以旅游资源为中心的旅游环境。旅游资源环境由旅游资源及与旅游资源密切相关联的周围事物构成的总体状况，可以分为单体旅游资源环境、旅游景区（点）环境、旅游地环境（如乡村、城镇）。

旅游资源环境由自然生态环境和人文社会环境两大部分构成。旅游自然生态环境通常包括旅游资源所在地或旅游区的地形地貌、水文气象、土壤植被与生态环境等内容；旅游人文社会环境是指旅游目的地或旅游资源所在地的政治局势、社会治安、经济水平、社会习俗、旅游服务设施等内容，能进一步影响到旅游者对目的地的选择决策。

旅游气氛环境是指旅游者在旅游过程中，对旅游资源所处环境的“人”和“物”所形成的特定环境的感知，通常表现在社区居民的热情程度、服务质量、服务态度和环境容量等方面。

13.1.1.2 旅游资源环境容量概述

1967 年，由莱佩奇（Lapage）首先引入了环境容量的概念。但真正深入的研究是 1977 年劳森（H. Lawson）等发表的《旅游和休闲的发展：旅游资源评价手册》，其中专门探讨了旅游容量的问题。旅游资源环境容量是指特定时间内某一区域内旅游地或旅游单元（如景区）在不破坏生态平衡、达到旅游资源质量要求，并能满足游人的最低游览要求且不对地方居民造成伤害时所能承受的旅游活动的最大值。

想一想：旅游环境容量、旅游资源环境容量、旅游资源容量三个概念之间的包含关系。

13.1.2 旅游资源环境容量的内容与测算

13.1.2.1 旅游资源环境容量的内容

旅游资源环境容量是旅游环境容量的重要组成部分。在实际的工作中，主要以旅游景区、旅游地为载体对其旅游资源环境容量进行管理。旅游景区环境容量应该随着规划期限、发展阶段的不同而不同，通常包括环境的生物物理容量、环境的社会文化容量、环境的游客心理容量三类。根据测算时空标准，又可以分为一次性游人容量、日游人容量和年游人容量三个层次。

（1）环境的生物物理容量。主要与自然环境、旅游资源与旅游服务设施的自然属性有关。没有一个生物物理系统可以经得起无止境的开发利用，因此，必须增加环境影响评估环节，在对生态系统脆弱性评估的基础上，设定一个明确的开发使用界限。景区或服务设施的生物物理容量水平取决于其总体面积及其环境的复杂性。对于一个景区而言，环境的日生物物理容量是最容易测定的，也是在旅游景区环境管理中运用最为广泛的。

（2）环境的社会文化容量。旅游活动一旦超越一定水平，就会对当地社区居民带来社会、文化方面的负面影响。比如，外来游客的大量涌入，必然会造成社区居民自由游憩空间的退缩、城镇居民的强势文化观念侵蚀社区居民的固有道德观念与风俗习惯。不同的主体对环境的社会文化容量大小评估是不一样的，比如，以旅游业为主要生计的人对旅游业的看法完全不同于一个与旅游业无关的人，前者认为来景区的游客越多越好，因为其收入是随着游客数量的递增而增加的；后者则认为外来游客跟自己的生活无关甚至会反对外来游客的进入。

（3）环境的游客心理容量。环境的游客心理容量是指一个景区在能保证随时为游客提供高质量旅游体验的同时所接待的最大量。根据景区生态环境、资源本底与接待游客类型的不同，其心理容量的大小也不尽相同。心理容量的大小主要影响因素是拥挤度，但是游客的心理容量相对比较难测算。

13.1.2.2 旅游资源环境容量的确定

旅游资源环境容量的测算方法有面积法、线路法与卡口法，在旅游资源的保护与开发实践中，这三种测算方法也是相对比较容易操作的，也是最常用的环境容量计算方法。在三种测算方法里面，通常以最小值为旅游资源的环境容量标准。

（1）面积法。面积法是指在单位时间内，单位游客在特定游憩环境或服务设施内活动所必需的最小面积。在进行面积法计算的时候，首先是要确定旅游资源分区或集聚区的面积及不同环境或服务设施的生态容量标准。

面积法视频　　面积法PPT

在面积法计算中，可有以下三种算法。①以整个资源分区或集聚区面积计算。这样虽有简化的优点，适用于旅游环境相对均质，即基本上每个地方都适合开展旅游活动，且每个资源景点或设施的生态容量标准差别不大。②以资源分区或集聚区的实际可游面积计算。这样虽然计算较准确，但是在实际操作过程中，可游面积通常难以恰如其分地进行界定。③以资源自身的面积计算。适用于各个规划层次，同各专项规划口径一致，其适应性较强。同时，还可以衡量资源分区或集聚区中资源点疏密状况和分区划界的合理程度。

假设某景区某景点的游览空间面积为 X_i 平方米，在不影响游览质量的情况下，平均每位游客占用面积为 Y_i 平方米 / 人，日周转率为 Z_i（日周转率＝每日开放时间 / 游客平均滞留时间），则该景点的日空间容量为：

$$C_i = X_i \times Z_i / Y_i \text{（人）} \quad \text{（公式 13–1）}$$

景区日环境总容量等于各分区（景点）日环境容量之和，即：

$$C = \sum C_i = \sum X_i \times Z_i / Y_i \quad \text{（公式 13–2）}$$

（2）线路法。线路法是指在同一时间内每位游客所必须占有的游览线路长度。这类计算方法主要适用于那些游览空间呈狭长形的资源分区或集聚区，如峡谷型旅游地。同时，即使在相对平坦的旅游景区内，游客也并不是平均分布在可游区域内，而是集中在景区的游览线路上呈线性运动，导致游览线路成为人流最为集中的区域。因此，仅用面积容量法并不能准确地反映旅游资源的接待能力与生态容量。

线路测算法的应用范围与技巧PPT

线路容量的大小主要取决于景区内实际可游览线路的长度、宽度、可行程度或险易程度、线路交通组织方式、沿线景点布置结构等因素。通常，仅简单地以可游览线路的长度、宽度、游客周转率指标进行计算。

假设某景区游览线路总长度为 L 米，游览线路间距标准为 I 米，游客日周转率为 Z，则该景区的日空间容量为：

$$C = L \times Z / I \text{（人）} \quad \text{（公式 13–3）}$$

例题13–1：武夷山天游峰景区容量计算

1. 天游峰顶游览面积 $500m^2$，基本空间标准 $25m^2$/ 人，每日可游时间 12 小时，游人在峰顶平均逗留时间 0.5 小时。用面积法计算武夷山天游峰顶的日极限容量。

$C = X \times Z / Y = 500 \div 25 \times 12 \div 0.5 = 4800$（人次）

2. 天游峰游步道长 1km，价格人均最低占用游道长度为 5m/ 人，每日的开放时间为 12 小时，游人游览该线路平均需要 1 小时。请计算该线路的日极限容量。

$C = L \times Z/I$=1000 ÷ 5 × 12 ÷ 1=2400（人次）

例题13-2：武夷山九曲溪漂流旅游日容量

九曲溪全长 8000m，每张竹筏乘坐 6 人，竹筏与竹筏之间的安全距离为 50m；九曲溪一天开放 6 小时，每次游程 2 小时。按照游人在武夷山平均逗留 3 天计算，那么九曲溪日极限容量是多少？

$C = L \times Z/\mathrm{I}$=8000 ÷ (50/6) × 6 ÷ 2=2880（人次）

试一试：南岳衡山祝融峰，总面积 477 平方米，一天开放 12 小时，每人游览时间取 15 分钟，人均最低空间标准取 $5m^2$。请问该景点极限日容量为多少人次？当基本空间标准取 $8m^2$/ 人时呢？

（3）卡口容量法。卡口容量，即瓶颈容量，主要指旅游景区因交通、景观、空间等因素，限制游客进入旅游资源区参观、游览的“瓶颈”或“卡口”，同时成为生态环境保护与资源永续利用的脆弱点。通常旅游资源保护的核心区或著名的景点周围是人流最集中的地区，在旅游旺季往往形成人流过于集中、负荷过重的局面，从而给资源环境或服务设施造成巨大的压力。比如，敦煌莫高窟为了避免在旅游旺季游客过多，排放的大量二氧化碳会加速壁画、彩塑的褪色，为此景区在旅游旺季增加了参观项目，并设立了旅游接待中心，专门负责预订服务，以控制、分流游客数量。

卡口容量法的应用范围与技巧视频　　卡口容量法的应用范围与技巧PPT

根据上述三种环境容量测算方法，可以综合计算出旅游资源或游览参观点的接待能力。

13.1.3旅游资源开发对旅游环境的影响

旅游资源的开发必然会对地方经济、社会、环境系统产生系列影响，且必然包含以下两大方面的影响。

旅游资源开发对旅游环境的影响视频　　旅游资源开发对旅游环境的影响PPT

13.1.3.1 对旅游环境的积极影响

（1）地方经济环境方面。地方旅游资源的开发，有利于促进地方经济的发展，促进市场的繁荣与稳定，有利于提高政府财政收入和增加社区居民的收入来源渠道。旅游产业的发展，又进一步带动交通运输、工程建筑、制造业、服务业、房地产、金融财政等各行业的发展，以整体上提升地方经济产业结构，促进经济转型升级。

（2）地方社会环境方面。通过旅游资源的开发利用，有利于促进地区间的文化交流，促进地方民族文化的保护和发展，尤其是以传统手工艺、传统演艺、传统服饰装饰及民俗节庆等为代表的非物质文化遗产。同时，旅游资源的开发建设也有利于推动科技的交流和发展；伴随着地方基础设施的完善，也有利于提升社区居民的生活品质。

（3）地方生态环境方面。科学合理的旅游资源开发利用及理性的旅游经营行为，不仅能提升社区居民的环境保护意识，而且能在地方环境卫生设施建设、园林绿化设计等方面改善生态环境。

13.1.3.2 对旅游环境的消极影响

（1）地方经济环境方面。旅游资源的开发管理不当及与地方社区的关系处理、产权处理不妥，均会对地方经济造成较大影响，包括引起地方社区物价飞涨、地方原有特色产业的消失或产业结构的失衡、新的贫富差距及经济产业的脆弱等问题。

（2）地方社会环境方面。旅游资源的开发必然会吸引游客的进入，如果没法有效控制游客量的涌入，则必然会导致社区的拥挤，降低当地居民的物质文化生活质量，影响当地居民的价值标准和道德观念，冲击地方社区民俗文化，甚至使之不正当商品化而失去其既有意义与韵味。

（3）地方生态环境方面。大量游客的涌入以及不正当的设施建设，必然会加快地方生态环境的破坏，如盘山公路的建设等；同时，游客的超载会加重生态环境自我恢复的压力，导致部分生态物种的繁衍受困；游客素质的偏低与管理水平的低下，也可能造成旅游资源的破坏与生态环境的污染加剧。

阅读材料13-1：巴马悲喜剧：沦落的世界长寿之乡

这个隶属广西河池的小县城——巴马，曾经是一个国家级贫困县。由于群山环绕，民风淳朴，景色宜人，多年来长寿老人辈出。据资料显示，巴马每10万人中就有30.98位百岁老。从第2次全国人口普查开始，巴马百岁老人占总人口的比例就位居全国第一，甚至在全世界几大长寿区中都位居榜首。

众多媒体的宣传，让这个昔日低调的小城吸引了全世界的目光。当清幽僻静的县城经历了蜕变之后，巴马开始以"长寿之乡"为主题发展养生旅游。遗憾的是，旅游业的发达在给小城带来金钱的同时，也对环境造成了严重的破坏：数百万游客涌入后，巴马自然环境不堪重负，原住民的生活被严重扰乱，养生资源遭到不可逆转的破坏……著名的长寿之乡似乎陷入了"爬得越高，摔得越重"的窘境。

［引自：罗汉，王牧，邢卫民. 巴马悲喜剧沦落的世界长寿之乡 [J]. 环球人文地理，2013（23），有删改］

13.1.4旅游资源环境容量的调控

13.1.4.1 环境容量调控的原则

首先，保护生态环境的原则。通过环境容量的测算与控制，使得游客量低于景区环境容量的上限，以保证景区的生态环境。其次，保证服务质量的原则。尽量给游客提供更多的游憩机会与空间，以满足不同需求和目的的游客。

13.1.4.2 环境容量调控的措施

首先，可以增加景区游览空间，以分流部分景点过多的客流量。比如，敦煌莫高窟在旅游旺季的时候，通常会将平时不对外开放的北区，以分流游客，减轻南区的压力。其次，提供提前预订服务。很多景区虽然都设置了日最高容量，但是经常会超越这一警戒线，因为游客远道而来，很难将其拒之门外；如果为了保证控制容量而将游客挡在门口，则会给游客的旅途留下较差的印象。因此，景区可以想一个两全其美的办法，即提供多渠道的预订渠道，以保证游客能进入景区游览。最后，建立早期预报系统。对景区内各个资源点的客流情况提前进行预报，以便游客能够提前进行决策。

旅游环境容量的调控PPT

旅游环境容量的调控视频

阅读材料13-2：日接待游客4.1万人次！游人如云的九寨沟该如何进行环境容量的管理

九寨沟作为世界自然遗产地、世界生物圈保护区、国家级风景名胜区、国家级自然保护区、国家地质公园、国家5A级景区，国务院、国土资源部、四川省旅游局、州政府等在不同时期分别批复同意了有关九寨沟旅游环境容量的规划。

九寨沟开放初期，经世界旅游专家测算，并写入《四川省旅游发展总体规划》中的九寨沟的环境容量为5400人/天；2001年，《九寨沟风景名胜区规划》确定日容量为12000人，并执行限量进沟的政策；2012年，《四川九寨沟国家地质公园规划》确定最大日容量为2.8万人；2013年，经过有关研究，确定最大日容量为4.1万人/天，该容量经州政府核定、报省旅游局审核批准后执行至今。

那么，九寨沟景区游人日容量为何能从早期规划的每天5000人跃升至今天4.1万人？除基础设施日臻完善外，其实主要依靠科技进步与管理水平的提高。回顾过去，九寨沟景区主要在以下6方面做出了有效探索。

1. 区域统一管理，科学管控人车

建立了统一领导、统一指挥、统一协调、分级负责、及时应对，规范、科学、高效的旅游高峰保障应急联合指挥体系，全面提高区域内各单位整体应对旅游高峰的能力。利用微信平台建立微信群指挥中心，结合基于RFID的“时空分流”导航管理模型及基于人脸识别技术的人流量视频智能分析系统，科学分流。及时全面地掌握景区内分流、人流的时空分布状况，统一安排，合理调度，高效运营景区内观光车辆，积极主动引导游客按最佳线路进行游览，均衡游客时空分布，大大提高了景区管理运营效能。

2. 建立应急机制，增加管理力量

编制《游客高峰时段旅游景区应对标准（A++标准）》，启动四级应急响应。Ⅰ级（红色），接待量在4万人次以上，抽调职工总数95%到一线（九寨沟风景名胜区管理局在编职工人数约500人）；Ⅱ级（橙色），接待量在3.5万~4万人次，抽调职工总数80%到一线；Ⅲ级（黄色），接待量在3万~3.5万人次，抽调职工总数60%到一线；Ⅳ级（蓝色），接待量在2.5万~3万人次，抽调职工总数50%到一线。

3. 多种手段并举，均衡时空分布

高峰时段采取多种措施，控制和分流游客。规范旅游服务，通过提前售票、错时进沟、分区游览、分时游览、分时就餐、景区交通管制、延长服务时间、增加一线人员、使用微信管理平台、人车在线监控、科学调度、媒体公告等综合性措施，确保旅游服务质量和效率。

4. 构建和谐社区，确保社会容量

九寨沟始终把景区居民视为景区发展的动力而不是阻力，是财富而不是包袱，是管理者而不是被管理者，是保护者而不是破坏者。通过多种措施，如每年从门票收入中按每张提取7元分配给居民、餐厅入股分红、景区自主经营、有限雇用本地人等，保证景区居民的既得利益，处理好了“保景”与“富民”关系。社会容量属于社区居民的心理容量，因游客数量与社区居民直接利益呈正相关，在主观上社会容量是无上限的。

5. 完善环保设施，提升生态容量

沟内修建70公里架空生态栈道，规范了游人路径，避免了对周边植物、土壤的破坏。建立7处保护站，全区Wi-Fi和高强监控覆盖，强化的林政与网格化管理，定期巡山与检测，确保了生态资源真实性和完整性。率先运用免冲环保厕所，所有污物打包外运。修建排污管道，景区污水统一排出沟外处理。景区动态保洁、垃圾日产日清，树立起零垃圾品牌。完善环保设施，大力采用人工环保手段，提升了景区生态容量。

6. 政策严格调控，保证持续发展

九寨沟坚持“保景富民”“保护型发展”思想，执行“沟内游、沟外住”“景区经营活动外迁”“限量进沟”“运行绿色环保观光车”“人车时空分流”“有限雇用本地人”等举措，取得了优良效果。其中，“限量进沟”作为容量管理的主要内容，九寨沟一直高度关注。九寨沟景区每日4.1万人的容量确定，不但来源于公式计算与计算机仿真研究的理论推导，更重要的是来源于景区多年来实际管理经验的总结。多年来的努力实践，推进了景区的可持续发展进程。

（引自：https://mp.weixin.qq.com/s/Y2ub2Ml0LuOAXZ-tfsuY6Q，有删改）

13.2 旅游资源的保护

旅游资源的保护是相对旅游资源的开发利用而言的，是旅游业可持续发展的前提与基础。旅游资源的保护工作，不仅涉及旅游资源本身的保护，而且还涉及其所处经济、政治、社会环境的保护。

13.2.1 旅游资源保护的意义

旅游资源保护的目的和意义PPT　　旅游资源保护的目的和意义视频

13.2.1.1 保护旅游资源有利于促进旅游业的可持续发展

旅游资源是旅游开发的必备条件与基础之一，是构成旅游产品的核心组成。没有高品质的资源，就没有旅游业的生产与发展基础。旅游资源在经过开发包装成为旅游产品时，可能会受到不同程度的影响或破坏，从而降低或失去自然旅游资源的美学特征与观赏性，失去人文旅游资源的历史文物价值与文化内涵，最终降低旅游资源的吸引力与旅游产品的核心竞争力，严重影响旅游资源的“重复使用性”，并进一步影响到地方旅游经济的可持续发展。因此，保护旅游资源、促进其合理有序开发利用，是促进旅游业可持续发展的基础与关键。

13.2.1.2 保护旅游资源有利于改善地方生态环境

自然旅游资源作为自然地理环境的重要组成与精华，是历经亿万年的自然和人类演变过程而得以保存下来的具有旅游价值的珍贵资源。虽然部分自然旅游资源属于再生性资源，但大部分资源系不可再生资源，一旦被破坏，则基本不可恢复。如桂林山水、黄山五岳等极品资源，一旦遭到破坏，数亿年演化遗留的珍贵自然遗产即毁于一旦，从此在地球上消失。自然旅游资源是自然生态环境的重要组成，生态环境更是其生命的载体与依托。因此，保护旅游资源，还有利于生态环境的改善。

13.2.1.3 保护旅游资源有利于传承培育历史文化环境

人文旅游资源是地方旅游资源中最富生命力与吸引力的组成部分。“老祖宗”在与自然世界的交互过程中，创造了宏伟的建筑、文物古迹及地方文化民俗、戏曲等，不仅是重要的旅游资源，其中的精华还以其极高的历史、文化和艺术价值成为珍贵的世界文化遗产。正如历史不可逆转一样，这些“老祖宗”遗留下来的宝贵遗产，一旦被破坏就无法真正恢复，即使通过仿造，也已失去了其真正的内涵与意义。通过旅游资源的保护，即可保护其所处的环境，有利于培育人文旅游环境，传承人文旅游资源的内涵精神。

13.2.2 旅游资源破坏受损的因素

旅游资源破坏受损的因素很多，大致可以分为自然因素和人为因素两种。

旅游资源破坏受损的因素PPT　　旅游资源破坏受损的因素视频

13.2.2.1 自然因素造成的旅游资源破坏

（1）缓慢性破坏。在自然条件下，许多年代久远的历史遗迹因长时间风吹、雨淋、日晒及其所处外部环境和动物的破坏，导致旅游资源本身发生了各种物理、化学变化，使其形态、性状逐渐发生缓慢变化，即为缓慢性风化。比如，鸟类的粪便对雕塑、建筑类旅游资源具有化学分解作用，影响度远远大于工业废气；又如，甘肃的敦煌莫高窟，在环境质量监测中发现有一定含量的二氧化碳和氮氧化合物，而且已检验出对壁画什么有害的硫化氢、臭氧等，导致石窟形成的病害达 10 余种，壁画遭受脱落、起甲、酥碱、烟熏、变色等侵害。20 世纪 70 年代以来，西安大雁塔地基逐渐下沉、塔身向西北方倾斜。1983 年，西安市科委组织有关专家，进行了《大雁塔倾斜及其加固问题的研究》课题论证，10 年的观测、多达 12 万项的数据研究表明，大雁塔塔身倾斜系塔下地面不均匀沉降所致，过量开采地下水，加剧了西安市地面下沉和地面裂缝活动。此外，一些虫害也是造成旅游资源破坏的因素，尤其是白蚁等对古建筑的腐败方面最为明显。

（2）突发性破坏。自然界发生的地震、火山、海啸、山火、台风等自然灾害对旅游资源的破坏力是巨大的。这种破坏在短时间内就会完成，破坏力度大，可能导致整个旅游资源在一夜之间化为乌有。如世界古代七大奇迹之一的罗德岛上的太阳神像即毁于地震；中国历史文化名城云南丽江大研镇的部分建筑于 1994 年地震被毁；夏威夷岛一座有 700 多年历史的名胜古迹瓦吼拉神庙于 1997 年 8 月 12 日被基拉威火山喷发的岩浆淹没；四川李白故居则受损于 2008 年的汶川大地震；九寨沟近 10 处景区景点、20 余处文物受损于 2018 年“8・8 地震”。

13.2.2.2 人为因素造成的旅游资源破坏

与自然因素造成的偶然性、突发性或缓慢性而言，人为因素的破坏则更具多样性与严重性。按破坏产生的根源来分，可分为战争性破坏、建设性破坏、生产性破坏、经营性破坏 4 种。

（1）战争性破坏。战争是对旅游资源最具毁灭性的一种行为。战争的炮火可以在短时间内使物质性旅游资源化为灰烬。从历史上看，我国集中西园林风格于一体的圆明园，被称为“万园之园”，在 1860 年被英法联军纵火烧毁，园中珍宝被洗劫一空，至今仍有大量文物流落国外；2001 年，阿富汗塔利班政权把闻名遐迩的世界文化遗产巴米扬大佛炸毁，引起了全世界人民的愤慨。

阅读材料13-3：傅作义将军对保护北京文物的贡献

傅作义曾说：“如果说我这一生还做了点什么的话，只有始终坚决抗日和北平和平改编这两件事。”1949 年 1 月 22 日，《关于和平解决北平问题的协议》在各大报纸上公布，协议开宗明义的第一句话就代表了傅作义决心和平的初衷：为迅速缩短战争，获致人民公议的和平，保全工商业基础与文物古迹，使国家元气不再受损伤，以促成全国彻底和平之早日实现。

通过这些可以看出，北平的解放傅作义将军是功不可没的，没有他，北京的文物多半会被毁坏。傅作义将军的功劳就是很好地保护了古都北京，保护了中华民族的文物，减少了人民的损伤，为日后的生产生活恢复奠定了很好的基础。

（2）建设性破坏。主要指工程建设、市镇建设和旅游资源开发建设中的规划不当，导致旅游资源遭到破坏，其破坏方式具体包括三类：一是直接拆毁或占用文物古迹。随着我国城市化进程的快速推进，使得各大城市拥有悠久历史的文物古迹遭到重大破坏。如中国的古城墙，除西安等少数地方尚保存较为完好外，其他地区包括北京的大城墙大部分被拆除；又如苏州 61.9% 的古典园林和庭院遭到破坏，西园、济园、五峰园、塔影园、梅园等均已从地图上消失。二是工程建设破坏了景观环境。在风景名胜区内，工程建设的不当导致风景区周围的景观和谐及古建筑的风格已经被破坏殆尽，如杭州西湖四周的现代建筑、沈阳故宫周围的高楼等。三是旅游资源自身开发建设不当引起的破坏。在旅游资源的开发建设过程中，不符合当地生态环境的特征或“画蛇添足”屡见不鲜。受开发者自身文化素养的限制，对旅游资源的文化价值认识不足，造成景点建设中的破坏，如对古建筑修复的不伦不类或盲目采用现代工艺技术、建筑材料等。云南大理在开发中片面考虑古城石板不利于旅游车辆的行驶，将其改为柏油路，使之与古城风貌格格不入。

（3）生产性破坏。生产性破坏是指工农业生产对旅游资源的破坏和对旅游环境的污染。工业生产对旅游资源及其自然生态环境的破坏是相当严重的。如素有“天下佳山水，古今推富春”的富春江，过去碧波荡漾、清澈见底。但是自20世纪90年代的20多年中，受到沿江修建的小化肥厂、小农药厂、小水泥厂与小造纸厂的污染与非法挖沙的影响，其污染日益严重、江水逐渐浑浊。同时，落后的农业生产方式，无计划的过度采石、伐木、取水，对风景旅游资源的破坏不仅严重，而且不可逆转。

阅读材料13-4：《无极》慧眼景色之极圣湖遭遇“劫色”之痛

影片《无极》中那片令人惊艳的高山杜鹃花海，取景于云南省迪庆州香格里拉县深山里的“圣湖”——碧沽天池。但因为这次拍摄，已美丽了百年的花海盛景将难以再现。当剧组把美景定格到银屏上的同时，却给世外仙境般的碧沽天池留下了难以抚平的伤痛。

远远就望见一个铁灰色的巨大“乌龟壳”立在湖池边，这就是被媒体热炒的《无极》外景拍摄基地——海棠金舍。据悉，这座高13米、横跨梁46米的全钢架结构的庞然大物，是剧组请北京一家公司施工建造的。为了达到特殊的拍摄要求，除了造型奇特之外，海棠金舍所有的跨梁设计都需要承受88吨的承重。

但如今，取得巨额票房的《无极》剧组早已胜利“班师”，而他们留给这神奇美景的却只有这座全部由钢筋混凝土和木料搭建成的“怪物”，孤零零地立在湖边显得格外刺眼。拨开积雪，下面能发现大量废弃的木料和水泥袋。更为甚者，原来浑然一体的天池则被一道几十米长的浮桥硬生生地截成两半，浮桥从海棠金舍正前方伸出并一直通向对岸，支撑的钢管插入天池深处，桥上的木板失落了不少，人们已经无法在桥上行走……

（引自：秦晴，王研.《无极》慧眼景色之极，圣湖遭遇“劫色”之痛[EB/OL]. http://news.xinhuanet.com/focus/2006-04/14/content_4406519.htm，2006-4-14）

（4）经营性破坏。除了上述非旅游性破坏因素之外，还有与旅游业经营管理直接相关的破坏性因素，主要表现在两个方面：一是因游客容量过大，加速了自然风化的速度，导致古迹的破坏。虽然我国很多旅游景区在规划设计过程中均设置了景区的生态环境容量，但均受多种因素的影响，无限制地接待游客；二是由于游客自身素质低下而导致环境污染的加剧与资源的破坏。

13.2.3 旅游资源保护的对策与措施

旅游资源的衰败或破坏的因素是多方面的，故相应的对策措施也应是多元化的。在坚持开发与保护和谐原则、群众性保护与专业性保护相结合原则、综合保护与防治结合的原则、依法保护原则的基础上，采取“以防为主、以治为辅、防治结合”的保护措施。虽然，对自然灾害等自然破坏因素不可抗拒，但可采取相应措施减弱其自然风化的程度或降低灾害的破坏程度；针对人为破坏因素，则可通过法律法规、宣传教育、规划设计、经营管理等途径予以杜绝。因此，加强旅游资源与环境的保护，可以从以下几点入手。

旅游资源保护的对策与措施视频　　旅游资源保护的对策与措施PPT

13.2.3.1 健全法律法规体系

虽然我国建立了很多关于资源与环境保护的相关法律、法规，但旅游资源的法律保障还是一个相当薄弱的环节。完善我国旅游资源保护立法应着重做好以下两方面：首先，应在整理现行相关法律法规条文的基础上，制定并不断完善配套的系列法律法规。加快制定《国家公园法》，修改并完善《旅游法》及《自然保护区条例》《风景名胜区条例》《森林公园管理法》《文物保护法》等特别区域保护法，并注重相互之间的协调性。其次，针对自然文化资源的整体性与特殊性，建立、完善、协调、充实有关国家森林公园、风景名胜区、自然保护区、国家重点文物保护单位等保护管理条例、标准和规范，如《景区管理法》《旅游资源保护法》等。各个地方与景区应根据相关法律法规，结合自身实际及时修订、完善地方或景区管理规范。

值得注意的是，在旅游资源的保护与开发上，不能因噎废食，怕破坏就绝对保护，不准利用和开发；或者担心别人破坏，就自己垄断，拒绝他人参与开发和保护的做法都是不可取的。而是应该在对全民进行普法教育和宣传的基础上，加强执法力度。

阅读材料13-5：世遗保护开发须纳入法治化轨道

对于文化遗产，应该始终坚持保护第一。没有科学合理的保护，就谈不上开发利用。申遗成功并不意味着文物保护工作告一段落，所在地应担负起更大的责任将遗产保护好，杜绝利用上的短视行为和开发上的盲目性，使其得到更有效的科学保护和合理利用，让我们民族的历史瑰宝作为“世界遗产”真实、完整地留给子孙后代。虽然目前我国还没有被列入世界濒危遗产名录的项目，但“世遗”保护现状仍不容乐观。对此，一些专家、学者建议，加快世界遗产保护的立法步伐，建立国家遗产保护管理机构，成立保护遗产专家委员会，结束“世遗”项目保护和利用中的政出多门、管理混乱、保护不力、利用低下的局面。同时，按照《世界文化与自然遗产保护公约》有关保护遗产的真实性和完整性要求，整治世界遗产地，正确处理遗产、旅游和地方经济之间的关系。应该说，申遗与旅游开发并不相矛盾，既要从申报程序上保证文化保护的纯粹性，又要从旅游产业发展模式上打破“门票经济”的怪圈，让文化遗产成为旅游的一个环节而非全部。也就是说，加强文化遗产保护，不仅要从体制机制上加以保障，更要从发展方式上予以治理，要像维护生态环境一样，维护好文化遗产。

［引自：吴学安．世遗保护开发须纳入法治化轨道 [N]. 中国旅游报（数字报），2018-11-19（3），有删改］

13.2.3.2 加强旅游资源保护的宣传教育

旅游资源的保护不仅是当地政府的事情，也是游客和居民共同负有的责任。因此，要加大宣传教育力度，提升广大人民的资源环境保护意识。第一，要对当地社区居民加强宣传教育。在当地社区居民中宣传旅游资源与人、与社会经济的关系，让大家认识到旅游资源保护的重要性与资源环境破坏的严重性，甚至可以在学校乡土教育中开设环境保护讲座，让每一个孩子从小就认识到保护环境的重要性。第二，要加强对旅游者的宣传教育。可通过旅游地的各种宣传媒体、旅游指南、旅游宣传册等途径宣传，亦可通过导游人员进行宣传教育。第三，要加强对旅游从业人员的宣传教育。清除人们长期以来认为旅游业是“无烟工业”或“绿色工业”的看法，要在从业人员中树立绿色旅游、低碳旅游的意识，使其自觉成为旅游资源保护的执行者与监护者。第四，要加大对违法、违规者的惩罚力度，使违规违法者受到相对严厉的惩处，使违法违规成本高于其获利成本。

13.2.3.3 加强规划的科学性与权威性

制定可持续发展的旅游资源总体规划设计方案，通过规划对景区内各种旅游活动、服务设施进行合理地布局与建设，加强论证与环境影响评估工作，合理确定旅游资源的环境容量与功能分区，使得区内的生态环境、社会经济效益达到最优化。同时，加强对规划编制后的实施情况监督，确保规划的权威性，以防出现“只规不做”或“规划无用论”等不良现象。应该发动最广大社区居民，来共同参与规划、建设、经营与管理监督，最终实现景区的可持续发展。

13.2.3.4 积极推进政府行政手段

在我国的经济建设中，如何发挥政府的行政干预和调节作用对旅游资源进行保护，是进行旅游资源保护和管理的重要方面。首先，加强研究，发布行政命令、决定或通知。可由旅游环境保护的各个主管部门单独制定、发布，若涉及几个主管部门，则可联合下发。比如，为了加强我国自然保护区、风景名胜区、文物保护单位、森林公园等旅游景点的环境保护工作，国家环保总局、国家旅游局、建设部、林业部、国家文物局于 1995 年联合发出了《关于加强旅游区环境保护工作的通知》。其次，不予以审批、勒令整改或予以关闭一些破坏旅游资源的企业。再次，由旅游、园林、公安、建设、工商、交通、物价、文物等部门，共同对旅游资源进行综合治理。最后，加大对环保质量不达标的企业和对旅游资源破坏的单位和个人的惩罚。

想一想：2018 年 3 月，国务院机构改革方案正式开始实施之后，对积极整合政府资源与行政力量、促进旅游资源与环境的保护有哪些影响或积极作用？

13.2.3.5 大力开展旅游资源保护专项研究和人才培养

鉴于旅游资源类型多、分布广且引起破坏的原因多种多样，故旅游资源的保护涉及诸多学科、多种技术。因此，旅游资源的保护研究是一项重要的科研项目，涉及旅游资源保护政策的制定、旅游资源保护工程的实施、旅游资源保护的技术方法创新等相关研究。与此同时，更需要相应的专业人才的培养，涉及旅游管理、环境保护、文物考古、地质勘探、生物学、化学等相关领域的人才。

13.2.3.6 加快旅游资源的挽救性保护

（1）修复和重建。随着时间的推移，一些文物古迹可能遭到各种破坏，对它们进行抢救性修复可以在一定程度上还原历史，重现历史本来面貌，在坚持“修旧如旧”与“两保持两保存”（保持原来的形制、结构，保存原来的材料、工艺）原则的基础上，以修复为主、重建为辅。

（2）减缓旅游资源的自然风化。旅游资源自然风化的起因是自然界中的光、热、水环境的变化引起的，主要针对历史文物古迹。裸露于地表的旅游资源要完全杜绝自然风化是不可能的，但在一定范围内改变环境条件使之风化过程减缓是完全可能的。比如，将裸露的旅游资源加罩或盖房予以保护。

13.3 可持续发展

13.3.1 可持续发展的内涵与原则

可持续发展理论产生于20世纪80年代后期，其思想实质、核心内容已为世界许多组织和国家所接受，成为许多国家发展的基本理论，并逐步融入各个行业、各个层面。

可持续发展的概念、内涵与原则PPT　　可持续发展的概念、内涵与原则视频

13.3.1.1 可持续发展理论的产生背景

“可持续性”最初应用于林业和渔业，指的是保持林业和渔业资源延续不断的一种管理战略。其实，作为一个概念，我国古代就有“莫涸泽而渔，毁林而猎”的说法，强调自然资源的休养生息，以保证其永续利用。但因为在当时，人们的活动能力有限，自然资源相对丰富，对自然还处在顶礼膜拜、唯唯诺诺的阶段，因此就社区整体而言，经济活动与自然环境的矛盾并不十分突出，人类对自然资源的开发利用也在自然环境的承载容量之内。

但是，通过工业革命，人类铸就了驾驭和征服自然的现代科学技术之剑，从而一跃成为大自然的主宰。可就是在人类为科学技术和经济发展的累累硕果津津乐道之时，人们却发现自己已经不知不觉地步入了自身挖掘的陷阱，臭氧空洞日益扩大、珍稀动植物濒临灭绝及各类自然灾害频发等，人类发现自己在自然面前是如此渺小与脆弱。可持续发展理论正是在环境生态危及人类的生存和发展，传统发展模式严重制约经济发展和社会进步的背景下逐步形成的。

人类对经济及其环境影响关系问题的研究可追溯到20世纪50年代末。1962年，美国海洋生物学家雷切尔·卡逊（Rachel Karson）在潜心研究使用杀虫剂所产生的危害之后，发表了环境保护科普著作《寂静的春天》，其中包含着可持续发展思想的萌芽。1968年，来自世界各国的几十位科学家、教育家和经济学家聚会罗马，成立了以关注、探讨与研究人类面临共同问题为主要目标的非正式国际协会——罗马俱乐部（The Club of Rome），并于1972年发表《增长的极限》，深刻阐明了环境的重要性及

资源与人口之间的基本联系，它所表述的“合理的、持久的均衡发展”为孕育可持续发展的思想发展提供了土壤。同年，联合国人类环境会议在斯德哥尔摩召开，第一次将环境与发展的问题纳入世界各国政府和国际政治的事务议程，并通过了《人类环境宣言》。但作为当代的科学术语，可持续发展的确切定义最早见于《世界自然保护大纲》。1983 年 3 月，联合国成立了以挪威首相布伦特兰夫人（G. H. Brundland）任主席的世界环境与发展委员会（WCED），并于 1987 年提交了《我们共同的未来》，把人们从单纯考虑环境保护引导到把环境保护与人类发展切实结合起来，实现了人类有关环境与发展的重要飞跃。1992 年 6 月，联合国环境与发展大会（UNCED）在巴西里约热内卢召开，会议通过了《里约环境与发展宣言》（又名《地球宪章》和《21 世纪议程》两个纲领性文件），此外各国政府代表还签署了联合国《气候变化框架公约》等国际文件及有关国际公约。可持续发展得到世界最广泛和最高级别的政治承诺，人类对环境与发展的认识提高到了一个崭新的阶段。

阅读材料13-6：电影《后天》的拍摄背景

6500 万年前的冰河世纪，让恐龙全面灭绝；如果新冰河世纪来临，人类会在哪里？电影《后天》为唤起世界对日益严重的温室效应，以及理论上可能引起的新冰河世纪威胁，针对全球著名地标设计了一系列相关冰冻图像，显示气候对人类威胁的急迫性与全面性。由于影片中气候异变是先由海水淹没后因气温急速下降而骤然冰冻，因此包括自由女神、埃菲尔铁塔、伦敦大笨钟都将被冻成冰柱，横向的冰柱突显地球的急速降温与急冻。

注意到温室效应所带来的恐怖后果，《后天》导演罗兰·艾默里奇决心让《后天》成为全球首部完全“碳中和”（carbon-neutral）的 A 级制作：拍片时大量使用的灯光、发电机和燃料，都让温室效应更加严重，我们努力让排放出来的二氧化碳被中和吸收掉来弥补地球。电影《后天》和伦敦的“未来森林”组织（Future Forests）合作，由未来森林计算拍摄这部电影将会制造的二氧化碳总量，然后在加州跟不丹种植森林。不仅如此，导演还出资购买省电灯泡及协助美国低收入家庭实施省电计划，真正做到不加剧温室效应。

最近这几年，不管你在世界的哪个角落，都可以清楚感觉到地球气候异变。大陆冰雹、欧洲水灾、印度热浪、美国一天 16 次龙卷风，这一切让人不禁要问，地球究竟怎么了？世界卫生组织研究指出，温室效应是地球气候异变的元凶。气候暖化使得两极融冰、海水增温、洋流改变，世卫组织表示每年将有 16 万人因温室效应外围影响丧生，2020 年死亡人数更会加倍。海平面上升更造成 2500 万人远离家园，第三世界将因洪水、饥荒、干旱和农作物歉收大举移民，欧洲老年人将死于热浪。

（引自：新浪娱乐 .《后天》背景：冰河世纪的威胁，严重的温室效应 [EB/OL]. http://ent.sina.com.cn/m/f/2004-05-18/1157393037.html，2004-5-18）

13.3.2 旅游可持续发展的原则

旅游可持续发展的原则与实施PPT　　旅游可持续发展的原则与实施视频

13.3.2.1 公平性原则

所谓公平，是指旅游资源系统内各个层面选择的平等性、享受权利与承担义务的对等性。主要包括两个方面：其一是代内之间的横向公平。当今世界的两大主题是和平与发展。发展作为两大主题之一，号召全世界共同发展。而目前世界的现状是两极分化，贫富差距悬殊。在这种情况下，实现全球可持续发展是不可能的，也是不现实的。因此，必须强调给世界各地区人民以公平开发旅游资源、发展旅游业的机会与权利。其二是代际之间的纵向公平。人类赖以生存的自然资源是有限的，当代人不能因为自己的发展与需求而损害后代人满足其发展需求的条件——自然资源、生态环境、历史文化遗产等，要给后人以公平利用旅游资源的权利。

13.3.2.2 持续性原则

可持续发展有着很多的制约因素，其主要限制因素是资源（包括人力资源）和环境。旅游资源及其环境条件是开展旅游业的前提和基础。因此，资源的永续利用和生态环境的可持续性是可持续发展的重要保证。在发展旅游的过程中，任何人都必须以不损害旅游资源及其所处区域的空气、水域、土壤、生物等自然条件为前提，充分考虑资源的临界性，适应资源与环境的承载能力，实现可持续发展。

13.3.2.3 共生性原则

“保护人类共有的地球”“共建共享我们的家园”是包括旅游产业在内的全球可持续发展目标，其所体现的公平、重发展、可持续性原则是全人类均应恪守的共同准则。

13.3.3 旅游业可持续发展的核心内容

《我们共同的未来》认为可持续发展是既满足当代人的需求，又不对后代人满足其需求能力构成危害的发展（Sustainable development is development that meets the needs of the present without compromising the ability of future generations to meet their needs）。其基本思想主要包括以下三个方面。

首先，可持续发展鼓励经济增长。它强调经济增长的必要性，不仅要重视经济增长的数量，更要追求经济增长的质量，改变以往"高投入、高消耗、高污染"的生产模式和消费模式，实施清洁生产和文明消费。

其次，可持续发展的标志是资源的永续利用和良好的生态环境。它要求在严格控制人口增长、提高人口素质和保护环境、资源永续利用的条件下进行经济建设，保证以可持续的方式使用自然资源和环境成本，使人类的发展控制在地球的承载力之内。

最后，可持续发展的目标是谋求社会的全面进步。它认为在人类可持续发展系统中，经济发展是基础，自然生态保护是条件，社会进步才是目的。

当初被誉为"无烟工业"的旅游业，自 19 世纪中叶崛起以来，取得了重大的飞跃，成为全球第一大产业。但是，伴随旅游业的迅速发展，对一些地区环境、生态和社会造成的不良后果是严重的：旅游业在促进社会经济和文化发展的同时，对旅游资源的掠夺性开发、对旅游景区的粗放式管理、对旅游环境的污染、对旅游氛围的破坏、对旅游文明的践踏比比皆是，结果导致旅游的社会经济和文化作用也在减弱。人们逐渐认识到，旅游业并不是天生的"无烟工业"，只有从有效利用资源和环境保护的角度出发，才能使旅游业得到可持续发展，才能使旅游业成为永远的朝阳产业。

旅游可持续发展，是指在充分考虑旅游与自然资源、社会文化、生态环境与旅游产业的相互作用、影响的前提下，把旅游开发控制在环境承受能力之内，努力谋求旅游业与自然、社会文化、人类生存环境协调发展的一种旅游经济发展模式。

旅游业的发展应满足人类可持续发展的多样化、多层次需求，尤其是伴随着现代社会日益恶劣的生态环境，都市居民整天为钢筋水泥的丛林所包围，周围充斥着汽车尾气、噪声，使得人们对清新的空气、碧绿的溪水、有机的生态食品、优美的居住环境及自然景观的追求日益迫切。因此，旅游业的可持续发展必然以满足人类多样化、多层次的需求为根本目的。

阅读材料13-7：文化和旅游部等17部门明确促进乡村旅游可持续发展五项措施

为深入贯彻落实乡村振兴战略规划，推动乡村旅游提质增效，促进乡村旅游可持续发展，加快形成农业农村发展新动能，文化和旅游部、国家发展改革委等17部门于2018年11月15日印发《关于促进乡村旅游可持续发展的指导意见》（以下简称《意见》）。《意见》明确了促进乡村旅游可持续发展的五项措施，包括加强规划引领，优化区域布局，促进乡村旅游区域协同发展；完善基础设施，提升公共服务，改善乡村旅游环境，促进乡村旅游便利化；丰富文化内涵，提升产品品质，丰富乡村旅游产品类型，提高乡村旅游服务管理水平；创建旅游品牌，加大市场营销，培育构建乡村旅游品牌体系，创新乡村旅游营销模式；注重农民受益，助力脱贫攻坚，探索推广发展模式，完善利益联结机制。《意见》还提出了完善财政投入机制、加强用地保障、加强金融支持、加强人才队伍建设等推进乡村旅游可持续发展的保障措施。

中国科学院旅游研究与规划设计中心总规划师宁志中认为，随着我国城镇化水平不断提高，乡村旅游市场规模将持续扩大。我国大约70%的旅游资源分布在乡村，开发潜力巨大。以资源和市场为导向，优化乡村旅游区域布局，将乡村旅游纳入区域社会经济发展规划，促进乡村旅游规模化、集群化发展，对于区域乡村产业振兴具有重要意义。"只有让农民参与其中，并通过乡村旅游发展令其从中受益，乡村旅游的发展才最有价值和意义。"中国旅游研究院副研究员吴丽云认为，《意见》的出台有利于引导实现农民致富、投资者获得合理回报、乡村环境持续美化的共赢格局。

（引自：http://www.xinhuanet.com/politics/2018-12/10/c_1210012595.htm，有修改）

13.4 总结与测试

13.4.1总结

本项目在对旅游资源环境与环境容量概念叙述的基础上，重点阐述了旅游资源环境容量的测算方法与技巧，并提出了旅游资源环境容量调控的对策与措施；同时，阐述了旅游资源保护的意义，深入剖析了旅游资源破坏受损的因素，并提出旅游资源保护的对策与措施；最后在阐述可持续发展的内涵与原则的基础上，提出旅游可持续发展的核心内涵。

13.4.2项目测试

【主要概念】

旅游资源环境、旅游资源环境容量、旅游资源保护、旅游可持续发展

【客观题】

1. 下列哪一项不属于人为破坏因素？（ ）

A. 地震灾害　B. 战争破坏　C. 游客违规照相　D. 非专业修复

2. 旅游资源的保护应做到（ ）。

A. 以治为主　B. 以防为主　C. 限制利用为主　D. 绝对保护

【简答题】

1. 旅游资源环境建设的对策措施是什么？

2. 旅游资源保护的意义是什么？

3. 旅游资源保护的宣传教育手段有哪些？

【分析题】

1. 全面分析考察杭州西溪国家湿地公园旅游资源及其旅游环境特征，并选择恰当的方法测算其环境容量。

2. 分析旅游资源遭到破坏的主要原因。哪些原因是通过人为努力可以改变的？

【应用题】

1. 考察当地一个旅游景区，了解其旅游资源保护与开发现状，并从旅游资源保护的角度出发拟订一份《游客游览须知》。

2. 2013 年 10 月 2 日，九寨沟景区发生大规模游客滞留事件。因不满长时间候车，部分游客围堵景区接送车辆，导致上下山通道陷入瘫痪。滞留多个小时的游客纷纷抱怨拥堵是管理不当所致，而景区方面则回应称，拥堵原因是少部分游客因不听劝阻，拦车阻碍交通。事实上，除了九寨沟，此次“黄金周”在北京故宫、杭州西湖等著名旅游景区，均出现了不同程度接待人数超载问题。请结合材料及所学知识说明“九寨沟滞留事件”带来了哪些不利影响，为避免类似事件发生可采取哪些措施。

3. 2018 年 6 月 13 日凌晨，几辆挖机在浏阳城南的浦梓巷轰鸣，浏阳市荷花办事处领导率同开发商，对已有 480 多年历史的戊戌六君子之一的谭嗣同祖祠实行强拆。你如何看待这个问题？

附 录

附录1：旅游资源分类、调查与评价（GB/T 18972—2017）

旅游资源分类、调查与评价

前言

本标准按照 GB/T 1.1—2009 给出的规划起草。

本标准代替 GB/T 18972—2003《旅游资源分类、调查与评价》。

本标准与 GB/T 18972—2003 相比，除编辑性修改外主要技术差异如下：

——旅游资源分类表做了继承性修编，分类层次和类型进行了简化（见第 4 章，2003 年版的 4.3）；

——旅游资源主类的排序和名称做了调整，将原主类的第五类“遗址遗迹”和原主类的第六类“建筑与设施”“前后移位”，分别改为第六类和五类；“水域风光”“遗址遗迹”“旅游商品”分别修改为“水域景观”“历史遗迹”“旅游购品”（见第 4 章，2003 年版的 4.3）；

——旅游资源亚类设置了 23 个，比原亚类总数减少了 8 个，主要改变为取消重复类型、同类归并、名称也随之做了相应调整（见第 4 章，2003 年版的 4.3）；

——旅游资源基本类型设置了 110 个，比原基本类型总数减少了 45 个，主要改变为同类归并，科学吸纳和整合相关物质和非物质遗产类资源，名称也随之做了相应调整（见第 4 章，2003 年版的 4.3）。

本标准由国家旅游局提出。

本标准由全国旅游标准化技术委员会（SAC/TC 210）归口。

本标准起草单位：国家旅游局规划财务司、中国科学院地理科学与资源研究所。

本标准主要起草人：彭德成、张树民、方言、尹泽生、陈田、牛亚菲、钟林生、何燕、虞虎、张飞。

本标准所代替标准的历次版本发布情况为：

——GB/T 18972—2003。

引言

旅游资源是旅游业发展的基础。我国旅游资源非常丰富，具有广阔的开发前景，在旅游研究、区域开发、资源保护等各方面应用广泛。

本标准充分考虑了 GB/T 18972—2003 颁布以来，旅游界对旅游资源的含义、价值、应用等多方面的研究和实践成果，重点对旅游资源的类型划分进行了修订，使标准更加突出实际操作、突出资源与市场的有机对接以及对旅游资源及其开发利用的综合评价，更加适用于旅游资源开发与保护、旅游规划与项目建设、旅游行业管理与旅游法规建设、旅游资源信息管理与开发利用等方面的工作。

1 范围

本标准规定了旅游资源分类、旅游资源调查、旅游资源评价和提交文（图）件。

本标准适用于旅游资源开发其他行业和部门也可参考。

2 规范性引用文件

下列文件对于本文件的应用是必不可少的。凡是注日期的引用文件，仅注日期的版本适用于本文件。凡是不注日期的引用文件。其最新版本（包括所有的修改单）适用于本文件。

GB/T 2260 中华人民共和国行政区代码

3 术语和定义

下列术语和定义适用于本文件。

3.1 旅游资源 tourism resources

自然界和人类社会凡能对旅游者产生吸引力，可以为旅游业开发利用，并可产生经济效益、社会效益和环境效益的各种事物和现象。

3.2 旅游资源基本类型 fundamental type of tourism resources

按照旅游资源分类标准所划分出的基本单位。

3.3 旅游资源单体 object of tourism resources

可作为独立观赏或利用的旅游资源基本类型的单独个体，包括“独立型旅游资源单体”和由同一类型的独立单体结合在一起的“集合型旅游资源单体”。

3.4 旅游资源调查 investigation of tourism resources

按照旅游资源分类标准，对旅游资源单体进行的研究和记录。

3.5 旅游资源共有因子评价 community factor evaluation of tourism resources

按照旅游资源基本类型所共同拥有的因子对旅游资源单体进行的价值和程度评价。

4 旅游资源分类

4.1 分类原则

依据旅游资源的现状，即现存状况、形态、特性、特征划分。

4.2 分类对象

分为两类：

a）稳定的、客观存在的实体旅游资源；

b）不稳定的、客观存在的事物和现象。

4.3 分类结构

分为“主类”“亚类”“基本类型”3 个层次，每个层次的旅游资源类型有相应的英文字母代号，旅游资源基本类型分类表见附录 A。

5 旅游资源调查

5.1 基本要求

5.1.1 应保证成果质量，强调整个运作过程的科学性、客观件、准确性，做到内容简洁和量化。

5.1.2 应充分利用与旅游资源有关的各种资料和研究成果，完成统计、填表和编写调查文件等工作。调查方式以收集、分析、转化、利用这些资料和研究成果为主，并逐个对旅游资源单体进行现场调查核实，包括访问、实地观察、测试、记录、绘图、摄影，必要时进行采样和室内分析。

5.1.3 旅游资源调查分为“旅游资源详查”和“旅游资源概查”两个档次，其调查方式和精度要求不同。

5.2 旅游资源详查

5.2.1 适合范围和要求

5.2.1.1 适用于了解和掌握整个区域旅游资源全面情况的旅游资源调查。

5.2.1.2 应完成全部旅游资源调查程序，包括调查准备、实地调查。

5.2.1.3 应对全部旅游资源单体进行调查，提交全部“旅游资源单体调查表”。

5.2.2 调查准备

5.2.2.1 调查组成员应具备与该调查区旅游环境、旅游资源、旅游开发有关的专业知识。一般应吸收旅游、环境保护、地学、生物学、建筑园林、历史文化等方面的专业人员参与。

5.2.2.2 根据本标准的要求，进行技术培训。

5.2.2.3 准备实地调查所需的设备，如定位仪器、简易测量仪器、影像设备等。

5.2.2.4 准备多份“旅游资源单体调查表”。

5.2.3 资料收集范围

5.2.3.1 与旅游资源单体及其赋存环境有关的各类文字描述资料，包括地方志、乡土教材、旅游区与旅游点介绍、规划与专题报告等。

5.2.3.2 与旅游资源调查区有关的各类图形资料，重点是反映旅游环境与旅游资源的专题地图。

5.2.3.3 与旅游资源调查区和旅游资源单体有关的各种照片、影像资料。

5.2.4 实地调查程序和方法

5.2.4.1 确定调查区内的调查小区和调查线路：

a）可将整个调查区分为“调查小区”。调查小区一般按行政区划分（如省级一级的调查区可将地区一级的行政区划分为调查小区；地区一级的调查区，可将县级一级的行政区划分为调查小区；县级一级的调查区可将乡镇一级的行政区划分为调查小区），也可按现有或规划中的旅游区域划分。

b）调查线路按实际要求设置，应贯穿调查区内所有调查小区和主要旅游资源单体所在的地点。

5.2.4.2 选定调查对象：

a）宜选定下述单体进行重点调查：具有旅游开发前景，有明显经济、社会、文化价值的旅游资源单体；集合型旅游资源单体中具有代表性的部分；代表调查区形象的旅游资源单体；

b）对下列旅游资源单体暂时不宜进行调查：明显品位较低，不具有开发利用价值的；与国家现行法律、法规相违背的；开发后有损于社会形象的或可能造成环境问题的；影响国计民生的；某些位于特定区域内的。

5.2.4.3 填写《旅游资源单体调查表》

应对每一调查单体分别填写一份《旅游资源单体调查表》（见附录 B）。

5.3 旅游资源概查

5.3.1 适用范围和要求

5.3.1.1 适用于了解和掌握特定区域或专门类型的旅游资源调查。

5.3.1.2 应对涉及的旅游资源单体进行调查。

5.3.2 调查技术要点

5.3.2.1 参照 5.2 的要求。

5.3.2.2 简化工作程序。如不需要成立调查组，调查人员应由其参与的项目组织协调委派；资料收集限定在与专门目的所需要的范围；可不填写或择要填写“旅游资源单体调查表”。

6 旅游资源评价

6.1 总体要求

6.1.1 应按照本标准的旅游资源分类体系对旅游资源单体进行评价。

6.1.2 应采用打分评价方法。

6.1.3 评价应由调查组完成。

6.2 评价体系

6.2.1 根据“旅游资源共有因子综合评价系统”赋分。

6.2.2 本系统设“评价项目”和“评价因子”两个档次。

6.2.3 评价项目为“资源要素价值”“资源影响力”“附加值”。

6.3 计分方法

6.3.1 基本分值

6.3.1.1 旅游资源评价项目和评价因子用量值表示（见表 1）。资源要素价值和资源影响力总分值为 100 分。

6.3.1.2 “附加值”中“环境保护与环境安全”，分正分和负分。

6.3.1.3 每一评价因子分为 4 个档次，其因子分值相应分为 4 档。

表1　旅游资源评价赋分标准

评价项目	评价因子	评价依据	赋值范围
资源影响力（15分）	观赏游憩使用价值（30分）	全部或其中一项具有极高的观赏价值、游憩价值、使用价值	30~22
		全部或其中一项具有很高的观赏价值、游憩价值、使用价值	21~13
		全部或其中一项具有较高的观赏价值、游憩价值、使用价值	12~6
		全部或其中一项具有一般观赏价值、游憩价值、使用价值	5~1
	历史文化科学艺术价值（25分）	同时或其中一项具有世界意义的历史价值、文化价值、科学价值、艺术价值	25~20
		同时或其中一项具有全国意义的历史价值、文化价值、科学价值、艺术价值	19~13
		同时或其中一项具有省级意义的历史价值、文化价值、科学价值、艺术价值	12~6
		历史价值、或文化价值、或科学价值，或艺术价值具有地区意义	5~1

评价项目	评价因子	评价依据	赋值范围
资源影响力（15分）	珍稀奇特程度（15分）	有大量珍稀物种，或景观异常奇特，或此类现象在其他地区罕见	15~13
		有较多珍稀物种，或景观奇特，或此类现象在其他地区很少见	12~9
		有少量珍稀物种，或景观突出，或此类现象在其他地区少见	8~4
		有个别珍稀物种，或景观比较突出，或此类现象在其他地区较多见	3~1
	规模、丰度与几率（10分）	独立型旅游资源单体规模、体量巨大；集合型旅游资源单体结构完美、疏密度优良级；自然景象和人文活动周期性发生或频率极高	10~8
		独立型旅游资源单体规模、体量较大；集合型旅游资源单体结构很和谐、疏密度良好；自然景象和人文活动周期性发生或频率很高	7~5
资源影响力（15分）	规模、丰度与几率（10分）	独立型旅游资源单体规模、体量中等；集合型旅游资源单体结构和谐、疏密度较好；自然景象和人文活动周期性发生或频率较高	4~3
		独立型旅游资源单体规模、体量较小；集合型旅游资源单体结构较和谐、疏密度一般；自然景象和人文活动周期性发生或频率较小	2~1
	完整性（5分）	形态与结构保持完整	5~4
		形态与结构有少量变化，但不明显	3
		形态与结构有明显变化	2
		形态与结构有重大变化	1
	知名度和影响力（10分）	在世界范围内知名，或构成世界承认的名牌	10~8
		在全国范围内知名，或构成全国性的名牌	7~5
		在本省范围内知名，或构成省内的名牌	4~3
		在本地区范围内知名，或构成本地区名牌	2~1
	适游期或使用范围（5分）	适宜游览的日期每年超过300天，或适宜于所有游客使用和参与	5~4
		适宜游览的日期每年超过250天，或适宜于80%左右游客使用和参与	3
		适宜游览的日期超过150天，或适宜于60%左右游客使用和参与	2
		适宜游览的日期每年超过100天，或适宜于40%左右游客使用和参与	1
附加值	环境保护与环境安全	已受到严重污染，或存在严重安全隐患	−5
		已受到中度污染，或存在明显安全隐患	−4

<table>
<tr><th>评价项目</th><th>评价因子</th><th>评价依据</th><th>赋值范围</th></tr>
<tr><td rowspan="2">附加值</td><td rowspan="2">环境保护与环境安全</td><td>已受到轻度污染，或存在一定安全隐患</td><td>–3</td></tr>
<tr><td>已有工程保护措施，环境安全得到保证</td><td>3</td></tr>
<tr><td colspan="4">注:“资源要素价值”项目中含“观赏游憩使用价值”“历史文化科学艺术价值”“珍稀奇特程度”“规模、丰度与几率”“完整性”5项评价因子。“资源影响力”项目中含“知名度和影响力”“适游期或使用范围”2项评价因子。“附加值”含“环境保护与环境安全”1项评价因子。</td></tr>
</table>

6.3.2 计分与等级划分

6.3.2.1 根据对旅游资源单体的评价，得出该单体旅游资源共有综合因子评价赋分值（见表 2）。

6.3.2.2 依据旅游资源单体评价总分，将旅游资源评价划分为五个等级。

6.3.2.3 未获等级旅游资源得分小于或等于 29 分。

表2 旅游资源评价等级与图例

<table>
<tr><th>旅游资源等级</th><th>得分区间</th><th>图例</th><th>使用说明</th></tr>
<tr><td>五级旅游资源</td><td>≥90分</td><td>★</td><td rowspan="5">1. 图例大小根据图面大小而定，形状不变；
2. 自然旅游资源（表A.1中主类A、B、C、D）使用蓝色图例；人文旅游资源（表A.1中主类E、F、G、H）使用红色图例。</td></tr>
<tr><td>四级旅游资源</td><td>75~89分</td><td>■</td></tr>
<tr><td>三级旅游资源</td><td>60~74分</td><td>◆</td></tr>
<tr><td>二级旅游资源</td><td>45~59分</td><td>▲</td></tr>
<tr><td>一级旅游资源</td><td>30~44分</td><td>●</td></tr>
<tr><td colspan="4">注：五级旅游资源称为“特品级旅游资源”；五级、四级、三级旅游资源通称为“优良级旅游资源”；二级、一级旅游资源通称为“普通级旅游资源”。</td></tr>
</table>

7 提交文（图）件

7.1 文（图）件内容和编写要求

7.1.1 全部文（图）件应包括《旅游资源调查区实际资料表》《旅游资源图》《旅游资源调查报告》。

7.1.2 旅游资源详查和旅游资源概查的文（图）件类型和精度不同，旅游资源详查应完成全部文（图）件，包括填写《旅游资源调查区实际资料表》，编绘《旅游资源地图》，编写《旅游资源调查报告》。旅游资源概查应编绘《旅游资源地图》，其他文件应根据需要选择编写。

7.2 文（图）件产生方式

7.2.1《旅游资源调查区实际资料表》的填写

7.2.1.1 调查区旅游资源调查、评价结束后，应由调查组填写。

7.2.1.2 按照附录 C 规定的栏目填写，栏目内容包括：

a）调查区基本资料；

b）各层次旅游资源数量统计；

c）各主类、亚类旅游资源基本类型数量统计；

d）各级旅游资源单体数量统计；

e）优良级旅游资源单体名录；

f）调查组主要成员；

g）主要技术存档材料。

7.2.1.3《旅游资源调查区实际资料表》同样适用于调查小区实际资料的填写。

7.2.2《旅游资源图》的编绘

7.2.2.1《旅游资源图》分“旅游资源图”和“优良级旅游资源图”

7.2.2.2“旅游资源图”，表现五级、四级、三级、二级、一级旅游资源单体。

7.2.2.3“优良级旅游资源图”，表现五级、四级、三级旅游资源单体。

7.2.2.4 编绘程序与方法

7.2.2.4.1 准备等高线地形图和调查区政区地图等作底图：

a）等高线地形图：比例尺视调查区的面积大小而定，较大面积的调查区为（1 : 50000）~（1 : 200 000），较小面积的调查区为（1 : 5000）~（1 : 25000），特殊情况下为更大比例尺；

b）调查区政区地图。

7.2.2.4.2 在工作底图的实际位置上标注旅游资源单体（部分集合型单体可将范围绘出）。各级旅游资源应用表 2 中的图例。

7.2.2.4.3 单体符号一侧加注旅游资源单体代号或单体序号。

7.2.3《旅游资源调查报告》的编写

各调查区编写的旅游资源调查报告，基本篇目如下：

A）前言

B）第一章 调查区旅游环境；

C）第二章 旅游资源开发历史和现状；

D）第三章 旅游资源基本类型；

E）第四章 旅游资源评价；

F）第五章 旅游资源保护与开发建议；

G）主要参考文献；

H）附图：《旅游资源图》或《优良级旅游资源图》。

附录A（规范性附录）：旅游资源基本类型释义

基本类型释义见表A.1。

表A.1 旅游资源基本类型释义

主类	亚类	基本类型	简要说明
A地文景观	AA自景观综合体	AAA山丘型景观	山地丘陵内可供观光游览的整体景观或个别景观
		AAB台地型景观	山地边缘或山间台状可供观光游览的整体景观或个别景观
		AAC沟谷型景观	沟谷内可供观光游览的整体景观或个体景观
		AAD滩地型景观	缓平滩地内可供观光游览的整体景观或个别景观
	AB地质与构造形迹	ABA断裂景观	地层断裂在地表面形成的景观
		ABB褶曲景观	地层在各种内力作用下形成的扭曲变形
		ABC地层剖面	地层中具有科学意义的典型剖面
		ABD生物化石点	保存在地层中的地质时期的生物遗体、遗骸及活动遗迹的发掘地点
A地文景观	AC地表形态	ACA台丘状地景	台地和丘陵形状的地貌景观
		ACB峰柱状地景	在山地、丘陵或平地上突起的峰状石体
		ACC垄岗状地景	构造形迹的控制下长期受溶蚀作用形成的岩溶地貌
		ACD沟壑与洞穴	由内营力塑造或外营力侵蚀形成的沟谷、劣地，以及位于基岩内和岩石表面的天然洞穴
		ACE奇特与象形山石	形状奇异、拟人状物的山体或石体
		ACF岩土圈灾变遗迹	岩石圈自然灾害变动所留下的表面痕迹
	AD自然标记与自然现象	ADA奇异自然现象	发生在:地表一般还没有合理解释的自然界奇特现象
		ADB自然标志地	标志特殊地理、自然区域的地点
		ADC垂直自然带	山地自然景观及其自然要素（主要是地貌、气候、植被、土壤）随海拔呈递变规律的现象
B水域景观	BA河系	BAA游憩河段	可供观光游览的河流段落
		BAB瀑布	河水在流经断层、凹陷等地区时垂直从高空跌落的跌水
		BAC古河道段落	已经消失的历史河道现存段落

主类	亚类	基本类型	简要说明
B水域景观	BB湖沼	BBA游憩湖区	湖泊水体的观光游览区与段落
		BBB潭池	四周有岸的小片水域
		BBC湿地	天然或人工形成的沼泽地等带有静止或流动水体的成片浅水区
	BC地下水	BCA泉	地下水的天然露头
		BCB埋藏水体	埋藏丁地下的温度适宜、具有矿物元素的地下热水、热汽
	BD冰雪地	BDA积雪地	长时间不断融化的降雪堆积面
		BDB现代冰川	现代冰川存留区域
	BE海面	BEA游憩海域	可供观光游憩的海上区域
		BEB涌潮与击浪现象	海水大潮时潮水涌进景象，以及海浪推进时的击岸现象
		BEC小型岛礁	出现在江海中的小型明礁或暗礁
C生物景观	CA植被景观	CAA林地	生长在一起的大片树木组成的植物群体
		CAB独树与丛树	单株或生长在一起的小片树林组成的植物群体
		CAC草地	以多年生草本植物或小半灌木组成的植物群落构成的地区
		CAD花卉地	一种或多种花卉组成的群体
	CB野生动物栖息地	CBA水生动物栖息地	一种或多种水生动物常年或季节性栖息的地方
		CBB陆地动物栖息地	一种或多种陆地野生哺乳动物、两栖动物、爬行动物等常年或季节性栖息的地方
		CBC鸟类栖息地	一种或多种鸟类常年或季节性栖息的地方
		CBD蝶类栖息地	一种或多种蝶类常年或季节性栖息的地方
D天象与气候景观	DA天象景观	DAA太空景象观赏地	观察各种日、月、星辰、极光等太空现象的地方
		DAB地表光现象	发生在地面上的天然或人工光现象
	DB天气与气候现象	DBA云雾多发区	云雾及雾凇、雨凇出现频率较高的地方
		DBB极端与特殊气候显示地	易出现极端与特殊气候的地区或地点，如风区、雨区、热区、寒区、旱区等典型地点
		DBC物候景象	各种植物的发芽、展叶、开花、结实、叶变色、落叶等季变现象
E建筑与设施	EA人文景观综合体	EAA 社会与商贸活动场所	进行社会交往活动、商业贸易活动的场所
		EAB军事遗址与古战场	古时用于战事的场所、建筑物和设施遗存
		EAC教学科研实验场所	各类学校和教育单位、开展科学研究的机构和从事工程技术试验 场所的观光、研究、实习的地方

主类	亚类	基本类型	简要说明
E建筑与设施	EA人文景观综合体	EAD建设工程与生产地	经济开发工程和实体单位，如工厂、矿区、农田、牧场、林场、茶园、养殖场、加工企业以及各类生产部门的生产区域和生产线
		EAE文化活动场所	进行文化活动、展览、科学技术普及的场所
		EAF康体游乐休闲度假地	具有康乐、健身、休闲、疗养、度假条件的地方
		EAG宗教与祭祀活动场所	进行宗教、祭祀、礼仪活动场所的地方
		EAH交通运输场站	用于运输通行的地面场站等
		EAI纪念地与纪念活动场所	为纪念故人或开展各种宗教祭祀、礼仪活动的馆室或场地
	EB实用建筑与核心设施	EBA特色街区	反映某一时代建筑风貌，或经营专门特色商品和商业服务的街道
		EBB特性屋舍	具有观赏游览功能的房屋
		EBC独立厅、室、馆	具有观赏游览功能的景观建筑
		EBD独立场、所	具有观赏游览功能的文化、体育场馆等空间场所
		EBE桥梁	跨越河流、山谷、障碍物或其他交通线而修建的架空通道
		EBF渠道、运河段落	正在运行的人工开凿的水道段落
		EBG堤坝段落	防水、挡水的构筑物段落
		EBH港口、渡口与码头	位于江、河、湖、海沿岸进行航运、过渡、商贸、渔业活动的地方
		EBI洞窟	由水的溶蚀、侵蚀和风蚀作用形成的可进人的地下空洞
		EBJ陵墓	帝王、诸侯陵寝及领袖先烈的坟墓
		EBK景观农田	具有一定观赏游览功能的农田
		EBL景观牧场	具有一定观赏游览功能的牧场
		EBM景观林场	具有一定观赏游览功能的林场
		EBN景观养殖场	具有一定观赏、游览功能的养殖场
		EBO特色店铺	具有一定观光游览功能的店铺
		EBP特色市场	具有一定观光游览功能的市场
	EC景观与小品建筑	ECA形象标志物	能反映某处旅游形象的标志物
		ECB观景点	用于景观观赏的场所
		ECC亭、台、楼、阁	供游客休息、乘凉或观景用的建筑

主类	亚类	基本类型	简要说明
E建筑与设施	EC景观与小品建筑	ECD书画作	具有一定知名度的书画作品
		ECE雕塑	用于美化或纪念而雕刻塑造、具有一定寓意、象征或象形的观赏物和纪念物
		ECF碑碣、碑林、经幢	雕刻记录文字、经文的群体刻石或多角形石柱
		ECG牌坊牌楼、影壁	为表彰功勋、科第、德政以及忠孝节义所立的建筑物以及中国传统建筑中用于遮挡视线的墙壁
		ECH门廊、廊道	门头廓形装饰物，不同于两侧基质的狭长地带
		ECI塔形建筑	具有纪念、镇物、标明风水和某些实用目的的直立建筑物
		ECJ景观步道、甬路	用于观光游览行走而砌成的小路
		ECK花草坪	天然或人造的种满花草的地面
		ECL水井	用于生活、灌溉用的取水设施
		ECM喷泉	人造的由地下喷射水至地面的喷水设备
		ECN堆石	由石头堆砌或填筑形成的景观
F历史遗迹	FA物质类文化遗存	FAA建筑遗迹	具有地方风格和历史色彩的历史建筑遗存
		FAB可移动文物	历史上各时代重要实物、艺术品、文献、手稿、图书资料、代表性实物等，分为珍贵文物和一般文物
	FB非物质类文化遗存	FBA民间文学艺术	民间对社会生活进行形象的概括而创作的文学艺术作品
		FBB地方习俗	社会文化中长期形成的风尚、礼节、习惯及禁忌等
		FBC传统服饰装饰	具有地方和民族特色的衣饰
		FBD传统演艺	民间各种传统表演方式
		FBE传统医药	当地传统留存的医药制品和治疗方式
		FBF传统体育赛事	当地定期举行的体育比赛活动
G旅游购品	GA农业产品	GAA种植业产品及制品	具有跨地区声望的当地生产的种植业产品及制品
		GAB林业产品与制品	具有跨地区声望的当地生产的林业产品及制品
		GAC畜牧业产品与制品	具有跨地区声望的当地生产的畜牧产品及制品
		GAD水产品及制品	具有跨地区声望的当地生产的水产品及制品
		GAE养殖产品与制品	具有跨地区声望的养殖业产品及制品
	GB工业产品	GBA日用工业品	具有跨地区声望的当地生产的日用工业品
		GBB旅游装备产品	具有跨地区声望的当地生产的户外旅游装备和物品

主类	亚类	基本类型	简要说明
G旅游购品	GC手工工业品	GCA文房用品	文房书斋的主要文具
		GCB织品、染织	纺织及用染色印花织物
		GCC家具	生活、工作或社会实践中供人们坐、卧或支撑与贮存物品的器具
		GCD陶瓷	由瓷石、高岭土、石英石、莫来石等烧制而成，外表施有玻璃质釉或彩绘的物器
		GCE金石雕刻、雕塑制品	用金属、石料或木头等材料雕刻的工艺品
		GCF金石器	用金属、石料制成的具有观赏价值的器物
		GCG 纸艺与灯艺	以纸材质和灯饰材料为主要材料制成的平面或立体的艺术品
		GCH画作	具有一定观赏价值的手工画成作品
H人文活动	HA人事活动记录	HAA地方人事	当地历史和现代名人
		HAB地方事件	当地发生过的历史和现代事件
	HB岁时节令	HBA宗教活动与庙会	宗教信徒举办的礼仪活动，以及节日或规定日子里在寺庙附近或既定地点举办的聚会
		HBB农时节日	当地与农业生产息息相关的传统节日
		HBC现代节庆	当地定期或不定期的文化、商贸、体育活动等
8	23	110	

注：如果发现本分类没有包括的基本类型时，使用者可自行增加，增加的基本类型可归入相应亚类，置于最后，最多可增加两个。编号方式为：增加第一个基本类型时，该亚类2位汉语拼音字母+Z、增加第2个基本类型时，该亚类2位汉语拼音字母+Y。

附录B（规范性附录）：旅游资源单体调查表格式

旅游资源单体调查表格式见表B.1。

表B.1 （单体序号 单体名称）旅游资源单体调查表

基本类型：

代号	；其他代号：① ②
行政位置	
地理位置	东经° ′ ″，北纬° ′ ″

性质与特征（单体性质、形态、结构、组成成分的外在表现和内在因素，以及单体生成过程、演化历史、人事影响等主要环境因素）

旅游区域及进出条件（单体所在地区的具体部位、进出交通、与周边旅游集散地和主要旅游区之间关系）

保护与开发现状（单体保存现状、保护措施、开发情况）

共有因子评价问题（你认为本单体属于下列评价项目中的那个档次，应该得多少分，在最后一列写上分数）

评价项目	档次	本档次规定得分	你认为应得的分数
单体为游客提供的观赏价值、休憩价值或使用价值	全部或其中一项具有极高的观赏价值、游憩价值、使用价值	30~22	
	全部或其中一项具有极高的观赏价值、游憩价值、使用价值	21~13	
	全部或其中一项具有极高的观赏价值、游憩价值、使用价值	12~6	
	全部或其中一项具有极高的观赏价值、游憩价值、使用价值	5~1	
单体蕴含的历史价值、文化价值、科学价值或艺术价值	同时或其中一项具有世界意义的历史价值、文化价值、科学价值、艺术价值	25~20	
	同时或其中一项具有全国意义的历史价值、文化价值、科学价值、艺术价值	19~23	
	同时或其中一项具有省级意义的历史价值、文化价值、科学价值、艺术价值	12~6	
	历史价值、文化价值、科学价值或艺术价值具有地区意义	5~1	

物种珍惜性、景观奇特性、现象普遍性在各地的常见性	有大量珍稀物种或景观异常奇特或此类现象在其他地区罕见	15~13	
	有较多珍稀物种或景观异常奇特或此类现象在其他地区少见	12~9	
	有少量珍稀物种或景观异常奇特或此类现象在其他地区少见	8~4	
	有个别珍稀物种或景观异常奇特或此类现象在其他地区较多见	3~1	
个体规模大小、群体结构丰满性和疏密度、现象常见性	独立型单体规模、体量巨大；组合型旅游资源单体结构完美、疏密度优良级；自然景象和人文活动周期性发生或频率极高	10~8	
	独立型单体规模、体量较大；组合型旅游资源单体结构和谐、疏密度良好；自然景象和人文活动周期性发生或频率很高	7~5	
	独立型单体规模、体量中等；组合型旅游资源单体结构和谐、疏密度较好；自然景象和人文活动周期性发生或频率较高	4~3	
	独立型单体规模、体量较小；组合型旅游资源单体结构和谐、疏密度一般；自然景象和人文活动周期性发生或频率较小	21	
自然或人为干扰和破坏情况、保存完整情况	保持原来形态和结构	5~4	
	形态和结构有少量变化，但不明显	3	
	形态和结构有明显变化	2	
	形态和结构有重大变化	1	
知名度和品牌度	在世界范围内知名或构成世界承认的名牌	10~8	
	在全国范围内知名或构成全国性的名牌	7~5	
	在本省范围内知名或构成省内的名牌	4~3	
	在本地区范围内知名或构成本地区的名牌	2~1	
适游时间或服务游客情况	适宜游览的日期每年超过300天或适宜于所有游客使用和参与	5~4	
	适宜游览的日期每年超过250天或适宜于80%左右游客使用和参与	3	
	适宜游览的日期每年超过150天或适宜于60%左右游客使用和参与	2	
	适宜游览的日期每年超过100天或适宜于40%左右游客使用和参与	1	
受污染情况，环境条件及保护措施	已受到严重污染，或存在严重安全隐患	−5	
	已受到重度污染，或存在明显安全隐患	−4	
	已受到轻度污染，或存在一定安全隐患	−3	
	已有工程保护措施，环境安全得到保证	3	

本单体得分		本单体可能的等级		填表人		调查日期	年 月 日

注 1: 单体序号：由调查组确定的旅游资源单体顺序号码。

注 2: 单体名称：旅游资源单体的常用名称。

注 3:“代号”项：代号用汉语拼音字母和阿拉伯数字表示，即“表示单体所处位置的汉语拼音字母—表示单体所属类型的汉语拼音字母—表示单体在调查区内次序的阿拉伯数字”。

如果单体所处的调查区是县级和县级以上行政区，则单体代号按“国家标准行政代码（省代号 2 位—地区代号 3 位—县代号 3 位，参见 GB/T 2260)—旅游资源基本类型代号 3 位—旅游资源单体序号 2 位”的方式设置，共 5 组 13 位数，每组之间用短线“—”连接。

如果单体所处的调查区是县级以下的行政区，则旅游资源单体代号按“国家标准行政代码（省代号 2 位—地区代号 3 位—县代号 3 位，参见 GB/T 2260) —乡镇代号（由调查组自定 2 位）—旅游资源基本类型代号 3 位—旅游资源单体序号 2 位”的方式设置，共 6 组 15 位数，每组之间用短线“—”连接。

如果遇到同一单体可归入不同基本类型的情况，在确定其为某一类型的同时，可在“其他代号”后按另外的类型填写。操作时只需改动其中“旅游资源基本类型代号”，其他代号项目不变。

填表时，一般可省略本行政区及本行政区以上的行政代码。

注 4:“行政位置”项：填写单体所在地的行政归属，从高到低填写政区单位名称。

注 5:“地理位置”项：填写旅游资源单体主体部分的经纬度（精度到秒）。

注 6:“性质与特征”项：填写旅游资源单体本身个性，包括单体性质、形态、结构、组成成分的外在表现和内在因素，以及单体生成过程、演化历史、人事影响等主要环境因素，提示如下：

1）外观形态与结构类：旅游资源单体的整体状况、形态和突出（醒目）点；代表形象部分的细节变化；整体色彩和色彩变化、奇异华美现象，装饰艺术特色等；组成单体整体各部分的搭配关系和安排情况，构成单体主体部分的构造细节、构景要素等。

2）内在性质类：旅游资源单体的特质，如功能特性、历史文化内涵与格调、科学价值、艺术价值、经济背景、实际用途等。

3）组成成分类：构成旅游资源单体的组成物质、建筑材料、原料等。

4）成因机制与演化过程类：表现旅游资源单体发生、演化过程、演变的时序数值；生成和运行方式，如形成机制、形成年龄和初建时代、废弃时代、发现或制造时间、盛衰变化、历史演变、现代运动过程、生长情况、存在方式、展示演示及活动内容、开放时间等。

5）规模与体量类：表现旅游资源单体的空间数值，如占地面积、建筑面积、体积、容积等；个性数值，如长度、宽度、高度、深度、直径、周长、进深、面宽、海拔、高差、产值、数量、生长期等；比率关系数值，如矿化度、曲度、比降、覆盖度、圆度等。

6）环境背景类：旅游资源单体周围的境况，包括所处具体位置及外部环境，如目前与其共存并成为单体不可分离的自然要素和人文要素，如气候、水文、生物、文物、民族等；影响单体存在与发展的外在条件，如特殊功能、雪线高度、重要战事、主要矿物质等；单体的旅游价值和社会地位、级别、知名度等。

7）关联水物类：与旅游资源单体形成、演化、存在有密切关系的典型的历史人物与事件等。

注 7:“旅游区域及进出条件”项：包括旅游资源单体所在地区的具体部位、进出交通、与周边旅游集散地和主要旅游区（点）之间的关系等。

注 8:“保护与开发现状”项：旅游资源单体保存现状、保护措施、开发情况等。

注 9:“共有因子评价问答”项：旅游资源单体的观赏游憩价值、历史文化科学艺术价值、珍稀或奇特程度、规模丰度与几率、完整性、知名度和影响力、适游期和使用范围、污染状况与环境安全。

附录C（规范性附录）：旅游资源调查区实际资料表格式

旅游资源调查区实际资料表格式见表 C.1。

表2 旅游资源评价等级与图例

调查区名称		调查时间	年 月 日至 年 月 日
行政位置			
A. 调查区基本资料			
调查区概况(面积，行政区划，人口，所处的旅游区域)			
调查工作过程(工作程序和调查重点，提交主要文件，图件)			
调查区旅游开发现状和前景(总体情况，产业地位，旅游开发潜力，旅游开发)			
B. 各层次旅游资源数量统计			
系列	标准数目	调查区	
		数目	占全国比例(%)
主类	8		
亚类	23		
基本类型	110		
C.各主类、亚类旅游资源基本类型数量统计			
地文景观	17		
自然景观综合体	4		
地质与构造形迹	4		
地表形态	6		
自然标记与自然现象	3		
水域景观	13		
河系	3		
湖沼	3		

地下水	2		
冰雪地	2		
海面	3		
生物景观	8		
植被景观	4		
野生动物	4		
天象与气候景观	5		
天象景观	2		
天气与气候现象	3		
建筑与设施	39		
人文景观综合体	9		
实用建筑与核心设施	16		
景观与小品建筑	14		
历史遗迹	8		
物质类文化遗存	2		
非物质类文化遗存	6		
旅游购品	15		
农业产品	5		
工业产品	2		
手工工艺品	8		
人文活动	5		
人事活动记录	2		
岁时节令	3		

D. 各级旅游资源单体数量统计

等级	优良级旅游资源			普通级旅游资源		
	五级	四级	三级	二级	一级	未获等级
数量						

E.优良级旅游资源单体名录（不敷需要时请另加纸）

五级	
四级	
三级	

<table>
<tr><td colspan="10">F.调查组主要成员</td></tr>
<tr><td>责任</td><td>姓名</td><td>专业</td><td>职业</td><td>分工</td><td>责任</td><td>姓名</td><td>专业</td><td>职业</td><td>分工</td></tr>
<tr><td>组长</td><td></td><td></td><td></td><td></td><td>成员</td><td></td><td></td><td></td><td></td></tr>
<tr><td>副组长</td><td></td><td></td><td></td><td></td><td>成员</td><td></td><td></td><td></td><td></td></tr>
<tr><td>成员</td><td></td><td></td><td></td><td></td><td>成员</td><td></td><td></td><td></td><td></td></tr>
<tr><td>成员</td><td></td><td></td><td></td><td></td><td>成员</td><td></td><td></td><td></td><td></td></tr>
<tr><td>成员</td><td></td><td></td><td></td><td></td><td>成员</td><td></td><td></td><td></td><td></td></tr>
<tr><td>成员</td><td></td><td></td><td></td><td></td><td>成员</td><td></td><td></td><td></td><td></td></tr>
<tr><td colspan="10">G.主要技术存档材料（不敷需要时请另加纸）</td></tr>
<tr><td>类别</td><td colspan="9"></td></tr>
<tr><td>文字资料（出版物、内部资料）</td><td colspan="9"></td></tr>
<tr><td>调查记录（采访记录、测试数据）</td><td colspan="9"></td></tr>
<tr><td>调查图件（原始地图、实际资料图）</td><td colspan="9"></td></tr>
<tr><td>影像资料</td><td colspan="9"></td></tr>
<tr><td>填表人</td><td colspan="3"></td><td colspan="2">联系方式</td><td colspan="2">单位：
电话：
电子信箱：</td><td colspan="2">填表时期：
年 月 日</td></tr>
</table>

附录2：《旅游景区质量等级的划分与评定》（GB/T 17775）旅游景观质量评分细则二：景观质量评分细则

说明：

1. 本细则分为资源要素价值与景观市场价值两大评价项目、九项评价因子，总分 100 分。其中资源吸引力为 65 分，市场吸引力为 35 分。各评价因子分四个评价得分档次。

2. 等级评定时，对评价项目和评价因子由评定组成

旅游景区质量等级的划分与评定

员分别计分，最后进行算术平均求得总分。

3.“规模与丰度”评价因子中的“基本类型”参照《旅游资源分类、调查与评价》（GB/T 18972—2017）附录A.1。

4. 5A级旅游景区需达到90分，4A级旅游景区需达到80分，3A级旅游景区需达到70分，2A级旅游景区需达到60分，1A级旅游景区需达到50分。

表1　细则二计分总表

项目 单位	分值情况	负责人签字	评定日期
自检计分			
推荐单位计分			
评定单位计分			

表2　景观质量评分细则表

评价项目	评价因子	评价依据和要求	等级赋值				本项得分
			Ⅰ	Ⅱ	Ⅲ	Ⅳ	
资源吸引力（65）	观赏游憩价值（25）	1.观赏游憩价值很高 2.观赏游憩价值较高 3.观赏游憩价值一般 4.观赏游憩价值较小	25~20	19~13	12~6	5~0	
	历史文化科学价值（15）	1.同时具有极高历史价值、文化价值、科学价值，或其中一类价值具世界意义 2.同时具有很高历史价值、文化价值、科学价值，或其中一类价值具全国意义 3.同时具有较高历史价值、文化价值、科学价值，或其中一类价值具省级意义 4.同时具有一定历史价值，或文化价值，或科学价值，或其中一类价值具地区意义	15~13	12~9	8~4	3~0	

<table>
<tr><th rowspan="2">评价项目</th><th rowspan="2">评价因子</th><th rowspan="2">评价依据和要求</th><th colspan="4">等级赋值</th><th rowspan="2">本项得分</th></tr>
<tr><th>Ⅰ</th><th>Ⅱ</th><th>Ⅲ</th><th>Ⅳ</th></tr>
<tr><td rowspan="3">资源吸引力（65）</td><td>珍稀或奇特程度（10）</td><td>1.有大量珍稀物种，或景观异常奇特，或有世界级资源实体
2.有较多珍稀物种，或景观奇特，或有国家级资源实体
3.有少量珍稀物种，或景观突出，或有省级资源实体
4.有个别珍稀物种，或景观比较突出，或有地区级资源实体</td><td>10~8</td><td>7~5</td><td>4~3</td><td>2~0</td><td></td></tr>
<tr><td>规模与丰度（10）</td><td>1.资源实体体量巨大，或基本类型数量超过40种，或资源实体疏密度优良
2.资源实体体量很大，或基本类型数量超过30种，或资源实体疏密度良好
3.资源实体体量较大，或基本类型数量超过20种，或资源实体疏密度较好
4.资源实体体量中等，或基本类型数量超过10种，或资源实体疏密度一般</td><td>10~8</td><td>7~5</td><td>4~3</td><td>2~0</td><td></td></tr>
<tr><td>完整性（5）</td><td>1.资源实体完整无缺，保持原来形态与结构
2.资源实体完整，基本保持原来形态与结构
3 资源实体基本完整，基本保持原有结构，形态发生少量变化
4.原来形态与结构均发生少量变化</td><td>5~4</td><td>3</td><td>2</td><td>1~0</td><td></td></tr>
<tr><td rowspan="2">市场影响力（35）</td><td>知名度（10）</td><td>1.世界知名
2.全国知名
3.省内知名
4.地市知名</td><td>10~8</td><td>7~5</td><td>4~3</td><td>2~0</td><td></td></tr>
<tr><td>美誉度（10）（此项得分可参考细则三游客意见调查表“总体印象”的得分值）</td><td>1.有极好的声誉，受到95%以上游客和绝大多数专业人员的普遍赞美
2.有很好的声誉，受到85%以上游客和大多数专业人员的普遍赞美
3.有较好的声誉，受到75%以上游客和多数专业人员的赞美
4.有一定声誉，受到65%以上游客和多数专业人员的赞美</td><td>10~8</td><td>7~5</td><td>4~3</td><td>2~0</td><td></td></tr>
</table>

评价项目	评价因子	评价依据和要求	等级赋值				本项得分
			Ⅰ	Ⅱ	Ⅲ	Ⅳ	
市场影响力（35）	市场辐射力（10）	1.有洲际远程游客，且占一定比例 2.有洲内入境游客及洲际近程游客，且占一定比例 3.国内远程游客占一定比例 4.周边市场游客占一定比例	10~8	7~5	4~3	2~0	
	主题强化度（5）	1.主题鲜明，特色突出，独创性强 2.形成特色主题，具有一定独创性 3.有一定特色，并初步形成主题 4.有一定特色	5~4	3	2	1~0	
总 分							

附录3：旅游资源主要网络资源链接

《旅游资源调查与评价（第二版）》拥有以下 2 个网络课程平台资源。

1. 爱课程网

课程名称:《旅游资源评价与开发》/ 国家级精品资源共享课程

课程负责人：王昆欣

课程团队：周国忠、郎富平、章筦、顾雅青、陈友军、陈向宏、张雄文、方龙龙

课程网址：http://www.icourses.cn/sCourse/course_4068.html

2. 智慧职教慕课学院

课程名称:《旅游资源调查与评价》/ 景区开发与管理专业国家级教学资源库标准化课程

课程负责人：郎富平

课程团队：于丹、陈友军、金梅、任晓旭、王瑞花、陈洁菡、高恬宇、章筦、王昆欣、周国忠、任晓旭

课程网址：https://mooc.icve.com.cn/course.html?cid=LYZZJ572014

参考文献

[1] 国家质量监督检验检疫总局，国家标准化管理委员会 . 旅游资源分类、调查与评价（GB/T 18972—2017）[M]. 北京：中国标准出版社，2017.

[2] 杨载田 . 中国旅游地理 [M]. 北京：科学出版社，1999.

[3] 骆高远 . 旅游资源评价与开发 [M]. 杭州：浙江科学技术出版社，2003.

[4] 王昆欣 . 旅游资源评价与开发 [M]. 北京：清华大学出版社，2010.

[5] 罗兹柏，杨国盛 . 中国旅游地地 [M]. 天津：南开大学出版社，2005.

[6] 刘振礼 . 新编中国旅游地理（修订版）[M]. 天津：南开大学出版社，2001.

[7] 李炳昌 . 旅游资源概论 [M]. 北京：中国财政经济出版社，2008.

[8] 谭见安 . 地理辞典 [M]. 北京：化学工业出版社，2008.

[9] 董建辉 . 旅游资源开发 [M]. 北京：电子工业出版社，2009.

[10] 甘枝茂，马耀峰 . 旅游资源与开发 [M].2 版 . 天津：南开大学出版社，2007.

[11] 黄咏梅 . 中国旅游资源概论 [M]. 重庆：重庆大学出版社，2009.

[12] 吴国清 . 旅游资源学 [M]. 北京：清华大学出版社，2009.

[13] 吴宜进 . 旅游资源学 [M]. 武汉：华中科技大学出版社，2009.

[14] 浙江省旅游局，浙江省第一测绘院 . 浙江省旅游资源地图集 [M]. 长沙：湖南地图出版社，2004.

[15] 金兆森，张晖 . 村镇规划 [M]. 南京：东南大学出版社，1999.

[16] 金平斌，赵弘中 . 杭州市旅游资源分析与评价（临安卷）[M]. 杭州：杭州出版社，2004.

[17] 王恩涌，赵荣，张小林，等 . 人文地理学 [M]. 北京：高等教育出版社，2000.

[18] 刘咏梅 . 中国旅游资源 [M]. 北京：中国劳动社会保障出版社，2008.

[19] 马勇，李玺 . 旅游规划与开发 [M]. 2 版 . 北京：高等教育出版社，2006.

[20] 谌世龙，王金叶 . 中外旅游资源 [M]. 北京：中国林业出版社，北京大学出版社，2009.

[21] 闻飞，朱国兴 . 旅游资源开发与管理 [M]. 合肥：合肥工业大学出版社，2009.

[22] 杨学峰 . 旅游资源学 [M]. 北京：中国发展出版社，2009.

[23] 杨尚英 . 旅游气象气候学 [M]. 咸阳：西北农林科技大学出版社，2007.

[24] 刘容子，齐连明．我国无居民海岛价值体系研究 [M]. 北京：海洋出版社，2006.

[25] 傅文伟．旅游资源评估与开发 [M]. 杭州：杭州大学出版社，1994.

[26] 陈兴中，方海川，汪明林．旅游资源开发与规划 [M]. 北京：科学出版社，2005.

[27] 王国新，唐代剑．旅游资源开发与管理 [M]. 大连：东北财经大学出版社，2007.

[28] 郑耀星．旅游资源学 [M]. 北京：中国林业出版社，北京大学出版社，2009.

[29] 宋炜，邓毛颖．旅游资源开发与规划 [M]. 北京：中国轻工业出版社，2009.

[30] 周建明，张高攀．旅游小城镇旅游资源开发与保护 [M]. 北京：中国建筑工业出版社，2009.

[31] 梁明珠．旅游资源开发与规划——原理、案例 [M]. 广州：暨南大学出版社，2008.

[32] 王昆欣．旅游景观鉴赏 [M]. 北京：旅游教育出版社，2004.

[33] 陈传康，刘振礼．旅游资源鉴赏与开发 [M]. 上海：同济大学出版社，1990.

[34] 丁季华．旅游资源学 [M]. 上海：上海三联书店，1999.

[35] 陈福义，范保宁．中国旅游资源 [M]. 北京：中国旅游出版社，2004.

[36] 余青，吴必虎，廉华，等．中国节事活动开发与管理研究综述 [J]. 人文地理，2005（6）.